浅海软土路堤固结地震响应研究

芮勇勤　李　伟　张旭旭
李英娜　胡　敏　张全威　编著

东北大学出版社
·沈 阳·

图书在版编目（CIP）数据

浅海软土路堤固结地震响应研究 / 芮勇勤等编著
. — 沈阳 ：东北大学出版社，2021. 12
ISBN 978-7-5517-2882-9

Ⅰ. ①浅…　Ⅱ. ①芮…　Ⅲ. ①浅海—路堤—固结（土力学）—地震反应分析—研究　Ⅳ. ①U416. 1

中国版本图书馆 CIP 数据核字（2021）第 257460 号

内 容 提 要

我国海域辽阔有着漫长的海岸线，海岸堤防既保卫着沿海省市自治区近 4 亿人的生命和财产安全，又支撑着沿海经济快速发展的累累硕果。近年全球气候变暖，海平面上升，风暴潮、地震海啸灾害频繁发生，对沿海海堤抵御自然灾害的能力提出了更高的要求，以防御地震风暴潮为主的海堤，兼具堤身稳定确保公路畅通，而时常受到堤身失稳和大变形破坏的严重威胁。本书将深入开展浅海路堤问题与设计方法及其力学特性的分析。深入认识了浅海路堤失稳问题和设计方法，为类似浅海路堤工程的建设提供借鉴经验。本书取材实际，简明实用，系统性强，具有实用价值，既可以作为大专院校的选修教材，也可以供相关领域工程技术人员自学参考。希望在实际工程中的设计、分析和仿真等方面，能给予广大读者启迪和帮助。

出 版 者：东北大学出版社
地址：沈阳市和平区文化路三号巷 11 号　　邮编：110819
电话：024-83687331（市场部）　　83680267（社务办）
传真：024-83680180（市场部）　　83687332（社务办）
网址：http://www. neupress. com　　E-mail：neuph@ neupress. com
印 刷 者：沈阳市第二市政建设工程公司印刷厂
发 行 者：东北大学出版社
幅面尺寸：185 mm×260 mm
印　　张：12. 75
字　　数：323 千字
出版时间：2021 年 12 月第 1 版
印刷时间：2021 年 12 月第 1 次印刷
责任编辑：孙德海
责任校对：潘佳宁
封面设计：潘正一
责任出版：唐敏志

ISBN 978-7-5517-2882-9　　定　价：45. 00 元

前　言

我国海域辽阔，有着漫长的海岸线，陆地海岸线长约 18000 km，7600 余个岛屿海岸线长约 14000 km。海岸堤防既保卫着沿海地区近 4 亿人们的生命和财产安全，又支撑着沿海经济快速发展的累累硕果。近年来，随着全球气候变暖，海平面上升，风暴潮、地震、海啸等灾害频繁发生，对沿海海堤抵御自然灾害的能力提出了更高的要求。以防御地震、风暴潮为主的海堤，兼具堤身稳定、确保公路畅通的作用，因而时常受到堤身失稳和变形破坏的严重威胁，为此本研究将深入开展浅海路堤问题与设计方法及其力学特性的分析。

本研究以浅海路堤存在的问题为研究背景，归纳总结浅海路堤的 6 种主要破坏形式，认识了浅海路堤工程路面在地震海浪作用下的破坏形式，从而深入分析并揭示聊浅海路堤主要失稳破坏致灾原因；在国内外浅海路堤建设与设计方案分析的基础上，归纳出聊浅海路堤工程的 5 种主要设计方法；针对沿海滩涂普通堤防路堤工程失稳和面临加固扩建问题，运用有限元数值模拟分析再现了成灾过程和失稳机理，并提出有效的治理措施和设计方案。采用数值实验的方法分析了依托工程条状土体在 PVD 作用下的排水性能，并且对施工过程进行优化。进而根据数值实验结果，确定了加载方案、超孔隙水消散曲线简化方案、超载过程简化。选取依托工程 K0+310.73～K1+513.53 中的典型施工断面，应用有限元数值模拟软件，对布设 PVD 和不做任何处理的两种滨海路基固结与排水情况做了数值模拟和对比分析。滨海路基土体沉降对比分析显示，布设 PVD 后的土体沉降骤然增加，占总沉降量的一半以上，因而 PVD 可以显著加速土体沉降。土体排水效果对比分析显示，PVD 可以显著增强浅层淤泥质粉质黏土的竖向排水效果，但是对于深层砂性土层作用不明显。并且布设 PVD 后，土体的有效应力大大提高，土体密实度显著增加，从而可以缩短施工工期。对滨海路堤施工过程中每次填土固结之后的模型进行了强度折减计算。计算结果表明经 PVD 处理后，路堤结构安全系数均为 2.35 左右，因此能够满足路堤在筑建过程中的安全稳定性要求。从竖向位移、水平位移与轴力三个方面分析了土工格栅在施工过程中所起的作用。结果表明，土工格栅内力在容许范围之内，海堤上部填土密实稳定，说明土工格栅能够保证施工的顺利进行。设置相应边界条件与材料阻尼系数，分析了 PVD 处理后，海堤结构在地震作用下的响应。布置 PVD 不仅能加速土体的固结排水，也能提高排水板布置区的土体的整体刚度，减小海堤自振周期。为保持土体原状，可吸收一部分地震能量，使地震过程中不会发生土体破坏。海堤模型中塑料排水板布置区的土体密实强度虽有提高，但在观测点处的水平位移时程曲线和水平位移云图分析中，所得出的整体水平位移基本一致，故海堤模型在地震作用下所表现出的水平位移基本协调，尤其是在路堤标高+0.00 m 以上位置。采用应力叠加 5%为上限作为土体剪切破坏分析准则，研究模型在地震波的作用下土体所处状态与破坏形式，得出海堤模型中砂土层会发生场地液化效应，但处于深层的土体不影响海堤标高+0.5 m 以上道路运行部分。

对围堰路堤施工过程中的沉降变形进行了有限元数值模拟分析，通过对路堤填筑过程中沉降的分析计算，结合工程实际情况对围堰整体的稳定性进行评价，同时对滨海相软土地基上进行地基处理加固的施工方法做了总结和探讨，在数值模拟计算中验证了依托工程围堰基础处理措施在工程中的应用性。结合工程水文地质条件，对围堰路堤在海水作用下的渗流特性做出了数值模拟分析，同时通过对渗流场与应力场的耦合分析，得到围堰路堤施工过程的力学特性，从而对设计施工起到了一定的优化调整作用。

针对现代浅海海堤混合式路堤，在设计方案分析的基础上进行其施工过程与控制分析，对软土地基加固措施进行了深入的数值模拟分析，为软基处理措施在工程中的实际应用奠定了基础；针对现代浅海斜坡式和混合式路堤，分析了地震海浪作用影响路堤设计方法的合理性，揭示了浅海斜坡式和混合式路堤整体稳定性，以及地震动力响应和强度折减影响下的边坡稳定性，从而对浅海路堤设计方法提出了优化的方案建议。开展的浅海路堤设计方法与力学特性研究为浅海路堤施工及成灾原因分析提供了依据，深入认识了浅海路堤失稳问题和设计方法，为类似浅海路堤工程的建设提供了可借鉴的经验。

在本书编写过程中，借鉴了一些相关的技术设计、现场管理和软件应用，使我们受益匪浅，在此深表感谢！

由于编著者的水平有限，加之时间仓促，书中难免有疏漏和错误之处，恳请读者不吝赐教。

编著者于望湖苑

2021 年 8 月 18 日

目　录

第 1 章　浅海软土路堤工程问题

1.1　研究背景

1.1.1　问题提出

我国海域辽阔，海岸线总长约 32000 km，其中包含陆地海岸线约 18000 km，沿海 7600 余个岛屿构成长约 14000 km 的岛屿海岸线。几万千米的海岸堤防保卫着沿海 10 个省、自治区、直辖市近 4 亿人们的生命和财产安全，同时也保卫着沿海经济发展的累累硕果。

随着我国经济社会不断向前发展，海洋的作用越来越突出。开发海洋资源已成为我国经济发展的重要组成部分，海洋经济必然将成为我国经济建设中新的增长点和重要引擎。我国第十二个五年规划和中央 1 号文件都明确提出要大力发展海洋经济，加快水利建设，积极推进海堤建设。"十二五"时期是我国区域发展从陆域经济延伸到海洋经济、积极推进海陆统筹发展的新时期，是大力加快水利改革和海堤建设的时代。海堤作为一种直接的护岸工程，沿海岸线修建，能起到使天然海岸免受潮流、波浪冲刷而发生侵蚀的作用。海堤起源于最初的围海造地，沿海地区生活的劳动人民为了阻遏海潮和风浪对日常生活的干扰而与大海做斗争，从而创建了海堤工程。随着经济发展、人口增长速度过快，人们日益增长的需求使得耕地资源、空间资源匮乏的现象日益突出，人们不得不向大海要地，在滩涂或者浅海围筑堤坝，将内部海水排出后形成的陆地用于生产、生活。随着经济社会的发展，农业、水产养殖、水上运输和海上贸易日益繁荣，海堤不仅起隔绝海水之用，逐渐发展成集沿海道路、高速道路、跨海大桥、生态旅游、观光、养殖业于一体的沿海堤防工程。由此可见，在浅海修建海堤和护岸工程已成为沿海各地发展生产的重要手段和措施。

我国是世界上遭受风暴潮灾害最严重的国家之一，尤其是近年来环境污染严重，全球变暖，海平面上升，沿海地区风暴潮灾害频繁发生，给沿海地区近 4 亿人们带来了巨大的损失，严重威胁着人民的人身和财产安全。台风侵袭沿海地区频繁。目前，已建海堤已越来越难以适应当前防潮、防洪形势的要求，海堤建设标准较低、设计不合理的缺陷逐渐暴露出来，风暴潮严重制约沿海对外开放和社会经济发展的水平。

1.1.2　研究目的

海堤工程是防御风暴潮水和波浪对防护区的侵袭，减轻风浪、潮水灾害而修筑的重要堤防工程措施。滩涂围垦、围海造地多在软土地基上进行，而在软基上修筑海堤堤防是滩涂围垦、围海造地工程的首要任务，围垦工程的总投资中用于海堤堤防的建设费用占到了 70%以上，海堤堤防是沿海地区一道重要的安全屏障，保护沿海地区居民不受潮水、风浪的侵袭。因此，在上述工程的建设过程中，其堤防工程建设的稳定性对整个滩涂围垦、围海造地工程的影响不容忽视。海堤堤防工程堤身主要在滩涂软基之上修筑，受潮汐、风浪和地震的影响非常大。并且随着海堤工程的逐渐增多，问题日益突显出来。海堤是以防御台风暴潮为主，主要受波浪力的作用而破坏；海堤直接受到堤身自重、潮汐、海浪等荷载作用，同时由于基础大多属于软基，承载力差、强度低，容易导致失稳及破坏现象发生。

由于过去修建的海堤标准偏低，普遍修建等级为抵御 20 a 一遇台风灾害，一旦受到大的台风风暴潮灾害就有溃堤的危险，严重威胁着沿海地区人们的人身健康和生命财产安全。

1.1.3 研究的意义

近年来，全球气候变暖，海平面上升，风暴潮、地震海啸等灾害频繁发生，对沿海地区海堤抵御自然灾害的能力提出了更高的要求，对人类发展和社会进步构成严重威胁，严重制约了沿海地区经济发展。风暴潮是指由强烈的热带风暴或温带风暴引起的海面异常升高现象。风暴潮具有突发性强、风力大、波浪高、增水值急剧加大等特征，对沿岸危害极大。海啸(Tsunami)是一种灾难性海浪，通常由震源在海底下 50 km 以内、里氏震级 6.5 级以上的海底地震引起，水下或沿岸山崩或火山爆发也可能引起海啸。

本研究通过对浅海路堤施工及成灾原因分析归纳浅海路堤的主要破坏损害形式，从海堤设计方案的角度，对海堤采取处置措施，对比不同设计方案的海堤的稳定性，得出最优设计方案。结合工程运营实际，开展地震和交通荷载作用下的路堤稳定性，以及海堤在运营期内受到地震和交通荷载、超重交通荷载共同作用下动力响应分析，对提高海堤抵御风暴、海浪等灾害具有重要意义。

1.2 国内外研究现状

1.2.1 浅海路堤工程失稳问题

随着经济的发展，现代社会对浅海路堤工程及其建设标准有了更高的要求。沿海滩涂围垦从最初的圩田围垦、修筑堤坝等简单方式，发展到集筑坝、围涂和排水系统于一体的水利工程建设。滩涂海堤也由最初为防止海水、风浪侵袭而修建的堤坝，演变成集滨海大道、沿海高速道路、跨海大桥、生态旅游、观光、养殖业于一体的沿海堤防工程。如辽宁丹东港至广西友谊关的滨海大道。滨海大道是指沿海公路。沿海经济带发展规划已上升为国家战略，滨海大道的巨大作用和意义更加凸显。滨海大道的建成促进了沿海经济带及临港产业集群带的形成，同时推动了临港经济快速发展，对推动沿海区域土地开发与利用、促进地区经济发展具有重要作用和意义，对加快沿海旅游资源的开发与发展、促进沿海旅游观光带的形成，打造黄金旅游路线具有重要保障作用。图 1.1 为丹东港至友谊关滨海大道沿海路线和高速公路示意图。

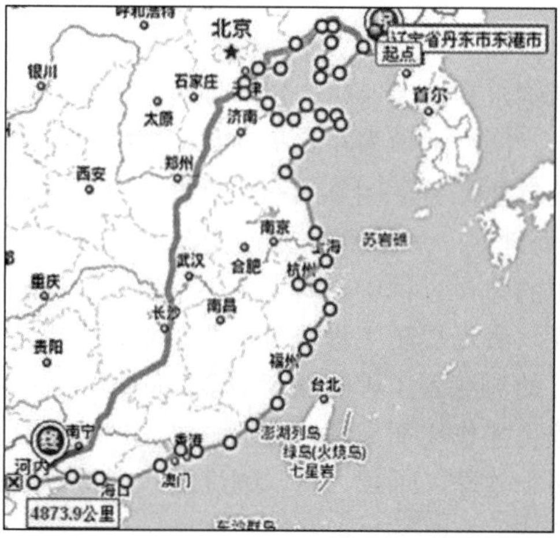

图 1.1 滨海大道沿海和高速公路路线示意图

但是，由于海洋环境的多变性和气象条件的多发性，沿海地区浅海路堤工程在带动经济腾飞的同时，也面临着严峻的问题：风暴潮、地震、海啸、潮汐水位的升降都给浅海路堤带来了破坏，给沿海地区人们的生产生活造成严重威胁(见表 1.1)。

表 1.1　近年我国主要沿海城市灾害损失统计

省(市)	毁坏海堤		冲毁路桥		淹没农田/万亩[①]	倒塌房屋/间	损坏房屋/万间	损坏船只/艘	死亡人数	失踪人数	直接经济损失/亿元
	处	km	处/座	km							
福建	8940	203.3	143	334.9	139.34	28813	12.21	480	12	32	9.15
浙江	1789	546.	480	746	703.5	35108	14.4	186	114	21	31.5
江苏	1112	77.7	231	875	994	6879	1.2	152	10	50	3.2
山东	386	289	450	540.7	1131.9	27525	7.68	4406	57	87	42.51
天津	29	44.4	426	43	0.2	19	0.45	126	2	11	3.99
河北	31	35.4	321	52	2.84	903	0.14	34	5	10	3.2

注：①1 亩=0.0667 公顷。

浅海路堤在风浪与潮流、潮位升降的作用下，破坏损害形式主要有 6 种(见图 1.2)：

① 海堤堤脚掏空；② 堤脚上部结构局部坍塌、滑坡；③ 堤底土体出现管涌、流土导致堤身决口；④ 堤身两侧边坡护面下土掏蚀；⑤ 堤顶道路路面越浪破坏；⑥ 堤顶溢流内坡冲刷、堤身决口。

(a) 堤脚掏空

(b) 堤脚上部结构局部坍塌、滑坡

(c) 堤底土体出现管涌、流土导致堤身决口

(d) 堤身两侧边坡护面下土淘蚀

(e) 堤顶道路路面越浪破坏

(f) 堤顶溢流内坡冲刷、堤身决口

图 1.2　浅海路堤破坏损害形式示意图

大量实际工程表明，在上述浅海路堤工程的 6 种破坏损害形式中，第①②种是最为常见的。因此，浅海路堤工程堤前滩地的冲刷是导致海堤堤身失稳的重要因素之一。另外，堤底土体软化，在海水侵蚀下发生管涌、流土；堤前防浪墙破坏，堤身过流、越浪；堤顶溢流等都是引起沿海滩涂堤防破坏损害进而导致堤身失稳的原因。

浅海路堤工程在受到风浪和潮汐作用发生破坏的同时，更多的受到了地震动力和海啸的影响，堤顶路面在地震及海水的作用下更易发生破坏。浅海路堤工程路面在地震海浪作用下的破坏形式，如图 1.3 所示。

(a) 地震作用下路面沉降、开裂

(b) 地震力作用下路面破坏

图 1.3　地震海浪作用下路面破坏形式示意图

1.2.2　浅海路堤主要失稳破坏致灾原因

浅海路堤工程的失稳可归纳为几种类型：① 堤前滩地冲刷失稳；② 堤脚防护结构损坏失稳；③ 高潮渗透失稳；④ 堤身外侧护坡结构损坏失稳；⑤ 堤顶防浪墙损坏失稳；⑥ 堤顶溢流、越浪，海堤整体失稳。

导致浅海路堤工程出现这些失稳情况的主要原因可以分为四类。第一类：水力因素，包括海潮流向、风成波及船行波、潮汐水位变动。一般情况下，这一类因素普遍具有规律性，属于影响海堤的长期水力因素，主要是通过日积月累对沿海滩涂堤防工程的失稳产生影响。对于这种作用量值较稳定的因素，可通过日常维护来解决。第二类：突发因素，包括风暴潮和地震、海啸。这些因素对堤防影响虽无规律性，属于短期作用因素，具有突发性，但是对沿海滩涂堤防工程的失稳起着决定性的作用。风暴潮、海啸发生时，狂风卷着巨浪，风暴增水激增，堤面受到强烈的巨浪拍击，引起堤防失稳破坏。大量实践表明，沿海滩涂堤防工程在海浪、风暴潮、海啸作用下，堤身破坏失稳的主要原因有：堤前护面材料厚度、重量不足，在波浪的冲击和护坡面水流的冲刷及浮托作用下破坏；堤前护坡坡面保护范围过小，裸露在外的坡面土体受到水流冲刷破坏；护坡护面材料与堤身土地之间采用的反滤层材料厚度不足、级配不合理，导致堤身土地向外流失，护坡面下部掏空、坡面坍塌；堤脚和堤底基础处未采取保护措施或保护不足，在水流的冲刷作用下，发生严重破坏变形或大量沉陷；堤顶设计高程过低，在越浪和过流作用下，堤顶和后坡的土体受到波动水流的冲刷破坏，堤身溃塌。地震与海啸的产生是分不开的，诱发沿海滩涂堤防工程堤身边坡滑坡的重要因素之一便是地震，尤其是在地震作用下堤身易产生裂缝，加速了海浪潮水及之后降水的渗透，引起堤身边坡发生滑坡失稳变形。第三类：堤防工程所处地质因素。沿海滩涂多属于软土地基，具有含水量大、强度低、埋藏深、处理难度大的特点。而绝大多数堤防工程就修筑在软基上，这些堤防工程沉降量大，尤其是有些并未处理就直接修筑在软基上的堤防工程，沉降时间长、工后沉降大，导致堤防工程在建成后的一段时间内堤顶达不到设计高程，从而引起堤身失稳等一系列问题。除了软基以外，沿海地区的粉细砂地基也是比较普遍的一种不良地质条件，在潮水位变化作用下易发生渗透破坏，如管涌、流沙等，从而导致堤身土体淘蚀而坍塌。第四类：堤防工程自身因素，主要包括堤身结构形式、堤身填土材料、边坡护面情况、堤顶高程等。堤防工程堤身形式主要有三种：斜坡式、直立式和混合式。斜坡式因其堤底与地基接触面较大，地基土所受应力均匀，对其承载力要求较低，适合于软土地基，是堤防工程中普遍采用的形式。直立式因其挡墙基础与地基接触面积小，应力较集中，容易引起防护墙去墙后土体的不均匀沉降。混合式是斜坡式与直立式的结合，采取带有反压平台的复式断面结构，反压平台具有消减波浪、稳定地基的作用，但是由于采用了直立式中的挡墙，可能出现不均匀沉降和施工扰动过大降低地基土强度而引起滑坡坍塌的问题。堤身填土材料质量直接影响堤防的抗海水冲刷性能，因此在进行堤身回填时应尽量采用抗冲性能好的黏土；若采取抗冲击性能差的土体，应采取保障堤身安全的保护性措施。堤身边坡是否有护面、护面保护是否良好对沿海滩涂堤防工程的稳定性至关重要。在堤防工程中护面一般都设置在临海面，如果考虑到堤顶越浪和溢流，则堤顶和内坡也要采用护面措施，这就与堤顶高程有关。

如图 1.4 所示，一典型浅海普通路堤——沿海滩涂堤防形式(堤坝型)，在其运营期内发生了大的破坏变形。根据上述浅海路堤工程破坏损害形式和致灾原因初步分析其产生的原因：左侧临海段因受到海水的侵蚀和冲刷以及车辆交通荷载的作用，堤身发生大的失稳变形；右侧陆地段受到海水渗流作用，以及内陆降雨、车辆荷载的影响下堤趾土体隆起，堤趾处破坏变形。若此时沿海滩涂堤防工程受到地震的影响，会加剧路堤的破坏变形。

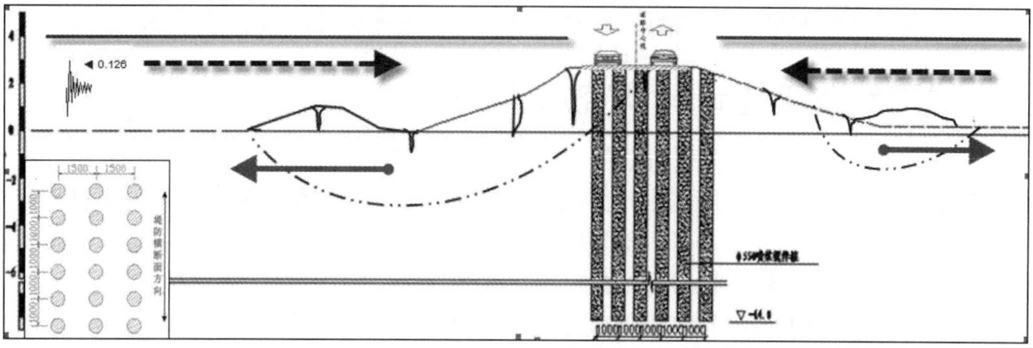

图 1.4　沿海滩涂堤防工程路堤破坏横断面图及破坏变形分析示意图

1.2.3　国内外浅海路堤建设与设计基本方案

(1) 国内外海堤建设现状

中国沿海北起辽宁鸭绿江口，南至广西北仑河口，大陆海岸线总长 18918 km，东南沿海的江苏、上海、浙江、福建、广东、广西及海南诸省、自治区、直辖市，因频受台风袭击，且地少人多，经济发达，海堤的防护作用至关重要。因此，这些地区的海堤修筑比较讲究，规模也较大。我国北方沿海地区受台风影响相对较小，且基岩海岸和砂砾质海岸分布较广，即便是一些淤泥质海岸地区(如河北、天津的渤海湾)，由于近岸多盐碱地，对海堤的防护要求也较小。所以过去北方沿海地区的海堤相对较少，其修筑质量和规模也较差。近年来随着国民经济的飞速发展，特别是沿海经开发区的建设，对海岸防护建筑物的建设提出了新的要求。因此，北方沿海地区海堤建设也进入新的发展阶段。目前，我国已建海堤 13830 km，保护人口 5880 万，保护耕地 31200 km^2，保护区内国民生产总值 1.32 万亿元。目前，已建成达标海堤 6624 km，占海堤总长的 47.9%。已建海堤为抗御台风暴潮灾害提供了重要保障，在历次防御台风灾害中发挥了重要作用。

荷兰从公元 4 世纪开始修建海堤，到 10 世纪时渐多，现有海堤超过 1800 km。韩国在首尔以南 280 km 处西海岸修筑的新万金海堤已竣工，海堤平均宽度 34 m，最高处 17 m，海堤长 33.9 km，成为现今全球最长海堤，比原世界纪录保持者、荷兰须德海围海造地工程的海堤还长 1.4 km。日本神户填海工程，延长海岸线 30 km，扩建了许多码头和仓库及辅助设施，神户港的货物吞吐量大增，同时兴建了具有城市综合功能的海上文化城市“港湾人工岛”和“六甲人工岛”，充分利用了海岸线资源。新加坡动用了 60 亿新币填海造地，将 7 个小岛合成 1 个整体的岛屿，并在这新岛屿上兴建了一个高度综合性的化工业群——裕廊工业园区，经过多年的发展与建设，其目前已成为新加坡最大的现代化工业基地，而且被认为是亚洲各发展中国家设立的工业区中的成功典型。

(2) 浅海路堤设计基本方案

针对浅海海堤路堤工程的失稳破坏形式，提出设计方案：

① 在堤防工程堤前滩涂种植防浪林，挡风、消浪、促淤，有效降低风暴潮、海啸引起的海浪对堤防工程的冲击，减轻其对堤防的破坏作用。

② 为减少波浪的飞溅，临海面外侧设置一级消浪平台，防止破坏，在平台顶部设置混凝土压顶。

③ 设置临海面防护护面，采用护砌防止水流波浪冲刷、冲击；为防止内坡漫顶冲刷破坏，设置防浪墙，内坡采取草皮植护。

④ 加宽重要堤段堤身断面，堤脚处设置反压平台。

⑤ 采取适当软土地基处理措施，在软基处理后再进行堤身的填筑，提高其整体稳定性。

1.3 浅海路堤工程设计研究启示

“海纳百川，有容乃大”。我国既是一个陆地大国，也是一个海洋大国，随着我国经济社会不断向前发展，海洋的作用越来越突出。我国沿海经济外向化战略的实施，不仅带来了该地区经济的繁荣，而且带动了其他地区的经济发展，彻底改变了我国经济运行的封闭状态，促进了经济体制和经济运行机制的市场化改革。

目前，我国的重要基础设施大都建设在沿海地区，如大型的军港、海港、码头、机场等，这些基础设施的建设与浅海路堤都是密不可分的。但是，随着全球气候变暖，海平面上升，风暴潮、地震海啸灾害频繁发生，浅海路堤工程面临着风暴潮、地震、海啸的影响。我国在很早就记载过滨海地震海啸灾害，但由于海啸灾害并非频发，因此近代有关海啸研究的学者和文章较少。20 世纪 80 年代初，有学者对近年来海底地震及海啸进行研究后，认为，我国海区不易发生地震海啸，太平洋海盆的大海啸一般不会对我国沿海造成灾害。

此后也有学者认为，中国近海海底地震伴生海啸的比例只有 6%，远低于 25%的全球平均水平，能引起海啸的浅源地震，主要集中于台湾省附近。

20 世纪 80 年代后期，国家海洋预报中心的专家根据有关国际组织专家的建议，依据国内、国外更广泛的历史资料对中国历史海啸灾害做了详细考证，指出了地震海啸是我国不容忽视的海洋灾害之一，尤其是闽台地区，地震海啸灾害的潜在危险极大。海堤工程是沿海地区防洪御潮的屏障，是国民经济建设的基础设施之一，也是保护国家和人民生命财产的生命线。新中国成立之前建设的海堤，经过之后历年的培修加固，总体上讲，标准大有提高，防洪御潮能力大为增强。一方面有效地保护了国家和人民生命财产的安全，另一方面也为城市的建设发展提供了宝贵的土地资源。但同时我们也可以看出，在工程建设的过程中也出现了不少问题，如结构形式不当、基础出现塌陷、造价过高等。特别是近些年来，由于全球气候变化，沿海地区的海堤工程多次遭遇超历史的高潮位与风力的袭击，导致一些海堤溃决，造成国家和人民生命财产严重损失。

1.4　固结沉降理论

对于围垦工程中的围堰施工，由于其处于特殊的滨海相软土地基之上，必须考虑施工中由软土承载力差、强度低、含水量高、压缩性高等特点带来的固结沉降问题。固结理论一直是土力学的重要课题之一，固结计算是沉降计算的重要组成部分。一直以来国内外诸多学者进行着相关的研究，并得到不少理论成果。

1.4.1　Terzaghi 固结理论

早在 1925 年，土力学的奠基人太沙基(Terzaghi)就提出了著名的有效应力原理，并据此建立了一维固结理论，其如今被公认为古典的一维理论。他在《黏土中动水应力的消散计算》一文中提出了著名的有效应力原理，其前提是较多简化的假设条件，特别是仅仅考虑孔隙水沿竖向流动引起的竖向变形。但这仍是土力学发展史上的一座里程碑。Terzaghi 建立了单向固结方程，并获得了一定的初始条件和边界条件的解析解。自从 Terzaghi 创立此单向固结理论以来，因其计算简单、方便和概念清晰，被广泛应用。不过，单向固结问题只符合某些特定的边界条件，计算与实测沉降的比较说明，在多数场合下，往往低估了现场实际的沉降速率，一个主要原因就是侧向排水加速了超静孔隙水压力的消散。实际上土体通常是在二向或三向固结情况下发生变形的。Terzaghi-Rendulic 准固结理论(或称为消散理论)是在 1936 年经 Terzaghi 和 Rendulic 发展的。它将一维固结理论推向了二维、三维，较 Terzaghi 单向固结理论有了较大的进步。

1.4.2　Biot 固结理论

1941 年，比奥(Biot)根据有效应力原理、连续条件和平衡方程，提出了比奥(Biot)固结理论。相对于 Terzaghi-Rendulic 固结理论而言，Biot 固结理论考虑了土体的协调方程，所以一般称为“真三维固结理论”，Biot 固结理论中，利用土体中的一微分体，建立了考虑体力情况下的平衡方程；假设土体为饱和的均质弹性体，建立土体的本构方程；利用几何方程，在小变形前提下，将应变转换成位移。最后得到以位移和孔隙水压力表示的平衡微分方程，反映了土体在固结过程中，孔隙水压力的变化和位移之间的关系，说明了土体在恒定荷载条件下的固结过程中孔隙水压和位移之间的变化机理。Biot 固结理论和 Terzaghi 固结理论相比，两种理论的假定基本是一致的，即外加荷载一次瞬时施加且恒定，应力、应变关系为线弹性，变形微小，渗流符合达西定律等。但是，有一个原则区别，那就是 Terzaghi 固结理论增加了一个假定在固结方程中法向总应力之不随时间而变化。如果 Biot 固结理论增加了此项假定，将会得到和 Terzaghi 方程式完全一致的形式，因此可以说 Terzaghi 固结方程是 Biot 固结方程在法向总应力之和不随时间而变化的假定下的一种简化。正是在 Biot 固结理论中没有做总应力之和为常量的假定，在方程中不能将应力消去，最后建立了孔隙压力与位移之间的联系，反映了二者的耦合，揭示了 Mandol—Crger(曼德尔-克莱尔)效应。以上的几种固结理论建立在线弹性变形的假定条件下，而实际土体通常是非线性变形体。针对这种情况，在 1967 年，Gibson(吉布森)等人提出了一维有限非线性应变固结理论。它考虑了土体的压缩性和渗透性与孔隙比的非线性变化，以及土体自重应力等方面的因素，此外有些基本假设与太沙基理论相同。非线性固结理论的实质也是根据初始条件及边界条件解微分方程，由于其高度非线性，难以求得解析解，一般用数值方法。固结理论发展至今，内容已相当广泛，但主要是围绕着假设不同土体材料的模式，而得到不同的物理方程，在一定假设的基础上，选用适当的边界条件，以获得固结理论解，但是现有固结理论和实际工程实践仍有着相当的差距。在目前广泛应用的一维、二维与三维固结理论中，大多假定外荷载瞬时一次施加，且在固结过程中保持不变，即外荷载的变化没有反映到固结理论中，而在实际施工过程中，外荷是逐步增加的。针对这种状况，在一维固结理论中，有人研究了等速加荷情况下的线性、非线性一维固结解析解，但该解答也只是一维固结问题的一种特殊情况，而考虑荷载非线性变化情况下的固结解析解目前尚未见到。直到 20 世纪 60 年代，随着计算机技术的高速发展及有限元的运用，一些学者运用有限单元法结合各种软土的模型对软基变形性状进行了模拟。国内外众多学者如桑德霍(Sandhu，1969)、克里斯汀(Christian，1979)、沈珠江(1977)、殷宗泽(1979)、龚晓南(1984)等分别应用有限元技术对比奥固结理论求解进行推广。如今，有限元数值模拟分析方法已经在固结沉降计算中占据了重要的一席之地，对于设计施工起到了巨大的指导作用。

1.5 边坡稳定分析

边坡稳定是路基施工中所需要考虑的关键问题，特别在土石坝及土石围堰工程中，边坡稳定分析是工程安全可靠性评价不可或缺的，其分析结果是工程设计建设过程中重要的指标和理论依据。而对于边坡稳定的研究由来已久，可以说是岩土工程中的一个经典研究课题。边坡稳定分析方法种类繁多，各种分析方法都有各自的特点和适用范围。边坡稳定性分析方法从传统的定性分析方法向定量分析方法过渡。定性分析方法主要包括自然历史分析法、工程类比法及图表法。定性分析方法是以大量的已有数据和工程经验为基础的，它无法为具体的工程设计与施工提供量化的指导，而只有定量分析才可能成为边坡稳定性评价的重要指导依据。定量分析方法一般要以一定的地质模型为基础，并在此基础上建立合理的数学力学模型，从而实现边坡稳定性的评价。定量分析方法根据不同边坡类型、稳定分析目的及精度要求而对应不同的方法，包括极限平衡分析法和数值分析方法两种。

1.5.1 极限平衡分析法

极限平衡分析法是假定边坡在某个滑动面达到了静力极限平衡而破坏，且在该面上满足 Mohr—Coulomb 破坏准则，然后根据滑动体的静力平衡条件导出安全系数计算式。边坡稳定性分析是一个超静定问题，必须做一些假定才能求得安全系数。最早是瑞典人 Petterson(1916)提出所谓瑞典圆弧法，滑动面为圆弧；Fellennius 等(1936)在此基础上将滑动体分条提出瑞典条分法，该法忽略了条间作用力；Bishop(1955)通过赋予安全系数新的含义，并在一定程度上考虑条间侧向力的影响，提出了精度较高的条分法。此后，Morgenstern 和 Price(1965)、Spencer(1967，1973)、Janbu(1973)、Sacma(1973)等分别对土条间侧向力的作用点位置或者作用方向等做出假定，推出了各自的安全系数计算式，但计算都比较复杂。至此，边坡稳定性极限平衡法趋于完善，但还存在一些问题，至今仍为国内外众多学者所研究并加以改进。总的来讲，极限平衡法具有概念清晰、计算方便、工程经验丰富等优点，因而在实际工程中得到广泛应用，是岩土边坡稳定分析的有力工具。然而它也有着以下固有的缺点：需要考虑众多假设条件，不一定符合实际情况；滑动面的寻找复杂，受人为因素影响较大，较依赖于个人经验；局限于二维计算，实际上边坡失稳是一种空间的运动形式，滑动面往往具有多层次性，导致结果的片面性；边坡的破坏具有时间效应，极限平衡法很难解释安全系数 K 的渐变问题，安全系数为常数不符合实际情况。从力学角度看，边坡破坏本身是一个渐进的过程，失稳时滑动面所在的介质不可能同时达到极限抗剪强度，或者即使同时屈服，不同介质的强度也是不一致的。

1.5.2　有限元数值分析法

随着计算机的出现与计算机软硬件的飞速发展，采用理论体系更为严格的方法进行边坡的稳定分析成为可能。有限单元法全面满足了静力许可、应变相容和应力、应变之间的本构关系。同时，因为是采用数值分析方法，可以不受边坡几何形状的不规则和材料的不均匀性的限制，因此，采用数值模拟分析方法是比较理想的分析边坡应力、变形和稳定性态的手段。与传统的极限平衡法相对比，边坡稳定分析的有限元数值分析方法具有几方面优点：破坏面的形状或位置不需要实现假定，通过有限元数值分析，可以模拟出破坏“自然地”发生在土的抗剪强度不能抵抗剪应力的地带，即软件所描述出的“破坏带”。由于有限元法考虑了变形协调的本构关系；因此，不需要像传统的极限平衡法一样引入假定条件，可以保持严密的理论体系。有限元数值模拟方法可以提供应力、变形的全部信息。

如何将有限元数值分析方法与传统的安全系数相结合，成为直接用于边坡设计的判别依据，从而更好指导设计施工，是近些年广泛受到重视的课题。

1.6　渗流机理研究

渗流是作为多个学科的边缘学科发展起来的，是一门流体力学与岩石力学、土力学、多孔介质理论、表面物理学交叉渗透而形成的学科。对堤坝、围堰等工程结构来讲，由于渗流力作用和对某一渗流通道的集中冲刷而危害坝体及地基的稳定安全。因此，对于围堰路堤工程的施工，渗流的影响也是需要着重考虑的。对于渗流机理的研究情况如下。

1.6.1　Darcy 渗流基本概念

法国水力学家 H.P.G.Darcy，在 1852—1855 年通过大量实验总结出多孔介质渗流规律——Darcy’s Law（达西定律），把渗透流速与渗透势能联系在一起，建立了渗透水在土体中流速、水力坡降和土体性质之间的线性渗透定律。Darcy’s Law 是由砂质土体实验得到的，以渗透水流为层流为假定条件，具有一定的局限性，因此大量研究者对 Darcy’s Law 的适用范围进行了研究。J.Ohde 等人从颗粒粒径方面开展了研究。砂土、黏土中的渗透速度很小，其渗流可以看作层流，渗流运动规律符合 Darcy’s Law，渗透速度与水力坡降为线性关系。粗颗粒土(如砾、卵石等)由于孔隙很大，当水力坡降较小时流速不大，渗流可认为是层流，

Darcy's Law 仍然适用；当水力坡降较大时流速增大，渗流过渡为不规则的相互混杂的流动形式——紊流，这时 Darcy's Law 不再适用。巴甫洛夫斯基(Н.Н.Па́вловский)得出了适用于 Darcy's Law 的临界流速，提出了紊流状态时的渗流定律，并于 1889 年推导出渗流的微分方程。Fancher，Lindguist 等人从 *Re*(雷诺数)入手，对 Darcy's Law 的适用范围进行了研究。一般认为 Darcy's Law 适用范围为 *Re*=1～10。当土体孔隙较大或水力坡降较大时，水流的 *Re* 很大，必须考虑惯性力的影响，则渗流速度与水力坡降为复杂的非线性关系，即 Non-Darcy Flow(非达西流/非线性流)。1962 年，Swartzendruber 通过对前人关于流体饱和多孔介质中非达西流动性状分析资料的研究，提出非达西渗流一维流动方程。1968 年，Irmay 应用最小梯度概念对达西定律进行补充，基于对黏土渗流特性的研究，指出当实际水力坡降小于初始梯度时流体不发生流动，该现象称为非牛顿流。

1.6.2 稳定渗流与非稳定渗流

渗流理论发展中遇到的问题之一是稳定渗流与非稳定渗流问题。稳定渗流分析是岩土内、外边界条件不随时间变化的分析，分析区域内的流入量和流出量始终保持不变。

Dupuit 以 Darcy's Law 为基础，推导出地下水流向井孔的平面稳定渗流公式——Dupuit Formula，其假定条件是：含水层是均质、各向同性、等厚、水平的；地下水为稳定状态的层流运动，遵循 Darcy's Law；地下水静止水位水平；抽水井具有圆柱形定水头边界；含水层顶底板隔水，无越流存在。Dupuit Formula 提出后的很长一段时期，地下水水力学的发展限定在稳定渗流理论的范围内。但随着地下水工程规模逐渐扩大，稳定渗流理论已无法解决全部的工程实践问题。1935 年，美国学者 C.V.Theis 在数学家 C.I.Lubin 的帮助下，导出定流量抽水时的单井非稳定渗流计算公式——Theis 公式，其假设条件为：含水层为等厚且均质各向同性而无限延伸的，钻井井径为无穷小的完整井。1940 年，C.E.Jacob 在研究弹性承压含水层时，考虑水体的压缩及介质孔隙的压密条件，推导得到地下水运动的基本微分方程，由 H.H.Cooper 补充完善。地下水渗流的研究从稳定渗流进入了非稳定渗流阶段。Theis 公式的基本假设在自然界是很难实现的，我国学者陈崇希经过研究提出：Theis 公式可直接用于初始渗流场为稳定渗流的情况；当初始渗流场为非稳定渗流时，抽水期间地下水水力坡降为天然水头动态降深和抽水自身引起的降深两部分叠加的结果，然后使用 Theis 公式。

1.6.3 饱和渗流与非饱和渗流

渗流理论发展中的另一个问题是饱和渗流与非饱和渗流问题。非饱和区域泛指从完全干燥状态到完全饱和状态的区域。饱和度在 100%以下时，土壤颗粒之间的孔隙除了水以外还存在空气，饱和度非常低时水珠将以凹状附着在土壤颗粒间。随着饱和度的降低，孔隙水压因为表面张力的影响逐渐发展成张力(负孔隙水压)，也称为吸入压力(suction pressure)，一般饱和度越低，吸入压力越大。Buckingham(1907)、Richard(1931)、Childs 和 Collis-George(1950)等人的研究表明，Darcy's Law 适用于非饱和土体地下水渗流，但非饱和土体的渗透系数是非饱和土含水量或基质吸力的函数。1935 年，Richards 描述了非饱和土体中水的渗流规律，称为广义 Darcy's Law：非饱和土体中的水流通量与土水力坡降成正比，两者之间的比值称为导水率。1973 年，Neuman 提出一维非饱和渗流计算的有限元法，并与 1974 年提出二维饱和-非饱和渗流计算的有限元分析方法。1979 年，Akai 提出三维饱和-非饱和渗流的有限元方法。Freeze(1971)、Papagiannakis 和 Rredlund(1984)等人研究表明，在饱和与非饱和区之间有着连续的水流运动。常规的渗流分析主要考虑饱和区域内水的渗流规律，而工程上遇到越来越多的非饱和土病害问题，非饱和土体的渗流问题引起工程师及学者们的广泛兴趣。

1.6.4　渗流分析主要方法

渗流分析方法很多，归结起来有两大类：理论分析法和试验分析法。理论分析法计算结果精确，但计算复杂，目前仅对部分简单的渗流边界有解答。水力学法基于对渗流条件的简化，广泛应用于各种实际渗流问题，计算简单但存在一定的误差，仅能计算渗流场中某一截面的平均渗流要素。目前，是用流体力学法和试验方法的成果对水力学法进行局部修正，以提高计算精度。从计算技术而言，理论分析法又可分为解析法、数值方法和图解法三大类。渗流场数值分析基于连续介质渗流理论，常用方法主要有有限差分法、有限单元法、边界元法等；此外，还有基于非连续介质渗流理论的裂隙网络法。随着 CAE(计算机辅助工程)和 FEM(有限元方法)的成熟应用，渗流的数值分析方法得到了极大的发展。20 世纪 60—70 年代，学者们开始在流体力学中应用有限元方程对大型土石坝的渗流问题进行求解分析，有限元方法不仅可以考虑岩土材料渗透系数的各向异性，处理较复杂的边界条件，还可以进行空间渗流计算分析和非稳定渗流计算分析。如今，随着计算机技术的飞速发展，多种有限元分析软件适用于渗流分析，根据实际情况选择适当的分析方法及软件，可使工程设计、工程经济评价、工程施工措施更加合理、高效。

1.7　主要研究内容及技术路线

1.7.1　研究内容

研究依托实际工程，选取浅海普通路堤——堤坝型(滩涂堤防)、围海堤斜坡式路堤形式、海堤混合式路堤形式，利用有限元分析软件，进行数值模拟，研究其失稳机理，并对这些工程的施工过程、海水地震共同作用下的稳定性做出评价分析。主要研究内容如下：

① 在查阅大量文献的基础上，归纳总结浅海路堤工程破坏损害形式、失稳的主要类型及致灾原因，以及浅海路堤工程设计方法。

② 应用有限元分析软件，建立沿海滩涂堤防工程和治理工程的数值分析模型，结合实体工程，研究在各种不利因素影响下该工程的失稳破坏机理及其加固处治前的稳定性，得到该海堤工程的治理设计依据。针对沿海滩涂堤防工程的失稳破坏提出治理方案，并对采取处治措施后的治理工程稳定性进行计算分析。

③ 应用有限元分析软件，在设计方案分析的基础上进行其施工过程与控制分析，对软土地基加固措施进行数值模拟分析。结合围堰路堤工程区域所属工程地质条件，确定合理的地基处理方案，具体阐述常用的几种地基处治措施在海堤施工过程中的应用及围堰路堤的施工要点。

④ 应用有限元分析技术，针对围堰路堤施工过程进行建模分析，通过有限元技术进行施工过程中路堤固结沉降分析及相关的应力应变数值分析，同时考虑不同工况对路堤应力变形的影响，最后运用强度折减计算方法对围堰路堤边坡的稳定性做出评价；在有限元分析计算渗流方法的基础上，对围堰渗流场进行模拟，运用流固耦合的分析方法对在应力场和渗流场共同作用下围堰路堤边坡的稳定性进行相应的数值模拟分析。

⑤ 应用有限元分析技术，建立两种路堤——浅海围海堤斜坡式路堤、浅海海堤混合式路堤的——数值模型，同时运用地震动力分析方法和边坡稳定性分析方法，采用有限元地震动力分析方法，研究浅海围海堤斜坡式路堤和浅海海堤混合式路堤在地震动力作用下的力学特性及其应力应变关系。

⑥ 运用有限元强度折减方法，研究浅海路堤边坡的稳定性变化规律与加固措施。运用渗流理论，通过数值分析，考虑不同工况作用下浅海路堤两侧边坡的稳定性，分析在高潮水位作用下，交通荷载、超重交通荷载、地震对浅海路堤两侧边坡稳定性的影响。

1.7.2 技术路线

研究技术路线框图如图 1.5 所示。

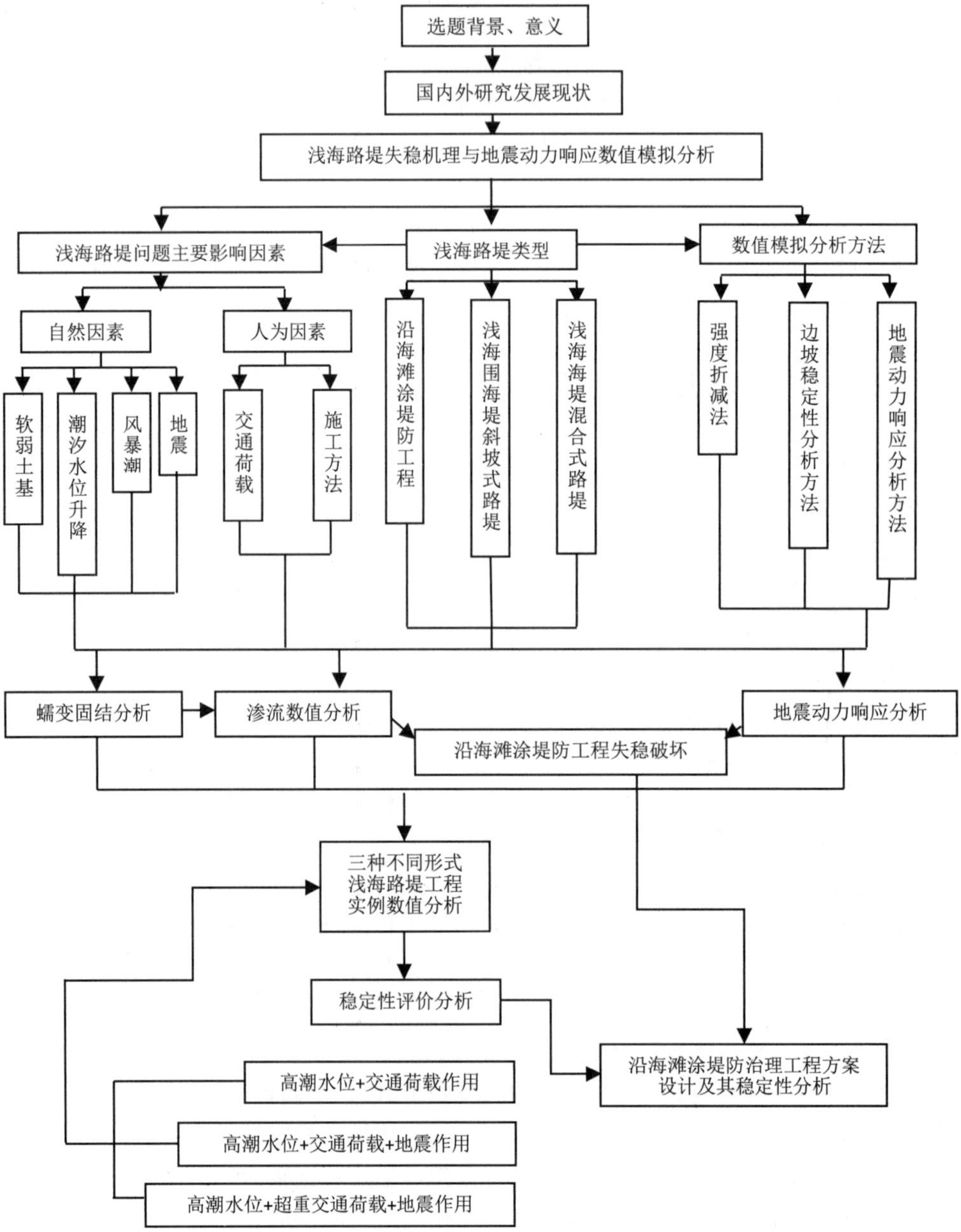

图 1.10　技术路线框图

第 2 章　浅海路堤工程失稳机理与加固治理

改革开放以来，我国沿海地区经济高速发展，人口不断增长，耕地资源减少。为了解决我国粮食保障问题，开发后备土地资源，实现耕地动态平衡，刻不容缓。沿海滩涂是海岸带的重要组成部分，在海陆交接带，大陆边缘呈环形连续分布，是我国重要的后备土地资源。因此，一些原有不被重视的受淹地区逐渐被纳入市政规划。但原有的堤防建设标准偏低，且年久失修，已经成为了地区经济发展的严重瓶颈，水涝灾害造成的损失逐年增加。由于地质条件的复杂性，工程地质勘查时很难全面了解场地所有地质情况。

2.1　沿海滩涂堤防路堤典型失稳工程

某一典型沿海滩涂堤防工程如图 2.1 所示。其滩涂为淤泥质土、砂以及黏性土构成的场地上覆土层，基岩为砂岩，左侧为临海段，设计平均水位位于地面 1.53 m，极端高潮位 2.85 m、低潮水位 1.35 m，堤顶道路高程+3.00 m，宽 25 m。由于堤底土承载力较低，堤顶下采用水泥土搅拌桩进行加固，桩径为 ϕ550 mm。考虑到施工因素，搅拌桩仅布置在堤顶范围内，具体布置方法为垂直堤轴线方向每隔 1.0 m 设 1 根，共 6 排；沿堤轴线方向每隔 1.5 m 设 1 排，桩位呈方形布置。在运营期内，沿海滩涂堤防工程因水泥搅拌桩桩长设计不合理，桩底高程位于持力层之上，未能穿透软弱土层到达强度相对较高的持力层冲洪积黏土层，产生“悬浮”桩现象，堤顶道路出现多处裂缝；左侧临海段，堤身出现了多处裂纹，堤趾处土体隆起，有大面积滑坡现象；右侧陆地段，堤趾处也发生土体隆起、堤身开裂，出现滑坡，如图 2.1 所示。

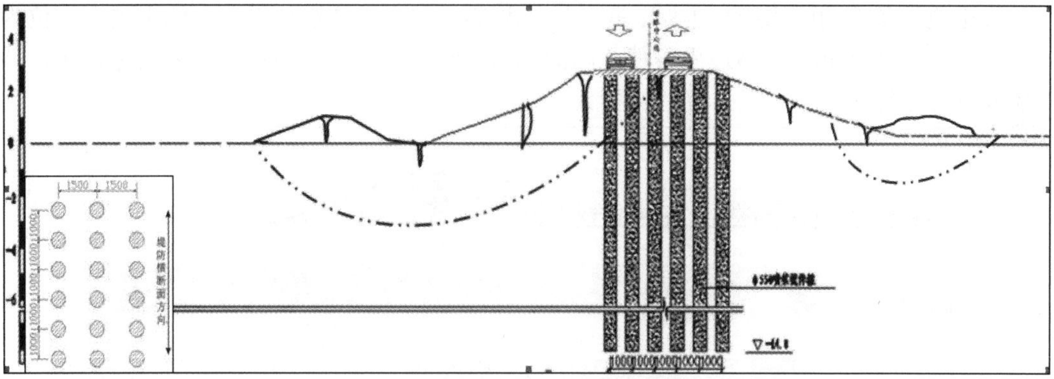

图 2.1　典型沿海滩涂堤防工程断面图(含桩位布置)

2.2　数值模拟方法与物理力学参数选择

结合上述沿海滩涂堤防工程失稳主要形式及初步分析因素进行数值模拟分析。由于有限元软件应用性强，能够模拟复杂工程地质条件，研究中所述数值模拟基于有效应力的平面有限单元数值模拟分析方法，采用有限元分析软件进行。

利用有限元分析软件建立二维有限元模型，针对不同工况定义不同的材料参数，然后计算出应力、应变和塑性区等，对工程是否稳定进行分析研究。场地地基土层划分如表 2.1 所示。

表 2.1　沿海滩涂堤底土层物理力学参数

类别	弹性模量/kPa	泊松比	饱和容重/(kN/m^3)	黏聚力/kPa	内摩擦角/(°)	渗透系数/(cm/s)
淤泥	2.5×10^3	0.35	15.3	7.0	10.1	2×10^{-7}
淤泥质粉质黏土	3.4×10^3	0.35	16.8	12.1	10.5	5×10^{-7}
粉质黏土	4.3×10^3	0.35	18.3	17.9	15.3	2×10^{-6}
粗砂	3.1×10^4	0.3	20.5	5	36	2.6×10^{-4}
中粗砂	4.0×10^4	0.3	20	6	35	1.8×10^{-4}
冲洪积黏土层	4.5×10^4	0.25	24	200	32	3.1×10^{-8}
回填砂砾土	1.5×10^4	0.3	18.8	6	32	2×10^{-1}

该沿海滩涂堤防工程土体主要处于淤泥质土、黏性土、砂土组成的上覆土层，根据《公路路基设计规范》(JTG D30—2015)属于典型软土路基，应考虑软土路基治理措施，软土路基鉴别指标见表 2.2。

表 2.2　软土鉴别指标

土类	天然含水量/%		天然孔隙比	直剪内摩擦角/(°)	十字板剪切强度/kPa	压缩系数 $a_{1\text{-}2}$/MPa^{-1}
黏质土、有机质土	≥35	≥液限	≥1.0	宜小于 5	<35	宜大于 0.5
粉质土	≥30		≥0.90	宜小于 8		宜大于 0.3

沿海滩涂堤防工程路堤中采用的水泥混凝土搅拌桩设计长度不合理，未能穿透软弱土层到达强度相对较高的持力层，产生“悬浮”桩现象，对堤顶道路的支撑作用不大，故在该堤防工程的数值模型建立中有限元计算中的划分不再单独考虑桩的存在。

2.3　沿海滩涂堤防路堤工程模型建立

沿海滩涂堤防工程占地范围较宽，在数值模型建立时对堤身下部土体的选取为堤脚向外 55 m(左)、30 m(右)。堤防工程堤身主体高 3 m，堤顶路面高程+3.2 m，模型底部取至基地标高-28.2 m，已达到基底持力层冲洪积黏土层处，沿海滩涂堤防工程数值模型中各土层从上至下为：海床以上为路面、海堤回填砂砾土；海床以下为淤泥、淤泥质粉质黏土、粉质黏土、粗砂、中粗砂、冲洪积黏土层。

渗透边界条件为两侧透水边界，底部冲洪积黏土层为不透水边界，左侧考虑海水位为设计高潮水位 2.85 m。位移边界条件：两侧为水平约束，竖向自由；底部砂岩为水平，并对竖向位移进行约束。有限元模型如图 2.2 所示。

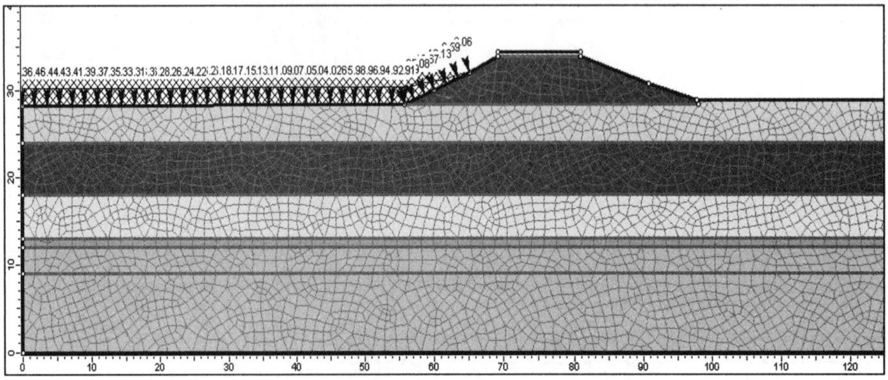

图 2.2　沿海海堤堤防有限元模型示意图

沿海滩涂堤防工程数值模拟分析工况包括以下 3 种：

① 临海段高潮水位+2.85 m，交通荷载 N=35 kPa(见图 2.3)。

② 临海段高潮水位+2.85 m，交通荷载 N=35 kPa，地震烈度为 7 度(见图 2.4)。

③ 临海段高潮水位+2.85 m，超重交通荷载 $5\times N$=175 kPa，地震烈度为 7 度(见图 2.5)。

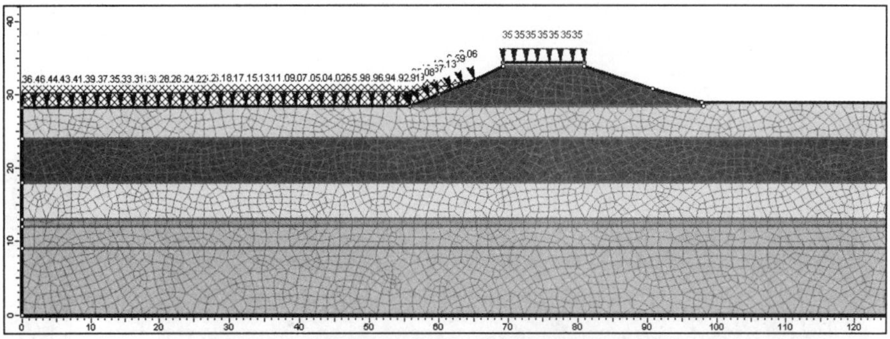

图 2.3　考虑高潮水位+交通荷载作用示意图

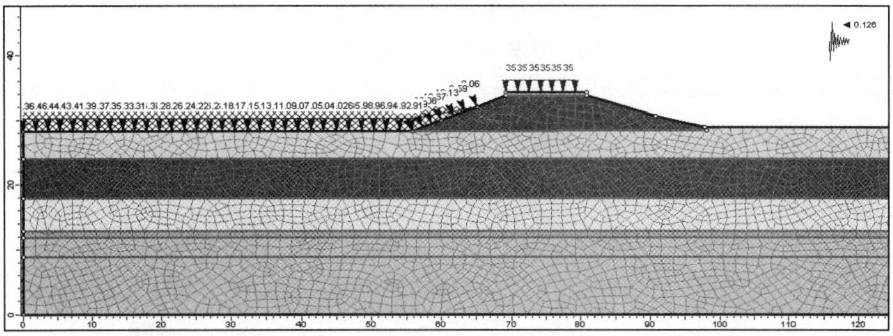

图 2.4　考虑高潮水位+交通荷载+地震烈度为 7 度作用示意图

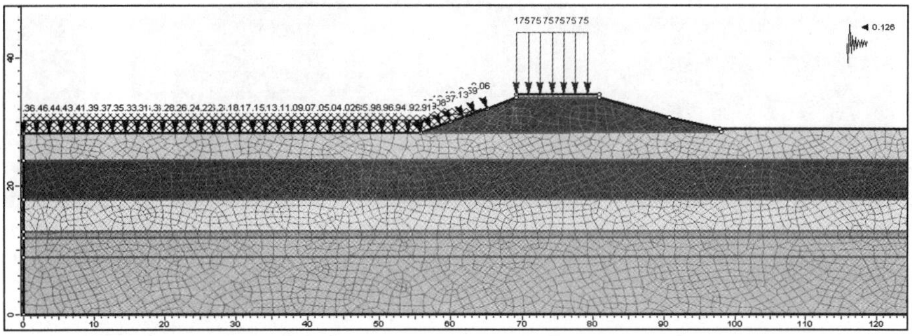

图 2.5　考虑高潮水位+超重交通荷载+地震烈度为 7 度作用示意图

2.4　沿海滩涂堤防路堤失稳分析

2.4.1　沿海滩涂堤防失稳破坏变形结果

① 临海段高潮水位+2.85 m、交通荷载 N=35 kPa 作用下变形值如图 2.6 所示。

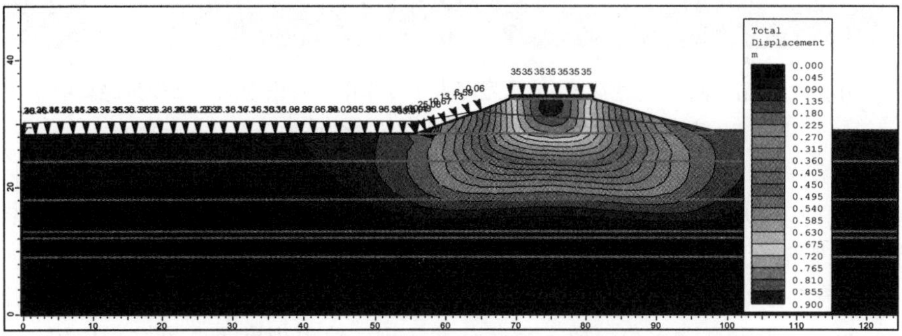

(a)考虑高潮水位+交通荷载作用堤身出现的变形位移云图

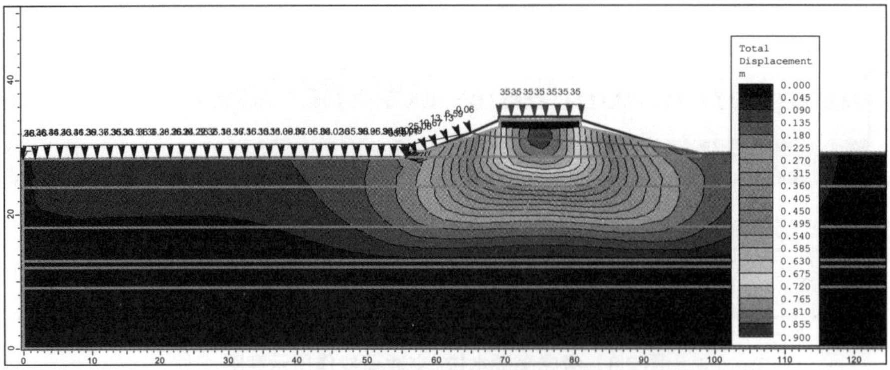

(b) 考虑高潮水位+交通荷载作用堤身出现的破坏变形趋势云图

图 2.6　考虑高潮水位+交通荷载作用

考虑高潮水位、交通荷载共同作用路基发生较大沉降。变形趋势由堤顶至堤脚向两侧延伸，变形值逐渐减小。

② 临海段高潮水位+2.85 m、交通荷载 N=35 kPa、地震烈度为 7 度作用下变形值如图 2.7 所示。

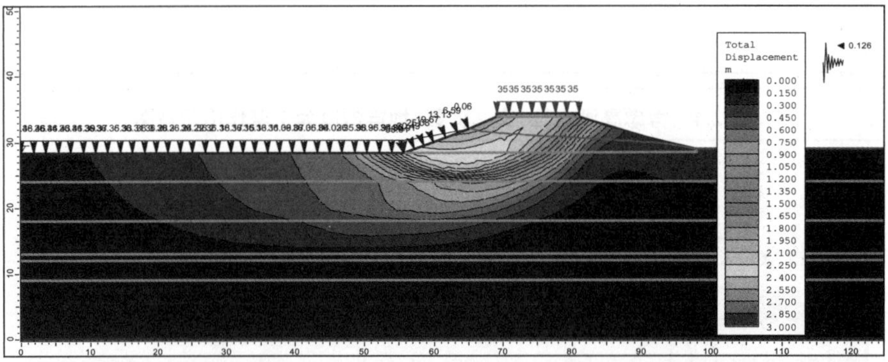

(a) 考虑高潮水位+交通荷载+地震烈度为 7 度作用堤身出现的变形位移云图

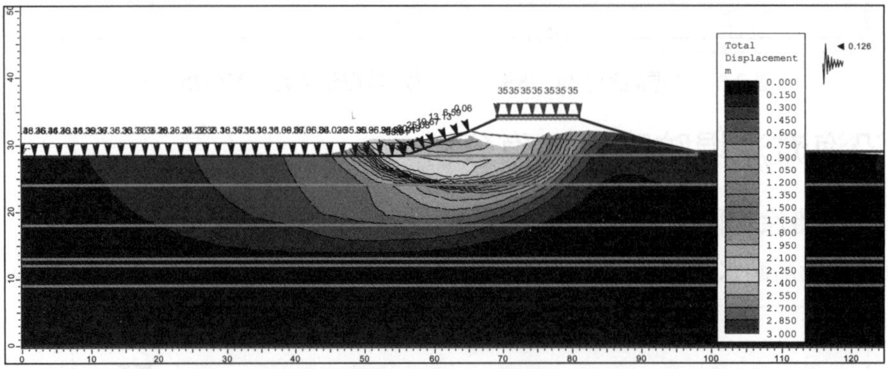

(b) 考虑高潮水位+交通荷载+地震烈度为 7 度作用堤身出现的破坏变形趋势图

图 2.7　考虑高潮水位+交通荷载作用+地震烈度为 7 度作用示意图

考虑高潮水位、交通荷载作用、地震烈度为 7 度共同作用下，变形趋势转为向左侧临海段，该段发生大的滑坡，集中在堤底的淤泥及淤泥质粉质黏土两个土层，左侧堤趾处隆起，滑坡发生影响交通车辆的正常行驶。

③ 临海段高潮水位+2.85 m，超重交通荷载 5×N=175 kPa，地震烈度为 7 度作用下变形值如图 2.8 所示。考虑高潮水位、超重交通荷载作用、地震烈度为 7 度共同作用下，总位移

变形值为 170 m。在超重交通荷载作用下，变形进一步增大，趋势仍为左侧临海段发生大的滑坡，陆地段变形减小，滑坡仍集中在堤底的淤泥及淤泥质粉质黏土两个土层，左侧堤趾处隆起增大，滑坡的发生严重影响交通车辆的正常行驶。

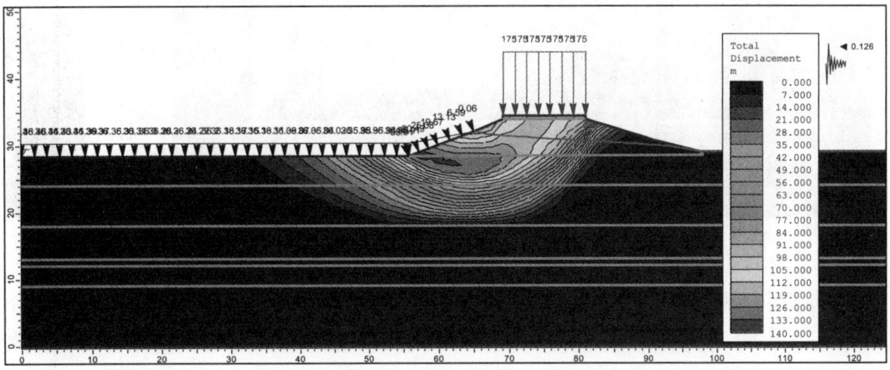

(a) 考虑高潮水位+超重交通荷载+地震烈度为 7 度作用堤身出现的变形位移云图

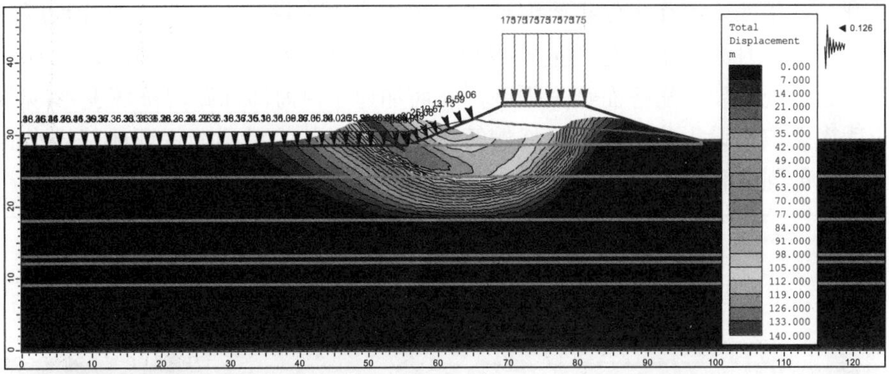

(b) 考虑高潮水位+超重交通荷载+地震烈度为 7 度作用堤身出现的破坏变形趋势云图

图 2.8　考虑高潮水位+超重交通荷载+地震烈度为 7 度作用堤身出现的变形位移云图

④ 考虑临海段高潮水位+2.85 m、交通荷载 N=35 kPa、地震烈度为 7 度共同作用下，沿海滩涂堤防工程失稳破坏剪应变发生在堤身、第一层淤泥质、第二层淤泥质粉质黏土中，主要集中在堤底第一层淤泥左侧临海段堤趾下部淤泥中，该层有较完整的滑动面。如图 2.9 所示。

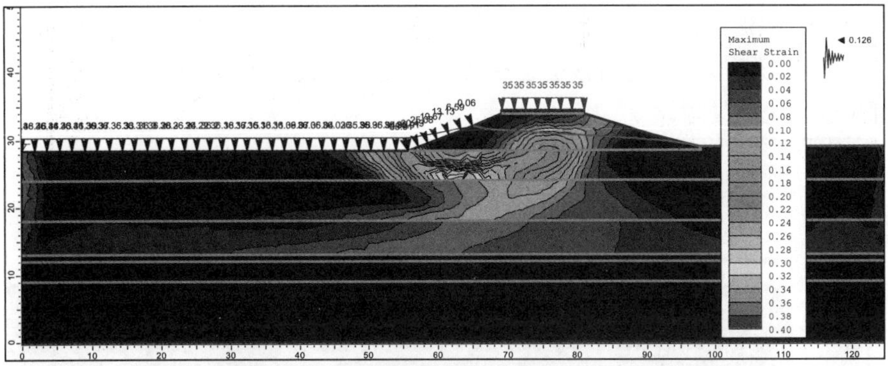

图 2.9　高潮水位+交通荷载+7 级地震烈度作用剪应变增量云图

⑤ 考虑临海段高潮水位+2.85 m、超重交通荷载 5×N=175 kPa、地震烈度为 7 度作用下，沿海滩涂堤防工程失稳破坏剪应变作用范围扩大，在堤底下两层土淤泥、淤泥质粉质黏土数值增大，在左侧临海段堤趾下方两层土内形成完整的滑动面(见图 2.10)。

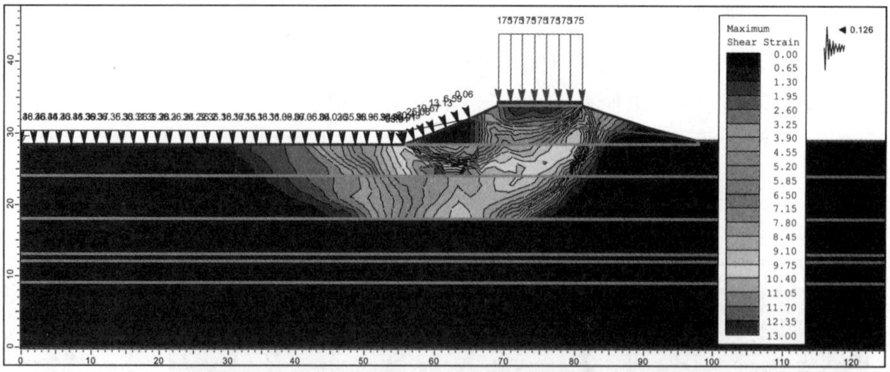

图 2.10　高潮水位+超重交通荷载+地震烈度为 7 度作用剪应变增量云图

⑥ 沿海滩涂堤防渗流作用下失稳破坏。沿海滩涂路堤在左侧海水作用下发生渗流，海堤地表水及地下水均受到海水的直接补给，渗流路径由左至右，右侧陆地段堤趾处在渗流作用下，出现较大的流速矢量。

海水升降产生的渗流作用使得沿海滩涂路堤堤身含水量增大，形成超静水压，堤身材料承载能力下降，且海水中含有大量硫酸盐，因硫酸盐与水泥发生反应时，对水泥具有结晶性侵蚀，会出现开裂、崩解而丧失强度，从而加速了沿海滩涂路堤破坏变形(见图 2.11)。因此，应适当采取铺设土工布及土工格栅等土工合成材料的措施，保证地基排水固结，增加地基土的抗剪强度和稳定性。

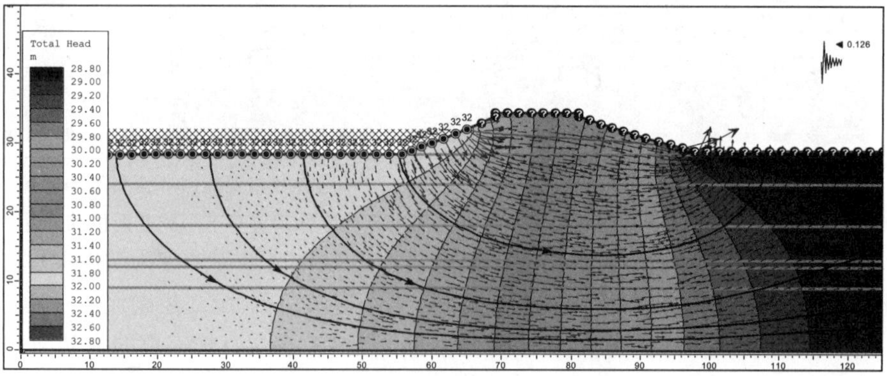

图 2.11　沿海滩涂路堤渗流矢量云图

如图 2.12，沿海滩涂路堤塑性区主要分布在右侧陆地段堤趾下部淤泥土中，此处发生破坏，且破坏变形值最大，说明该层土在渗流、交通荷载、地震的作用下承载力降低，应该对该部位软土进行处理。

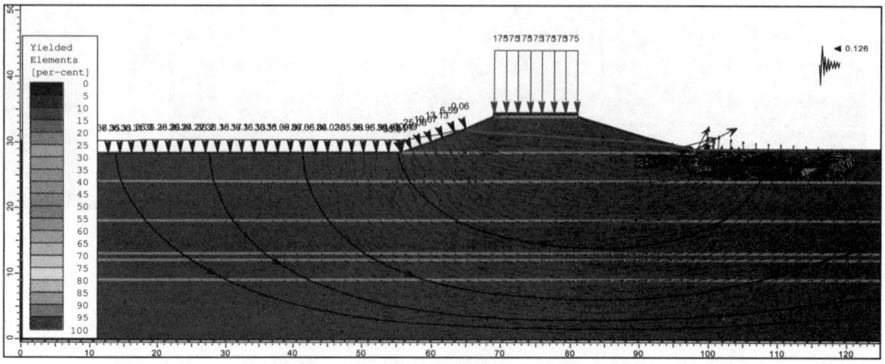

图 2.12　沿海滩涂路堤塑性区分布图

2.4.2　临海段海堤边坡失稳变形结果

① 临海段海堤边坡变形总位移矢量云图如图 2.13 所示。临海段边坡安全系数为 1.01，不满足《海堤工程设计规范》GB/T 51015—2014 的规定，堤底下部两层土中发生大面积的滑坡变形，在交通荷载作用下，变形与交通荷载作用基本对应，大变形主要集中在荷载作用范围内，其余部位变形较小。

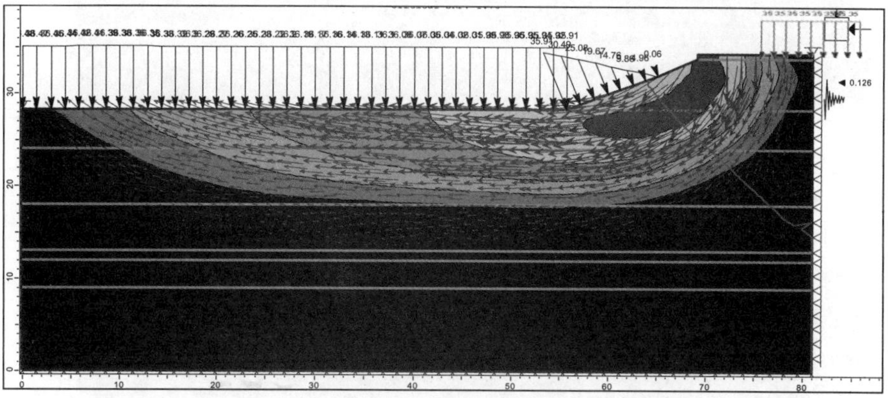

图 2.13　临海段海堤边坡变形总位移矢量云图

② 临海段滑动面贯通变化趋势(见图 2.14)。临海段在交通荷载作用下，危险滑动面首先发生在路基底部，有向下部土层第一层扩大发展趋势[见图 2.14(a)]；临海段在地震和交通荷载作用下，滑动面进一步发展，范围扩大至基底下部第二层土层，堤身剪应变增大[见图 2.14(b)]。

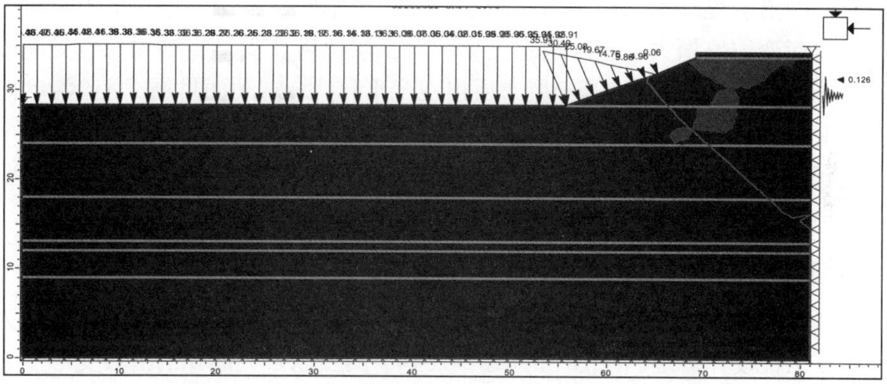

(a) 初始滑动面破坏位置

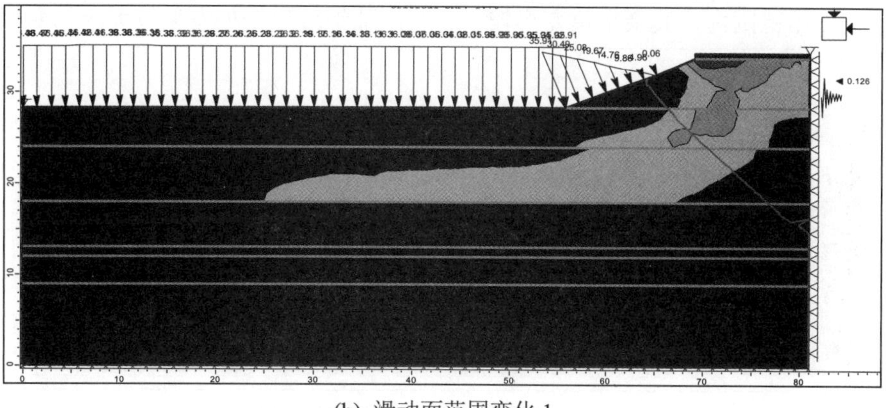

(b) 滑动面范围变化 1

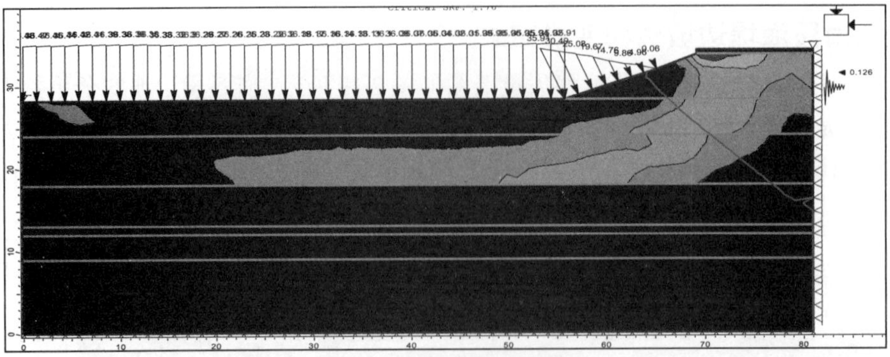

(c) 滑动面范围变化 2

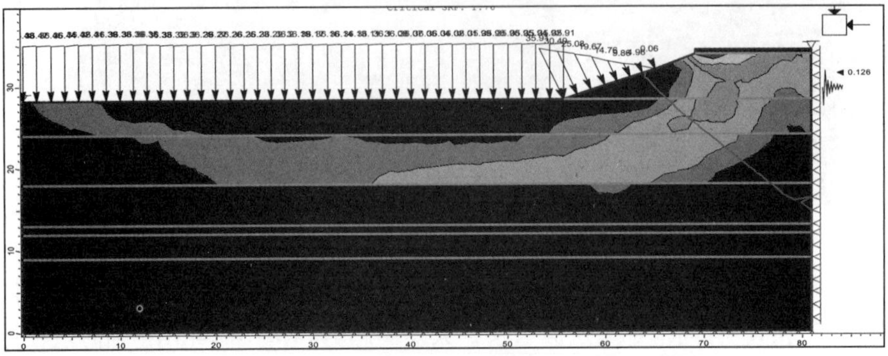

(d) 危险滑动面贯通

图 2.14　临海段海堤边坡滑动面变形过程示意图

滑动面范围沿着堤底第二层土向左侧延伸，在至基底下部第二层土层中不断扩大，上部堤身所受剪应变数值增大，基底最左侧第一层土层出现变形，上部堤身所受剪应变数值增大[见图 2.14(c)]；基底最左侧第一层土层出现变形增大，滑动面贯通，危险滑动面范围较大[见图 2.14(d)]。由上述临海段破坏变形总位移矢量云图及滑动面贯通变化趋势可知，左侧临海段堤底第一层土体地基承载力较低，应进行不良土体的处置，左侧堤趾有较大范围的滑坡，应当采取处置措施。

2.4.3　陆地段海堤边坡失稳变形结果

① 陆地段海堤边坡变形总位移矢量云图如图 2.15 所示。陆地段边坡安全系数为 1.21，不满足《海堤工程设计规范》（GB/T 51015—2014）的要求，大面积的滑坡变形主要集中在堤底下部两层土中，在交通荷载的作用下，变形与交通荷载作用基本对应，大的变形主要集中在荷载作用范围内，其余部位变形较小，右侧陆地段堤趾处发生较大隆起变形。

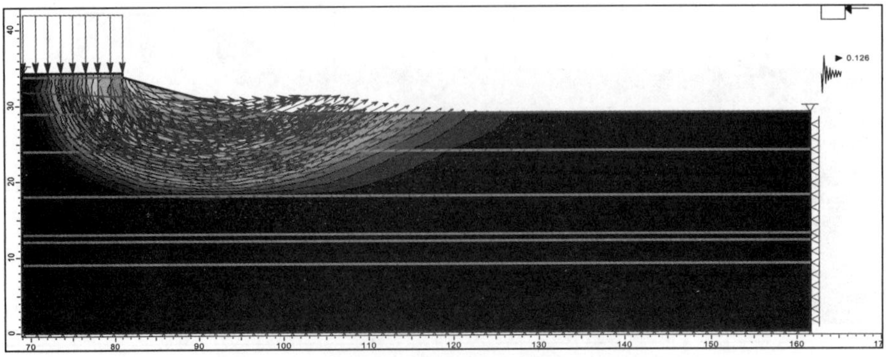

图 2.15　陆地段海堤边坡变形总位移矢量云图

② 陆地段滑动面贯通变化趋势(见图 2.16)。危险滑动面首先发生在路基底部及在下部土层第一层中范围较大，由第一层土向右侧堤趾处延伸，有向第二层发展趋势[见图 2.16(a)]；滑动面进一步发展，基底下部第二层土层范围扩大，滑动面贯通，堤身剪应变增大[见图 2.16(b)]；滑动面在基底下部第一、二层土层中不断扩大，第一层土中逐渐出现完整滑动面，上部堤身所受剪应变数值增大[见图 2.16(c)]；第一层土层中出现完整滑动面，右侧堤趾处变形范围较临海段小，上部堤身所受剪应变数值继续增大[见图 2.16(d)]；由上述陆地段破坏变形总位移矢量云图、滑动面变贯通变化趋势以及陆地段海堤边坡渗流矢量云图图 2.17 可知，右侧陆地段堤趾处，在海水渗流及车辆荷载共同作用下，破坏变形较大且集中在右侧堤趾处，应针对该作用范围进行不良土体的处置，并采取适当的处置措施，以提升该沿海滩涂堤防路堤工程的稳定性。

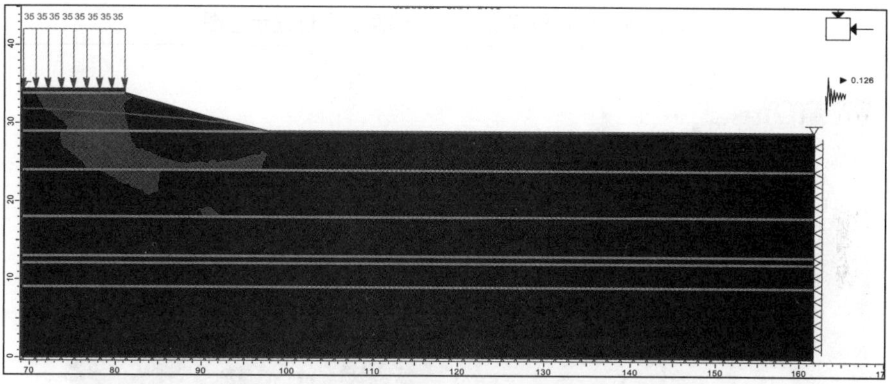

(a) 初始滑动面位置

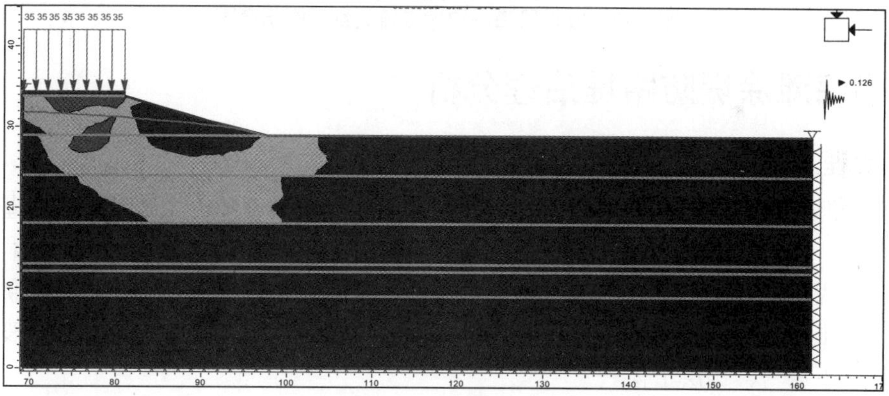

(b) 滑动面破坏位置扩大 1

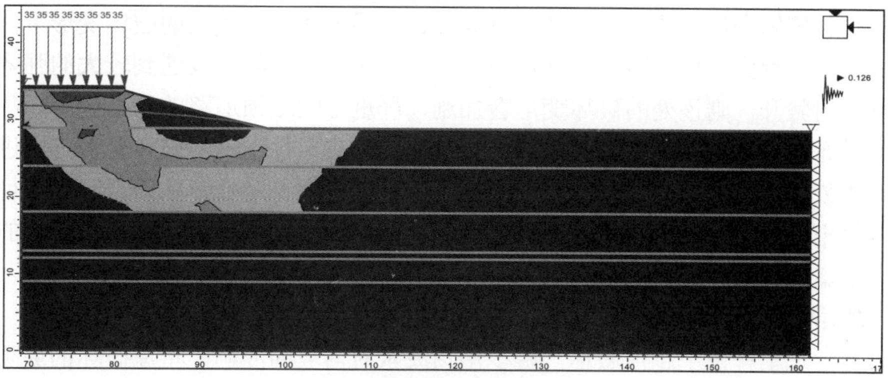

(c) 滑动面破坏位置扩大 2

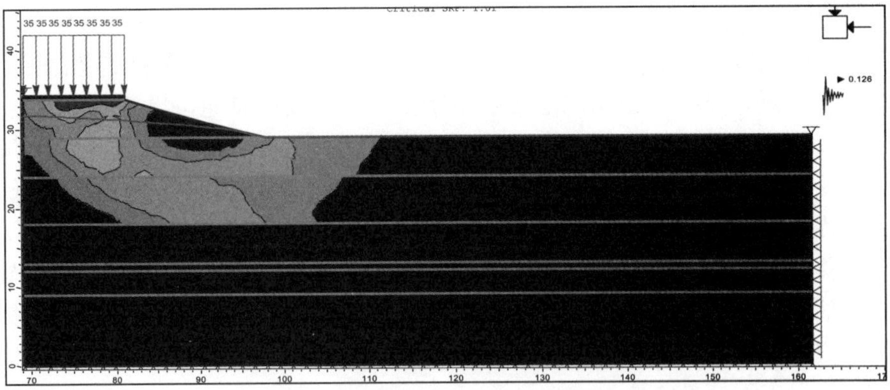

(d) 完整滑动面形成滑动面贯通

图 2.16　陆地段海堤边坡滑动面变形过程示意图

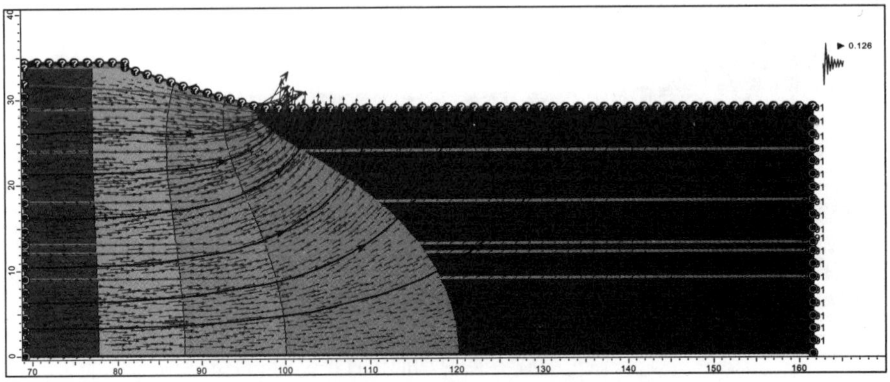

图 2.17　陆地段海堤边坡渗流矢量云图示意图

2.5　沿海滩涂堤防路堤治理分析

2.5.1　治理工程方案

研究沿海滩涂堤防路堤工程失稳变形数值模拟分析结果可知，由于该路堤路基为典型的软土路基，土体主要处于淤泥质土、黏性土、砂土组成的上覆土层，在运营过程中由于车流量的增大，交通荷载的增加，海水潮位变化，堤段发生较大的破坏变形，左侧临海段堤底第一层土体地基承载力较低，左侧堤趾有较大范围的滑坡且发生隆起，破坏变形主要集中在基底下第一、二层土体。

右侧陆地段堤趾处在海水及车辆荷载共同作用下，破坏变形较大、较集中，如遇地震变形加剧，且破坏变形主要集中在基底下第一、二层土体，在较大的破坏变形下，堤身失稳破坏，严重影响到堤顶道路的正常使用，这种破坏变形如陆地段遇到较大的强降水，水位在短时间内骤升，则该处的破坏变形会加剧，严重影响堤顶道路的正常使用。故此治理工程针对沿海滩涂堤防路堤工程中对堤身稳定性起到决定性作用的破坏变形范围进行处置，采取适当的处置措施，以提升该沿海滩涂堤防路堤工程的稳定性，从而得到可靠可行的优化设计，提出沿海滩涂堤防工程的治理方案。针对上述沿海滩涂堤防路堤工程中的问题，具体治理方案如下。

(1) 堤顶高程优化设计

为防止治理工程发生越浪破坏，减少漫顶海水对内坡的冲刷，将原破坏的堤防工程堤顶高程提高由+3.0 m 提升至+4.4 m，并且堤顶采取防护措施，左侧临海段设置防浪堤。

(2) 水泥土搅拌桩优化设计

由于沿海滩涂堤防工程中采用的水泥混凝土搅拌桩设计长度不够，未能穿透软弱土层到达强度相对较高的持力层，在实际使用当中未起到应有的支撑作用，故在治理工程方案当中水泥土搅拌桩的设计优化为重点部分。

沿海滩涂堤防治理工程中的水泥搅拌桩，采用矿渣硅酸盐水泥，标号为 C42.5，从而减少海水中硫酸盐水泥发生反应产生的结晶性侵蚀，避免桩体出现开裂、崩解。

根据现场地质勘查报告，堤底淤泥层之下 10 m 埋深内，有性质良好、范围较大、层位稳定的冲洪积黏土层，故为了避免出现沿海滩涂堤防工程中的“悬浮”桩现象，选取该黏土层作为水泥搅拌桩的设计持力层，且桩必须伸入黏土层 1.0 m，桩顶高程为原堤防工程堤顶高程，设计桩长 18 m。通过现场施工配合比试验及施工工艺试验，将原水泥搅拌桩四搅两喷施工工艺改为四搅四喷，提升桩身中水泥的均匀性，使桩体承载能力提高。

对水泥搅拌桩布置形式优化，由原来的 6 排平行布置改为 6 排错位布置。横向间距由 1 m 增至 1.25 m，纵向间距 1.5 m，桩打穿淤泥、淤泥质粉质黏土、粉质黏土层，入底部持力黏土层 1 m。优化后的桩位布置见图 2.18。

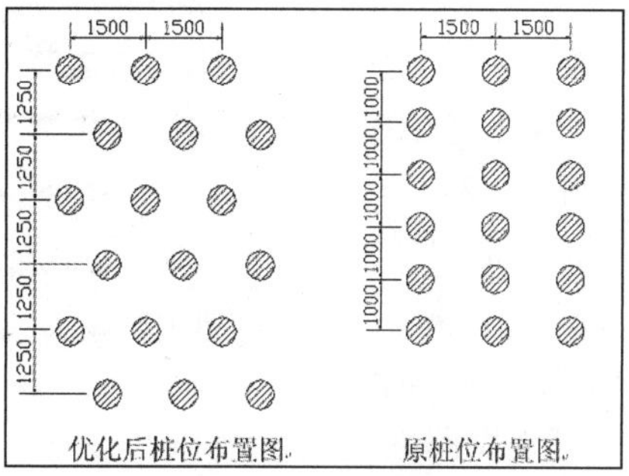

图 2.18　施工优化方案前后水泥搅拌桩桩位布置对比图

(3) 堤防设计优化加固方案

沿海滩涂堤防工程堤底为典型软土地基，在海水潮位变化、风暴潮波动水流的冲刷作用下，堤底土体易发生破坏、淘蚀现象，加上水泥搅拌桩的施工对软土产生扰动过大，导致堤底土体的强度降低，极易在施工过程中出现局部堤段整体失稳情况。因此，考虑在堤身两侧填筑反压平台，对表层局部淤泥土进行换填，以提升堤底土体强度。内坡处进行草植防护，降低波动水流对堤身土体的冲刷作用，保证堤防工程的稳定性。优化后堤段横断面图见图 2.19。

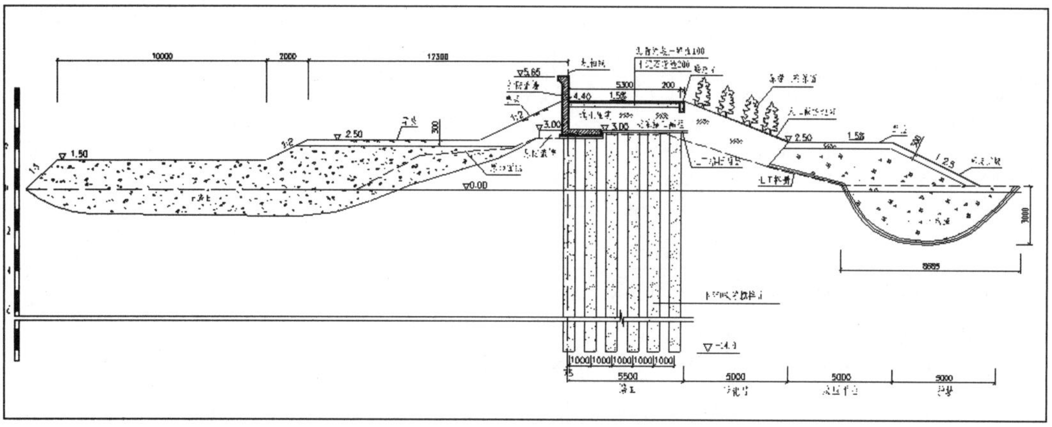

图 2.19　沿海滩涂海堤堤防优化横断面图

2.5.2 治理工程施工过程和分析模型建立

根据治理工程方案，治理工程数值模拟分析中主要考虑了以下施工步骤。

(1) 水泥搅拌桩施工

水泥搅拌桩设计桩长 18 m，桩身深入堤底部持力黏土层 1.0 m，桩顶高程为原堤底高程+3 m，桩底平均高程-15 m，施工工艺为四搅四喷[见图 2.20(a)]。

(2) 临海段土体表层淤泥土换填、施工便道填筑形成第一级反压平台

为防止海水对左侧围临海段施工的影响，应在临海段前侧修筑一防浪墙，将海水排出后再施工。临海段的施工便道施工前，对首层淤泥进行 1 m 厚土体换填，平台底部高程为-0.5 m，反压平台土采用石渣土填筑，反压平台填筑前，在与原堤身接触的位置用石渣土填筑一反压脚。反压平台上施工便道高程+1.5 m，宽 10 m，坡度 1∶3[见图 2.20(b)]。

(3) 陆地段表层淤泥土换填、反压平台填筑

陆地段表层淤泥换填范围主要考虑在沿海滩涂堤防工程中右侧土体出现较大变形的范围，换填采用石粉渣，提升堤底土体的承载力。换填表面下设一层 20 mm 厚土工布、一层 15 mm 厚土工格栅。在土地换填后，右侧堤脚处填筑一级反压平台，采用回填砂砾土。平台顶部高程为+2.5 m，放坡 1.5%，平台宽 5 m，坡比 1∶2.5，在表层铺筑一层 30 cm 厚混凝土护面，平台以上边坡进行草植防护[见图 2.20(c)]。

(4) 堤身分层填筑，临海侧第二级平台形成

堤身填筑采用回填砂砾土，临海段第二级平台顶部高程为+2.5 m，坡度比 1∶2，平台填筑采用石渣土，表面铺 30 cm 厚回填土[见图 2.20(d)]。

(5) 堤身第二层填筑完成，堤顶路面铺装

堤身填筑第二层分层，堤顶道路路面铺装，路基边坡采用草植防护措施，坡比 1∶2，沿海滩涂堤防治理工程施工完毕。如图 2.20(e)所示。

治理工程采取的主要过程是在原堤防工程的基础上进行加高加固，故同样采用摩尔-库仑 Mohr-Coulomb 模型来模拟分析治理工程土体的应力应变关系，采用 15 节点的四边形单元进行有限元网格的划分，建立治理工程模型。

堤身加高填筑 1.4 m，堤顶路面高程提升至+4.4 m，堤脚处至模型底部高度不变，仍取至基地标高-28.2 m，达到基底持力层冲洪积黏土层处，左侧考虑高潮水位 3.58 m 高的总水头。治理工程堤底土层物理力学参数见表 2.3 所列。

表 2.3 沿海滩涂治理工程堤底土层物理力学参数

类别	弹性模量/kPa	泊松比	饱和容重/(kN/m³)	黏聚力/kPa	内摩擦角/(°)	渗透系数/(cm/s)
淤泥	2.5×10^3	0.35	15.3	7.0	10.1	2×10^{-7}
淤泥质粉质黏土	3.4×10^3	0.35	16.8	12.1	10.5	5×10^{-7}
粉质黏土	4.3×10^3	0.35	18.3	17.9	15.3	2×10^{-6}
粗砂	3.1×10^4	0.30	20.5	5	36	2.6×10^{-4}
中粗砂	4.0×10^4	0.30	20.0	6	35	1.8×10^{-4}
冲洪积黏土层	4.5×10^4	0.25	24.0	200	32	3.1×10^{-8}
回填砂砾土	1.5×10^4	0.30	18.8	6	32	2×10^{-1}
石渣土	4.3×10^4	0.35	22.0	10	35	2×10^{-8}
石粉渣	4.2×10^4	0.30	21.5	12	36	1.7×10^{-8}

建立有限元模型，如图 2.21 所示。

分析工况考虑下列 3 种情况：

① 临海侧高潮水位+3.58 m，交通荷载 N=35 kPa(见图 2.22)。

② 临海侧高潮水位+3.58 m，交通荷载 N=35 kPa，地震烈度为 7 度(见图 2.23)。

③ 临海侧高潮水位+3.58 m，超重交通荷载 5×N=175 kPa，地震烈度为 7 度(见图 2.24)。

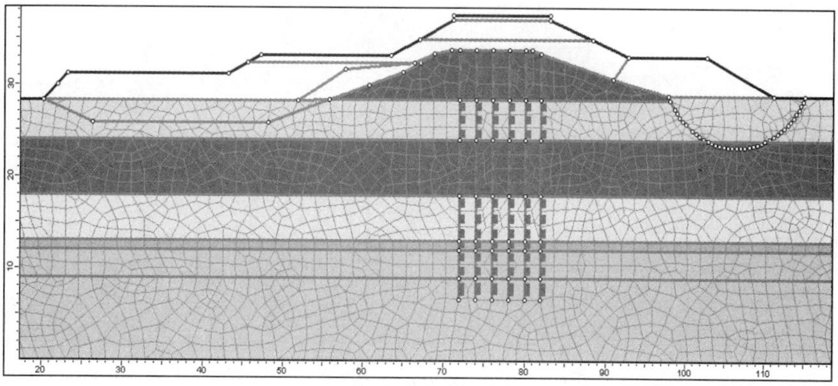

(a) 水泥搅拌桩施工

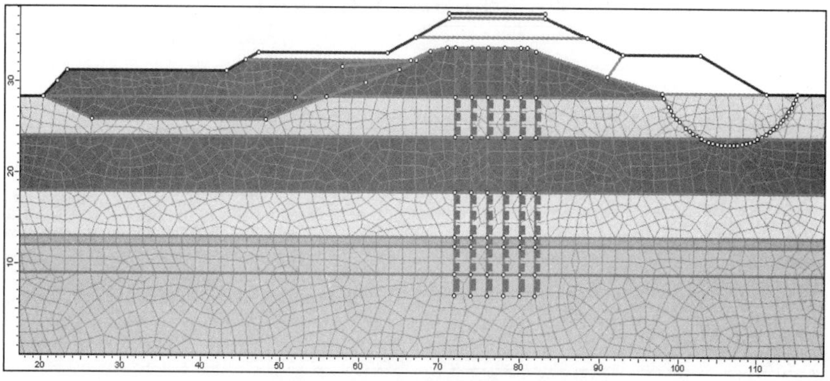

(b) 临海段施工便道修筑反压平台形成

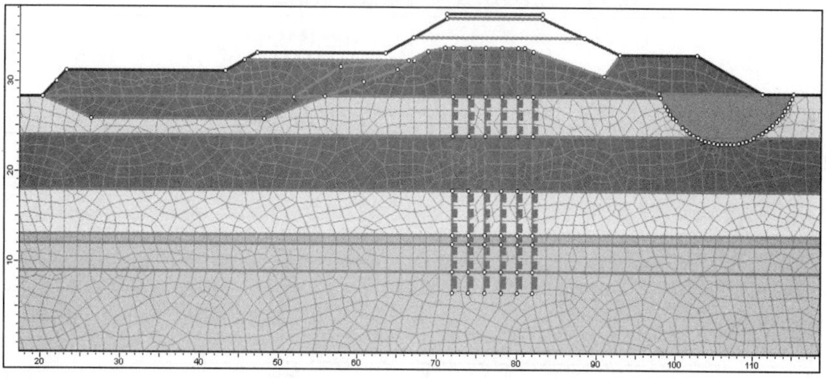

(c) 陆地段堤脚软土换填、反压平台填筑

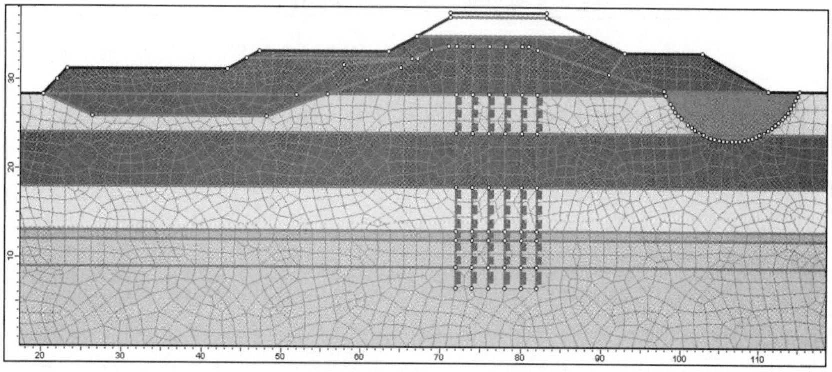

(d) 陆地段堤脚软土换填

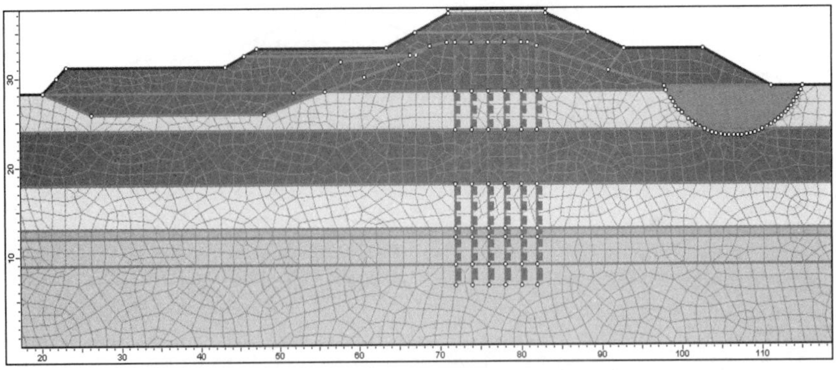

(e) 路堤加高填筑

图 2.20 治理工程施工过程模拟示意图

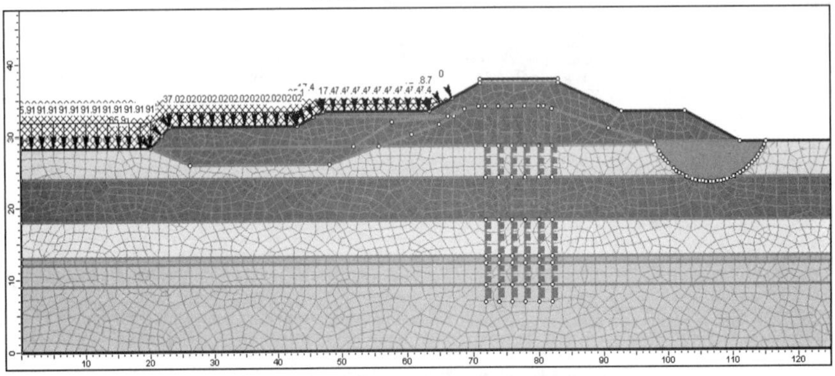

图 2.21 治理工程海堤数值分析模型示意图

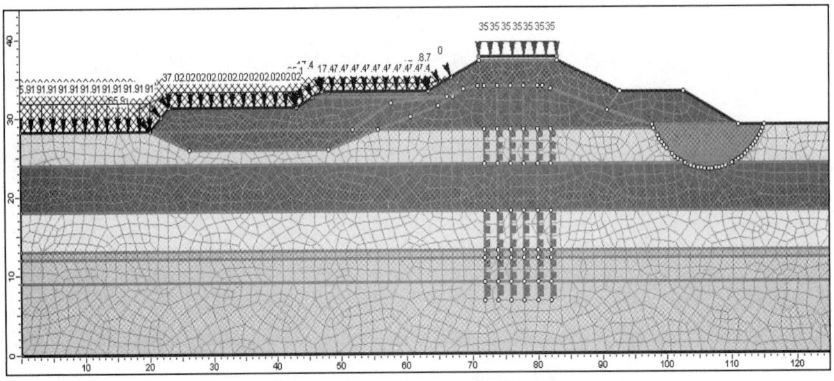

图 2.22 考虑高潮水位+交通荷载作用示意图

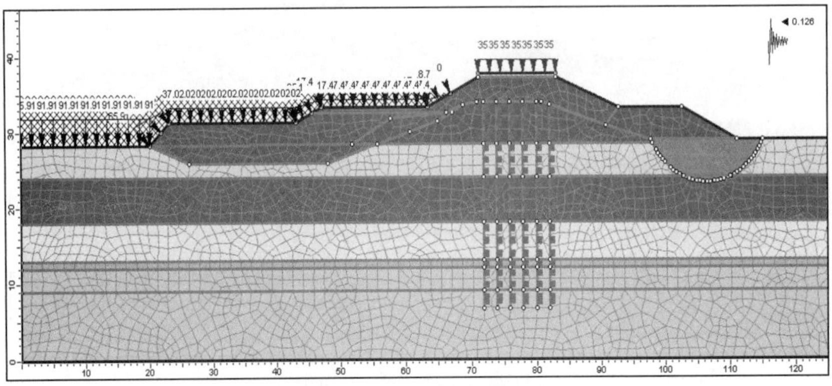

图 2.23 考虑高潮水位+交通荷载+地震烈度为 7 度作用示意图

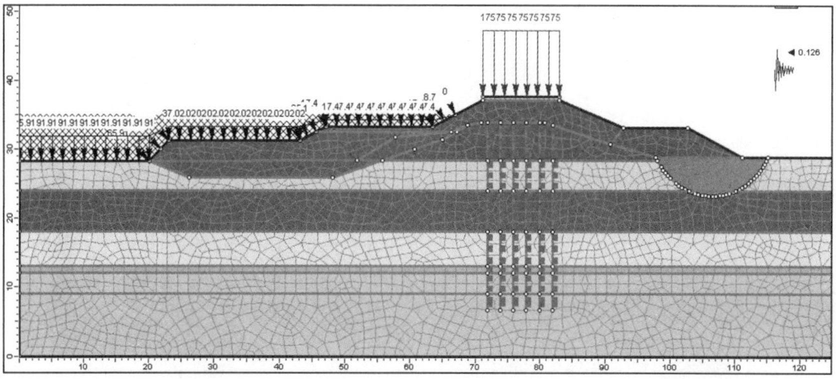

图 2.24　考虑高潮水位+超重交通荷载+地震烈度为 7 度作用示意图

2.5.3　治理工程稳定性分析

① 临海段高潮水位+3.58 m、交通荷载 N=35 kPa 作用下变形值如图 2.25 所示。考虑高潮水位、交通荷载共同作用路基发生沉降较小。水泥搅拌桩起到支撑加固作用，变形值在桩两端逐渐减小。

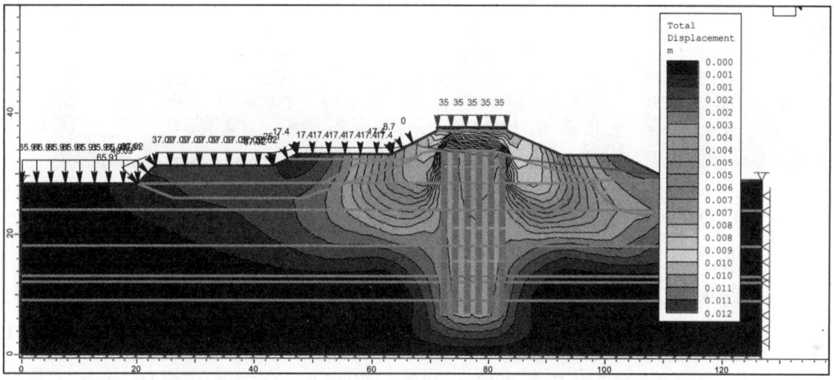

(a) 考虑高潮水位+交通荷载作用堤身出现的变形位移云图

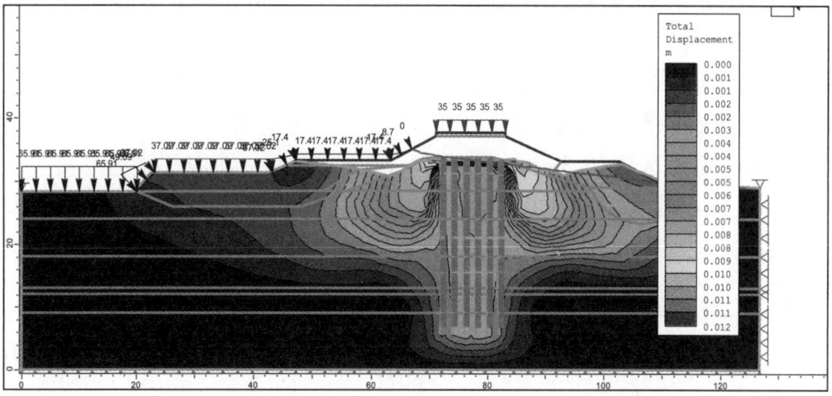

(b) 考虑高潮水位+交通荷载作用堤身出现的破坏变形云图

图 2.25　考虑高潮水位+交通荷载作用示意图

② 临海段高潮水位+3.58 m、交通荷载 N=35 kPa、地震烈度为 7 度作用下变形值如图 2.26 所示。考虑高潮水位、交通荷载作用、地震烈度为 7 度共同作用左侧临海段变形增大，但未发生较大滑坡，变形仍集中在堤底的淤泥及淤泥质粉质黏土两个土层，未出现隆起现象，水泥搅拌桩发生变形，在其允许范围内。

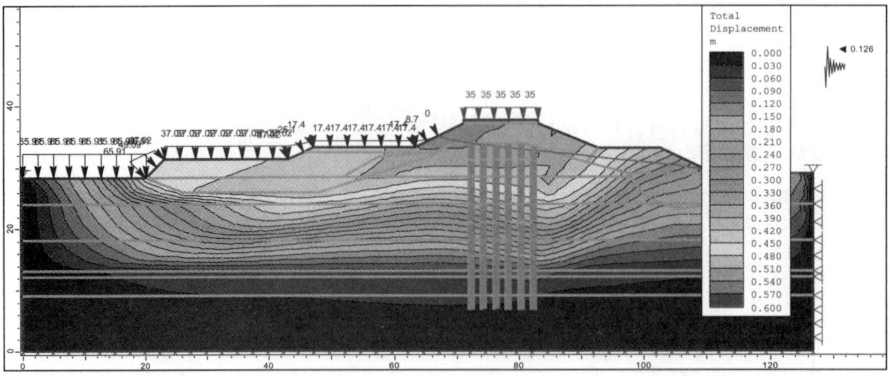

(a) 考虑高潮水位+交通荷载+地震烈度为 7 度作用堤身出现的变形位移云图

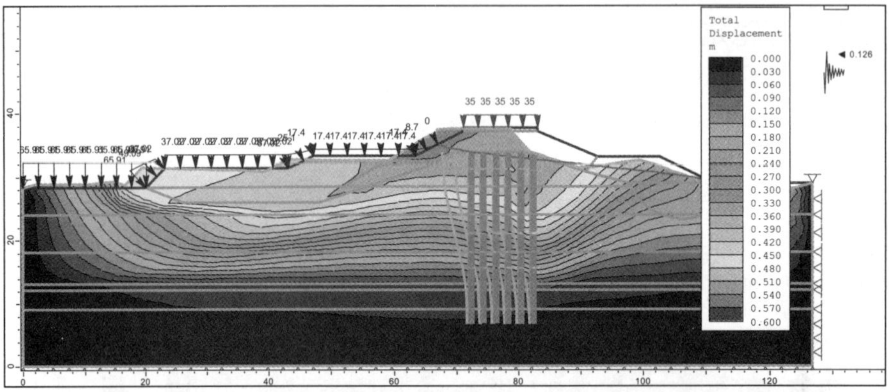

(b) 考虑高潮水位+交通荷载+地震烈度为 7 度作用堤身出现的破坏变形云图

图 2.26　考虑高潮水位+交通荷载+地震烈度为 7 度作用示意图

③ 临海段高潮水位+3.58 m、超重交通荷载 5×N=175 kPa、地震烈度为 7 度作用下变形值如图 2.27 所示。考虑高潮水位、超重交通荷载作用、地震烈度为 7 度共同作用下由于堤身两边增设了反压护道，堤身稳定性得到提高，变形量较交通荷载作用下只有些许增大，趋势仍为左侧临海段发生大的滑坡，陆地段变形减小，堤底的淤泥及淤泥质粉质黏土两个土层因采取换填等处置措施后，土体承载能力提升，未形成较大滑坡，变形对堤顶路面交通车辆的正常行驶没有太大影响。水泥搅拌桩在交通荷载作用、地震+交通荷载作用、地震+超重交通荷载作用三种情况下所受剪应力随深度变化值见表 2.4。

④ 考虑临海段高潮水位+3.58 m、交通荷载 N=35 kPa、地震烈度为 7 度共同作用下，治理工程剪应变发生在堤身、第一层淤泥质、第二层淤泥质粉质黏土中，主要集中在堤底第一层淤泥左侧临海段堤趾下部淤泥中，该层有较完整滑动面(见图 2.28)。

表 2.4　水泥搅拌桩所受剪应力随深度变化值

深度/m	剪应力/kN		
	交通荷载作用	地震+交通荷载作用	地震+超重交通荷载作用
1	-1.9374	-3.1562	-5.6075
4	5.923	13.299	16.52
6	-7.2775	-12.965	-14.605
8	-0.55198	-3.736	-3.9445
11	0.22806	2.5973	3.0975
14	-1.886	-3.8472	-3.8618
17	-2.9334	0.036436	0.35388
19	14.275	-3.5121	-4.6322
21	-5.6292	34.112	38.7
23	-2.5034	-3.8846	-4.9687
26	-1.7171	-0.51434	-0.01969

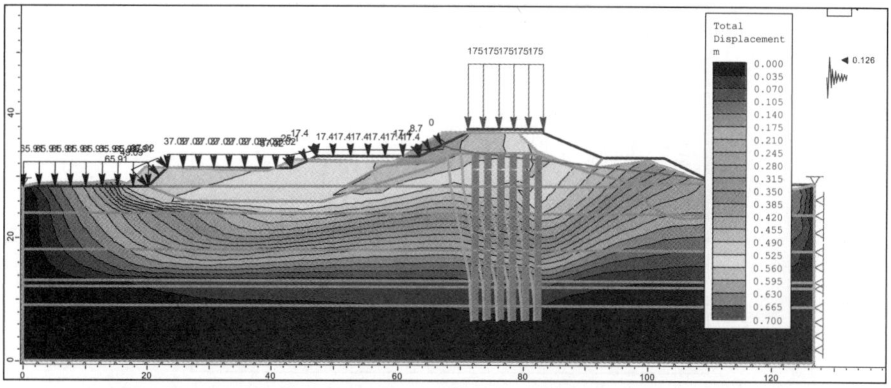

(a) 考虑高潮水位+超重交通荷载+地震烈度为 7 度作用堤身出现的变形位移云图

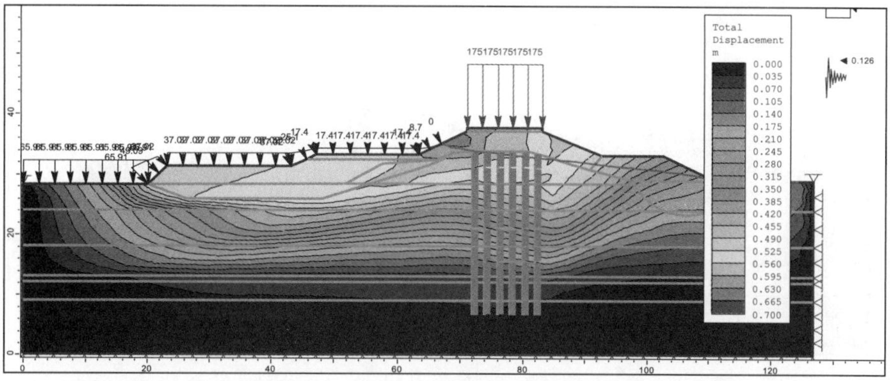

(b) 考虑高潮水位+超重交通荷载+地震烈度为 7 度作用堤身出现的破坏变形云图

图 2.27　考虑高潮水位+超重交通荷载+地震烈度为 7 度作用堤身出现的变形位移云图

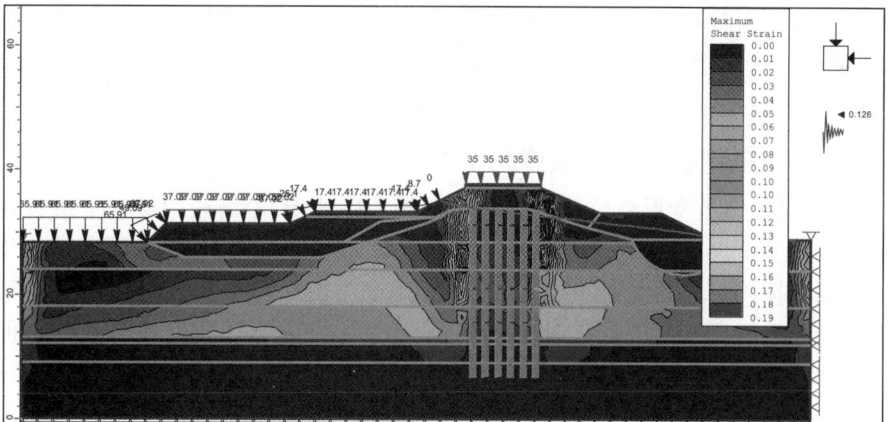

图 2.28　高潮水位+交通荷载+7 级地震烈度作用剪应变增量云图

水泥搅拌桩在不同条件下剪应力随深度变化曲线如图 2.29 所示。

从曲线变化的情况可以看出，水泥搅拌桩所受剪应力有两个较大的峰值，3 种不同情况作用下，剪应力最大值出现的位移基本一致，交通荷载作用与地震共同作用、超重交通荷载与地震共同作用剪应力曲线基本重合。

⑤ 沿海滩涂堤防渗流作用下失稳破坏。路堤在左侧海水作用下发生渗流，海堤地表水及地下均受到海水的直接补给，渗流路径由左至右，右侧陆地段堤趾处在渗流作用下，出现较大的流速矢量(见图 2.30)。

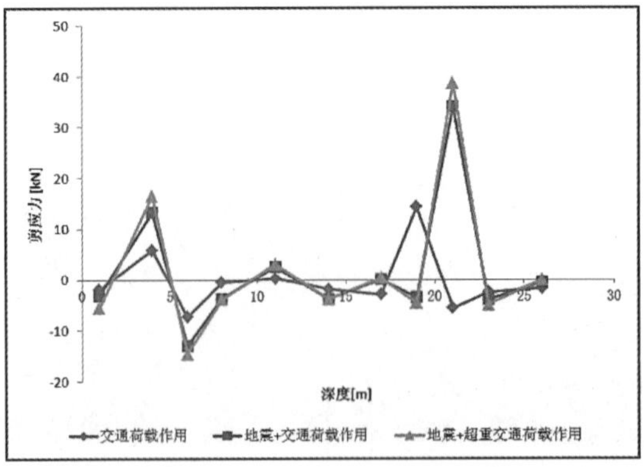

图 2.29　水泥搅拌桩不同变形作用下所受剪应力随深度变化曲线图

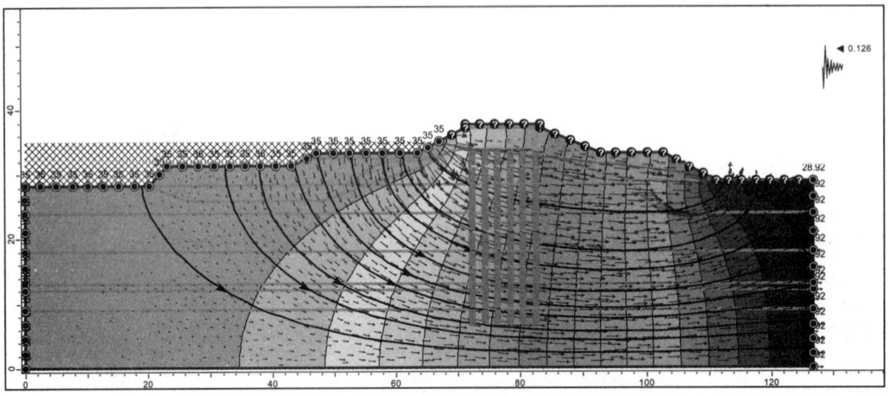

图 2.30　沿海滩涂路堤渗流矢量云图

海水升降产生的渗流作用使得沿海滩涂路堤堤身含水量增大，形成超静水压，堤身材料承载能力下降，而且海水中含有的硫酸盐会侵蚀水泥，使其丧失强度，从而加速了沿海滩涂路堤的破坏变形。因此，应适当采取铺设土工布及土工格栅等土工合成材料的措施，保证地基排水固结，增加地基土的抗剪强度和稳定性。

2.5.4　治理工程左侧临海段边坡变形分析

① 临海段海堤边坡变形总位移矢量云图如图 2.31 所示。临海段边坡安全系数为 1.53，满足《海堤工程设计规范》的要求，满足I级海堤正常运用条件最小安全系数不小于 1.3 的规范要求。水泥搅拌桩起到支撑和提升堤身承载力的作用。位移较大值集中在左侧两级反压护道下，说明设置反压护道对左侧临海段的抗滑稳定性起到了提升作用，在交通荷载的作用下，堤顶路面由于有了水泥搅拌桩的加固，变形值较小，堤顶道路能正常使用。

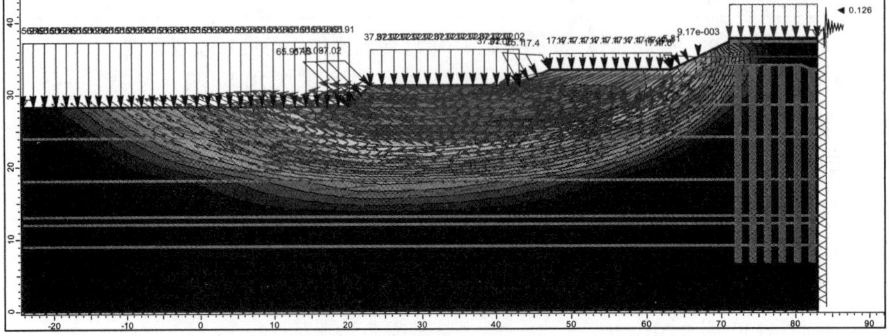

图 2.31　临海段海堤边坡变形总位移矢量云图

② 治理工程临海段滑动面形成趋势(见图 2.32)。

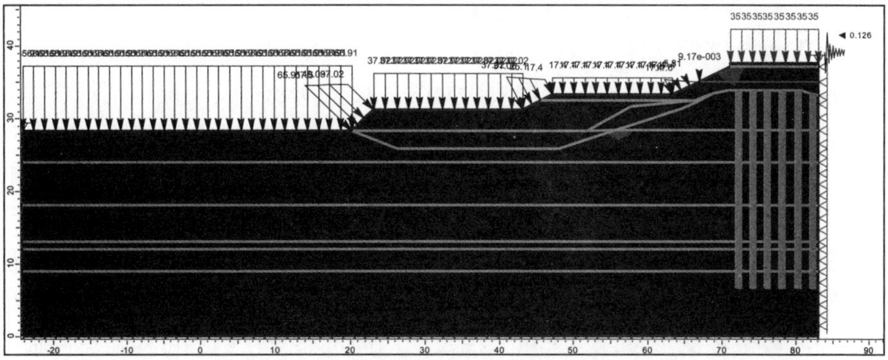

(a) 初始滑动面破坏位置

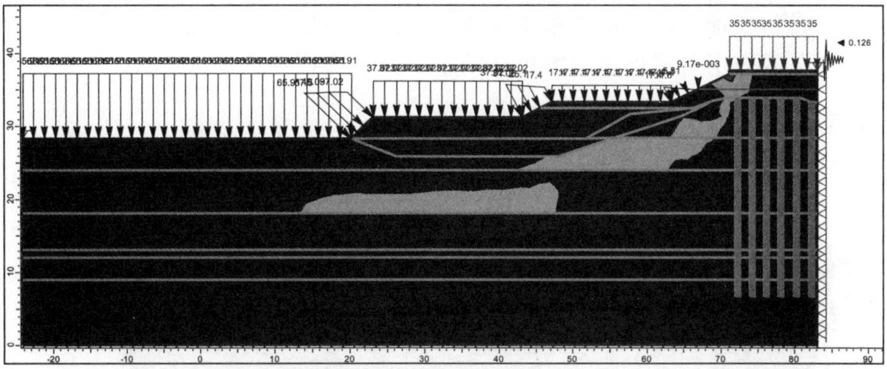

(b) 滑动面范围变化 1

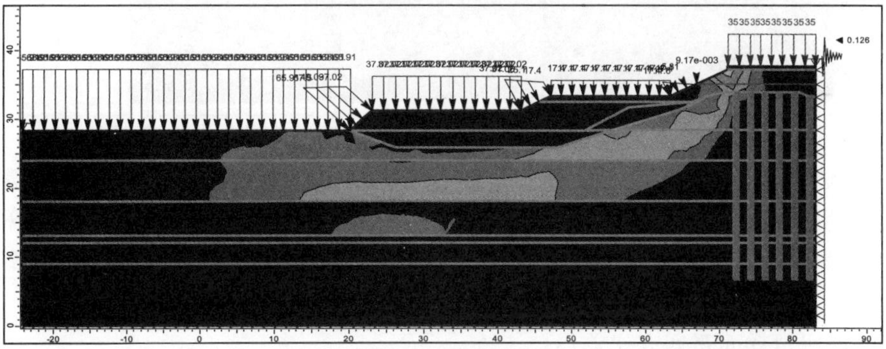

(c) 滑动面范围变化 2

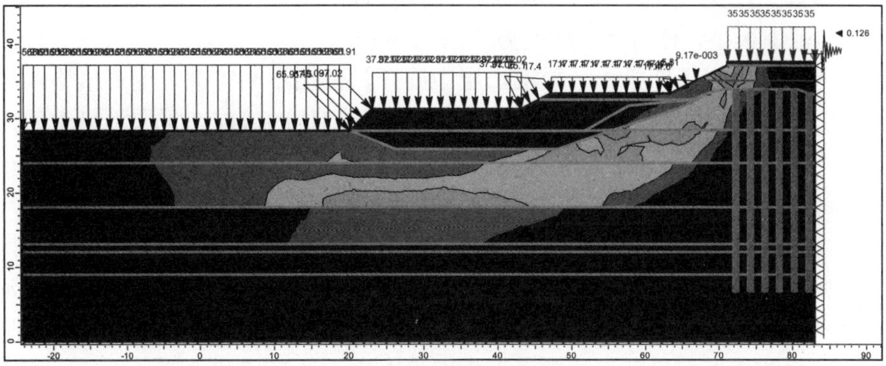

(d) 危险滑动面贯通

图 2.32　治理工程临海段海堤边坡滑动面变形过程示意图

临海段在交通荷载作用下，首先在路肩和原沿海滩涂堤趾部位出现了破坏，破坏变形值很小，如图 2.32(a)所示；临海段在地震和交通荷载作用下，破坏进一步加大，堤顶路面以下由于有水泥搅拌桩的支撑，承载力提升，破坏变形绕过水泥搅拌桩位置沿着堤身向基底下部第一层土层发展，堤身剪应变增大，如图 2.32(b)所示；滑动面范围沿着堤底第二层土向左侧延伸，在至基底下部第二层土层中不断扩大，但是由于治理工程对左侧第一层局部进行了换填，并增加了两级反压护道，在原沿海滩涂工程当中出现的大的变形和滑坡的位置基本变形值为 0，尽管出现滑动面较大，但堤身稳定性增强，如图 2.32(c)所示；基底最左侧第一层土层出现变形增大，滑动面贯通，危险滑动面范围扩大至基底第三层土，但在采取治理措施的部位并没有出现大的破坏变形，堤身处于稳定状态，如图 2.32(d)所示。

由上述临海段破坏变形总位移矢量云图及滑动面贯通变化趋势可知，左侧临海段堤底地基承载力较低的第一层土体在进行不良土体的处置，采取换填措施后，左侧临海段边坡稳定性得到提升，在原沿海滩涂工程中发生的大面积滑坡和堤趾隆起得到改善，从而保证在地震和交通荷载作用下堤顶道路的正常使用。

2.5.5 治理工程右侧陆地段边坡变形分析

① 治理工程陆地段海堤边坡变形总位移矢量云图如图 2.33 所示。

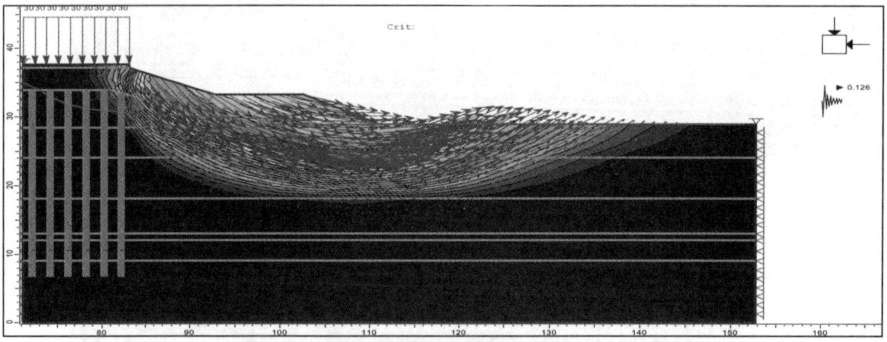

图 2.33 陆地段海堤边坡变形总位移矢量云图

陆地段边坡安全系数为 1.71，满足《海堤工程设计规范》的要求，大面积的滑坡变形主要集中在堤底下部两层土中，在交通荷载的作用下，变形与交通荷载作用基本对应，大的变形主要集中在荷载作用范围内，其余部位变形较小，右侧陆地段堤趾处发生较大隆起变形。

② 陆地段滑动面贯通变化趋势。

破坏变形首先发生在路肩部位，由于水泥搅拌桩的支撑作用，堤顶路面以下承载力提升，破坏变形范围很小，有向下发展趋势[见图 2.34(a)]；破坏变形进一步发展，绕过水泥搅拌桩的作用范围向基底下部第一、二层土层中展开，范围不断扩大，变形值增加，但在原沿海滩涂堤防工程中出现的大范围变形的范围和堤趾部位的隆起在采取不良土体换填、增加反压护道的措施后得到改善，并没有发生大的破坏变形，堤身稳定[见图 2.34(b)]；滑动面在基底下部第一、二层土层中不断扩大，并沿着基底第二层土向右侧延伸，第一层土堤趾右侧出现了破坏变形，路肩处初始破坏变形值进一步增大，基底第一层土进行换填的部分没有出现变形[见图 2.34(c)]；滑动面进一步发展，在沿着基底第二层土向右侧延伸过程中与堤趾右侧连通，滑动面贯通，第二层土层中出现完整滑动面，原沿海滩涂堤防工程中右侧堤趾处发生的变形在治理工程中由于采取了不良土体换填和设置一级反压护道的措施而没有发生，左侧边坡抗滑稳定性提升，堤身稳定[见图 2.34(d)]。

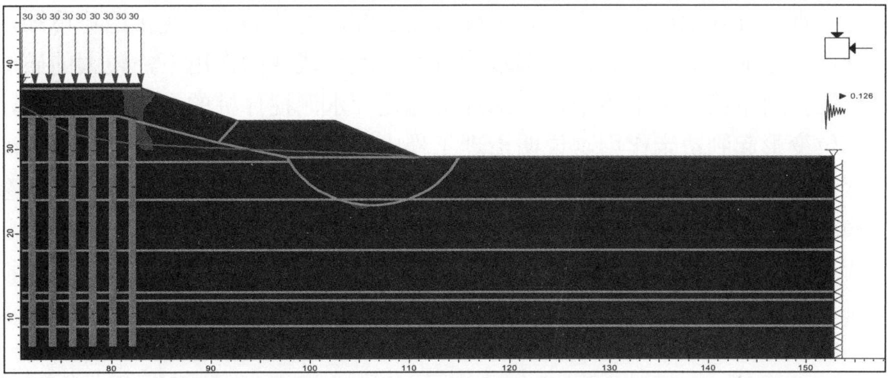

(a) 初始滑动面破坏位置

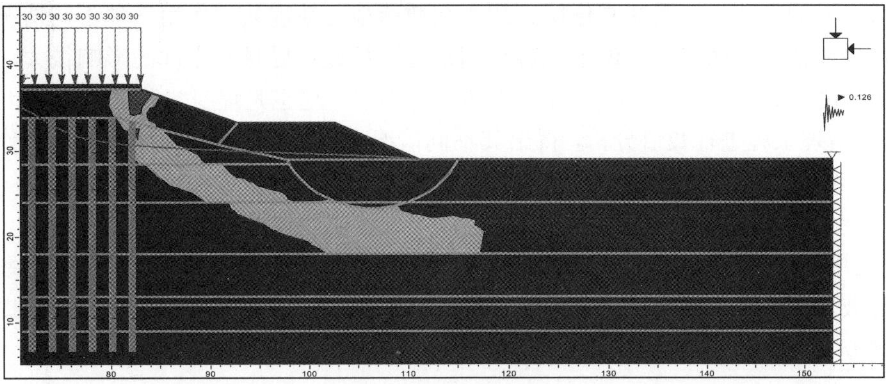

(b) 滑动面范围变化 1

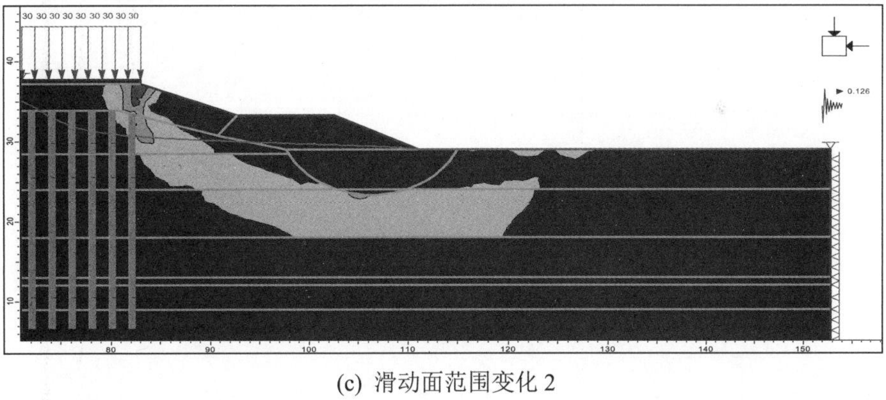

(c) 滑动面范围变化 2

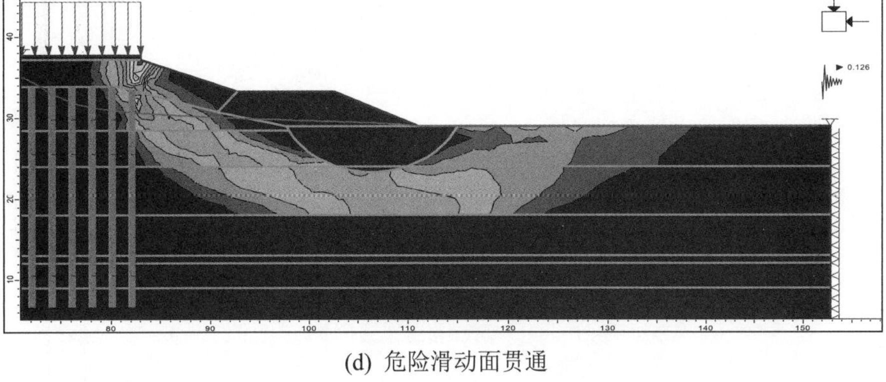

(d) 危险滑动面贯通

图 2.34　治理工程陆地段海堤边坡滑动面变形过程示意图

由上述治理工程陆地段破坏变形总位移矢量云图、滑动面贯通变化趋势可知，右侧陆地段堤趾处由于采取了处置措施，在海水渗流及车辆荷载共同作用下，较大的破坏变形主要集中在反压护道下第二层土体中，上部堤身稳定，水泥搅拌桩的支撑作用明显，对堤顶路面以下部位变形起到决定作用，说明治理工程中采取的治理处置措施，对原沿海滩涂堤防路堤工程的稳定性有很多提升，该堤防工程在海水、车辆荷载及地震作用下不会发生大的破坏失稳变形，边坡稳定性提高，从而保证堤顶道路的正常使用。

综上所述，利用有限元数值分析软件在分析沿海滩涂堤防路堤工程失稳破坏损害影响因素的同时，对堤防工程的失稳机理进行研究，并对提出的治理方案进行验证，主要结论如下。

① 通过有限元数值分析软件建立沿海滩涂堤防工程数值模型，得出其在高潮水位下的交通荷载、交通荷载与地震共同作用、超重交通荷载与地震共同作用三种不同情况的总的破坏变形最大值呈递增趋势，说明地震和超重交通荷载对堤身稳定性的影响很大，而且堤防工程本身处于软弱土基，水泥搅拌桩未达到持力层，这也是堤身失稳的主要原因。

② 对治理工程进行数值分析，得出其不同情况下的破坏变形，虽然有无地震作用对破坏变形的影响较显著，但是总体数值较小，而且在采取反压护道、地基加固处理等措施后堤防工程整体稳定，说明该治理方案有效提高了堤身的整体稳定性。

③ 运用有限元强度折减对沿海滩涂堤防工程及治理工程堤身两侧边坡稳定系数进行计算，边坡安全系数有明显提升，说明该堤防工程在采取治理措施后稳定性得到提升，该设计治理方案行之有效。

第 3 章　海堤软土地层排水固结与地震分析方法

3.1　软土地基路堤处理

滨海高速公路路基土体大部分为软土。在实际工程中，软土的物理力学特点非常特殊。在软土层中建造路堤工程，必须根据其工程特性有针对性地加以分析。表 3.1 给出了软土的一般工程特性。复合地基广泛应用于滨海相软土海堤建设中，根据《公路软土地基路堤设计与施工技术细则》(JTG/T D31-02—2013)，我国地基处理根据加固机理、施工方法划分为换填垫层、预压地基等。可采用注浆加固，将水泥浆注入地基土层中，增强土颗粒间的联结，使土体强度提高、变形减少的地基处理方法。在软土路堤柱体式加固方法中常用的竖向加固体有碎石桩、挤密砂桩、深层搅拌桩、混凝土桩、预制桩、PCC 桩、大直径薄壁筒桩、Y 形灌注桩等复合加固体。分为柔性加固体、半刚性加固体、无筋刚性加固体、钢筋混凝土刚性加固体等。土质较为软弱的地区，复合地基处理越来越成为地基处理的主要形式，广泛用于房屋建筑、铁路与公路、码头与堆场、油罐等地基处理。以真空预压和复合地基为例，其中基于真空预压发展了较多的复合加固方法，对真空预压技术进行了显著的发展和提升，并在铁路与公路软基加固、吹填土的大面积加固中进行了应用。对复合地基，其发展主要体现在加固体形式的发展和不同加固体的联合使用，同时，非复合地基加固手段和复合地基加固的联合使用也是复合地基发展中一个有特色的方向，例如复合地基与塑料排水板的联合使用。尹志钢(2010)总结了近年来在软土地基处理中广泛推广应用的的强夯法、强夯置换法、排水固结法和深层搅拌法等的施工工艺特点和优缺点，高屋建瓴地指出了现有软地基处理技术的控制指标，对软土地基处理具有重要的指导意义。

表 3.1　软土的主要特点

项目	相应描述
外表特征	颜色以灰、褐、暗绿色等深色为主含有很多颗粒，有机质含量比较高
组成成分	黏土粒矿物成分一般为高岭土、蒙脱石和水云母等，黏土矿物颗粒很小，一般呈薄片状，且表面带有负电荷，在黏土颗粒四周吸附着大量的偶极化分子
物理指标	含水量大(在 30%以上，甚至超过 100%)，相对含水量大于 1，天然重度小，γ=15～19 kN/m^3，天然孔隙比大(大于 1.0～1.9)
渗透性	渗透性很小，渗透系数一般在 10^{-7}，10^{-8} cm/s 数量级，固结时间很长，土中有机质含量较大时，会产生气泡，堵塞排水通道，降低渗透，土中夹有薄砂层，水平向渗透系数增大，在 10^{-5}，10^{-4} cm/s
物理状态指标	塑性指数较大，一般在 13～30 之间，液性指数较大，一般大于 1；液限在 34%～58%之间，灵敏度高，一般在 2～10 之间，有时大于 10
土的压实性	压缩性高，软土的压缩系数 $a_{1\text{-}2}$ 常见值约为 0.2～2.0 MPa^{-1}；压缩系数 a_v>0.5 MPa^{-1},压缩模量 E_s 约为 1000～6000 kPa
强度特征	强度低，承载力小，灵敏度高。软土快剪凝聚力小于 10 kPa，快剪内摩擦角小于 5°。固结快剪凝聚力小于 15 kPa，快剪内摩擦角小于 10°。深度 10 m 以内软土的天然不排水十字板剪切实验强度一般小于 20 kPa，其变化范围约在 5～25 kPa(深度每增加 1m，其强度平均增加 1～2 kPa)。我国东南沿海地区软土的灵敏度约为 4～10，高者可达 8～16 属于高灵敏度土
流变特性	较显著的流变特性，片架结构软黏土更是如此
结构特性	显著的结构性，特别是滨海相的软土，一旦受到扰动(振动、搅拌或搓擦)，其絮状结构受到破坏，土的强度显著降低，甚至呈流动状态
变形特性	非线性，弹塑性，黏滞性

3.2　塑料排水板处理软土路基研究现状

如何有针对性地解决软弱土层含水量大、压缩性高、力学性能差等工程问题，保证基础土体承载力以满足实际工程需求，一直是国内外学者致力解决的难题。排水固结法是一种有效的软土基础处理方法，其核心在于提高土层的排水性能，拓宽排水途径。

塑料排水板是一种行之有效的固结排水技术，起源于国外，并在西欧和日本等地区推广。它具有原理简单、施工快捷、质量可控性、高适用性强等特点。我国对塑料排水板最早的研究来源于刘家豪等人(1979 年)，其制作的 SPB-2 型塑料排水板是我国最早的国产塑料排水板。从此之后，塑料排水板不断地被推广应用。下面将从国内和国外两个方面对塑料排水板的研究现状进行梳理(见图 3.1)。

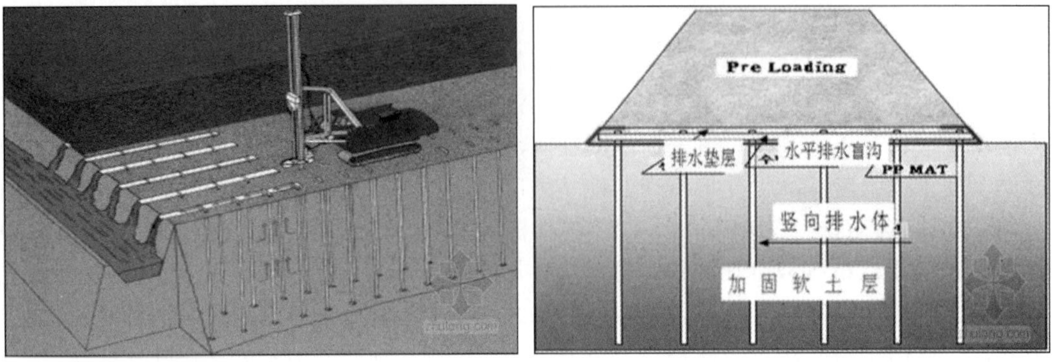

(a) 塑料排水板处理　　(b) 预压固结

图 3.1　塑料排水板工作示意图

肖策等将塑料排水板堆载预压法应用于横琴某市政道路工程中。该研究对实际工程最大的意义在于，将分层堆载和施工实际监测数据相结合，给出了度量堆载速率的参数，使得后续工程可以根据实时的施工检测数据及时调整堆载方案，更加科学合理进行施工作业。成强按照塑料排水板对海堤的实际施工处理资料，总结了塑料排水板技术在近海工程的优势。认为塑料排水板可在有效控制施工质量的同时降低成本，加快施工进度。可很好地适应滨海工程的实际需求。高会强等从理论上推导了塑料排水板通水量变化情况下地基加固深度的变化规律方程，从而获得了塑料排水板处理基础任意位置的固结度。该项研究明确了排水板通水量在施工设计中的地位，但该研究是一个基于迭代获得的数值解，而软土基础加固是一个非线性过程，因此还需要更深入的研究来支持这项研究。

谢非等人从实际工程出发，验证了塑料排水板与分层堆载相结合的基础处理方法的有效性。WEI 等人采用塑料排水板与土工布相结合的方法对温州地区的深厚软土地区的海堤基础进行了处理，并结合现场监测数据使用指数曲线拟合了的软土地基沉降方程，提出了塑料排水板处理软土地基时基础沉降的预测模型。该模型考虑了负载变化时土体的非线性变形，有较大的实际应用价值。Li 等人基于双屈服弹塑性理论，提出了一个用于塑料排水板处理软土地基的沉降计算的黏弹塑性模型。该模型认为，可将等效砂墙法引入塑料排水板处理软土地基的处理计算中。通过有限元计算结果和实际检测数据进行对比分析发现黏弹塑性模型比修正的剑桥模型在地基的沉降位移计算中更接近于实际监测数据。Sinha 将塑料排水板用于长黏土路堤中，通过实际监测整合的数据，认为采用塑料排水板处理的路堤沉降可分为三个阶段并给出了各个阶段的控制特征点的计算方法，更好预测路堤沉降。Chu 使用塑料排水板对一个超软细粒度的土壤含水率高的路堤项目进行了研究。通过大量模型试验验证了塑料排水板加速该土质路堤的固结沉降效果。

Sinha 提出可以一种新的拐点法来预测采用塑料排水板处理的软黏土路堤的沉降。认为在大概沉降完成 70%时沉降曲线将会出现拐点。之后路堤的沉降速度降低到最小值，在该速度上进行路面的二次施工在经济和技术上是可行的。分析了不同的下层土壤厚度、排水板间距比例以及黏土厚度等因素对拐点的影响。认为通常情况下，出现拐点的固结度范围在 61%～78%之间。与传统的 Asaoka 法相比，该方法有更广泛的适用范围。

Asha 提出全面的沉降理论和数值模型以解决使用塑料排水板处理滨海软黏土路堤的沉降问题，并进行了数值模拟。理论、数值和实验模型数据对比结果显示，该模型无论从沉降位移大小还是沉降率都与数值模拟和实验结果非常接近。选取合理的渗透率和土壤参数，模型可以很好地描述该情况下的路堤沉降。Chen 用强夯法配合塑料排水板的手段成功提高了实际软土路堤工程的承载力，并在此基础上提出了一个排水板布设的优化计算理论，通过该理论进行布设的塑料排水板可以最大限度的发挥强夯法和排水板法的优势。

Oshima 研究了塑料排水板对软土的自重固结地影响。一方面，塑料排水板可以有效加快软土的自重固结；另一方面，为了简化计算，排水板可以等效为周长与其短边相等的圆管，进而可以结合巴伦的径向孔隙水流动理论进行求解。Kim 针对由于地基变形过大而塑料排水板发生弯曲变形，削弱排水性，可导致深层土体无法被有效加过的现象，提出了二次补插的解决办法，即按照先浅后深的办法使用不同长度排水板进行加固。实际工程和数值模拟都证明了该方法的有效性。Kim 采用塑料排水板加固某地区高速公路路基工程。整理研究了在长达 4 a 的施工过程中，塑料排水板对地基沉降(竖向沉降和横向差异沉降)、孔隙水压力等指标的影响保证卸载后沉降速率的收敛性。

3.3　软土固结本构模型

3.3.1　太沙基一维固结理论

土力学学科鼻祖太沙基首先建立了土体单向一维固结基本微分方程，通过计算得出在一定初始条件和边界条件下的解析解。太沙基一维固结理论的基本假定为：土体为匀质、完全饱和、变形微小的理想弹性材料；土颗粒和孔隙水均不压缩；排水和固结变形均沿同一个方向进行，侧向没有变形；荷载一次性瞬时加载并保持不变，土体的总应力与时间无关；土体孔隙水的渗流符合达西定律，渗透系数为常数；土体中竖向压缩和孔隙水竖向渗流。一维单向固结微分方程为

$$\frac{\partial u}{\partial t}=C_v\frac{\partial^2 u}{\partial z^2} \tag{3-1}$$

式中，C_V——固结系数，$C_V=\dfrac{k}{\gamma_W m_V}=\dfrac{(1+e)k}{\gamma_W a_V}$。

单向固结问题中，土体单元结构的边界条件和初始条件为

$$\begin{cases} u\big|_{t=0}=u_0 \\ u\big|_{z=0}=0 \\ \left.\dfrac{\partial u}{\partial z}\right|_{z=H}=0 \end{cases} \tag{3-2}$$

式中，u_0——初始孔隙水压力；

H——压缩层的厚度。

普遍形式下的固结方程为

$$\frac{\partial^2 u}{\partial z^2}+\frac{m_V\gamma_W}{k}(\frac{\partial\Delta\sigma}{\partial t}+\gamma'\frac{\partial H}{\partial t}-\frac{\partial u}{\partial t})+\frac{1}{k}\frac{\mathrm{d}k}{\mathrm{d}z}\frac{\partial u}{\partial z}=0 \tag{3-3}$$

计算过程根据分离变量法进行求解，得出单向固结的解析解为

$$u(z,t)=\sum_{m=1}^{\infty}\left(\frac{2}{H}\int_0^H u_0\sin\frac{Mz}{H}\mathrm{d}z\right)\sin\frac{Mz}{H}\mathrm{e}^{-M^2T_V} \tag{3-4}$$

式中，M——$M=\frac{(2m-1)\pi}{2}$；

T_V——时间因素，$T_V=C_V t/H^2$ 。

3.3.2 Biot 固结理论

真三维固结微分方程反映孔隙水压力消散和骨架变形的关系。假定土骨架变形为线弹性，土体的变形微小，孔隙水不可压缩，渗流速度小，渗流符合达西定律且不计惯性力影响。土体微分单元体在线弹性前提下，有效应力和应变之间关系服从胡克定律

$$\begin{cases}\sigma_x'=2G(\frac{\nu}{1-2\nu_V})\varepsilon_v+\varepsilon_x\\ \sigma_y'=2G(\frac{\nu}{1-2\nu_V})\varepsilon_v+\varepsilon_y\\ \sigma_z'=2G(\frac{\nu}{1-2\nu_V})\varepsilon_v+\varepsilon_z\\ \tau_{yz}=G\gamma_{yz},\tau_{zx}=G\gamma_{zx},\tau_{xy}=G\gamma_{xy}\end{cases} \tag{3-5}$$

式中，G——剪切模量；

E——弹性模量；

V_V——泊松比；

ε_V——体积应变，$\varepsilon_V=\varepsilon_x+\varepsilon_y+\varepsilon_z$。

在小变形假设下，应变和位移关系为

$$\begin{cases}\varepsilon_x=-\frac{\partial\bar{u}}{\partial x},\varepsilon_y=-\frac{\partial\bar{v}}{\partial y},\varepsilon_z=-\frac{\partial\bar{w}}{\partial z}\\ \gamma_{yz}=-(\frac{\partial\bar{w}}{\partial y}+\frac{\partial\bar{v}}{\partial z}),\gamma_{zx}=-(\frac{\partial\bar{u}}{\partial z}+\frac{\partial\bar{w}}{\partial x}),\gamma_{xy}=-(\frac{\partial\bar{v}}{\partial x}+\frac{\partial\bar{u}}{\partial y})\end{cases} \tag{3-6}$$

式中，$\bar{u},\bar{v},\bar{w}$——各个三维空间中各方向的位移分量。

方程整理为

$$\begin{cases} -G\nabla^2\bar{u}+\dfrac{G}{1-2v}\dfrac{\partial}{\partial x}(\dfrac{\partial\bar{u}}{\partial x}+\dfrac{\partial\bar{v}}{\partial y}+\dfrac{\partial\bar{w}}{\partial z})+\dfrac{\partial u}{\partial x}=0 \\ -G\nabla^2\bar{v}+\dfrac{G}{1-2v}\dfrac{\partial}{\partial y}(\dfrac{\partial\bar{u}}{\partial x}+\dfrac{\partial\bar{v}}{\partial y}+\dfrac{\partial\bar{w}}{\partial z})+\dfrac{\partial u}{\partial y}=0 \\ -G\nabla^2\bar{w}+\dfrac{G}{1-2v}\dfrac{\partial}{\partial z}(\dfrac{\partial\bar{u}}{\partial x}+\dfrac{\partial\bar{v}}{\partial y}+\dfrac{\partial\bar{w}}{\partial z})+\dfrac{\partial u}{\partial z}=0 \end{cases} \tag{3-7}$$

拉普拉斯算子

$$\nabla^2=\frac{\partial^2}{\partial x^2}+\frac{\partial^2}{\partial y^2}+\frac{\partial^2}{\partial z^2}$$

方程(3-7)为以孔隙水压力和位移表示的土体三维固结平衡微分方程。

根据达西定律，可得经过材料单元体 x，y，z 面上的单位流量计算式：

$$\begin{cases} q_x=-\dfrac{k_x}{\gamma_W}\dfrac{\partial u}{\partial x} \\ q_y=-\dfrac{k_y}{\gamma_W}\dfrac{\partial u}{\partial y} \\ q_z=-\dfrac{k_z}{\gamma_W}\dfrac{\partial u}{\partial z} \end{cases} \tag{3-8}$$

同样，单位时间内土单元的单位压缩量与流过单元表面的流量变化之和相等：

$$\frac{\partial}{\partial t}(\varepsilon_v\,\mathrm{d}x\mathrm{d}y\mathrm{d}z)=\frac{\partial(q_x\,\mathrm{d}y\mathrm{d}z)}{\partial x}\mathrm{d}x+\frac{\partial(q_y\,\mathrm{d}x\mathrm{d}z)}{\partial y}\mathrm{d}y+\frac{\partial(q_z\,\mathrm{d}x\mathrm{d}y)}{\partial z}\mathrm{d}z \tag{3-9}$$

则有

$$\frac{\partial\varepsilon_V}{\partial t}=\frac{\partial q_x}{\partial x}+\frac{\partial q_y}{\partial y}+\frac{\partial q_z}{\partial z} \tag{3-10}$$

将式(3-8)带入式(3-10)，有

$$\frac{\partial\varepsilon_V}{\partial t}=-\frac{1}{\rho_W}(k_x\frac{\partial^2u}{\partial x^2}+k_y\frac{\partial^2u}{\partial y^2}+k_z\frac{\partial^2u}{\partial z^2}) \tag{3-11}$$

当 $k_x=k_y=k_z=k$ 时，由式（3-11），得

$$\frac{\partial\varepsilon_V}{\partial t}=-\frac{k}{\rho_W}(\frac{\partial^2u}{\partial x^2}+\frac{\partial^2u}{\partial y^2}+\frac{\partial^2u}{\partial z^2})=-\frac{k}{\rho_W}\nabla^2 \tag{3-12}$$

式(3-10)和式(3-11)为连续方程。饱和土体中任意点的孔隙水压力的变化必须同时满足式(3-6)和式(3-11)。将二式联立即比奥固结方程，其中包含 4 个偏微分方程，同时包含 4 个

未知函数，分别为$u,\bar{u},\bar{v},\bar{w}$，它们均为坐标 x，y，z 和时间 t 的函数，在一定边界条件和初始条件下，可计算出这 4 个函数的解。对于平面应变问题，比奥固结方程表示为

$$\begin{cases}-G\nabla^2\bar{u}+\dfrac{G}{1-2\nu}\dfrac{\partial}{\partial x}(\dfrac{\partial\bar{u}}{\partial x}+\dfrac{\partial\bar{w}}{\partial z})+\dfrac{\partial u}{\partial x}=0\\-G\nabla^2\bar{w}+\dfrac{G}{1-2\nu}\dfrac{\partial}{\partial z}(\dfrac{\partial\bar{u}}{\partial x}+\dfrac{\partial\bar{w}}{\partial z})+\dfrac{\partial u}{\partial z}=-\gamma\\\dfrac{\partial\varepsilon_W}{\partial t}=\dfrac{\partial}{\partial t}(\dfrac{\partial\bar{u}}{\partial x}+\dfrac{\partial\bar{w}}{\partial z})=-\dfrac{k}{\rho_W}\nabla^2u\end{cases}\tag{3-13}$$

3.3.3 排水固结机理

Barron 在太沙基单向固结理论基础上，建立了轴对称固结方程，针对水平方向渗流和垂直方向压缩的固结问题得出解析解。

不考虑涂抹区固结，将涂抹区扰动土处理为不可压缩情况。计算中将变形处理成自由应变和等应变两种情况。前者计算工作量较大，一般采用等应变固结解。

根据等应变假设，即假定在径向-等效半径的影响范围内的圆柱体同一水平面上各点的竖向变形相等，即

$$u_r=\frac{4\bar{u}_r}{d_e^2F(n)}\left[r_e^2\ln(\frac{r}{r_W})-\frac{r^2-r_w^2}{2}\right]\tag{3-14}$$

式中，

$$F(n)=\frac{n^2}{n^2-1}\ln(n)-\frac{3n^2}{4n^2-1};$$

$$\bar{u}_r=\bar{u}_0\mathrm{e}^{\lambda};$$

$$\lambda=-\frac{8T_h}{F(n)};$$

$$T_h=\frac{C_{vh}}{d_e^2}t$$

径向平均固结度为

$$U_r=1-\frac{\bar{u}_r}{\bar{u}_0}=1-\exp\left[\frac{-8T_h}{F(n)}\right]\tag{3-15}$$

考虑井阻和涂抹作用的径向固结方程为

$$U_r=1-\sum_{m=0}^{\infty}\frac{2}{M}\mathrm{e}^{-B_rt}\tag{3-16}$$

3.4　排水固结法的工作原理

3.4.1　滨海软土路堤排水固结工作原理

工程采用排水固结法处理软土路基，排水固结法是目前处理软土路基相当有效的方法。由固结理论可知，软土路基固结过程所需的时间与排水距离的平方成反比。软土路基的固结过程就是土体中各点的超孔隙水压力消散、附加有效应力不断增加的过程。

通过预先在软土路基中设置竖向排水体，形成竖向排水通道并与初期的水平排水砂垫层相连接，形成排水系统，之后通过填筑路堤的施工过程对路基产生压力来使软土路基中的超孔隙水排出，路基各土层随着时间的增长固结沉降，土体中孔隙体积减小，有效应力增加。如图 3.2 所示为排水固结法原理。

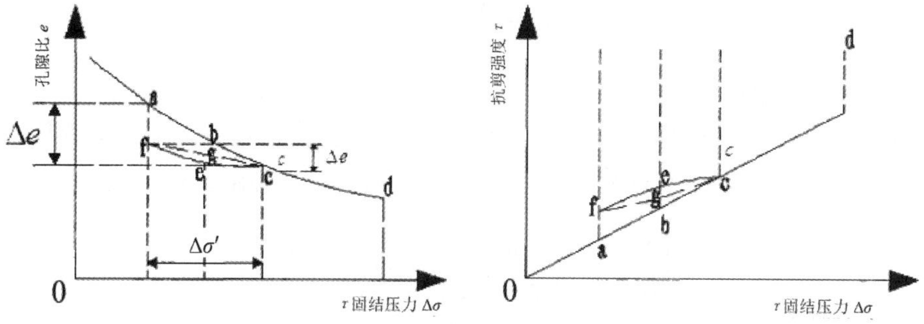

图 3.2　排水固结法增大地基土密度原理图

在填土作用下，软土路基土体的缓慢固结过程用公式可以解释为，有效应力等于总应力与超孔隙水压力的差值：

$$\Delta\sigma'=\Delta\sigma-\Delta u \tag{3-17}$$

对于工程问题，即通过增加$\Delta\sigma'$，并使Δu消散，从而使$\Delta\sigma'$增加。

塑料排水板(PVD)处理办法适用于渗透系数较小的软黏土、淤泥质土等地基。工程实践已证明，如果软弱土层较厚，只要加载大小和预压范围适当，即路基土体承受一定范围的正应力，则加固效果明显。塑料排水板作为排水体，排水机理和功能如图 3.3 所示。

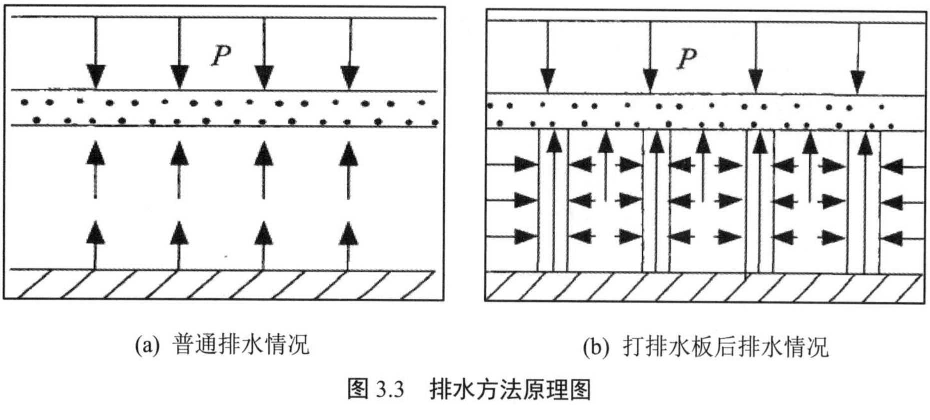

(a) 普通排水情况　　　　(b) 打排水板后排水情况

图 3.3　排水方法原理图

3.4.2 塑料排水板模型简化

采用塑料排水板处理加固的路基基础，可认为增加了淤泥质粉质软黏土层的竖向渗透性。塑料排水板处理滨海路堤工程问题时，可以简化成三维轴对称问题。将塑料排水板换算为等周长的圆截面排水体，当量换算半径

$$r_W = \frac{a+b}{\pi} \tag{3-18}$$

式中，a——塑料排水板宽度；

b——塑料排水板厚度。

三角形布置等效圆直径为

$$r_e = \frac{\sqrt{2\sqrt{3}}}{2\pi} L \tag{3-19}$$

式中，L——塑料排水板间距。

对于轴对称问题，关于路基土体的水平渗透系数与竖向渗透系数不同的情况，同时考虑到直角坐标与极坐标拉普拉斯算子之间的关系，固结方程可以写成

$$\frac{\partial u}{\partial t} = C_{Vh}\left(\frac{\partial^2 u}{\partial t^2} + \frac{1}{r}\frac{\partial u}{\partial r}\right) + C_{Vv}\frac{\partial^2 u}{\partial z^2} \tag{3-20}$$

式中，C_{Vh}——水平固结系数；

C_{Vv}——垂直固结系数。

$$C_{hv} = \frac{k_h E}{3(1-2\nu)\gamma_W}，\quad C_{Vv} = \frac{k_v E}{3(1-2\nu)\gamma_W} \tag{3-21}$$

采用分离变量法，将此工程中软土固结问题分解为水平方向固结问题和竖直方向固结问题。则孔隙水压力可以写成下式形式：

$$\frac{u(r,z,t)}{u_0} = \frac{u_r(r,t)}{u_0} \cdot \frac{u_z(z,t)}{u_0} \tag{3-22}$$

式中，u_r——径向孔隙水压力；

u_z——竖向孔隙水压力。

初始条件和边界条件分别为

$$\frac{\partial u_r}{\partial t} = C_{Vh}\left(\frac{\partial^2 u_r}{\partial r^2} + \frac{1}{r}\frac{\partial u_r}{\partial r}\right) \tag{3-23a}$$

$$u_r\big|_{t=0} = u_0 = p_0 \tag{3-23b}$$

$$u_r\big|_{r=r_w} = 0，\quad \left.\frac{\partial u_r}{\partial r}\right|_{r=r_e} = 0 \tag{3-23c}$$

$$\frac{\partial u_z}{\partial t}=C_{Vv}\frac{\partial^2 u_z}{\partial z^2} \tag{3-24a}$$

$$u_z\big|_{t=0}=u_0=p_0 \tag{3-24b}$$

$$u_z\big|_{z=0}=0\,,\qquad \left.\frac{\partial u_z}{\partial z}\right|_{z=H}=0 \tag{3-24c}$$

式中，r_w——塑料排水板半径；

r_e——影响区的等效半径；

H——土层竖向排水距离。

在保证变换前后水平固结度不变的前提下，先放大 PVD 的平均间距，将轴对称问题转化成平面应变问题。

$$U_x=1-\sum_{m=0}^{\infty}\frac{4}{(2m+1)\pi}\sin\frac{(2m+1)\pi z}{2H}\,\mathrm{e}^{-B_x t} \tag{3-25}$$

$$B=\left[\frac{3}{2(1+\nu)}\left(n^2-s^2\right)+1\right]b_w \tag{3-26}$$

$$\frac{k_{px}}{k_{ax}}=\frac{4(1+\nu)}{9}\left(\frac{b_w}{r_w}\right)^2\frac{\left(n_p-1\right)^2}{n^2\mu} \tag{3-27}$$

式中，k_{ax}——地基中土体的水平方向的渗透系数；

k_{px}——有限元数值计算中采用的水平向的渗透系数；

μ——调整参数；

n——长径比；

s——涂抹半径与塑料排水板半径之比；

B——等效半宽度。

实际工程中由于考虑到 PVD 在加载过程中弯曲变形或者侧向挤压导致的竖向排水效果不同于理论值，在进行二维平面应变简化时，不考虑渗透系数放大的情况(见表 3.2)，即不通过式(3-26)来实现。根据表 3.2 中的 PVD 平均半间距试算结果，取平均排水间距为 $2B$=1.5 m 计算。

表 3.2　PVD 平均半间距

试算土层编号	v	k/(m/d)	B/m	说明
3	0.33	3.02×10^{-3}	0.622	a=100 mm，b=4 mm，b=b_w
4	0.25	8.64×10^{-3}	0.662	r_w=0.033 m，r_e=0.356 m
5	0.3	7.34×10^{-3}	0.636	H=17 m，s=2，n=11

3.5　软土路堤沉降计算方法研究

计算土体沉降常用的是分层总和法。基底附加应力视为作用于地基表面的局部柔性荷载，应力的大小分布与土的类型无关；土为弹性半无限体；应力的分布服从布辛奈斯克单个集中应力的弹性理论应力解；土层压缩时不发生侧向变形。计算方法如下：

$$S_i = \frac{e_{1i} - e_{2i}}{1 + e_{1i}} h \tag{3-28}$$

$$S = \sum_{i=1}^{n} S_i = \sum_{i=1}^{n} \frac{e_{1i} - e_{2i}}{1 + e_{1i}} h_i \tag{3-29}$$

何思明提出了基于弹塑性理论的修正分层总和法，并对压缩层计算深度建议了一个判别公式

$$\frac{\sum_{j=1}^{j} \Delta(s)_{jn+1}}{\sum_{j=1}^{j} \sum_{i=1}^{n} \Delta(s)_{ji}} \leqslant \delta \tag{3-30}$$

式中，将地基分为 n 层；总荷载分级为 j 级，并逐级施加；δ 为计算精度。

考虑一般地基固有的三向变形特性，用孔隙水压力增量 Δu 代替单向压缩公式 Δp，沉降即 Δu 的消散，则有：

$$\Delta u = B\left[\Delta\sigma_3 + A\left(\Delta\sigma_1 - \Delta\sigma_3\right)\right] \tag{3-31}$$

对于饱和土，B=1.0，地基沉降量计算公式为

$$S_c = \int_0^H m_V \Delta u \, \mathrm{d}z = \int_0^H m_V \Delta\sigma_1 \left[A + (1 - A)\frac{\Delta\sigma_3}{\Delta\sigma_1} \right] \mathrm{d}z \tag{3-32}$$

3.6 地震波作用于海堤工程原理分析

地震对软土海堤的影响主要有：产生超孔隙水压力；土的剪切强度的衰减。根据地层分析，深层土体中有粗砂和细砂土层砂性土，砂性土在静态中被认为无黏结作用，发生场地液化效应，土体失去强度，承载能力丧失，但由于砂性土层离道路表面很远，属于深层土层，故可以认为深层砂土对路基表面位移影响很小、具体计算数值在后续工作中得以证明。浅层土体为淤泥质粉质黏土，有土体强度很低，含水率大等特点，在经过地震动力响应分析后，土体黏结作用改变，地震能量移动到土工格栅附近将会改变方向。土工格栅将地震能传递到水平面两端，进而对路堤上表面路面的影响减小。

地震作用输入实测或者推求的地面或基岩地震加速度时程，其特征要素是最大加速度、频谱特性或卓越周期(即地震加速度时程曲线上相应的最大加速度的周期)和持续时间。有时，也可以用常用的等效的简谐波来模拟地震荷载。本研究在计算域的底部边界上输入地震加速度，认为是整个海堤结构和基础被置于很大的振动台上振动。地震分析时，持力层各单元的运动相同，即各点的幅值、频率均相等，且没有相位差，地震荷载从施加到结束，持力层各单元会同时受到地震力的作用。

有限元数值模拟软件中在地震荷载作用下，路堤土体单元的运动方程为如下：

$$\boldsymbol{M}\,\ddot{\boldsymbol{u}}(t) + \boldsymbol{C}\dot{\boldsymbol{u}}(t) + \boldsymbol{K}\,\boldsymbol{u}(t) = \boldsymbol{F} \qquad \text{3-33)}$$

其中，$\boldsymbol{M}$——质量矩阵；

$\boldsymbol{C}$——材料阻尼矩阵；
$\boldsymbol{u}$——位移矢量；
$\boldsymbol{F}$——荷载矢量；
$\boldsymbol{K}$——刚度矩阵。

分析地震动力响应时，采用 Newmark 的隐式时间积分法，某一时间点的位移和速度在 $t+\triangle t$ 时分别表示为

$$\boldsymbol{u}^{t+\Delta t}=\boldsymbol{u}^{t}+\dot{\boldsymbol{u}}^{t}\Delta t+\left[\left(\frac{1}{2}-\alpha\right)\ddot{\boldsymbol{u}}^{t}+\alpha\ddot{\boldsymbol{u}}^{t+\Delta t}\right]\Delta t^{2} \tag{3-34a}$$

$$\dot{\boldsymbol{u}}^{t+\Delta t}=\dot{\boldsymbol{u}}^{t}+\left((1-\beta)\ddot{\boldsymbol{u}}^{t}+\beta\ddot{\boldsymbol{u}}^{t+\Delta t}\right)\Delta t \tag{3-34b}$$

时间积分执行方案如下：

$$\ddot{\boldsymbol{u}}^{t+\Delta t}=c_0\Delta\boldsymbol{u}-c_2\dot{\boldsymbol{u}}^{t}-c_3\ddot{\boldsymbol{u}}^{t} \tag{3-35a}$$

$$\dot{\boldsymbol{u}}^{t+\Delta t}=\dot{\boldsymbol{u}}^{t}+c_6\ddot{\boldsymbol{u}}^{t}+c_7\ddot{\boldsymbol{u}}^{t+\Delta t} \tag{3-35b}$$

$$\boldsymbol{u}^{t+\Delta t}=\boldsymbol{u}^{t}+\Delta\boldsymbol{u} \tag{3-35c}$$

通过此方法，最终时间的位移、速度和加速度可以由开始时间步和位移增量来表达。通过隐式时间积分，在最终时间步 $t+\Delta t$ 结束时，得到如下方程：

$$\boldsymbol{M}\ddot{\boldsymbol{u}}^{t+\Delta t}+\boldsymbol{C}\dot{\boldsymbol{u}}^{t+\Delta t}+\boldsymbol{K}\boldsymbol{u}^{t+\Delta t}=\boldsymbol{F}^{t+\Delta t} \tag{3-36}$$

由上述最终时间步的位移，速度和加速度方程，得到如下：

$$\left(c_0\boldsymbol{M}+c_1\boldsymbol{C}+\boldsymbol{K}\right)\Delta\boldsymbol{u}=\boldsymbol{F}_{\text{ext}}^{t+\Delta t}+\boldsymbol{M}\left(c_2\dot{\boldsymbol{u}}^{t}+c_3\ddot{\boldsymbol{u}}^{t}\right)+\boldsymbol{C}\left(c_4\dot{\boldsymbol{u}}^{t}+c_5\ddot{\boldsymbol{u}}^{t}\right)-\boldsymbol{F}_{\text{int}}^{t} \tag{3-37}$$

此方程中，地震分析系统要与静力分析相符。

3.7　材料单元与本构模型

3.7.1　材料单元

(1) 土体单元

研究土体结构单元选用三角单元：6 节点三角单元和 15 节点三角单元。单元和界面单元类型自动和土单元类型相匹配(见表 3.3 和图 3.4)。

表 3.3　土体单元类型

类型	位移差值	高斯应力点	精度
6 节点三角单元	2 阶	12 个	差
15 节点三角单元	4 阶	3 个	非常精确

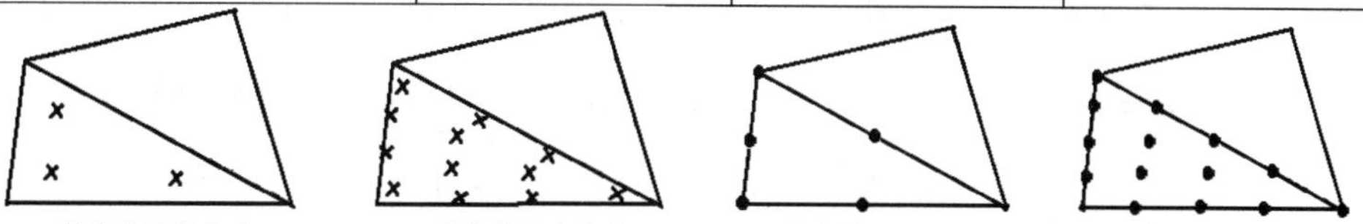

图 3.4　节点位置和土体单元的应力点示意图

(2) 界面单元

为了模拟土与土工格栅之间的相互作用，采用界面进行处理，图 3.5 表示界面单元与土单元的连接。用 15 节点三角单元时，界面单元用 5 组节点定义；用 6 节点单元时，用 3 组节点定义。刚度矩阵通过 Newton Cotes 积分得出。

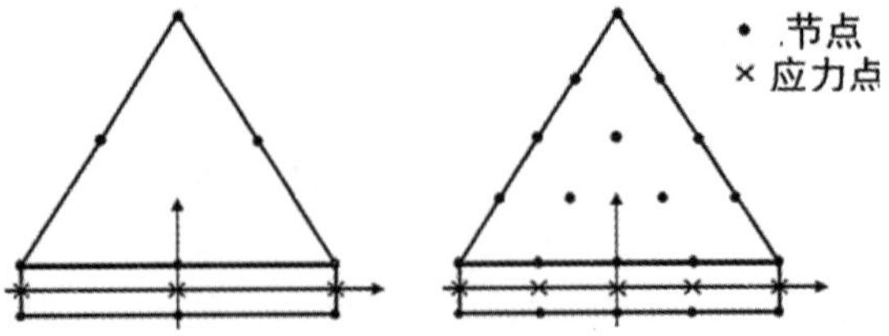

图 3.5 单元节点、应力点示意图

(3) 排水单元

假设排水体的强度和变形特性与周围土体一致，采用简单的二节点单元来模拟 PVD 排水计算。由于孔压在各个方向上大小一致，不考虑单元的强度和变形。渗流单元的刚度、位移和孔压连接作用的转换矩阵均为零。

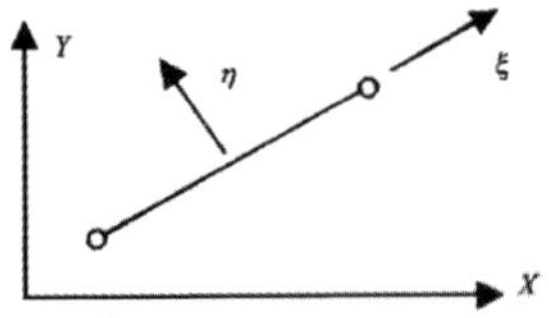

图 3.6 渗流单元

3.7.2 材料模型 Mohr-Coulomb 模型

弹塑性理论的应变和应变率可以分解成弹性部分和塑性部分(见图 3.7)：

$$\underline{\varepsilon}=\underline{\varepsilon}^{e}+\underline{\varepsilon}^{p}\text{，}\quad \underline{\dot{\varepsilon}}=\underline{\dot{\varepsilon}}^{e}+\underline{\dot{\varepsilon}}^{p} \tag{3-38}$$

对于 Mohr-Coulomb 型屈服函数，相关塑性理论将会导致对剪胀的过高估计。因此，除了屈服函数之外，还要引入一个塑性位能函数 g。$g\neq f$ 表示非相关塑性的情况。

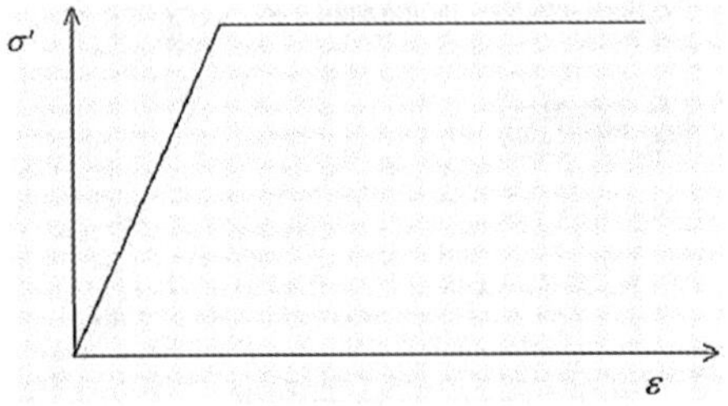

图 3.7 理想弹塑性模型图

通常塑性应变率可以写为：

$$\underline{\dot{\varepsilon}}=\lambda\frac{\partial g}{\partial\underline{\sigma}'} \tag{3-39}$$

这里，λ 是塑性乘子。完全弹性行为情况下，$\lambda=0$；塑性行为情况下，λ 为正：

$$\lambda=0 \qquad \text{for} \qquad f<0 \qquad \text{or} \qquad \frac{\partial f^{T}}{\partial\sigma'}\underline{\underline{D}}\underline{\dot{\varepsilon}}\leqslant 0 \ \text{(弹性)} \tag{3-40a}$$

$$\lambda>0 \qquad \text{for} \qquad f=0 \qquad \text{or} \qquad \frac{\partial f^{T}}{\partial\sigma'}\underline{\underline{D}}\underline{\dot{\varepsilon}}>0 \ \text{(塑性)} \tag{3-40b}$$

对于由屈服面内的点表示的应力状态，其行为是完全弹性的且所有应变都是可逆的。Mohr-Coulomb 屈服条件保证了一个材料单元内任意平面都将遵守摩擦定律。如用主应力来描述，完全 Mohr-Coulomb 屈服条件将由 6 个屈服函数组成：

$$f_{1a}=\frac{1}{2}\left(\sigma_2^{'}-\sigma_3^{'}\right)+\frac{1}{2}\left(\sigma_2^{'}+\sigma_3^{'}\right)\sin\varphi-c\cos\varphi\leqslant 0 \tag{3-41a}$$

$$f_{1b}=\frac{1}{2}\left(\sigma_3^{'}-\sigma_2^{'}\right)+\frac{1}{2}\left(\sigma_3^{'}+\sigma_2^{'}\right)\sin\varphi-c\cos\varphi\leqslant 0 \tag{3-41b}$$

$$f_{2a}=\frac{1}{2}\left(\sigma_3^{'}-\sigma_1^{'}\right)+\frac{1}{2}\left(\sigma_3^{'}+\sigma_1^{'}\right)\sin\varphi-c\cos\varphi\leqslant 0 \tag{3-41c}$$

$$f_{2b}=\frac{1}{2}\left(\sigma_1^{'}-\sigma_3^{'}\right)+\frac{1}{2}\left(\sigma_1^{'}+\sigma_3^{'}\right)\sin\varphi-c\cos\varphi\leqslant 0 \tag{3-41d}$$

$$f_{3a}=\frac{1}{2}\left(\sigma_1^{'}-\sigma_2^{'}\right)+\frac{1}{2}\left(\sigma_1^{'}+\sigma_2^{'}\right)\sin\varphi-c\cos\varphi\leqslant 0 \tag{3-41e}$$

$$f_{3b}=\frac{1}{2}\left(\sigma_2^{'}-\sigma_1^{'}\right)+\frac{1}{2}\left(\sigma_2^{'}+\sigma_1^{'}\right)\sin\varphi-c\cos\varphi\leqslant 0 \tag{3-41f}$$

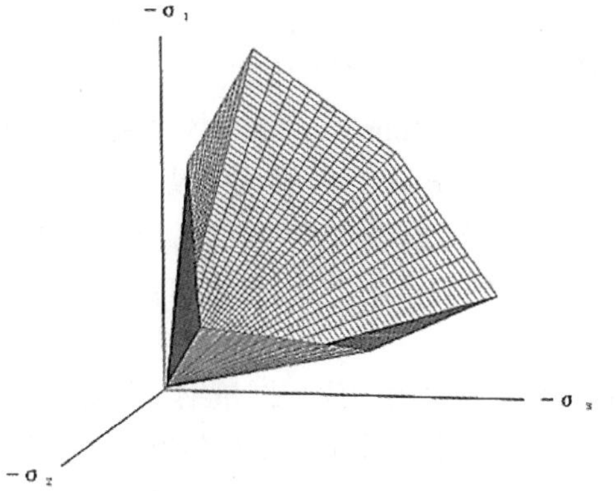

图 3.8　Mohr-Coulomb 屈服面图

如图 3.8 所示屈服函数可共同表示主应力空间中的六棱锥。除了屈服函数，Mohr-Coulomb 模型定义了 6 个塑性势函数。塑性势函数包含剪胀角 ψ，用于模拟正的塑性体积应变增量(剪胀现象)。

$$g_{1a}=\frac{1}{2}(\sigma_2^{'}-\sigma_3^{'})+\frac{1}{2}(\sigma_2^{'}+\sigma_3^{'})\sin\psi \tag{3-42a}$$

$$g_{1b}=\frac{1}{2}(\sigma_3^{'}-\sigma_2^{'})+\frac{1}{2}(\sigma_3^{'}+\sigma_2^{'})\sin\psi \tag{3-42b}$$

$$g_{2a}=\frac{1}{2}(\sigma_3^{'}-\sigma_1^{'})+\frac{1}{2}(\sigma_3^{'}+\sigma_1^{'})\sin\psi \tag{3-42c}$$

$$g_{2b}=\frac{1}{2}(\sigma_1^{'}-\sigma_3^{'})+\frac{1}{2}(\sigma_1^{'}+\sigma_3^{'})\sin\psi \tag{3-42d}$$

$$g_{3a}=\frac{1}{2}(\sigma_1^{'}-\sigma_2^{'})+\frac{1}{2}(\sigma_1^{'}+\sigma_2^{'})\sin\psi \tag{3-42e}$$

$$g_{3b}=\frac{1}{2}(\sigma_2^{'}-\sigma_1^{'})+\frac{1}{2}(\sigma_2^{'}+\sigma_1^{'})\sin\psi \tag{3-42f}$$

Mohr-Coulomb 模型参数 c，ϕ 和 ψ，弹性杨氏模量 E 和泊松比 v。

① 杨氏模量 E。杨氏模量是弹性模型和 Mohr-Coulomb 模型的基本刚度模量。与应力同量纲，材料加载开始表现出非线性行为。初始斜率用 E_0 表示，50%强度处的割线模量由 E_{50}(见图 3.9)表示。

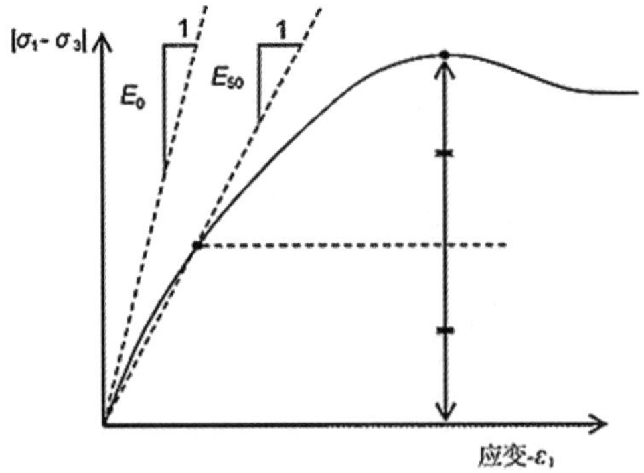

图 3.9　标准排水三轴试验结果中 E_0 和 E_{50} 的定义图

通常深土层比浅土层具有更大的刚度。观察到的刚度值也依赖于应力路径。在压缩(排水)条件下观察到的土刚度值会小于剪切情况下的值。当使用常数刚度模量来表示土体行为时，应选择与应力水平和应力路径发展一致的值。

② 泊松比 v。当弹性模型或者 Mohr-Coulomb 模型用于重力荷载问题时，泊松比的选择会给出比较符合实际的比值 $K_0=\sigma_h/\sigma_v$。一维压缩情况，由于两种模型都会给出比值：$\sigma_h/\sigma_v=v/(1-v)$，因此容易选择一个比较符合实际的 K_0 值的泊松比。通过匹配 K_0 值，可以估计泊松比值。在许多情况下得到的值是介于 0.3 和 0.4 之间。除了一维压缩，这个范围的值还可以用在加载条件下。

③ 凝聚力 c 与内摩擦角 ϕ。凝聚力与应力同量纲。计算时间的增加量或多或少地与摩擦角的大小呈指数关系。因此，初步计算某个工程问题，应该避免出现大的摩擦角。就像在图 3.10 中 Mohr 应力圆所示，摩擦角在很大程度上决定了抗剪强度。图 3.7 表示的是一种更为一般的屈服准则。Mohr-Coulomb 破坏准则被证明比 Drucker-Prager 近似更好地描述了土体。

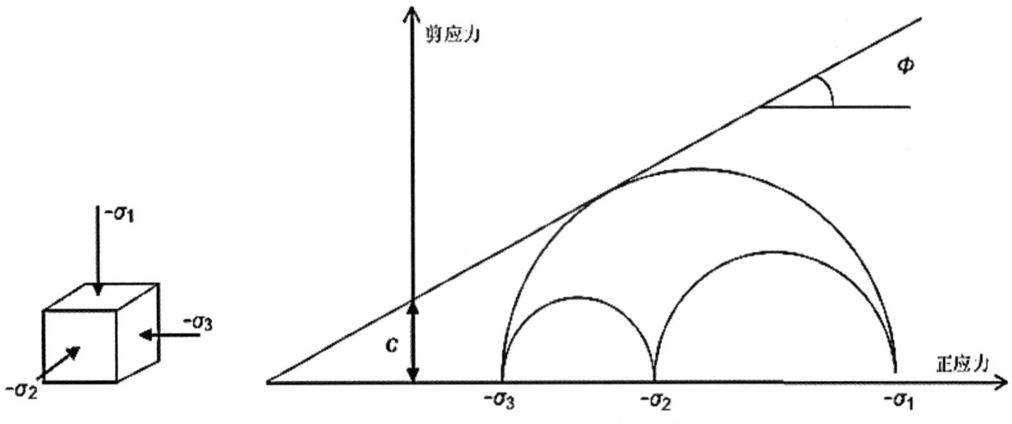

图 3.10　Mohr 应力圆-接触 Coulomb 库仑包络线图

(4) 剪胀角 ψ。除了严重的超固结土层以外，黏性土通常没有剪胀性，即 $\psi=0$。砂土的剪胀性依赖于密度和摩擦角。剪胀角在多数情况下为零。

3.7.3　Hardening-Soil 模型(各向同性 Hardening)

Hardening-Soil 模型是一个可以模拟包括软土和硬土在内的不同类型的土体行为的先进模型。在主偏量加载下，土体的刚度下降，同时产生了不可逆的塑性应变。在一个排水三轴试验的特殊情况下，观察到轴向向应变与偏差应力之间的关系可以很好地由双曲线来逼近。

(1) 标准排水三轴试验的双曲线关系

构造 Hardening-Soil 模型的基本思想是三轴加载下竖向应变 ε_1 和偏应力 q 之间为双曲线关系。实际的刚度值依赖于主应力 σ_3'，也就是三轴试验中的围压。图 3.11 绘出了这种关系。参数 E_{50} 是主加载下与围压相关的刚度模量，它由下面的方程给出：

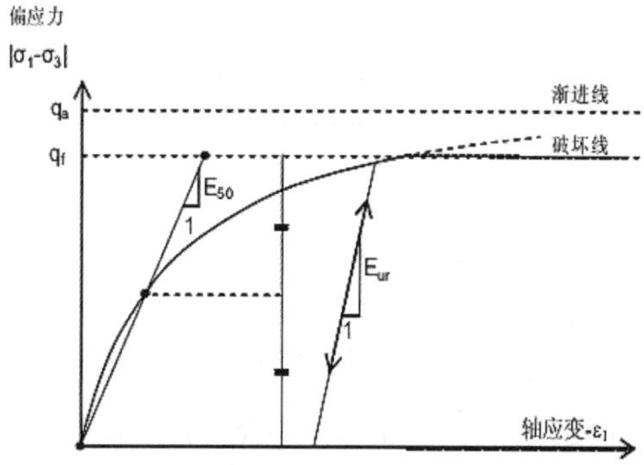

图 3.11　标准排水三轴试验主加载下双曲型应力-应变关系图

$$E_{50} = E_{50}^{ref}\left(\frac{c\cos\varphi - \sigma_3'\sin\varphi}{c\cos\varphi + p^{ref}\sin\varphi}\right)^m \tag{3-43}$$

式中：E_{50}^{ref}——对应于参考围压 p_{ref} 的参考刚度模量。

卸载和再加载的应力路径用到了另外一个应力相关的刚度模量：

$$E_{ur} = E_{ur}^{ref}\left(\frac{c\cos\varphi - \sigma_3'\sin\varphi}{c\cos\varphi + p^{ref}\sin\varphi}\right)^m \tag{3-44}$$

其中：E_{ur}^{ref}——卸载和再加载的参考 E，它对应于参考压力 p_{ref}。

(2) 三轴应力状态下的塑性体积应变

Hardening-Soil 模型包括了塑性应变率之间关系，即γ^p与ε_v^p的关系，流动规则如下：

$$\dot{\varepsilon}_v^{p} = \sin\psi_m \dot{\gamma}^{p} \tag{3-45}$$

当前模型考虑了：

$$\begin{aligned}
&当\ \sin\varphi_{cv} < \frac{3}{4}\sin\varphi, && \psi_m = 0\\
&当\ \sin\varphi_{cv} \geqslant \frac{3}{4}\sin\varphi\ 且\ \psi > 0, && \sin\psi_m = \max\left(\frac{\sin\varphi_m - \sin\varphi_{cv}}{1-\sin\varphi_m\sin\varphi_{cv}}\right)\\
&当\ \sin\varphi_{cv} \geqslant \frac{3}{4}\sin\varphi\ 且\ \psi \leqslant 0, && \psi_m = \psi\\
&如果\ \varphi = 0, && \psi = 0
\end{aligned} \tag{3-46}$$

式中，φ_{cv}——临界状态摩擦角，是一个与密度无关的材料常数；

φ_m——机动摩擦角。

$$\sin\varphi_m = \frac{\sigma_1' - \sigma_3'}{\sigma_1' + \sigma_3' - 2c\cot\varphi} \tag{3-47}$$

对较大值的机动内摩擦角，剪胀角的值将服从 Rowe 理论，只要这理论给出的剪胀角为正即可。对于较小的摩擦角，或当 Rowe 公式计算给出的 ψ_m 为负时(只要剪胀角 ψ 为正)，ψ_m 的取值为零。此外，在各种情况下，如果 φ=0，则令 ψ_m=0。

应力-剪胀理论的本质特征是：对于小的应力比($\varphi_m<\varphi_{cv}$)，材料会收缩；对于高应力比($\varphi_m>\varphi_{cv}$)，会发生剪胀。破坏时，机动摩擦角等于破坏角 φ，由方程(3-47)，可有

$$\sin\psi = \frac{\sin\varphi - \sin\varphi_{cv}}{1 - \sin\varphi\sin\varphi_{cv}} \tag{3-48}$$

或等价为

$$\sin\varphi_{cv} = \frac{\sin\varphi - \sin\psi}{1 - \sin\varphi\sin\psi} \tag{3-49}$$

Hardening-Soil 模型在非硬化计算中与 Mohr-Coulomb 模型参数相同，但在固结计算中，土体参数如下：

① 与 Mohr-Coulomb 一致的参数为：凝聚力 c，内摩擦角 φ，剪胀角 ψ。

② 土体刚度的基本参数为：标准排水三轴实验中的割线刚度E_{50}^{ref}；主固结仪加载中的切线刚度$E_{\mathrm{ocd}}^{\mathrm{ref}}$；刚度应力水平相关幂指数 m。

第 4 章　海堤软土地层加载固结数值实验

实际工程建模复杂，提出 PVD 简化并不能起到简化计算的作用，工程建模与计算仍然会出现很多麻烦，例如，PVD 排水性能分析方法、土体沉降、平均有效应力的分布观测等。现利用数值实验方法，提取模型中部分竖向土条进行模拟计算。分析采用排水线代替 PVD 的平面应变问题，来确定其在实际土体中的排水性能。通过研究数值实验计算结果，对工程建模提出优化，并对后续工作进行调整，保证在后续工作环节中数据结果有效，而且能加快课题研究进度安排。

4.1　软土材料力学行为确定

4.1.1　数值模型土层参数

K0+310.73～K1+513.53 斜坡式路堤施工段的典型断面土层分布情况如下。软土层以粉粒为主，多为淤泥质、粉质黏土，含水率大，渗透系数小，吸附性较强，亲水性好。有机质会对其分散性、含水率与干密度等性质产生影响；软土在沉积过程中产生不同种类结合水，可造成土的可塑性强、膨胀性大、强度低、承载力低；絮凝状微观结构可造成软土抗剪强度低、压缩性大；欠固结的软土，呈软塑和流塑状态，在外荷载及地震动力作用下，松软的土体会产生剧烈变形(见图 4.1)。

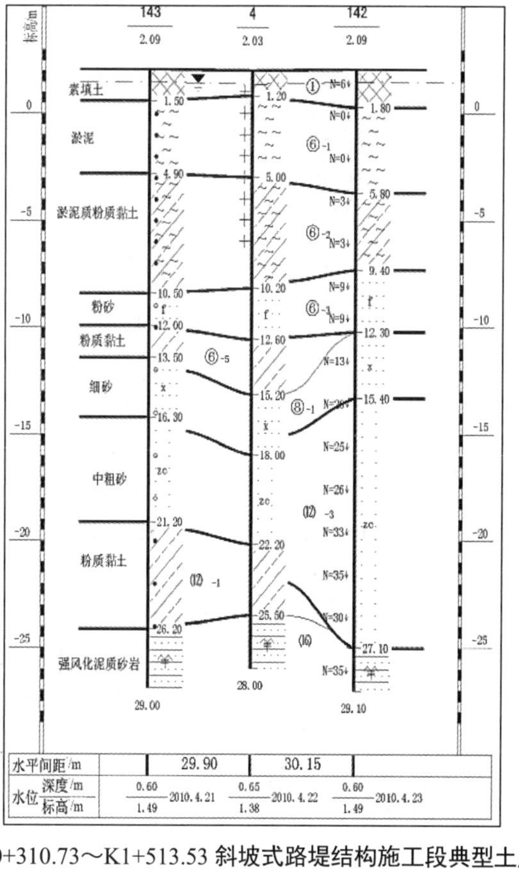

图 4.1　K0+310.73～K1+513.53 斜坡式路堤结构施工段典型土层分布图

数值实验中采用工程中真实测量的土体参数，提取拟建设模型中心线左右两侧 3m 条状土体，土体参数见表 4.1 至表 4.3。实验模型在建模与计算过程中不考虑反压平台的作用，故相应土体参数不予考虑。地面超载土体材料选用杂填土。

表 4.1　地层土体参数

土层	黏聚力/kPa	内摩擦角/(°)	饱和容重/(kN/m³)	泊松比	弹性模量/MPa	渗透系数/(m/d)
1.地面超载	30	18	20.00	0.20	20.7	
2.填土	25	17	20.00	0.27	18.9	
3.浅层淤泥	9	15	18.15	0.33	2.6	3.02×10^{-3}
4.淤泥质粉质黏土	12	18	18.32	0.25	3.9	8.64×10^{-3}
5.粉砂	0	27	19.15	0.23	10.8	5.62
6.粉质黏土	11	14	17.84	0.30	2.7	7.34×10^{-3}
7.细砂	0	27	19.15	0.23	10.8	5.62
8.中粗砂	0	32	20.71	0.18	35.4	1.43×10^{-3}
9.粉质黏土	11	14	17.84	0.30	2.7	7.34×10^{-3}
10.强化泥质砂岩	200	32	24	0.49	45.0	2.678×10^{-5}

表 4.2　固结计算硬化模型土体参数(软土)

土层编号	3	4	7	单位
模型	Hardening-Soil	Hardening-Soil	Hardening-Soil	
排水类型	不排水	不排水	排水	
γ_{unsat}	16	17	20	kN/m³
γ_{sat}	18	19	20	kN/m³
E_{50}	5000	10000	25000	kN/m²
E_{oed}	5000	8000	25000	kN/m²
E_{ur}	17000	42000	75000	kN/m²
m	0.8	1	0.5	
c	5	19	1	kN/m²
Φ	25	26	31	(°)
ψ	0	0	1	(°)
R_{inter}	0.7	0.7	Rigid	

表 4.3　流动参数

土层编号	1，2，10	5，7，8	3，4	6，9	单位
数据组	USDA	USDA	USDA	USDA	
模型	Van Genuchten	Van Genuchten	Van Genuchten	Van Genuchten	
土类别	松砂	砂土	黏土	黏土	
< 2μm	6	4	70	70	
2～50μm	11	4	13	13	
50μm～2mm	83	92	17	17	
默认参数	是	是	是	是	
k_x	3.499	5.62	0.1	0.048	m/d
k_y	3.499	5.62	0.05	0.048	m/d
c_k	10^{15}	10^{15}	1	0.2	

4.1.2　土体材料三轴实验

在计算固结过程中，所选择的土体行为有排水条件下的力学行为和不排水条件下的力学行为。排水条件下的力学行为，在计算过程中将不会产生超孔隙水压力，适用于完全干的土，或者由于有较大的渗透系数而能够完全排水的土体。模型中如道路表面的填土和路基中的砂土层。不排水条件下的力学行为，在计算过程中土体内的超孔隙水压力将得到充分发展。由于渗透系数较小，土体中的孔隙水流动忽略不计。模型中淤泥质粉质黏土层就需不排水计算。针对两种典型土层分别进行三轴实验计算(见图 4.2)。通过三轴实验计算得出相关参数曲线来描述土体的相关力学行为，如图 4.3 所示。图 4.4 为砂土层三轴数值实验结果，由于自身排水性能好，计算结果中强度普遍比淤泥质粉质黏土高。

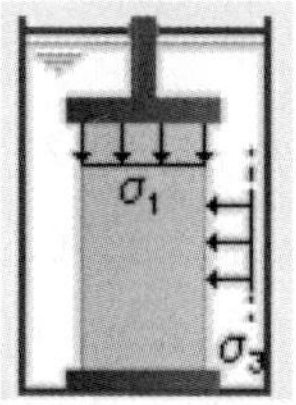

图 4.2　三轴试验

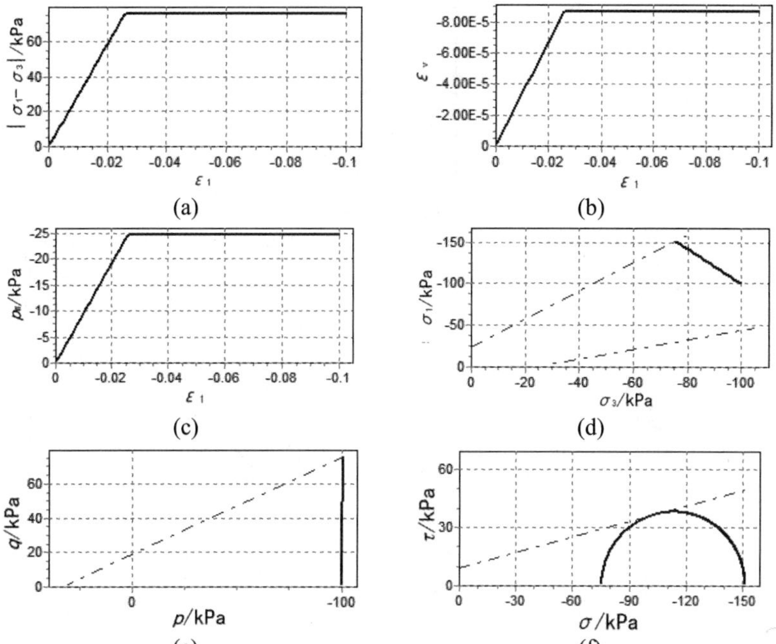

图 4.3　淤泥质粉质黏土材料三轴实验结果

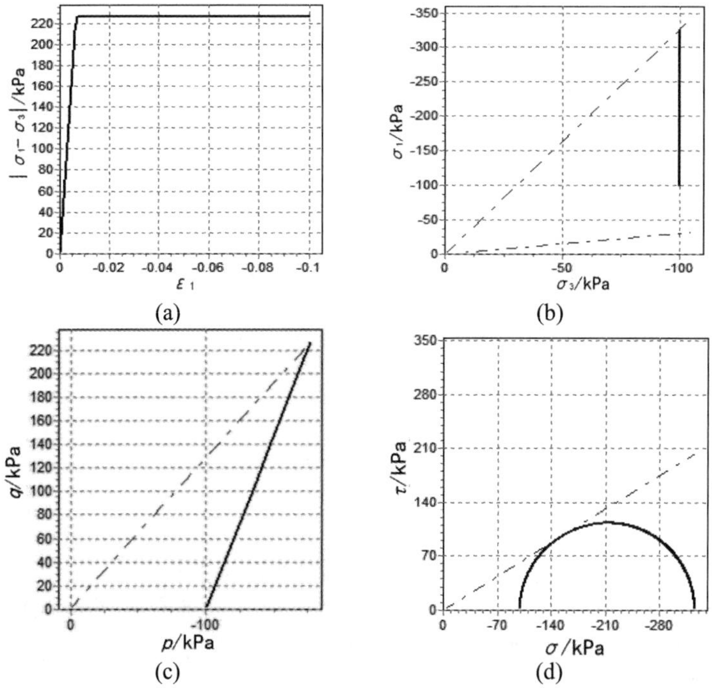

图 4.4　砂土材料三轴实验结果示意图

4.1.3 土体材料固结实验

对上一节中淤泥质粉质黏土与砂土层进行固结实验计算，排水条件好的土体固结计算体现为硬化现象。固结实验中对两种材料采用相同的加载卸载，分别为 1000 kPa 和 800 kPa。有限元数值软件中，固结实验装置如图 4.5 所示，计算固结初始选取饱和土体，符合实际工程中滨海相软土路基情况。土体竖向与侧向加压模拟深层土体受力情况如图 4.6 所示。材料力学行为分析采用一次加载一次卸载。

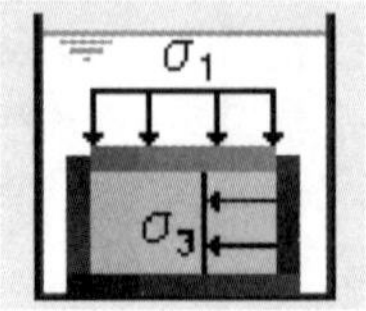

图 4.5　固结实验

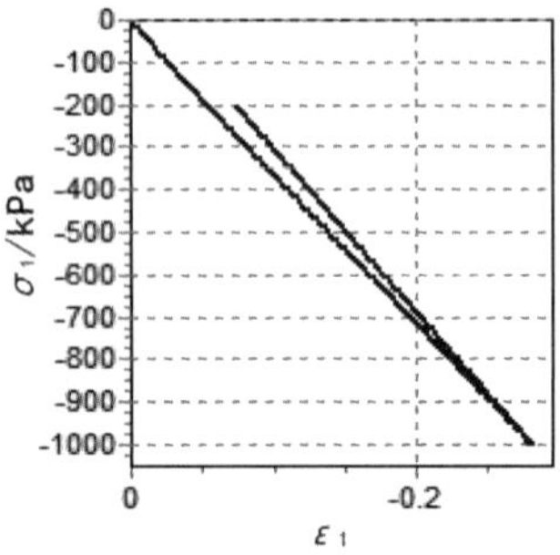

(a)

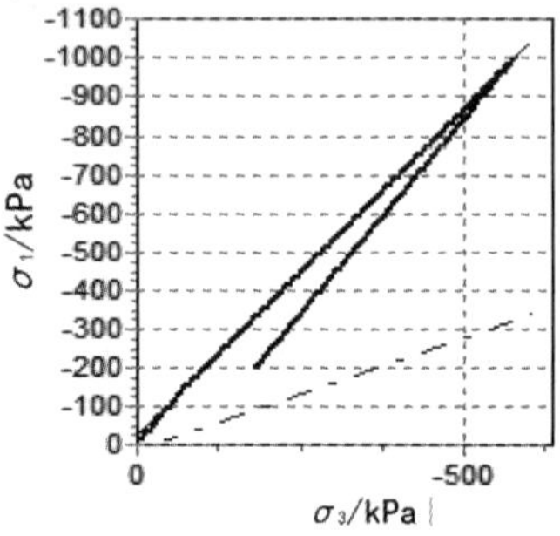

(b)

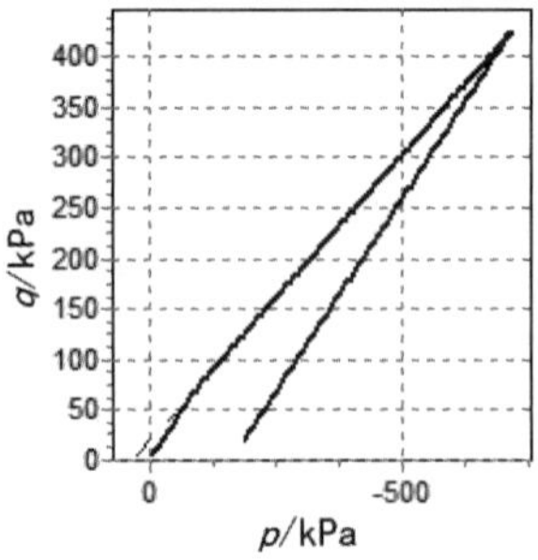

(c)

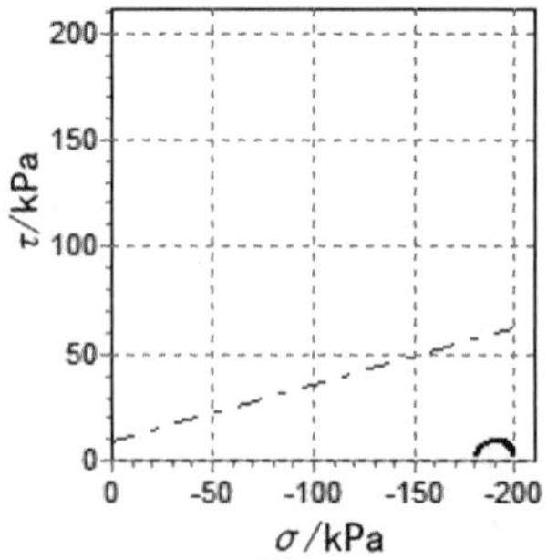

(d)

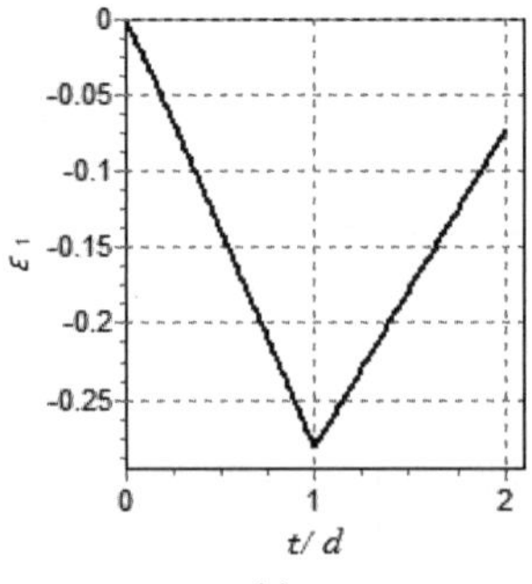

(e)

图 4.6　淤泥质粉质黏土固结实验示意图

砂土层固结实验计算内力参数曲线结果如图 4.7 所示。加载与卸载选用不同力值，可以看出其应力路径的变化趋势。砂土在固结期间，其自身强度没有比淤泥质粉质黏土有很大提高，主要原因是砂土保水性能比较差。

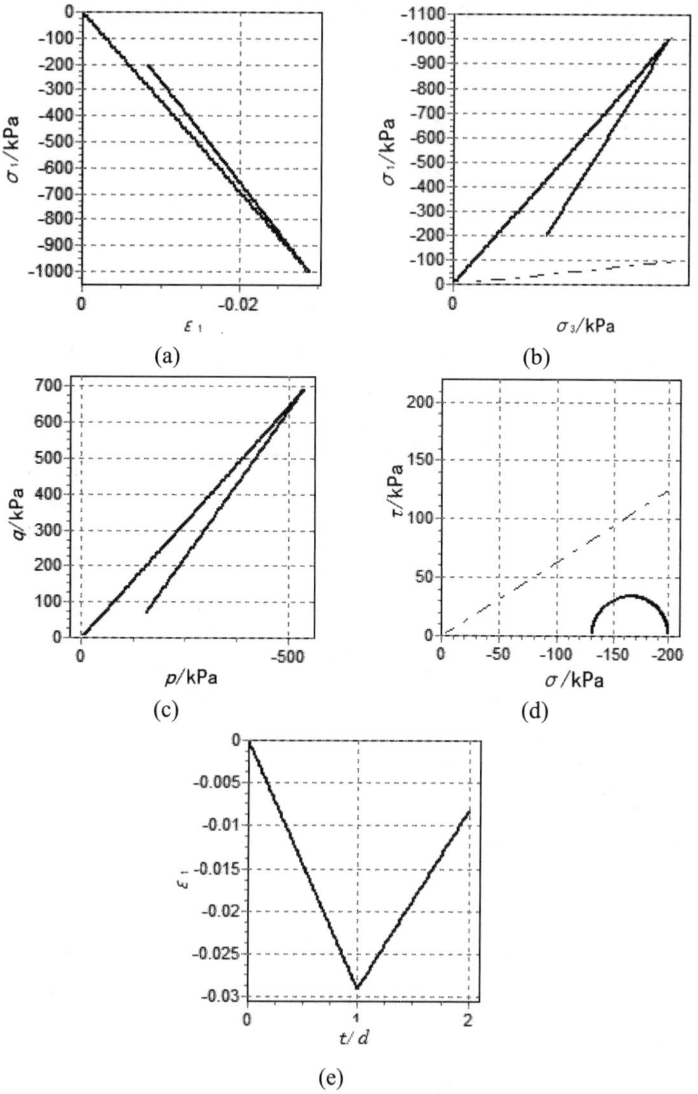

图 4.7　砂土固结实验示意图

4.2　数值建模与加载方案

4.2.1　工程相关材料

海堤建造施工过程中对基础的主要加固方式是采用塑料排水板法(PVD)进行预压排水固结。路基处理后，对海堤进行分层填筑施工。路基加压后，土层中的孔隙水在渗流作用下形成足够的水力梯度沿排水板排出。

为确保施工过程可靠与安全，建设项目中选用塑料排水板(PVD)的主要性能指标应满足表 4.4 的要求。

由于沿海工程施工条件差，所建造的海基工程结构稳定性差，为了提升地基整体稳定性，工程中所采取的措施是采用有纺土工布与双向土工格栅作为加筋垫层，结合路基中搭设 PVD 处理。工程中二者主要技术指标如表 4.5 和表 4.6 所示。

表 4.4　塑料排水板性能指标

材料	项目	指标
复合体	宽度 厚度 纵向通水量 复合体抗拉强度	100 mm±2.0 mm ≥3.5 mm ≥0.15 cm^3/s(侧压力 350 kPa) ≥350 kPa
板芯	抗压强度	
滤膜	滤膜质量	90 g/m^2
	滤膜抗拉强度	≥15 N/cm(干态，延伸率 10%) ≥10 N/cm(湿态，延伸率 10%)
	滤膜渗透系数 滤膜等效孔径	≥5×10^{-4} cm/s(浸水 24 h) <0.075 mm
材质	板芯 滤膜	聚乙烯 涤纶无纺布

表 4.5 有纺土工布主要技术指标

基本参数	容许值	备注
断裂强度	≥30 kN/m	经纬向
断裂伸长率	≤25%	经纬向
CBR 顶破强度	≥2.4 kN	
垂直渗透系数	3.0×10^{-3} cm/s	

表 4.6　土工格栅主要技术指标

基本参数	容许值	备注
延伸率	≤25%	
抗拉强度	>80 kN/m	经纬向

4.2.2　加载方案确定

根据研究资料可知，海堤填筑加载过程分为填土、超载和卸载的过程，填土过程采用分层填筑，其填筑高度为

$$H = H_0 + \Delta H = \sum h_i + \Delta H = h_1 + h_2 + \cdots + h_{n-1} + h_n + h_{n+1} + \cdots + h_{n+m} \tag{4-1}$$

式中，H_0——海堤设计填土高度(本研究模型中包括碎石垫层铺设厚度)；

ΔH——超载填土

$$\Delta H = h_{n+1} + \cdots + h_{n+m} \tag{4-2}$$

根据施工要求，超载填筑高度应为设计填筑高度的 25%，即

$$\Delta h = 25\% H = 1.25\text{m} \tag{4-2}$$

每小步填筑高度为：h_i=20～40 cm。

本研究数值计算中采用每小步填筑高度 h_i=25 cm。一期填土从标高+1.500 m～+2.500 m，填筑高度为 1 m，分 4 小步填筑。以此类推，二期填土高度 1 m(+2.500 m～+3.500 m)，三期填土高度 1.5 m(+3.500 m～+5.000 m)。模型中设计填土高度分 14 小步填筑。超载填土分 5 小步填筑施工，卸载亦如此。路堤填筑高度曲线前期加载中分别绘制出加载过程中的小步施工阶段，如图 4.8 所示。

数值实验计算中，填土施工建模分析施工过程详解如图 4.9 所示。路堤填筑分为三层，其填筑高度分别为 1.0，1.0，1.5 m。由于第三期填土高度过大，为 1.5 m，为了保证施工过程安全可靠，第三期填土分为两次施工，分别填筑高度为 0.75 m。考虑超载与卸载方案，对海堤进行预压固结。超载填筑后经预压一段时间使土体密实后，再进行缓慢卸载。

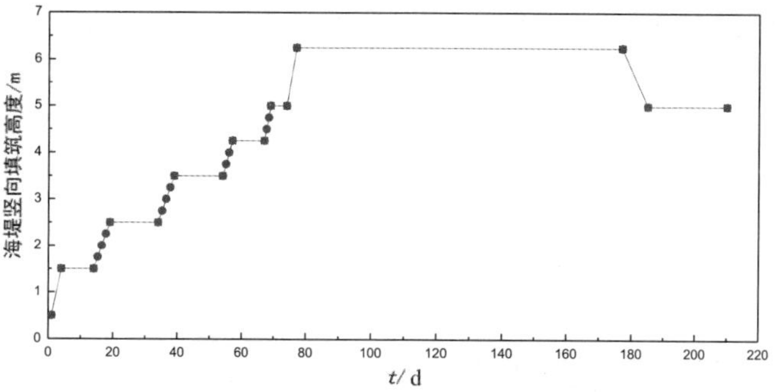

图 4.8　海堤填筑高度曲线图

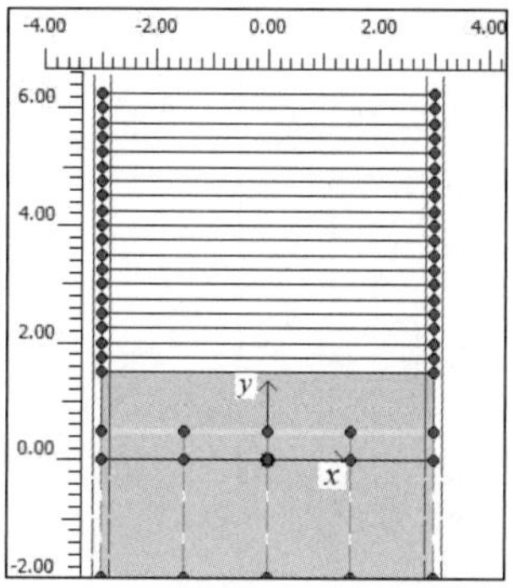

(a) PVD 搭设

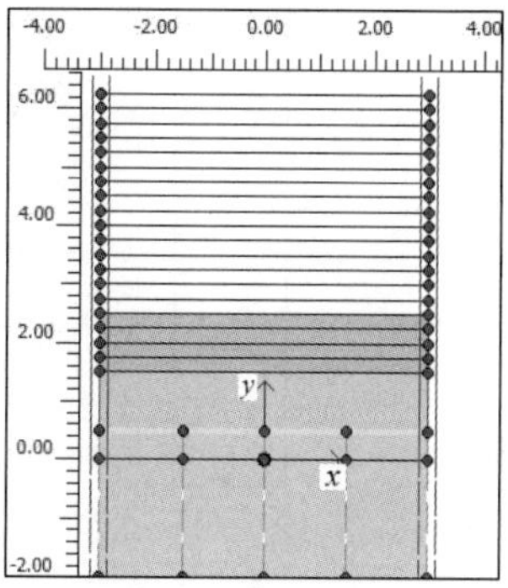

(b) 一期填土(n=4)

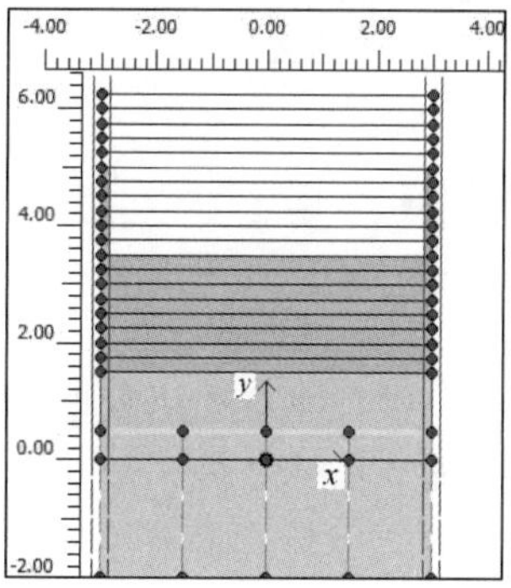

(c) 二期填土(n=4)

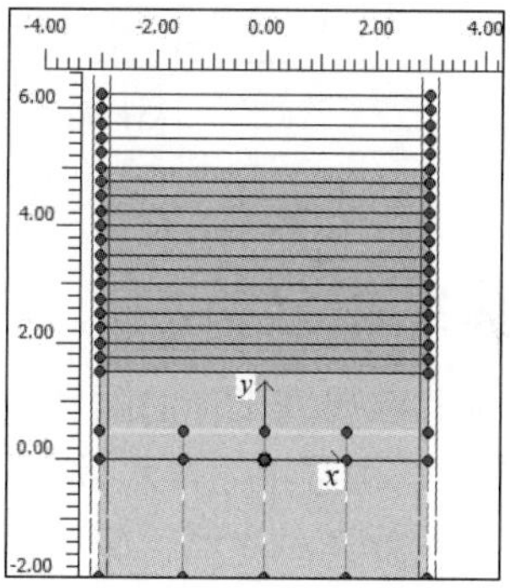

(d) 三期填土(n=3 两次)

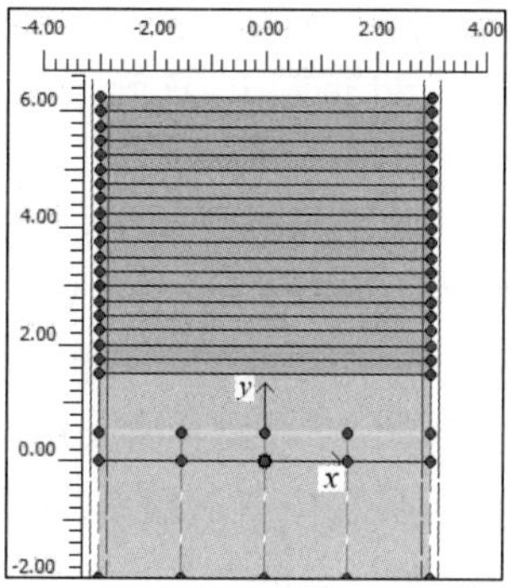

(e) 超载(m=5)

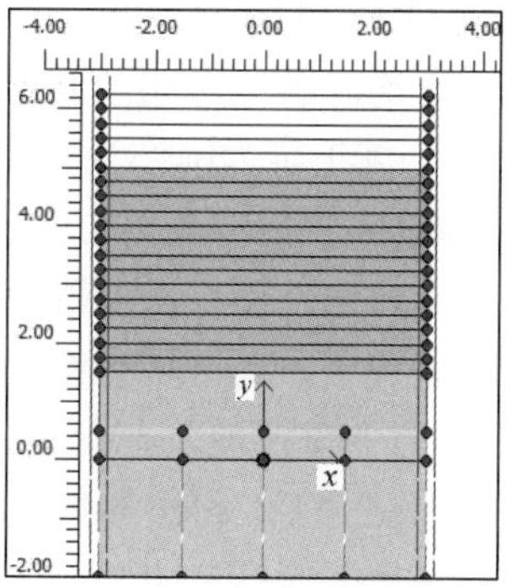

(f) 卸载(m=5)

图 4.9　填土施工过程示意图

4.2.3 模型建立及说明

数值实验模型中，采用整体加密网格分析。网格化分所得单元总数为 348 个，共计为 2969 个节点，应力点数为 4176 个，平均单元尺寸为 7.91 cm。另外，在设置水力条件时，应激活渗流边界与固结边界，保证条形土体不受边界挤压的影响，并且在排水性能分析中的材料选项应选取排水性能来进行渗流计算。整体建模图与网格划分图形如图 4.10 所示。

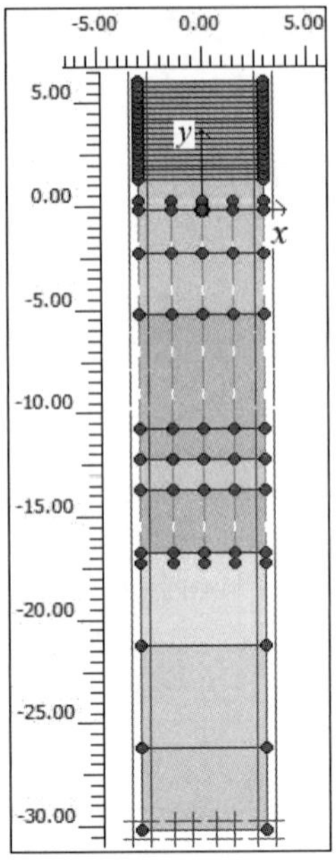

(a) 模型

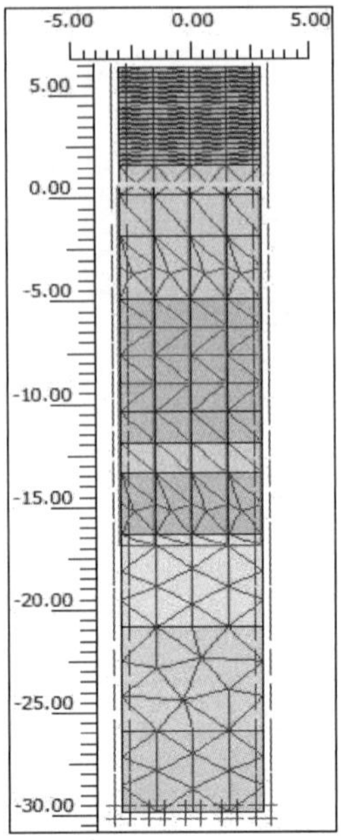

(b) 网格

图 4.10 数值计算模型图

4.3 计算结果分析

为了保证后续研究工作的顺利进行，在数值实验计算中，本章在后处理阶段最关注的结果就是 PVD 在土层中的排水效果、土体超孔隙水消散曲线情况、施工步对工程土体沉降的影响与路基土体在海堤填筑施工过程中所处的应力状态。另外，采取控制变量方法进行相应研究。

4.3.1 水力条件计算结果

选取最高平均海水位为+0.500 m 于模型中计算分析，以布置 PVD 施工步后与选取整体固结 10 d 两个施工步为例作为对比分析水力条件。

计算在 PVD 布置后渗流场分布，如图 4.11 所示。由于所假定砂性土层均有排水效果，淤泥质粉质黏土排水性差，在 PVD 作用下，土体竖向排水效果明显，在 PVD 布置底部土体将会产生排水集中，此区域会有大量水流动。根据土体竖向排水切片分析图形可知，在 PVD 底端水流方向呈反向，在此区域孔隙水分布复杂，会有大量的孔隙水集中在此区域。

经过固结 10 d 之后，得出的渗流矢量图对比图 4.12 中矢量值整体减小，孔隙水在 PVD 或土体本身的作用下缓慢排出，土体密实度增加。但对比前后云图分布，非 PVD 布置区的深层土体排水量改变较大。

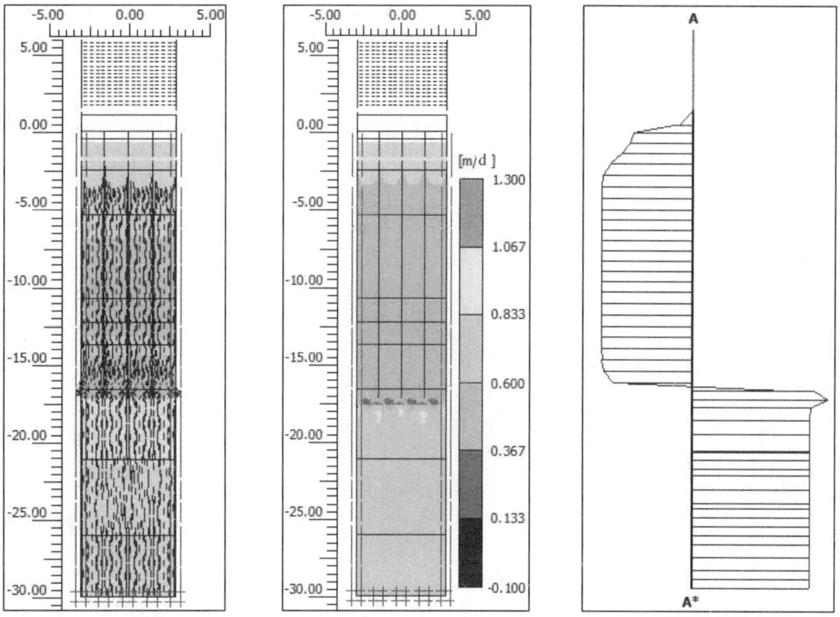

(a) 箭头　　(b) 云图　　(c) 竖向排水切片

图 4.11　**渗流场分布图（PVD 布置）**

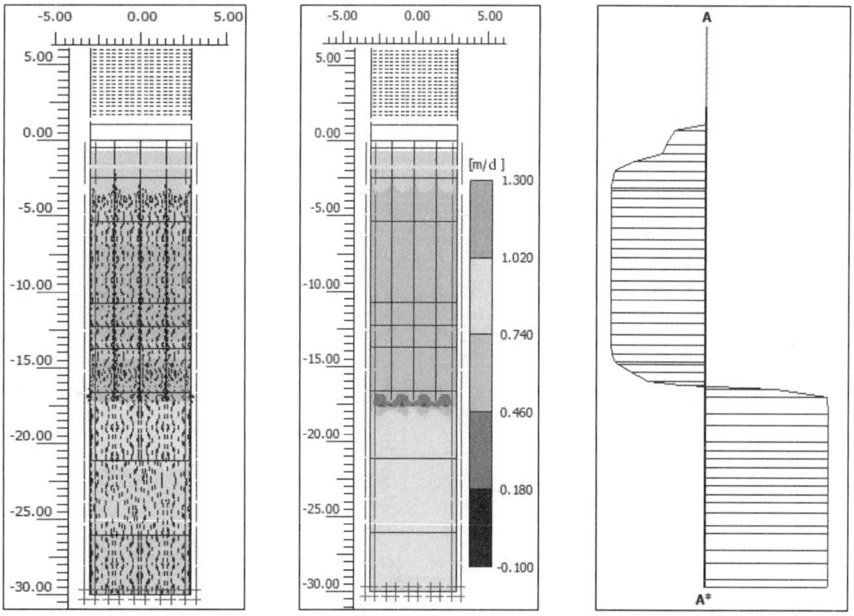

(a) 箭头　　(b) 云图　　(c) 竖向排水切片

图 4.12　**渗流场分布图（固结 10 d）**

水头的分布代表着孔隙水在土体中的流动趋势，由于孔隙水消散是一个非常缓慢的过程，在路堤填筑过程中，水头分布情况大体相同(均为层状分布)，但具体数值不尽相同，下文将提取 PVD 布设前后及固结 10 d 工况水头分布作对比，其余施工工况水头分布情况不予赘述。由于数值实验模型中选取的平均最高海水位为+0.500 m，在原始地层中的地下水头分布均匀，采用 PVD 处理后水头分布变化较大，如图 4.13 所示。

地下水头最大值从原来的 0.5 m 改变到-16.37 m，但其最值集中在 PVD 底部布置区。而经过 10 d 固结作用，水头变化并不明显。

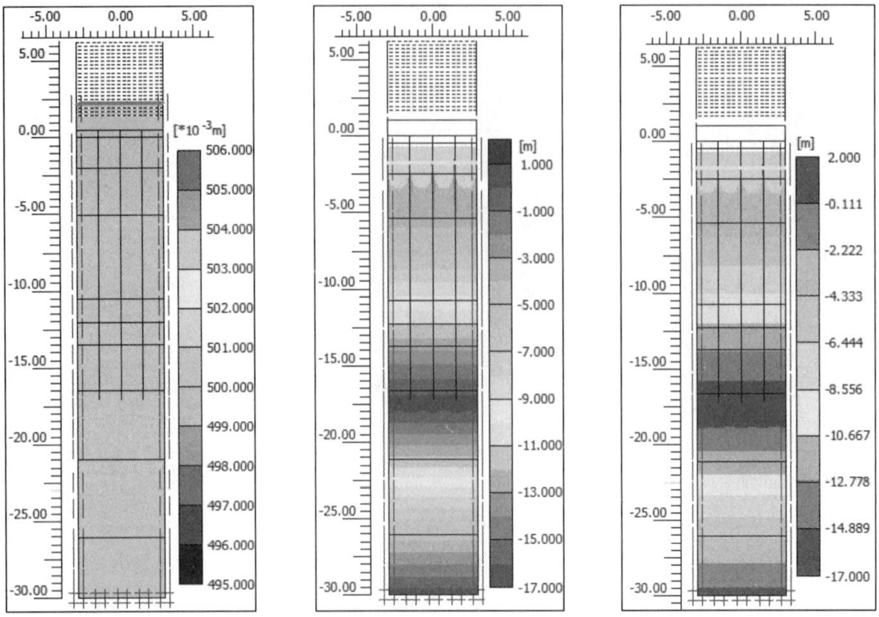

(a) 原始　　(b) 布置 PVD　　(c) 固结 10d

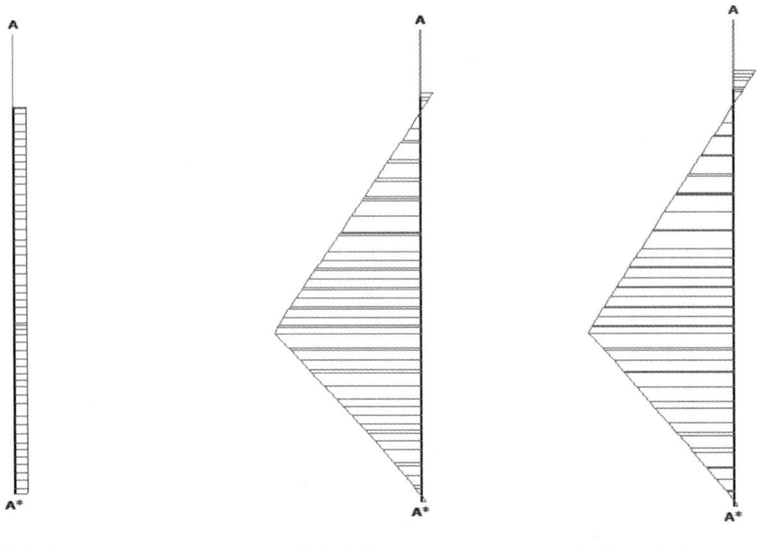

(a) 最大水头-0.5 m　　(b) 最大水头-16.37 m　　(c) 最大水头-16.97 m

图 4.13　水头分布示意图

由于研究工程是在滨海相软土条件下，平均海水位之下，所以在碎石垫层之下的土体处于饱和状态，土体根据饱和度指标来验证上部海堤结构的土体饱和度。海堤填土结构饱和度非常小，土体密实，能够保证道路在施工和使用过程中的稳定性。

4.3.2　PVD 排水性能与消散曲线拟合

为进一步验证 PVD 排水性能与路基土体在各个土层中的超孔隙水生成与消散情况，现将 PVD 布设过程与固结最小孔压后进行对比分析，见图 4.14。选择此阶段具有代表性，并能够直观真实地反映出超孔隙水变化。PVD 刚刚布设时，超孔隙水分布主要集中在非 PVD

布置区的深层粉质黏土土层中，由于最下层土体为持力层土，土体密实度大，产生的超孔隙水压力在数值上略小，而深层粉质黏土容易产生超静水压力，其数值为 17.44 kN/m²。固结 10 d 之后很快消散，另计算固结最小孔压拟用时间为 14 d。

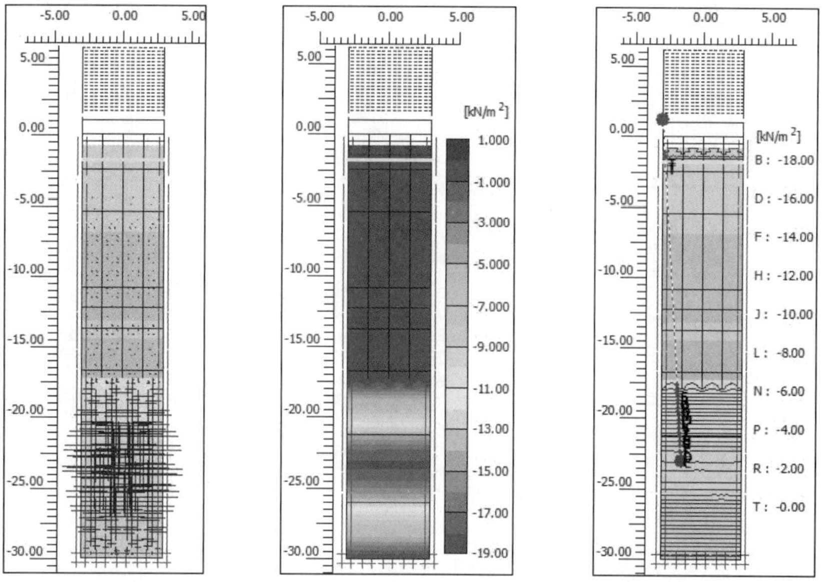

矢量图　　云图　　等值线

(a) PVD 布设超孔隙水分布情况

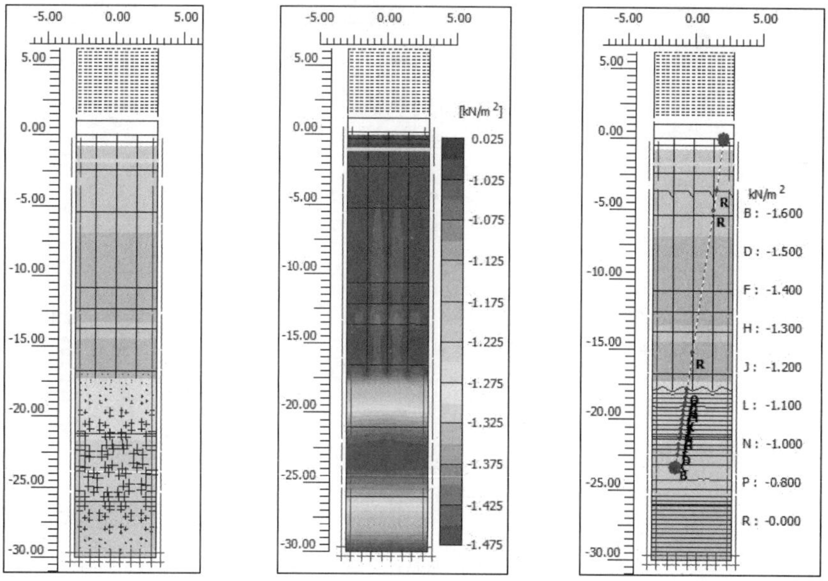

矢量图　　云图　　等值线

(b) 固结最小孔压后孔隙水消散情况

图 4.14　孔隙水消散示意图

为单独分析施工填土过程中超孔隙水压力消散的情况，应用数值计算在 PVD 布置固结最小孔压之后，填土 1，2，3 期与固结所产生的超孔隙水分布情况，具体如图 4.15 所示。填土过程中 PVD 布置区均会产生少量的超孔隙水压力，由于砂土层自身不保水，排水效果好，不会产生超孔隙水压力，主要分布区为黏性土与淤泥质土体中。

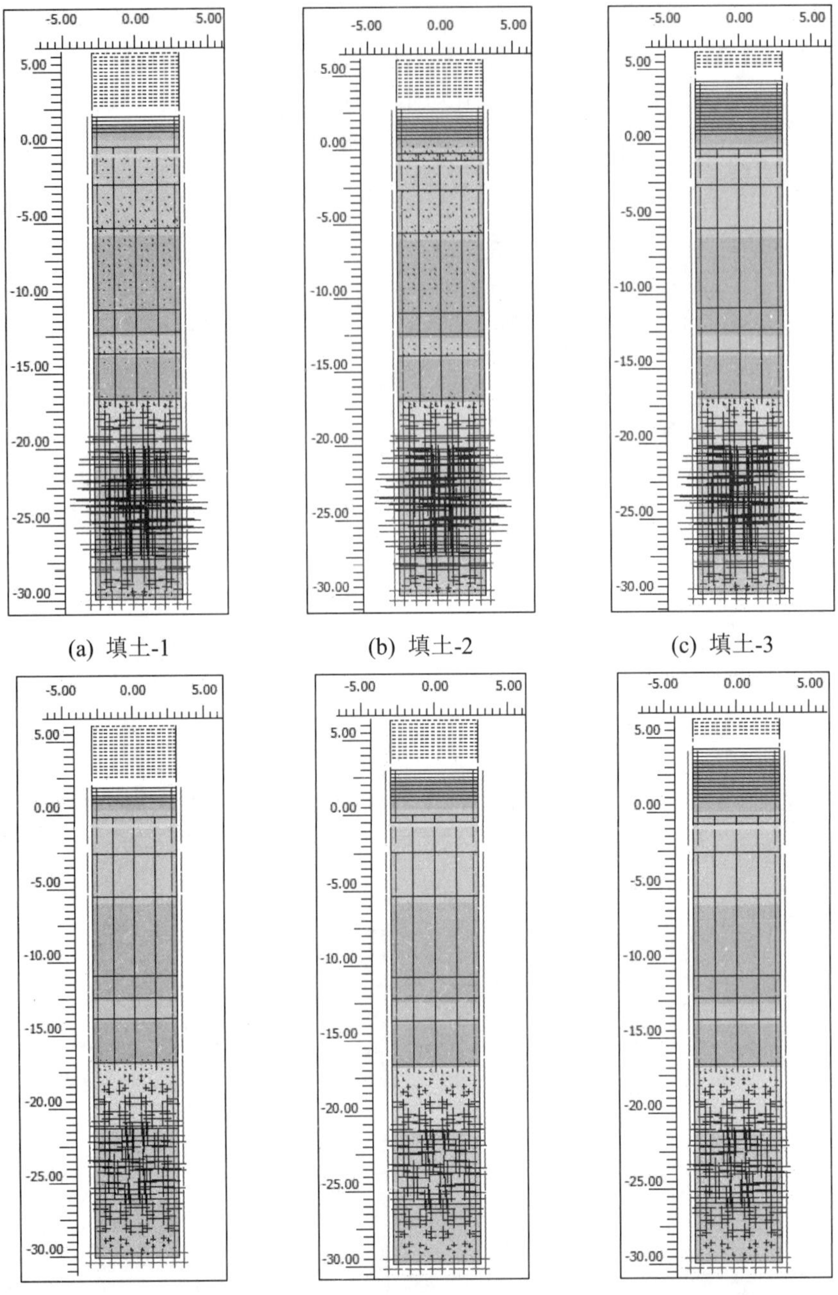

(a) 填土-1　(b) 填土-2　(c) 填土-3

(d) 固结后　(e) 固结后　(f) 固结后

图 4.15　分期施工孔隙水分布示意图

数值实验得出在填土过程中的超孔隙水消散曲线，如图 4.16(实线部分)所示，选取布设 PVD 与三期加载固结阶段，固结采用消散到最小的孔压，提取模型中(0，-25)点处数据列出曲线，大致勾勒出孔隙水消散衰减曲线，如虚线部分，拟合出 PVD 在工程中的排水性能。在分析 PVD 排水性能时，主要观察孔隙水消散衰减趋势与拐点的位置。曲线中实线部分出现四个最高点，分别是排水板布置与三期加载填筑过程中所产生的超孔隙水压力数值计算最大值，按照施工顺序其值分别为-17.44，3.35，4.03，3.97 kN/m^2。

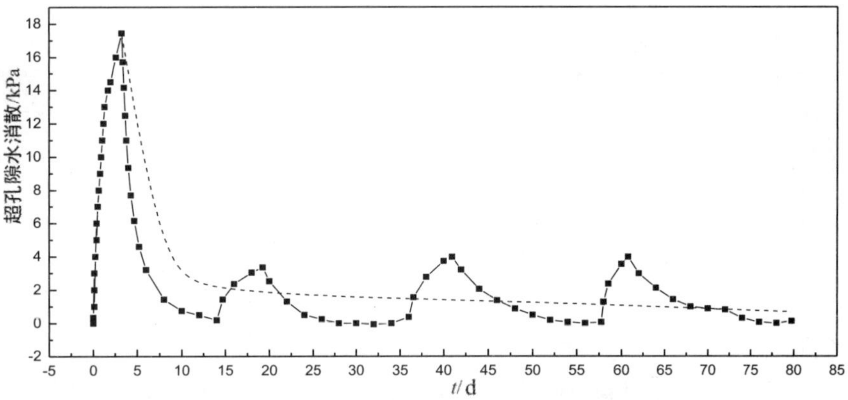

图 4.16　PVD 布置与海堤施工过程孔隙水消散曲线示意图

塑料排水板工作过程中，由于路堤填筑会使排水板在土体中变形，从而会改变排水路径，减小排水量，所有在第一期填土过程中的孔隙水消散情况会和真实的排水性能有差距；而路堤填筑是一个缓慢的过程，孔隙水消散不会像数值计算中那样精确。

4.3.3　竖向沉降与施工过程简化

沉降指标是海堤施工过程中一个非常重要的控制指标，在数值实验分析中，并不能真实地体现施工过程中的沉降值，但实验计算所得出的沉降量能估计出后续计算沉降大致范围。在三期填土施工完毕并固结后，分布施工竖向沉降量见表 4.7。填土 3 d 后的沉降量为 33.7 cm，而超载与卸载的竖向沉降量为 34 cm，其数值与填土 3 d 作用完成后的沉降量仅相差 0.3 cm，则后续模型计算中可简化对超载与卸载施工计算模拟。

表 4.7　竖向沉降量

工况	竖向沉降量/cm	分布沉降量/cm	叠加/cm
PVD 布设	44.6		
填土 1+固结	53.3	8.7	8.7
填土 2+固结	62.2	8.9	17.6
填土 3 半+固结	69.1	8.9	26.5
填土 3+固结	76.3	7.2	33.7
超载+固结	84.5	8.2	41.9
卸载+固结	77.6	-7.9	34.0

如图 4.17 所示，在两个施工步计算后，得出的变形网格与竖向沉降量进行对比分析，发现变形网格与竖向位移云图大致相同，并无明显的差异，并且根据上节中所得超孔隙水消散曲线，在第三期填土中孔隙水消散基本满足要求，则说明在后续的模型计算中可以忽略超载的作用。

4.3.4　PVD 处理与不处理方案对比

实验分析中，PVD 处理过程采用激活排水线，若模拟不处理土体则在计算过程中将排水线关闭。分别对比激活排水线与不激活排水线的超孔隙水消散性能。对于施工过程在一期填土与二期填土孔隙水消散过程明显，第一施工步采用固结到最小的孔压，第二施工步将孔隙水完全消散，列出对比，见图 4.18(前两个施工步)。

当不采用排水板处理时，两个施工要消散到最小的孔压为 1 kN/m^2 时，大致要用 320 d，而完全消散完成则需要 580 d 的时间；采用 PVD 处理后孔隙水即随着施工的加载而消散，大致需要 40 d 的时间，大大缩短了固结时间。

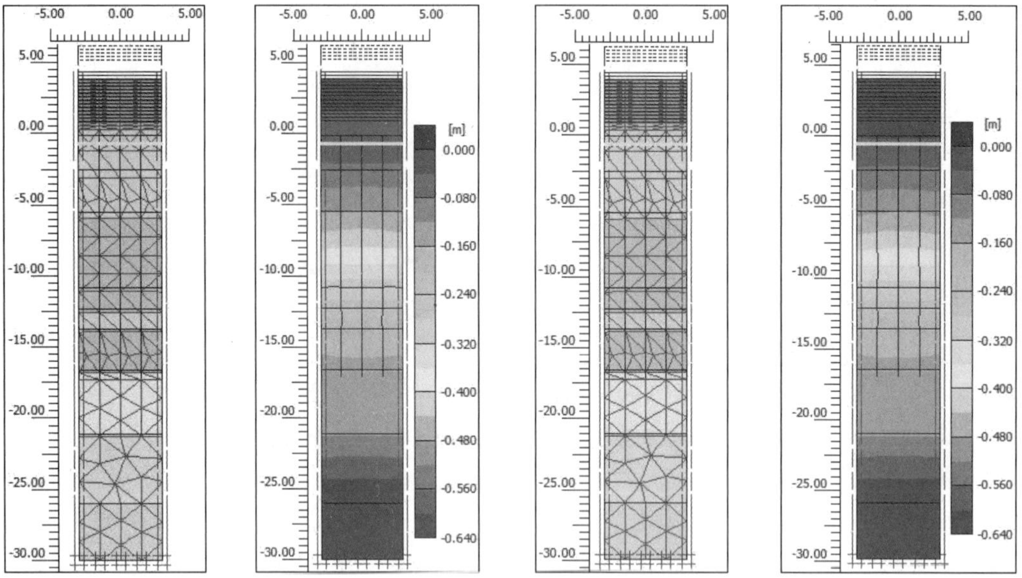

(a) 填土 3 变形网格　　(b) 竖向位移　　(c) 卸载后变形网格　　(d) 卸载后竖向位移

图 4.17　沉降量对比图

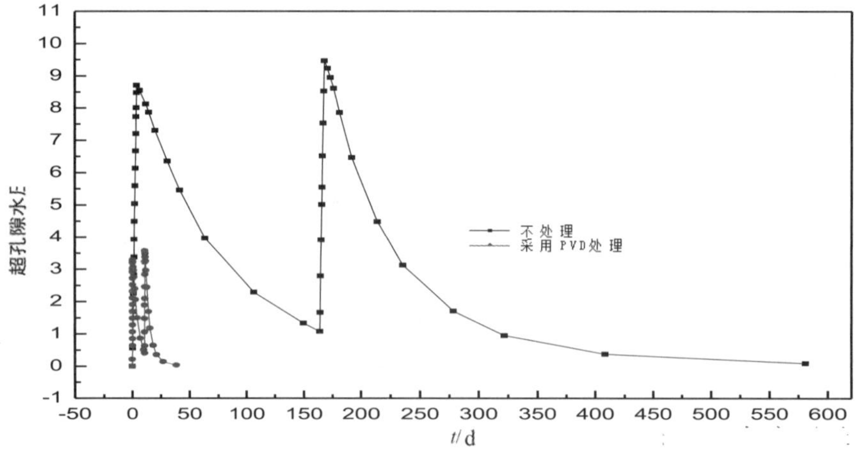

图 4.18　采用 PVD 处理与不处理对比图

4.3.5　PVD 处理后安全性

选取工程中特殊软质土体为地基加载路堤，建模中按照坡度 1∶3(接近自然放坡状态)进行边坡安全计算，见图 4.19。选用 1，4，7 土层对比计算 PVD 处理前后滑动面与安全性的大小。用 PVD 处理前，安全系数为 1.384；采用 PVD 进行排水固结后，边坡安全稳定性提高到了 1.793，并且滑坡的位置从原来的路中移至路边。为确保路面不发生断裂滑动，工程中设置反压平台进行安全保护。

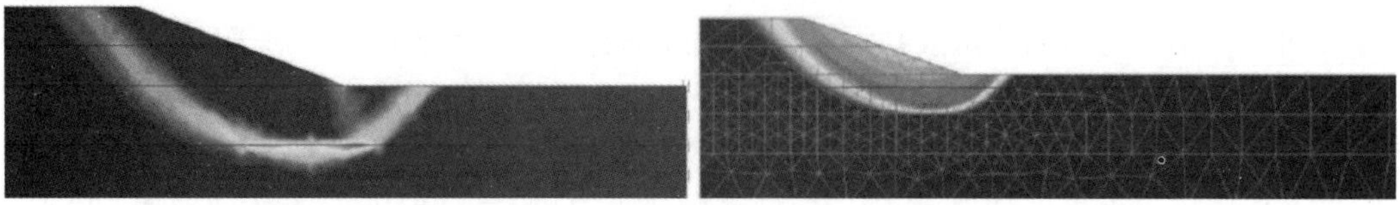

(a) PVD 处理前安全系数 1.384　　(b) PVD 处理后安全系数 1.793

图 4.19　PVD 处理前后安全系数图

第 5 章　浅海路堤工程建设与设计方法

围海造地首先从修筑围海堤工程开始，在浅海或海涂上修筑围海堤将外部海水隔离，进而抽干围海堤内的水将之变为陆地，以供人类生存和生产所用。因此，海堤工程是保证滩涂围垦工程顺利进行的重要设施，也是保护沿海地区免受风浪、潮水侵袭的安全保障，海堤工程的稳定性对围垦工程建设有着至关重要的影响。随着沿海地区围海造地运动的高速发展，针对海堤工程的建设设计施工标准也越来越严格。

海堤的建设，可以说一直伴随着人类开发海洋的历史，由最初仅仅起到隔离海水防止风浪作用的围堤、海堤、拦河坝形式，发展到用以防止泥石流直接冲击路堤或壅塞桥涵的导流堤以及用于防止水和土进入建筑物的修建位置而修筑的临时围护结构围堰的形式。改革开放以后，我国沿海地区投入大量的人力、物力、财力开展海堤工程建设，核电站、港口、码头等的建设也是与海堤分不开的，此时的海堤不再是简单的围挡潮水、风浪，而是发展成集沿海公路、跨海大桥、水利枢纽、沿海观光带旅游于一体的功能性建筑。随着沿海地区经济社会的发展，城市建设的规模不断扩大，海堤堤顶道路逐渐发展到 6 至 8 车道，交通通行量的增大对海堤工程建设提出了更高的要求。

5.1　海堤围堰工程发展现状

围海造陆是一项系统工程，涉及多方面技术应用，对施工设备、施工工艺、工程材料等都有较高的要求。其中围堰的施工关系着整个后续工程的顺利进行。海堤围堰是在海上通过人工围堰的方式形成一定的造陆界限，为后期的海堤建设作准备，是围海造陆工程的基础。一般来讲，其是为建造永久性水利设施修建的临时性围护堤坝，但为优化资源配置，也常将其与主体工程结合而成为永久工程的一部分。

5.1.1　围堰结构形式

围堰按照设计结构形式，可划分为以下几种。

(1) 土石围堰

早在 4100 a 前，人类便开始了通过大型土石坝工程利用水资源。古代土石坝工程没有理论支持，仅凭经验选料修建，因此大部分古代土石坝工程都发生过溃坝等事故，促使土石坝的设计、施工技术逐步向着安全和成熟的方向进步。

传统的土围堰主要由土、石构成。土围堰可以充分利用当地材料或废弃的土石方，构造简单，施工方便，可以在水流中、深水中、岩基上或有覆盖层的河床上修建，但工程量大，堰身沉陷也较大。土石围堰结构简单、施工方便，可以就地取材，投资较省，适应地基变形能力强，受损后易于修复，应优先选用。土石围堰的抗冲能力较差，且断面尺寸较大，一般适用于横向围堰。在世界上绝大多数国家，土石围堰由于适用条件广、可就地取材、经济效益好、设计手段高、施工速度快、施工导流易解决、抗震性能强等特点而得到广泛的应用，我国清江水布垭工程、三峡工程均采用土石围堰。

(2) 混凝土围堰

混凝土围堰一般建在岩基上，大多为重力式纵向围堰，一般需要在低水头的土石围堰保护下干地施工。混凝土围堰具有抗冲能力大、断面尺寸小、易于同混凝土建筑物相连接、可过水等优点，故在实际施工中也采用较多。20 世纪 80 年代以来，我国水利工程中的混凝土围堰广泛应用快速施工的碾压混凝土。

(3) 钢板桩隔栅围堰

钢板桩隔栅围堰是由一系列彼此连接的钢板桩隔栅体所组成的临时挡水建筑物，隔体钢板桩之间相互扣接并形成封闭空间，封闭空间内填砂砾石或其他填料以维持稳定。钢板桩格型围堰在国外一些大、中型水利工程中应用得比较广泛，如美国田纳西河流域堤级开发工程中的 14 个工程和 1965 年罗马尼亚-南斯拉夫的铁门水电站均采用过钢板桩格型围堰，在我国的葛洲坝水利工程施工中也使用过钢板桩格型围堰。其回收率很高，可达 70%以上，并具有断面小、抗冲击力强、安全可靠等优点。

(4) 其他形式的围堰

传统的围堰形式如木笼围堰、竹笼围堰、草土围堰等，一般仅用于临时结构，现在已经很少使用。在具体施工过程中应根据设计水深及地质情况选用合适的围堰类型或按照相应的设计要求进行选择。

5.1.2 围堰地基处理技术

围垦工程中基础多为滨海相软土地基，因此围堰施工必须采取相应的地基处理措施以保证工程的顺利进行。随着沿海工程的逐渐增多，其处理方法也出现了很多种，主要有：换填法、强夯法、挤密法、抛石挤淤法、超载预压法、真空预压法、排水固结法、灌浆法等。围垦工程中海堤围堰基础的处理，20 世纪 70 年代以前通常采用抛石自然挤淤和镇压层法；之后土工合成材料得到广泛应用，大量工程实践证明，在堤身不高、淤泥层不厚的海岸，编织布加筋垫层对减少堤身块石下陷、减少地基不均匀沉降和水平位移、提高堤身稳定性均有显著作用；20 世纪 80 年代后出现了 PVC 塑料排水板与镇压层相结合的地基处理技术，国内首次运用在塘沽新港的软基加固试验工程中，效果良好。

目前工程中主要采用塑料排水板排水固结法与土工合成材料相结合的方式进行滩涂软土的地基处理，土工合成材料和排水固结技术已经成为最常用的地基处理手段。近年来，爆破挤淤技术在某些海堤中也得到成功运用，为围垦工程设计提供了一种新的选择。其他如真空联合堆载预压技术、水下强夯加固技术均具有较高的应用价值和良好的推广前景。

地基处理方法的优化和综合利用将是今后研究的重点。充分利用原位观测的成果和先进的有限元计算理论进行地基处理方法的优化研究，研究不同地基处理方法的相互衔接，研究适合围垦工程的施工技术和设备等，从而保证选择合适有效的地基处理措施，保证围垦工程中围堰基础的顺利安全施工。

5.1.3 围堰防护措施

围垦工程中海堤围堰直接受到海水的作用影响，因此修筑海堤围堰的关键问题是防渗措施和挡潮边坡坡面防护措施的选择。

过去围堰工程多采用抛石护坡的形式作为边坡防护措施，目前采用的护面措施主要有大块石护面、钢筋石笼护面、加筋护面、混凝土板护面及混凝土楔形块护面，较普遍采用的是混凝土板护面。围堰的防渗形式大体分为土质防渗体、防渗墙两类。

(1) 土质防渗体

土质防渗体是在水中抛填形成斜坡式防渗体，水上采用干地填筑。土质防渗结构造价低、施工简便，采用黏土铺盖为主要防渗措施。黏土铺盖施工方法简单、技术要求不高、抛投速度快，不需碾压即可达到快速止漏、闭气的目的，并且黏土铺盖柔性大，适应地基变形能力强；随着淤泥堆积，防渗作用逐渐增强。国内的葛洲坝工程下游土石围堰、国外的伊泰普工程土石围堰等工程即采用土质防渗体。但水下土料稳定性、压实性差，在大型永久性土石围堰中应用时安全性很差。

(2) 防渗墙

防渗墙是在透水地基或土石坝(围堰)坝体中连续造孔成槽、泥浆固壁，在泥浆下灌注防渗材料建成地下连续墙，保证地基稳定和大坝安全。地下连续墙技术起源于欧洲，它是综合了水井、石油钻井和水下浇筑混凝土技术而发展起来的。1950 年前后，意大利和法国开始用泥浆固壁钻孔法在沙砾地基上建造水工防渗墙。我国水利水电工程应用混凝土防渗墙始于 1958 年，目前我国的防渗墙技术已居于世界先进水平。随着施工技术的不断进步，防渗墙技术也有了很大的进步，在造墙和造孔方面出现了很多新技术。在施工中经常使用的墙体材料主要有钢筋混凝土、塑性混凝土、普通混凝土、 自凝灰浆和固化灰浆等，各种新型的水库堤坝施工工程中的防渗墙技术也层出不穷(水库堤坝施工工程中的防渗墙技术)。

5.1.4　浅海普通路堤加固扩建改造

堤坝形式路堤是浅海最早、最普遍的形式，主要起到隔绝海水、防止风浪对内陆侵袭的作用。但随着沿海经济的发展，全球气候变暖对海洋影响，堤坝形式路堤失稳常有发生，简单的路堤形式已经难以适应沿海地区防潮、防洪的要求，必须对已建浅海路堤进行加固扩建设计。浅海普通路堤加固扩建工程施工顺序为：临海段土体表层淤泥土换填→施工便道填筑形成第一级反压平台→陆地段表层淤泥土换填→反压平台填筑→临海侧第二级平台形成→主堤分层填筑→堤顶路面铺装。图 5.1 所示为典型堤坝形式浅海路堤加固改造设计断面图。

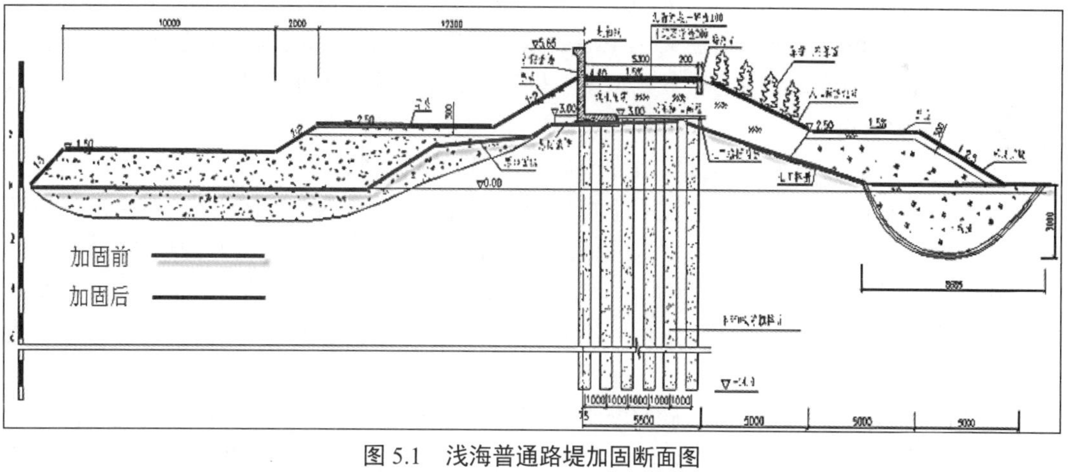

图 5.1　浅海普通路堤加固断面图

5.2　浅海导流路堤设计

当在堆积扇的某一区间内，需要控制泥石流的走向或限制其影响范围时，可设置导流堤，以防止泥石流直接冲击路堤或壅塞桥涵。导流堤可采用斜坡式的土石堤和直立式的混凝土沉箱堤两种形式。导流路堤面临主导风向和强浪向，起防沙、消浪、防漂浮物、保护堤后土体和建筑物的作用。其断面形式如图 5.2 所示。

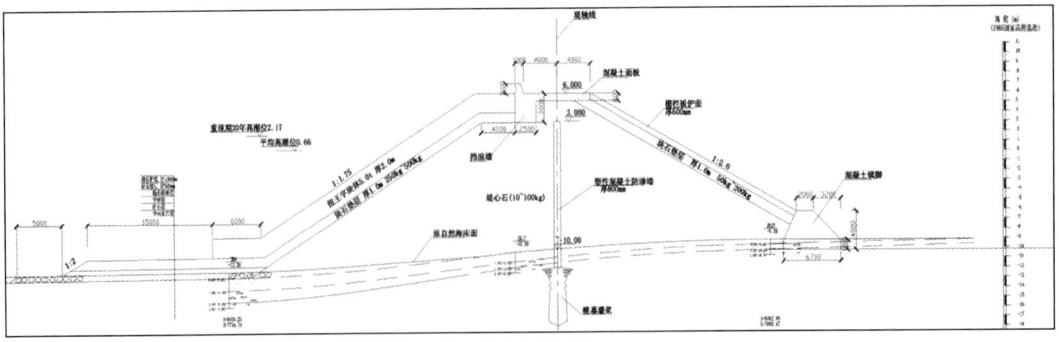

图 5.2　导流路堤断面图

导流路堤施工顺序为：测量放样→清表→导流堤填筑→堤顶路面铺装→人工修整边坡→碎石垫层施工→浆砌片石护面。

①测量放样。由测量组按照设计导流堤线路及地面标高准确放出需填筑宽度并标识，对涵洞与导流堤相接的地方要适当进行调整以使导流堤顺接。

②清表。在标识出填筑宽度的范围内采用人工配合推土机清除地表植被和松软土，场地清理后，对填方区域采用平地机整平，然后洒水压实。

③导流堤填筑。按照导流堤横断面全宽纵向分层水平摊铺、用平地机整平。不同土质的填料分层填筑，不得混填，每种填料层累计总厚度不得小于 50 cm，分层填筑的最大压实厚度不得大于 30 cm，最小压实层厚度不应小于 10 cm。每层填料铺设宽度，每侧应超出路堤的设计宽度 50 cm，以保证修整路基边坡后的导流堤边缘有足够的压实度。当地形高低不平时，应由低处分层填筑，每填一层，经过压实符合规定要求后再填上一层。分段施工时，其交接处不在同一时间填筑，分层留设台阶；如两段同时施工，则应分层相互交叠衔接，其搭接长度不小于 3 m。填筑时采用振动压路机压实。压路机碾压开始时宜用慢速，最大速度不超过 4 km/h。碾压前应对填土层的松铺厚度、平整度和含水量进行检查，符合要求后方可碾压。按照试验确定的参数碾压，碾压作业时，行间(横向)重叠 0.4 m，碾压区段间(纵向)应重叠 2 m 以上。

④堤顶路面铺装。主体堤身填筑完成后进行路面结构铺装。

⑤人工修整边坡。在填筑的过程中每填筑一层由测量组检查导流堤顶面标高，当填筑标高达到设计标高后在导流堤顶面放线标出顶面宽度边界，再由人工精修边坡成设计坡度。

⑥碎石垫层施工。垫层在导流堤成形、检验合格且达到稳定后进行施工，坡面应平整、密实、线形顺适。局部凹陷处，采用碎石将其填满，施工时采用人工摊铺并压密，厚度为 10 cm。

⑦浆砌片石护面。砌体所用砂浆配合比应经试验确定。砂浆的和易性和稠度应满足设计及使用要求。砂浆用机械拌和，其拌和时间不少于 1.5 min，砂浆拌和后 2～3 h 内应使用完毕，不得加水重塑。砌体砂浆必须饱满、错缝，严禁通缝、叠砌、贴砌和浮塞，砌体勾缝应牢固、美观。

5.3　浅海围堰路堤设计

围堰路堤是保证海堤工程、水利工程施工的必要建筑物，其作用是防止水和土进入建筑物的修建位置，以便在围堰内排水，开挖基坑，修筑建筑物。围堰路堤按照材料可以分为土围堰路堤、土石围堰路堤、混泥土围堰路堤。

土围堰路堤是用土堆筑成梯形截面的土堤，迎水面的边坡坡度不宜大于 1∶2，基坑侧边坡坡度不宜大于 1∶1.5，通常用砂质黏土填筑。土围堰路堤仅适用于浅水、流速缓慢及围堰底为不透水土层处。为防止迎水面边坡受冲刷，常用片石、草皮或草袋填土围护。

土石围堰由土石填筑而成，按照基坑是否允许淹没分为过水围堰、不过水围堰。一般多用于不过水围堰，如用于过水围堰，允许汛期过水，应予以妥善保护，需要做好溢流面、围堰下游基础和两岸接头的防冲保护。土石围堰的防渗结构形式有土质心墙和斜墙、混凝土心墙和斜墙、钢板桩心墙及其他防渗心墙结构。混凝土围堰，一般在海床无覆盖层的岩面且水压较高处使用。它的主要特点是耐冲刷，安全性高，防透水性好，但施工较困难。

目前，使用最广泛的是土石围堰路堤，其断面形式如图 5.3 所示。

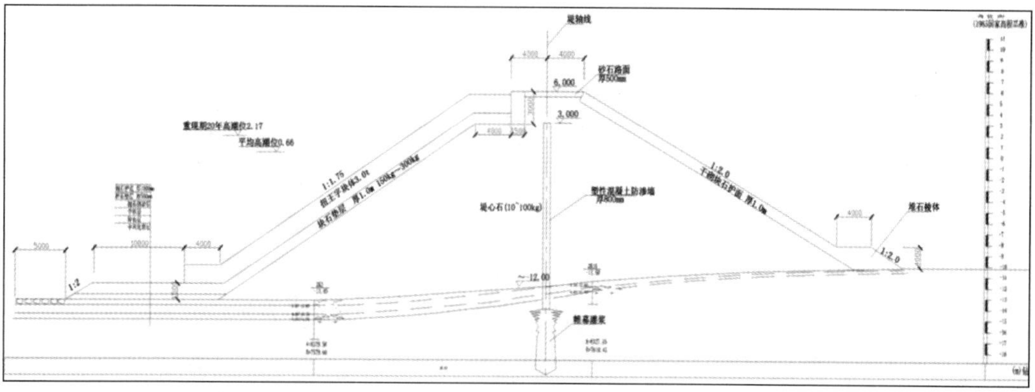

图 5.3 围堰路堤断面图

土石围堰路堤工程的主要作用是截流、挡水。严防涌水、避免堰堤坍塌是围堰路堤成败的关键，其施工流程为打木桩→用编织袋装土垒堰堤→填筑堰体→铺迎水面太阳布→浆砌片石护面→堰体顶部路面铺筑。

浅海导流路堤和围堰路堤为目前沿海二级公路采用的主要结构形式。

5.4 浅海围海斜坡式路堤设计

斜坡式路堤是沿海地区海堤建设最常用的基本结构形式，主要为梯形断面，其特点是迎水面坡度缓慢、稳定性好、堤前反射小、堤身宽度大、地基应力引起的堤身变形适应性强、便于修复。缺点是波浪爬高大；在滩地高程比较低的情况下，由于施工时往往要求先堆土方、后做护坡，容易导致土方流失。其设计断面如图 5.4 所示。

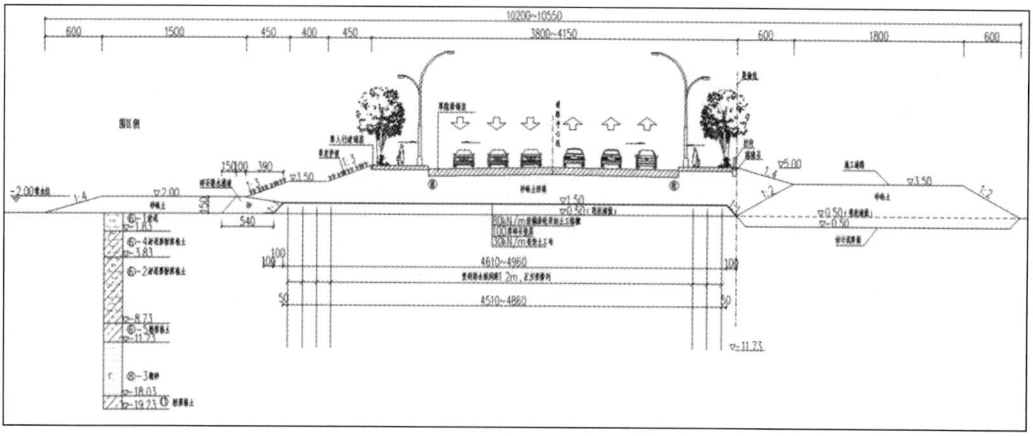

图 5.4 浅海围海堤斜坡式路堤断面图

斜坡式路堤施工工艺流程为：外海侧施工便道填筑形成一级反压平台→加筋碎石垫层铺填及排水板打设→围区侧反压平台及路堤堤身分层填筑→路堤堤身分层填筑→堤顶道路路面铺装。

5.5 浅海海堤混合式路堤设计

混合式路堤，迎水面由直墙及斜坡混合组成，主要有两种形式：其一，迎水面上部斜坡，下部直墙，直墙顶在平均高潮位附近；其二，迎水面下部斜坡式抛石棱体，上部直墙，棱体顶在平均高潮位附近。其设计断面如图 5.5 所示。

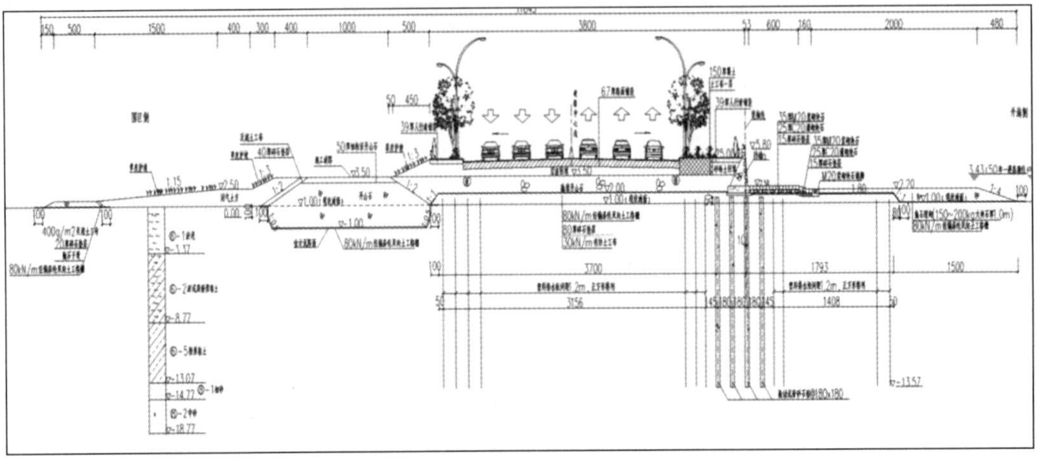

图 5.5 浅海海堤混合式路堤断面图

混合式路堤施工工艺流程为：外海侧防浪墙下振动沉管砂石桩→加筋碎石垫层铺填及排水板打设→外海侧钢筋混凝土防浪墙修筑→防浪墙外大块石反压平台填筑→围区侧施工道路填筑反压平台形成→围区侧施工道路内侧闭气土方施工及堤脚碎石子堤填筑→路堤堤身分层填筑→堤顶道路路面铺装。斜坡式路堤与混合式路堤为沿海高等级公路主要采用的结构形式。影响浅海路堤形式的因素很多，因地制宜最为重要。例如在海滩淤泥土上堆筑堤防，以斜坡土堤防渗、外加块石护面防冲为宜；海淤土上的围垦海堤以缓坡加平台和两边压载排渗为宜；地基较好、石料方便地区，则可建造接近直立墙式路堤或带平台消浪浅海混合式路堤。

5.6 其他设计

除了上述五种设计之外，浅海路堤还包括桥梁、隧道的设计，如长江入海口南隧北桥的设计形式；珠港澳大桥采用的隧道沉箱设计、上海黄浦江隧道采用的顶管设计等。这些内容本书不做详细讨论。

综上所述，通过对浅海路堤问题及主要截面形式的探讨，对其进行加固评价、施工过程评价、海潮及地震和交通荷载影响评价，为浅海路堤进一步优化和抗震设计提供理论依据，从根本上提高了沿海地区防御台风和风暴潮的能力与抗震稳定性，为海堤建设项目应用范围的大幅拓宽提供了借鉴和参考。

第 6 章　浅海导流堤围堰路堤渗流与浪冰冲击分析

滨海核电站导流堤围堰是保证取水建筑物干地施工的重要挡水建筑物，对防渗、结构安全的要求高，渗流控制、变形稳定控制、施工控制是导流堤围堰建设的关键问题，进行导流堤围堰工程力学特性和稳定性验算十分必要。

6.1　Geo-Studio 软件功能及特点

Geo-Studio 软件适用于岩土工程和岩土环境模拟计算，可供岩土、采矿、交通、水利、地质、环境工程等专业工程师从事岩土工程设计、数值分析。

Geo-Studio 软件主要专业分析模块如下：

①SLOPE/W(边坡稳定性分析软件)；

②SEEP/W(地下水渗流分析软件)；

③SIGMA/W(岩土应力变形分析软件)；

④QUAKE/W(地震响应分析软件)；

⑤TEMP/W(地热分析软件)；

⑥CTRAN/W(地下水污染物传输分析软件)；

⑦VADOSE/W(综合渗流蒸发区和土壤表层分析软件)。

用 Geo-Studio 中的 SEEP/W 和 QUAKE/W，对导流堤围堰标准断面的渗流场与应力场进行分析。通过输入材料物理力学参数及简化的边界条件建立有限元分析模型，进行海水渗流和海水涌浪抽吸作用、海冰冲击作用的应力应变数值计算。

6.2　有限元模型建立

Geo-Studio 的每个模块可以看作由 DEFINE，SOLVE 和 CONTOUR 三部分组成。模型的建立在 DEFINE 模块中完成。

6.2.1　有限元模型建立

本工程导流堤围堰工程采用土石堤方案。导流堤与施工围堰截面形式基本相同，经比较认为可采用施工围堰断面作为最不利断面进行数值分析。

①围堰断面顶标高 6.0 m，堤顶宽 8.0 m。

②边坡坡度为 1∶1.75，采用扭王字块护面+块石垫层。

③内边坡坡度为 1∶1.75，采用干砌块石护坡。

④堤体完全采用堤心石填筑。

⑤防渗芯墙为塑性混凝土防渗墙，宽 800 mm，深入基岩不小于 0.5 m。

⑥计算模型海底岩石底标高取-100 m。

⑦堤身高约 17 m，内侧坡脚距离设计取水建筑物基坑边缘约 75 m。

⑧计算模型宽度取导流堤围堰占地宽度的 3～5 倍，取值 300 m，见图 6.1。

该地区水深由浅至深，岸海底地形复杂，海底坡度较大，水深变化明显。海底覆盖层包括：淤泥层、中砂层、碎石层、中等风化花岗岩层，见图 6.2。

海底岩中等风化花岗岩层岩体较完整，受构造影响，海岸局部存在裂隙、海蚀洞。

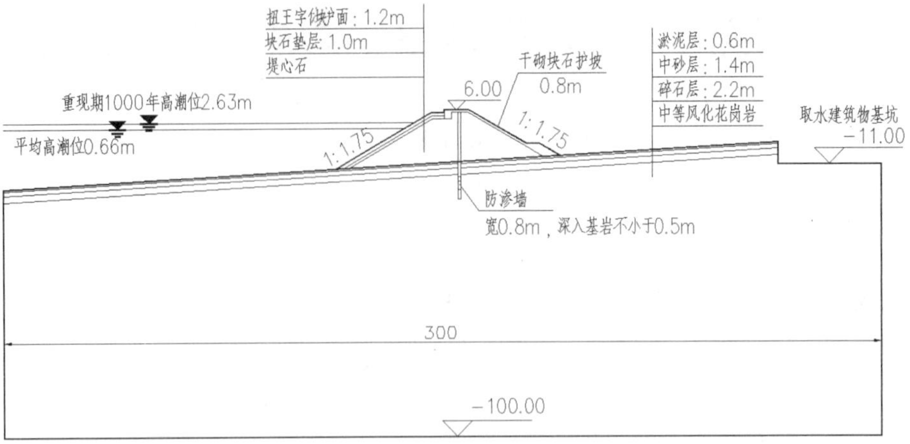

图 6.1　二维计算模型示意图

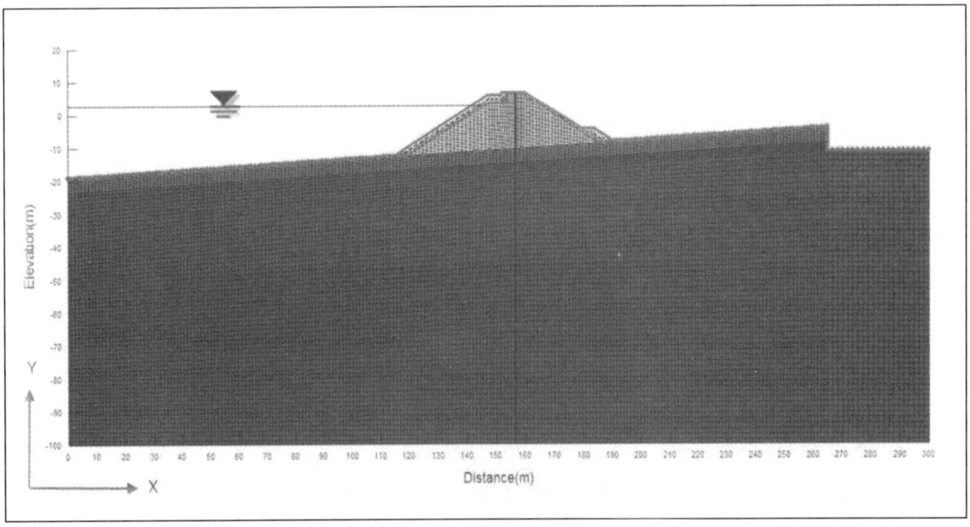

图 6.2　有限元网格划分示意图

根据红沿河取水工程水文地质勘察及导流堤围堰设计提出的相关要求，建立了防渗墙深入基岩 0.5，2.0，5.0，8.0 m 等 4 种情况下渗流场分析计算模型，见图 6.3。

6.2.2　模型的参数设置

计算参数取自《辽宁红沿河核电厂一期工程取水口导流堤、围堰区岩土工程详勘报告》《辽宁红沿河核电一期工程施工图设计阶段补充地质详勘报告》，见表 6.1。

表 6.1　导流堤围堰物理力学参数表

类别	弹性模量 /kPa	泊松比	容重 /(kN/m³)	饱和容重 /(kN/m³)	黏聚力 /kPa	内摩擦角 /（°）	渗透系数 /(m/s)
海底基岩 中等风化花岗岩	8×10^6	0.29	25	25	400	32	3.1×10^{-8}
碎石	2×10^4	0.3	19	20	5	38	3.5×10^{-4}
中砂	1.5×10^4	0.3	19	20	5	36	1.3×10^{-4}
淤泥	5×10^3	0.35	19	20	15	18	5×10^{-5}
堤心石	2×10^4	0.3	19	20	5	40	3.5×10^{-4}
防渗墙	3×10^5	0.32	25	25	500	25	1×10^{-8}
块石垫层	1.58×10^7	0.22	25.8	25.8	100	45	
扭王字块护面	1.58×10^7	0.22	25.8	25.8	100	45	完全透水
干砌块石护面	1.58×10^7	0.22	25.8	25.8	1000	45	

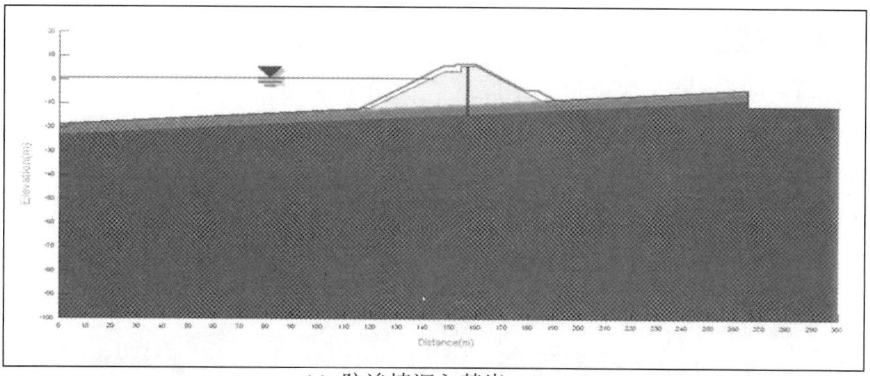

(a) 防渗墙深入基岩 0.5 m

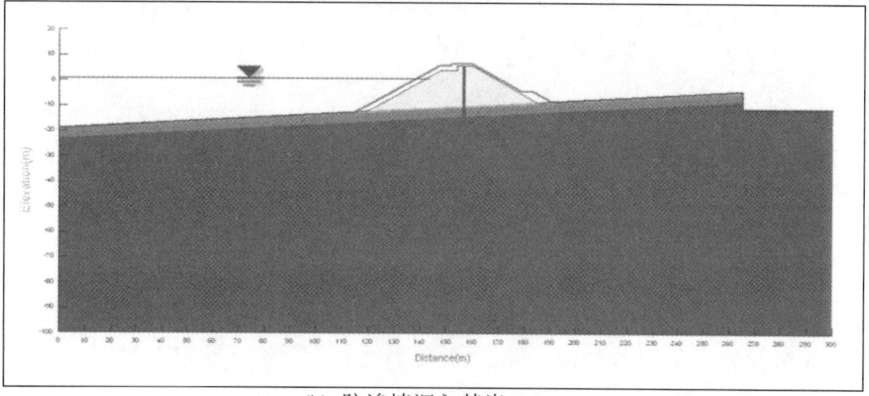

(b) 防渗墙深入基岩 2.0 m

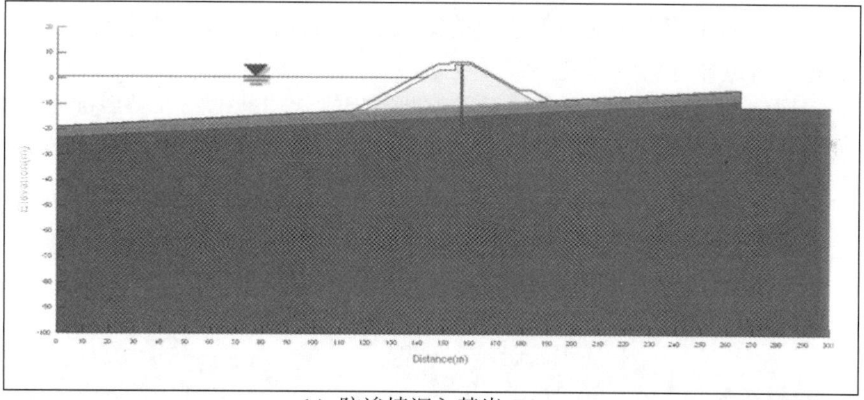

(c) 防渗墙深入基岩 5.0 m

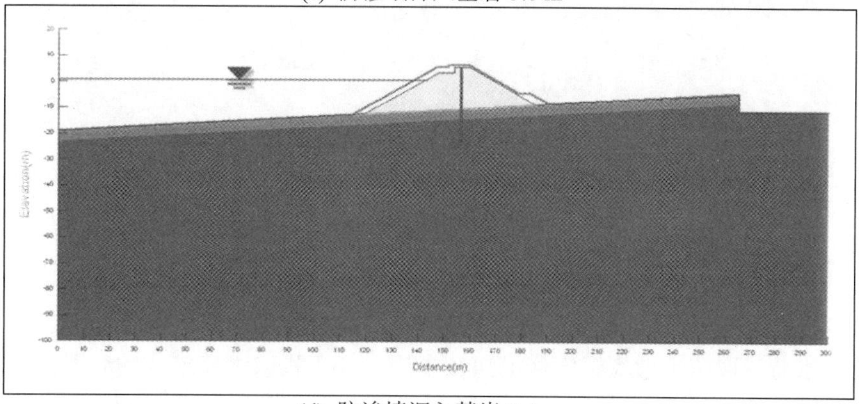

(d) 防渗墙深入基岩 8.0 m

图 6.3　计算模型示意图

6.2.3 边界的设置

导流堤围堰主要功能是保证核电站取水建筑物干地施工，渗流分析工况为：取水建筑物施工期间，围堰内海水完全排干，围堰外侧潮水位变化。渗流计算边界条件：围堰内侧为渗流自由面(Pore Pressure=0)；围堰外侧受海水渗透，平均高潮位 0.66 m，重现期 1000 a 高潮位 2.63 m。渗流边界条件，见图 6.4。

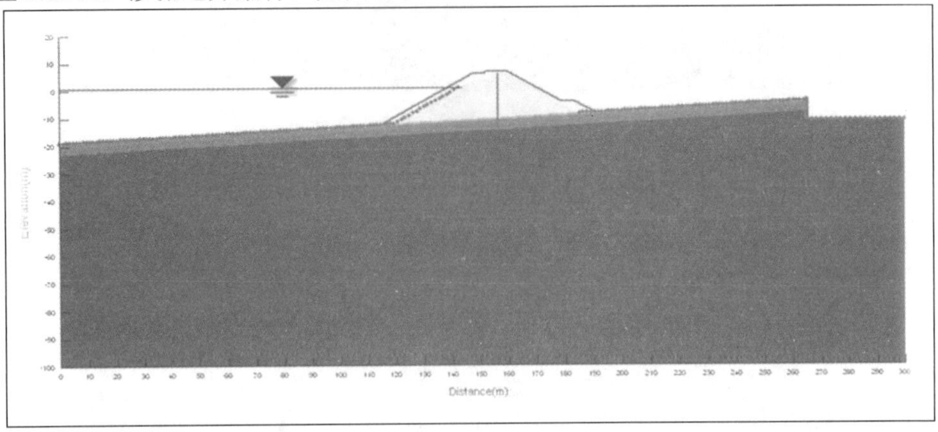

图 6.4 渗流边界条件示意图

本次应力分析中所考虑的荷载主要有岩体自重、坝体自重、静水压力(以重现期 1000 a 高潮位 2.63 m 为最不利海水位工况)、孔隙水压力、波浪荷载或冰荷载等。海浪的周期性运动在围堰临海坡面上产生了一个振荡波面压力，导致土石围堰堆料的应力场都随着时间而变化。海洋环境中的建筑物在使用过程中的绝大部分时间都在承受着小风浪作用，土体处于小变形状态，可近似地将土体视为线弹性体。

波浪荷载取值参考《辽宁红沿河核电厂一期工程进水口波浪物理模型试验报告》，分析工况：重现期 1000 a 低潮位+重现期 100 a 累计频率 13%波高设计。数值分析考虑海洋波浪力 120 kPa，导流堤围堰设计允许越浪，海浪作用高度为重现期 1000 a 低潮位-3.15 m 至坝顶为最不利工况。波浪作用应力分析边界条件见图 6.5。

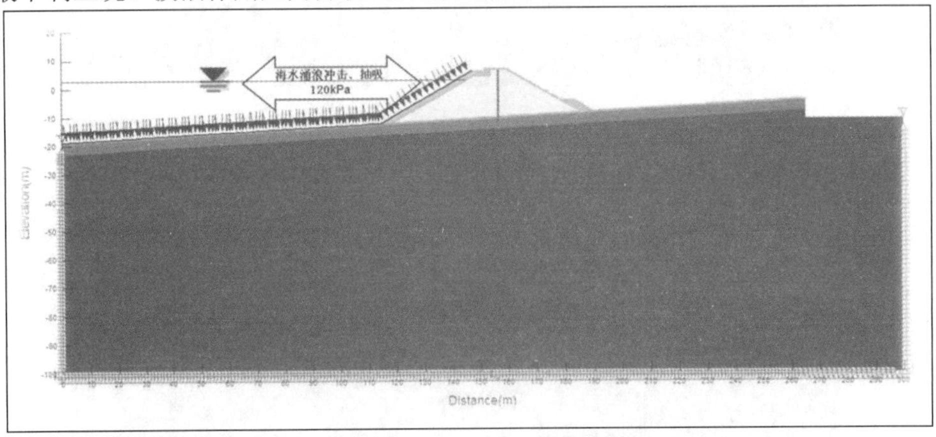

图 6.5 波浪作用应力分析边界条件示意图

海冰撞击对结构影响较大，渤海湾大沽灯塔设计成果，设计海冰撞击力可达 15000 kN。本工程设计冰荷载取值参考《辽宁红沿河核电厂一期工程取水建筑物的海冰撞击试验研究报告》相关研究结果，选取 481 mm/s 冰速对应的原型线荷载 860 kN/m。海冰作用应力分析边界条件见图 6.6。

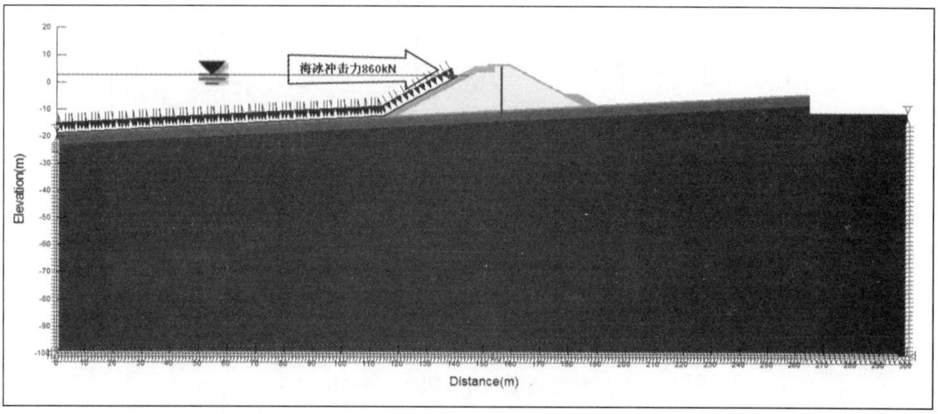

图 6.6　海冰作用应力分析边界条件示意图

6.3　导流堤围堰渗流特征分析

导流堤围堰渗流量随着防渗墙深度的加大而逐渐减小，分析成果见图 6.7 至图 6.14。

防渗墙设计应满足工程要求，在确保安全施工的前提下，选择适当的防渗墙高度，以降低成本、保证工期。因此，假设 4 种防渗墙嵌入基岩深度，并对导流堤围堰工程防渗性能的影响分析进行比较。导流堤围堰内外海水水头差约 9～13 m。

由图 6.7 至图 6.14 可以看出，潮水位稳定变化时，围堰内侧自由水位较低。由于防渗墙作用，浸润线穿过防渗墙下降至基坑内部地面高度。

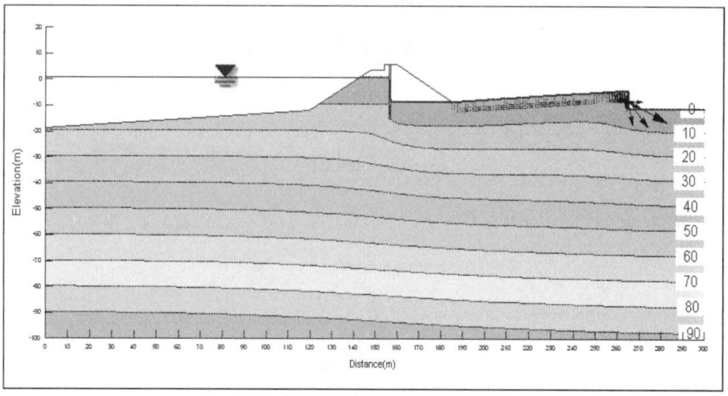

(a) 平均高潮位(MHW)：+0.66 m

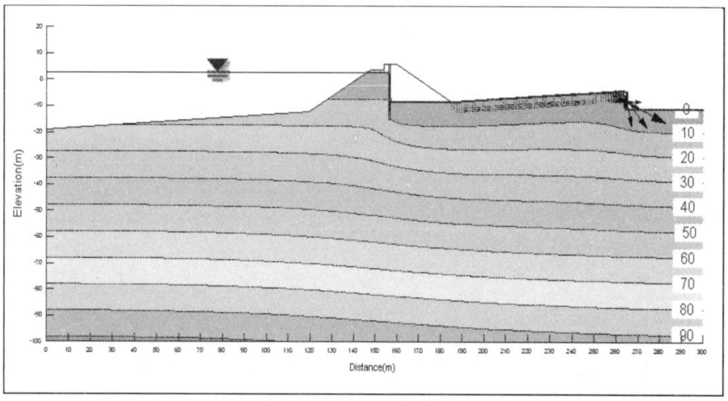

(b) 重现期 1000 a 高潮位：+2.63 m

图 6.7　防渗墙深入基岩 0.5 m 渗流等水头线云图与渗流流速矢量示意图

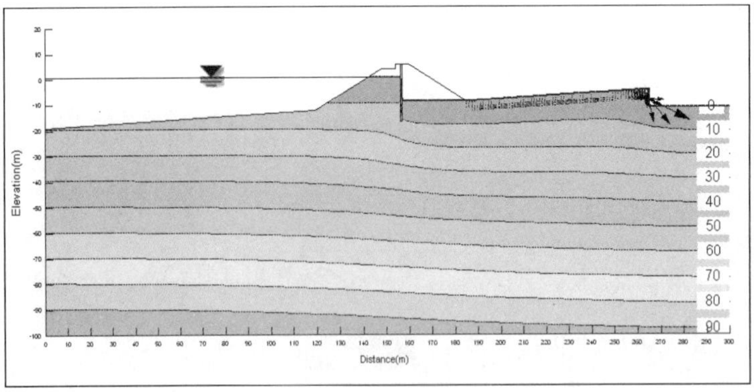

(a) 平均高潮位(MHW)：+0.66 m

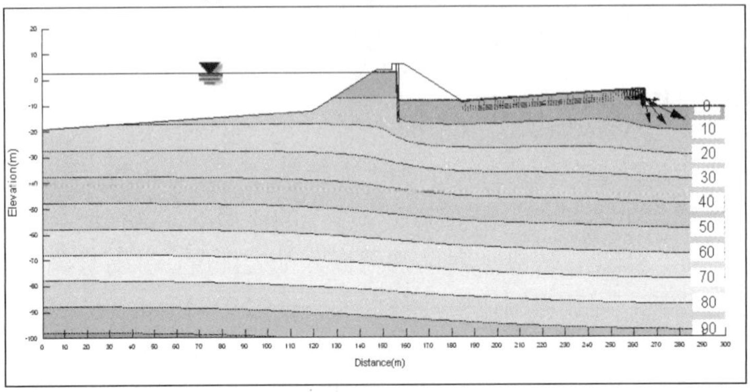

(b) 重现期 1000 a 高潮位：+2.63 m

图 6.8 防渗墙深入基岩 2.0 m 渗流等水头线云图与渗流流速矢量示意图

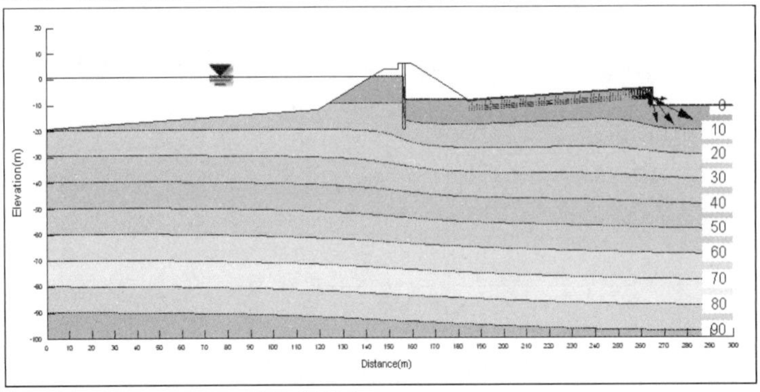

(a) 平均高潮位(MHW)：+0.66 m

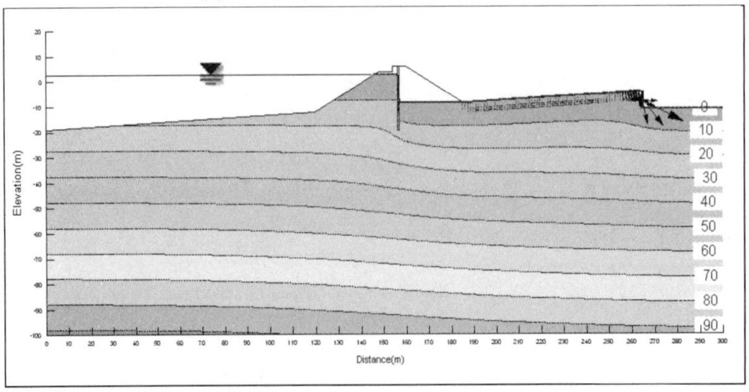

(b) 重现期 1000 a 高潮位：+2.63 m

图 6.9 防渗墙深入基岩 5.0 m 渗流等水头线云图与渗流流速矢量示意图

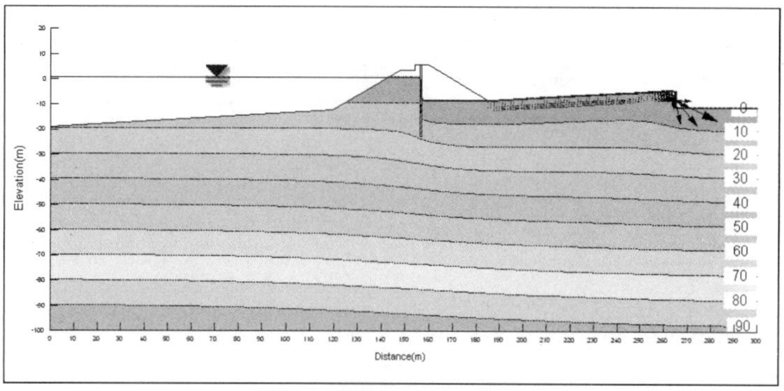

(a) 平均高潮位(MHW)：+0.66 m

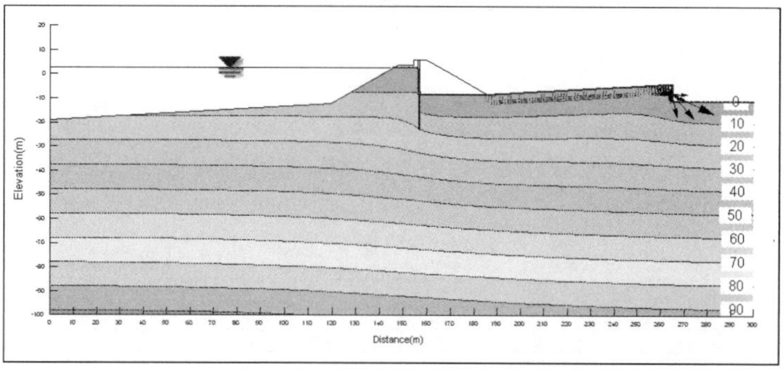

(b) 重现期 1000 a 高潮位：+2.63 m

图 6.10　防渗墙深入基岩 8.0 m 渗流等水头线云图与渗流流速矢量示意图

防渗墙嵌入海底基岩一定深度后有效阻挡了海水向围堰内基坑渗透。防渗墙嵌入基岩深度变化对导流堤围堰渗流浸润线影响很小，是因为分析中假设海底基岩(中等风化花岗岩)为无节理裂隙的完整岩体，其渗透系数远小于塑性混凝土防渗墙渗透系数，见表 6.1。

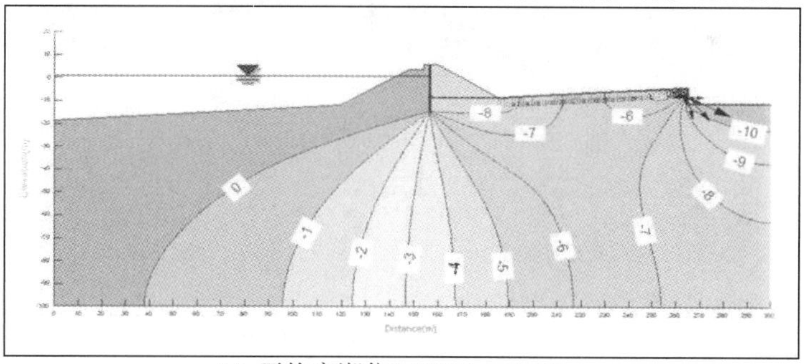

(a) 平均高潮位(MHW)：+0.66 m

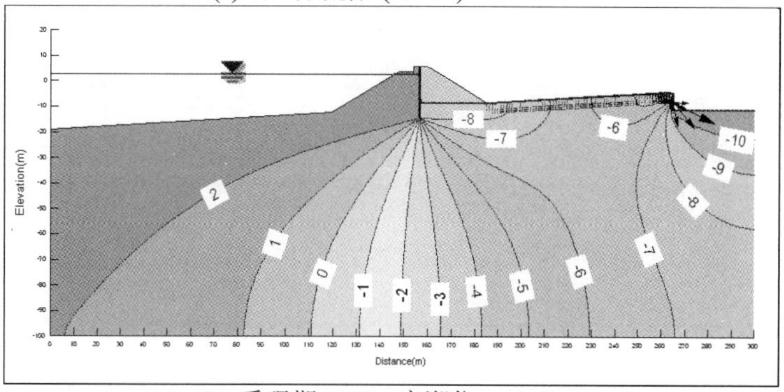

(b) 重现期 1000 a 高潮位：+2.63 m

图 6.11　防渗墙深入基岩 0.5 m 渗流等势线云图与渗流流速矢量示意图

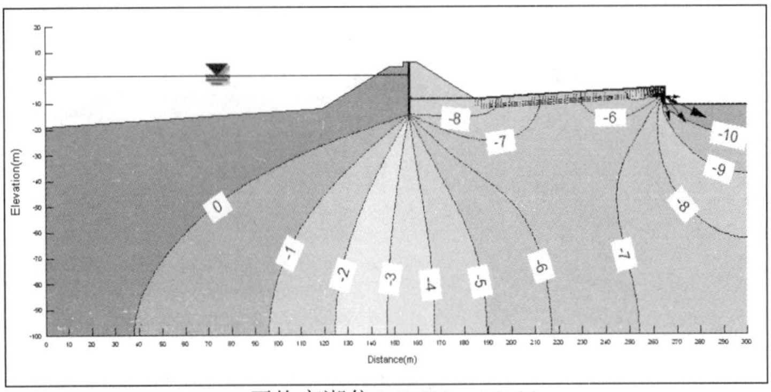

(a) 平均高潮位(MHW)：+0.66 m

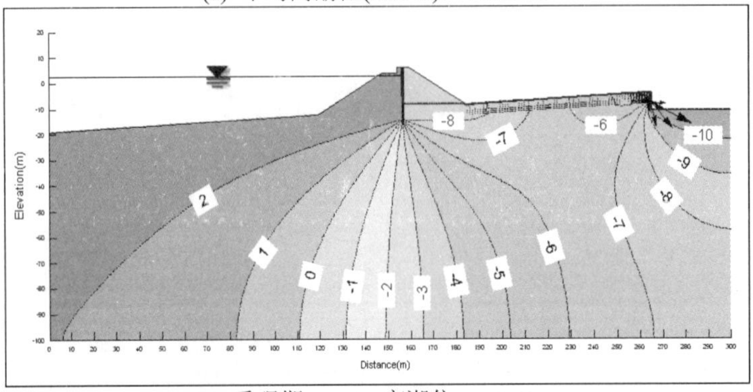

(b) 重现期 1000 a 高潮位：+2.63 m

图 6.12　防渗墙深入基岩 2.0 m 渗流等势线云图与渗流流速矢量示意图

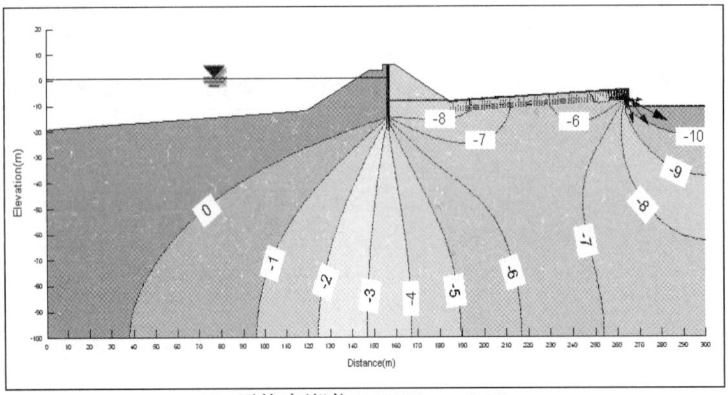

(a) 平均高潮位(MHW)：+0.66 m

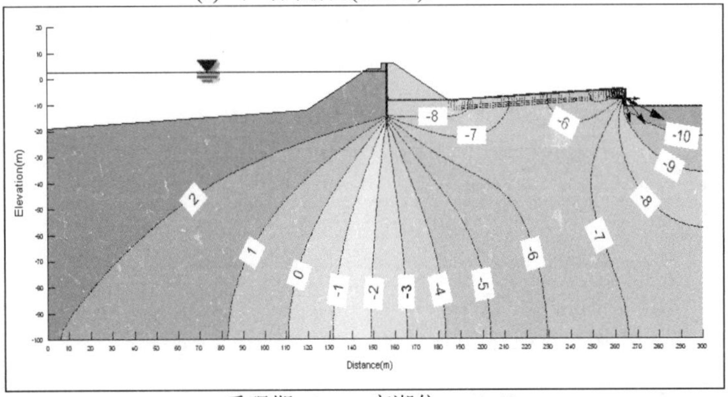

(b) 重现期 1000 a 高潮位：+2.63 m

图 6.13　防渗墙深入基岩 5.0 m 渗流等势线云图与渗流流速矢量示意图

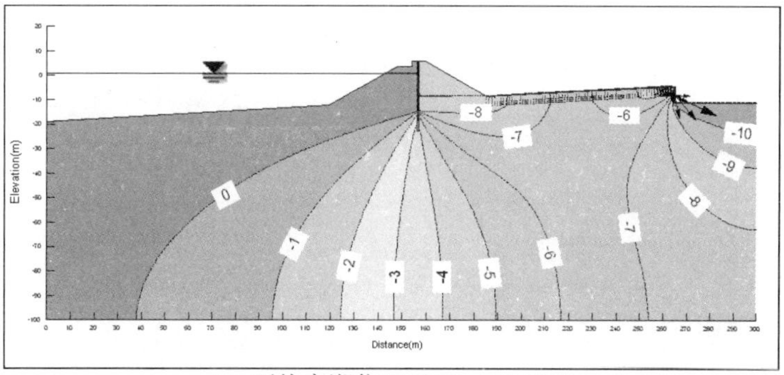

(a) 平均高潮位(MHW)：+0.66 m

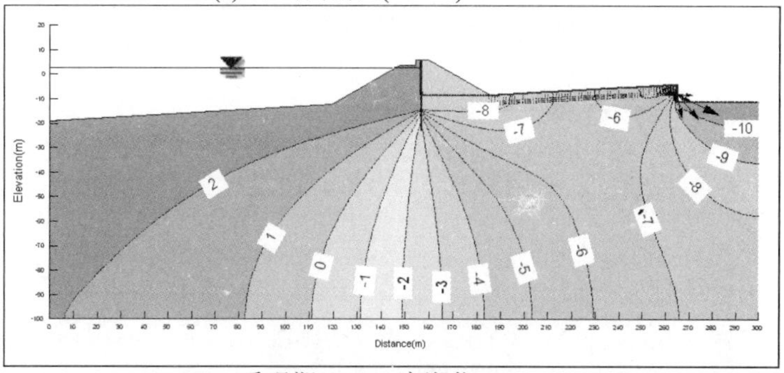

(b) 重现期 1000 a 高潮位：+2.63 m

图 6.14　防渗墙深入基岩 8.0 m 渗流等势线云图与渗流流速矢量示意图

由图 6.15 至图 6.18 可以看出，导流堤围堰外侧潮水位的提高，使渗流流速有所增大，但总体影响较小。渗流流速分布受防渗墙嵌入基岩深度变化的影响很小。海底覆盖层具有较强的透水性，易形成渗流通道，渗流流速最大位置为取水建筑物基坑侧壁，约为 11 m/s。

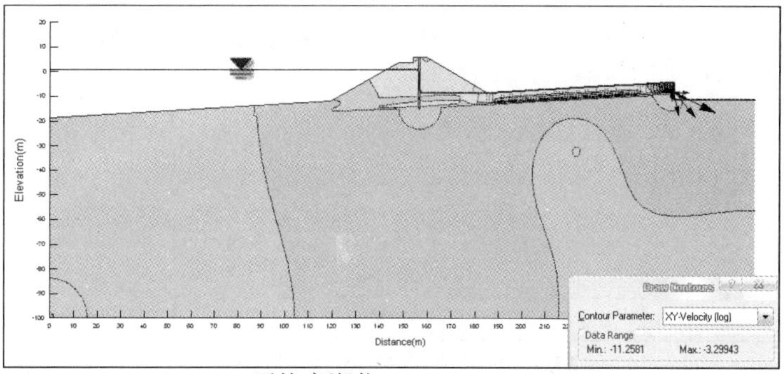

(a) 平均高潮位(MHW)：+0.66 m

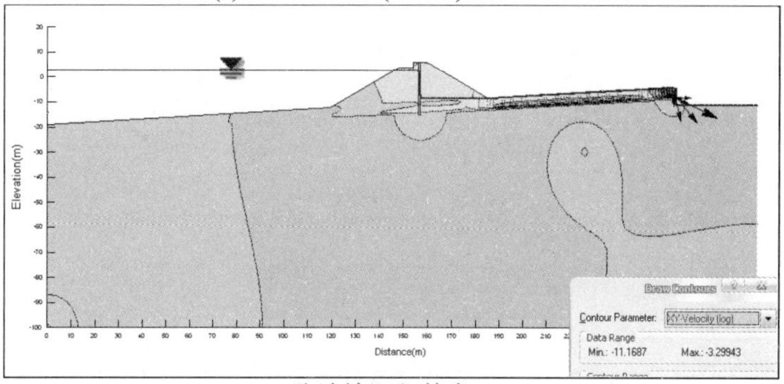

(b) 防渗墙深入基岩 0.2 m

图 6.15　防渗墙深入基岩 0.2 m 渗流流速云图与渗流流速矢量示意图

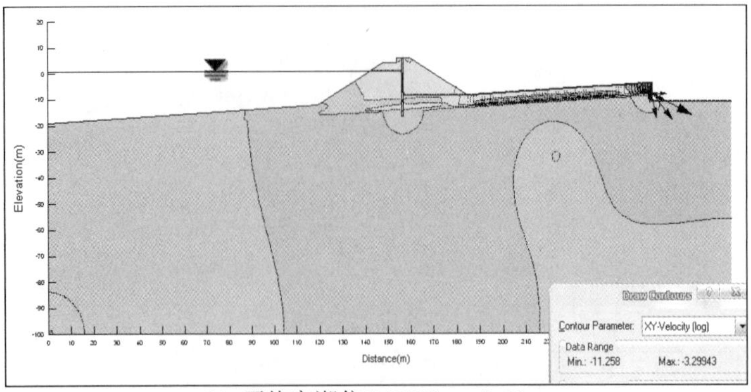

(a) 平均高潮位(MHW)：+0.66 m

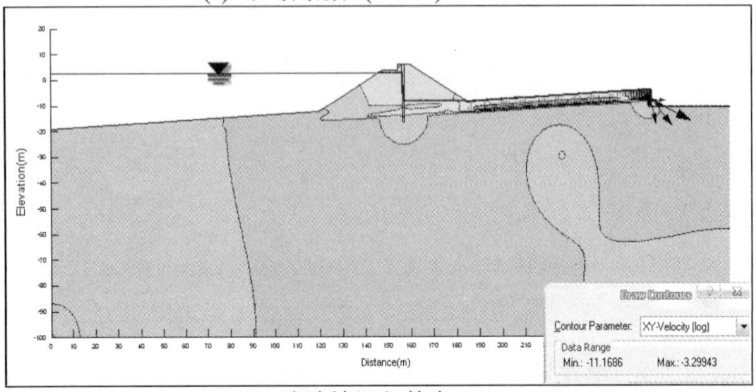

(b) 防渗墙深入基岩 2.0 m

图 6.16　防渗墙深入基岩 2.0 m 渗流流速云图与渗流流速矢量示意图

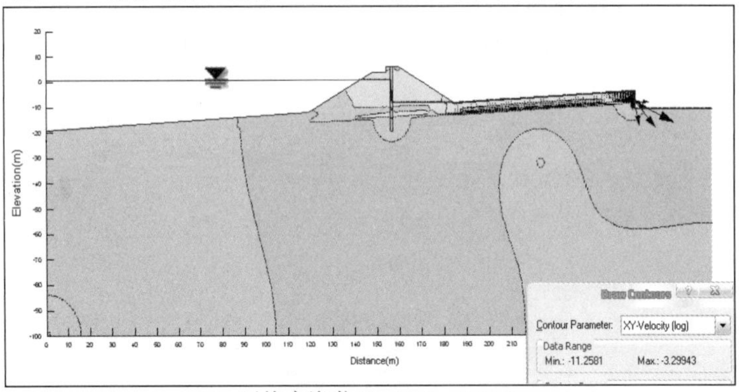

(a) 平均高潮位(MHW)：+0.66 m

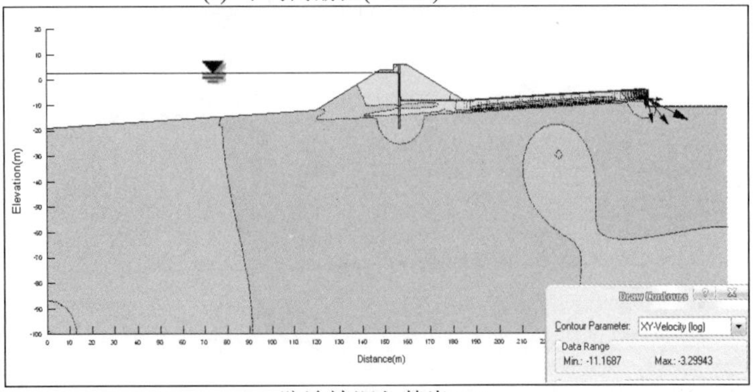

(b) 防渗墙深入基岩 5.0 m

图 6.17　防渗墙深入基岩 5.0 m 渗流流速云图与渗流流速矢量示意图

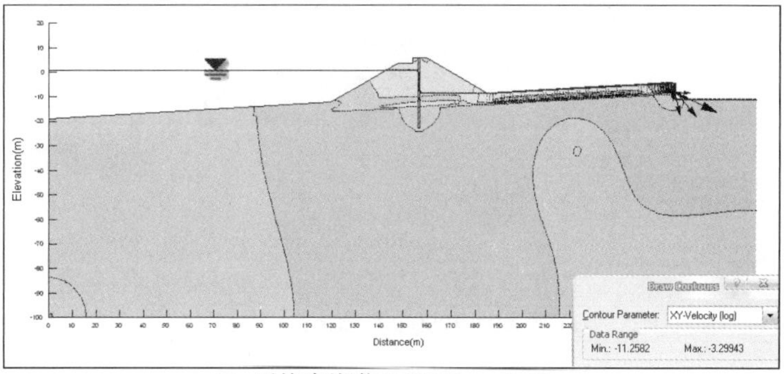

(a) 平均高潮位(MHW)：+0.66 m

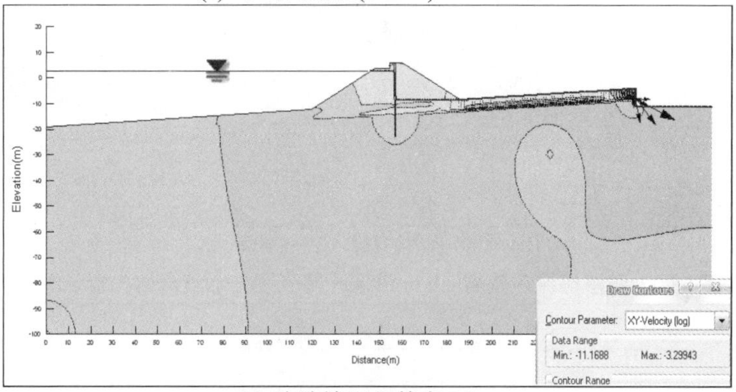

(b) 防渗墙深入基岩 8.0 m

图 6.18　防渗墙深入基岩 8.0 m 渗流流速云图与渗流流速矢量示意图

由图 6.19 至图 6.22 可以看出，防渗墙可能出现的最大渗流比降为 11.22～13.68，防渗墙嵌入基岩深度变化对导流堤围堰渗流比降分布影响很小。

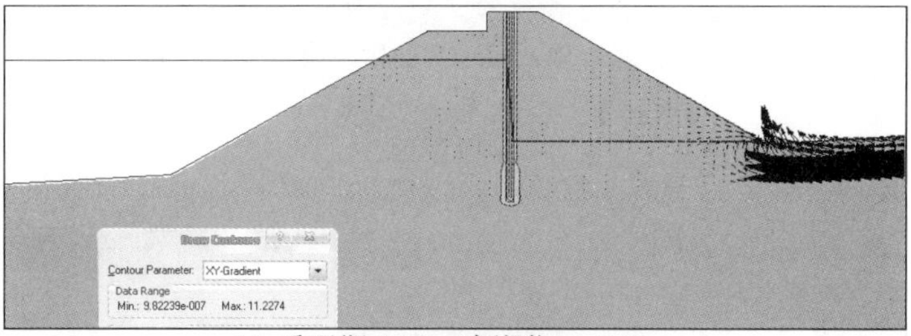

(a) 重现期 1000 a 高潮位：+2.63 m

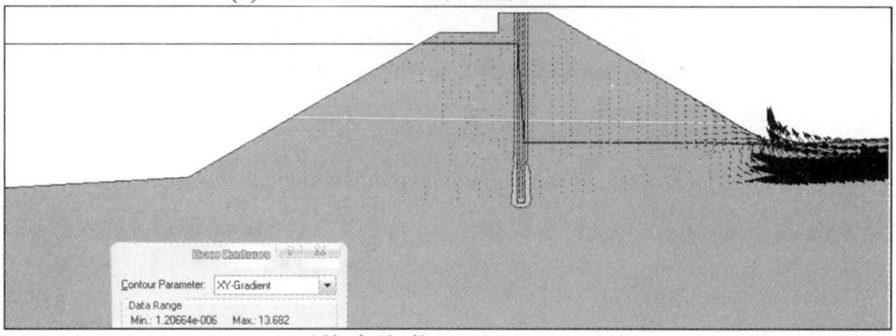

(b) 平均高潮位(MHW)：+0.66 m

图 6.19　防渗墙深入基岩 0.5 m 渗流比降云图与渗流流速矢量示意图

综上所述，防渗墙嵌入海底基岩一定深度后能有效阻挡海水向围堰内基坑渗透。

①防渗墙嵌入基岩深度变化对导流堤围堰渗流场影响较小。

②实际工程中在满足渗透稳定、确保施工安全的前提下，可以选择适当的防渗墙深度，以降低成本、保证工期。

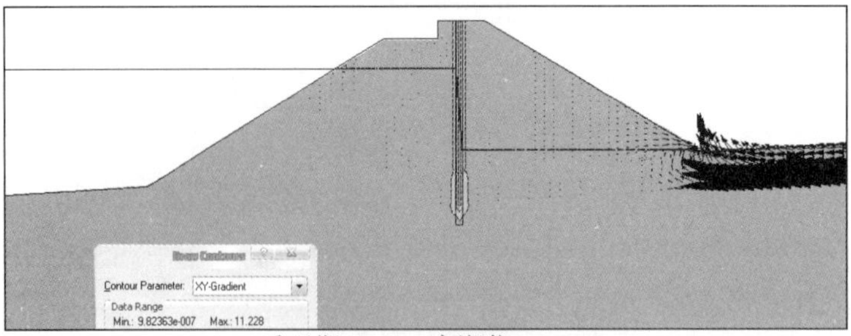

(a) 重现期 1000 a 高潮位：+2.63 m

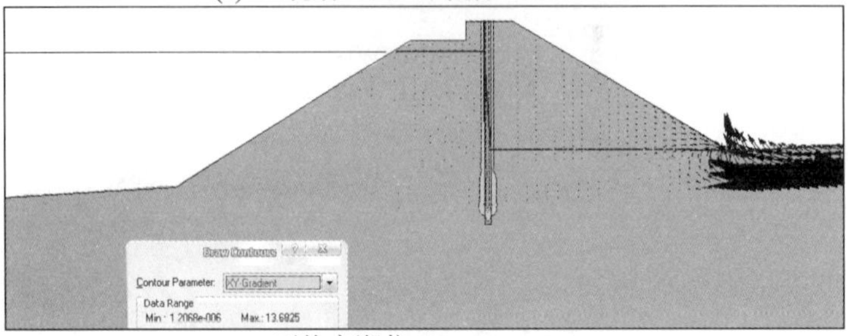

(b) 平均高潮位(MHW)：+0.66 m

图 6.20　防渗墙深入基岩 2.0 m 渗流比降云图与渗流流速矢量示意图

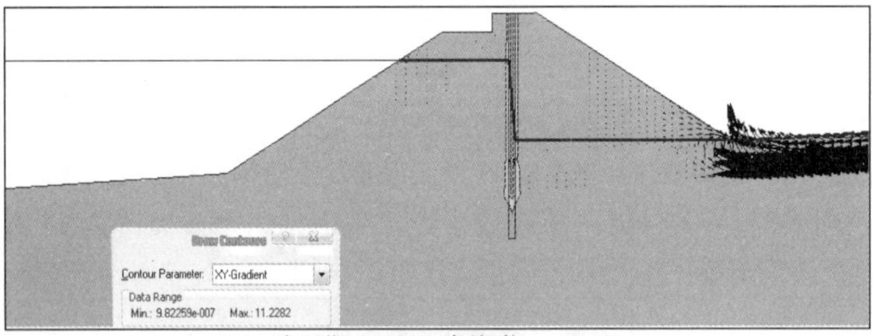

(a) 重现期 1000 a 高潮位：+2.63 m

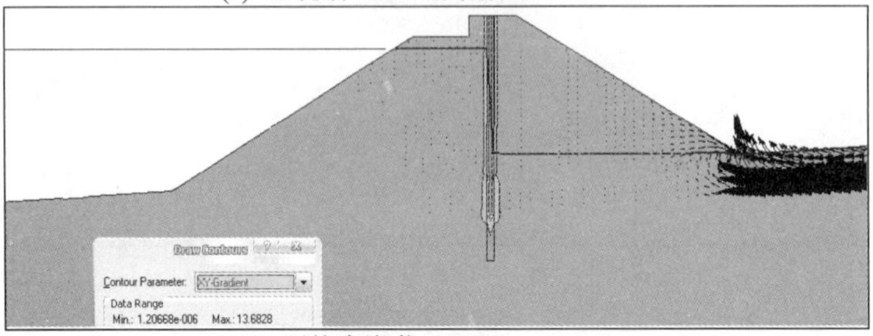

(b) 平均高潮位(MHW)：+0.66 m

图 6.21　防渗墙深入基岩 5.0 m 渗流比降云图与渗流流速矢量示意图

由于导流堤围堰在中砂、碎石等强透水覆盖层上直接抛填，围堰内侧基坑可能出现大量渗透水，围堰内坡脚及取水建筑物基坑侧壁最为严重，渗流流速约为 11 m/s，需在基坑内设置集水池积水。防渗墙可能出现的最大渗流比降为 11.22～13.68，满足设计要求。

6.4　海水涌浪冲击影响分析

由图 6.23 可知，在海水涌浪冲击作用下，围堰有效主应力最大值为 1104 kPa，应力最大值区域主要分布在扭王字块护面、块石垫层和干砌块石护面，且由外向内逐渐减小，堤心石部分产生有效主应力平均小于 400 kPa。塑性混凝土挡土墙的有效主应力最大值为 1069.4 kPa。

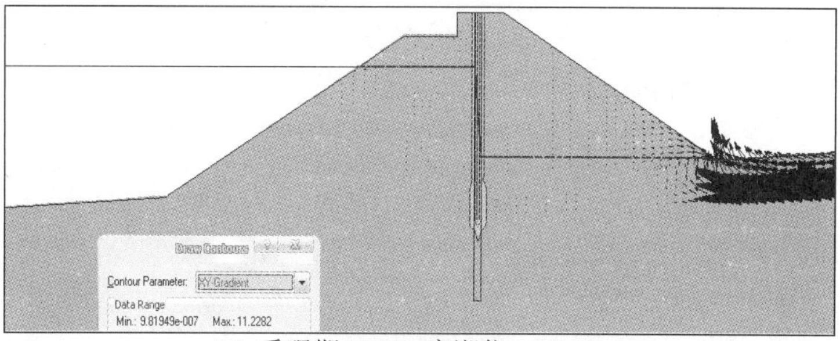

(a) 重现期 1000 a 高潮位：+2.63 m

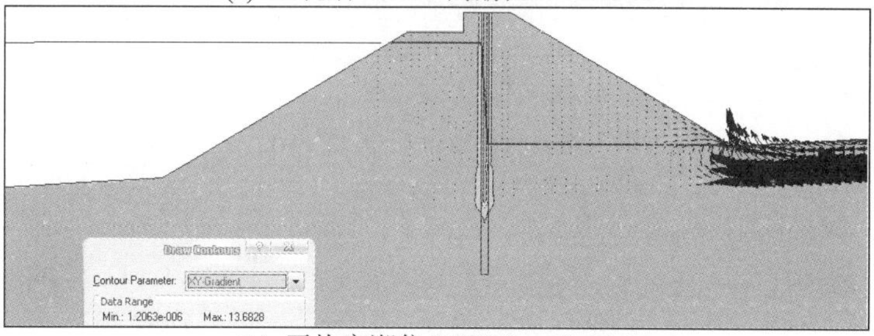

(b) 平均高潮位(MHW)：+0.66 m

图 6.22　防渗墙深入基岩 8.0 m 渗流比降云图与渗流流速矢量示意图

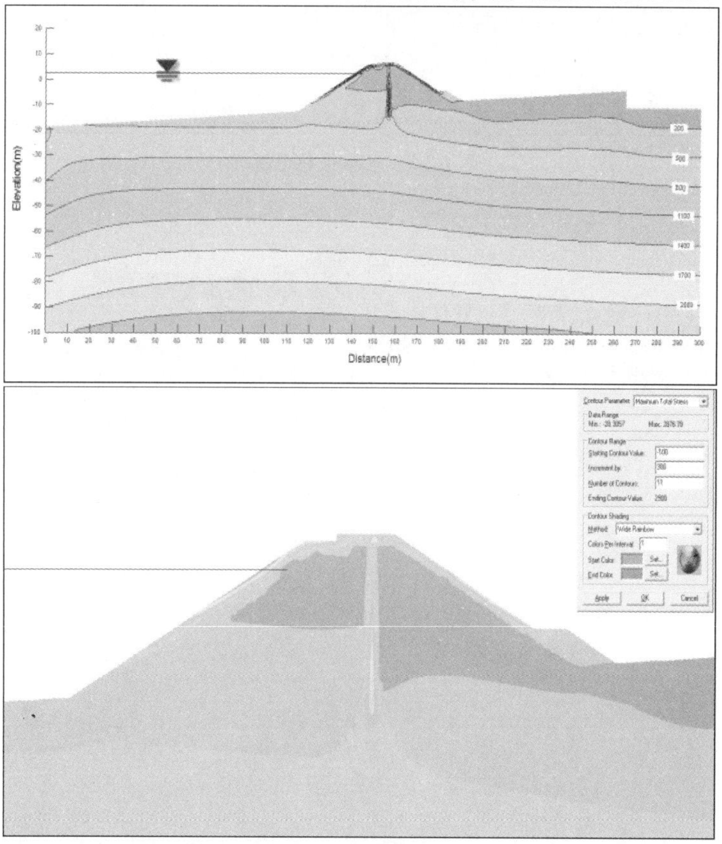

图 6.23　最大总应力云图

由图 6.24 和图 6.25 可知，海水涌浪冲击作用下，围堰水平位移较大，水平位移最大值分布在围堰临海边坡，并向基坑方向逐步减小。围堰水平位移最大值为 0.046 m，围堰临空边坡水平位移为 0.02～0.035 m。围堰临海边坡沉降值较大，围堰最大沉降值为 0.48 m。

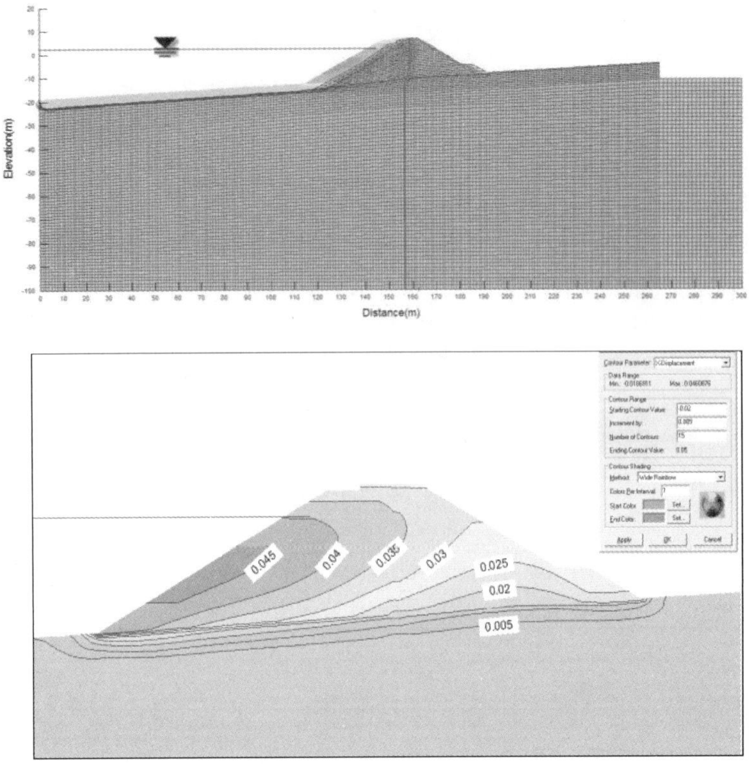

图 6.24　水平位移云图

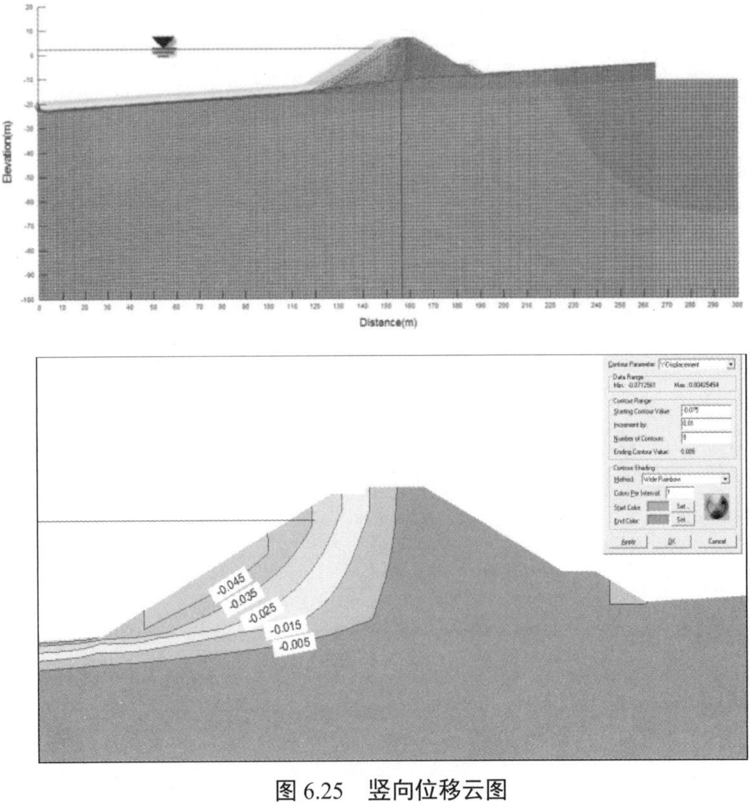

图 6.25　竖向位移云图

由图 6.26 可知，防渗墙两侧基础覆盖层产生较大剪应变，其原因是：围岩施工时在淤泥、中砂等海底覆盖层上直接抛填堤心石填料，最大剪应变为 0.042 MPa，分布在临海边坡坡脚。

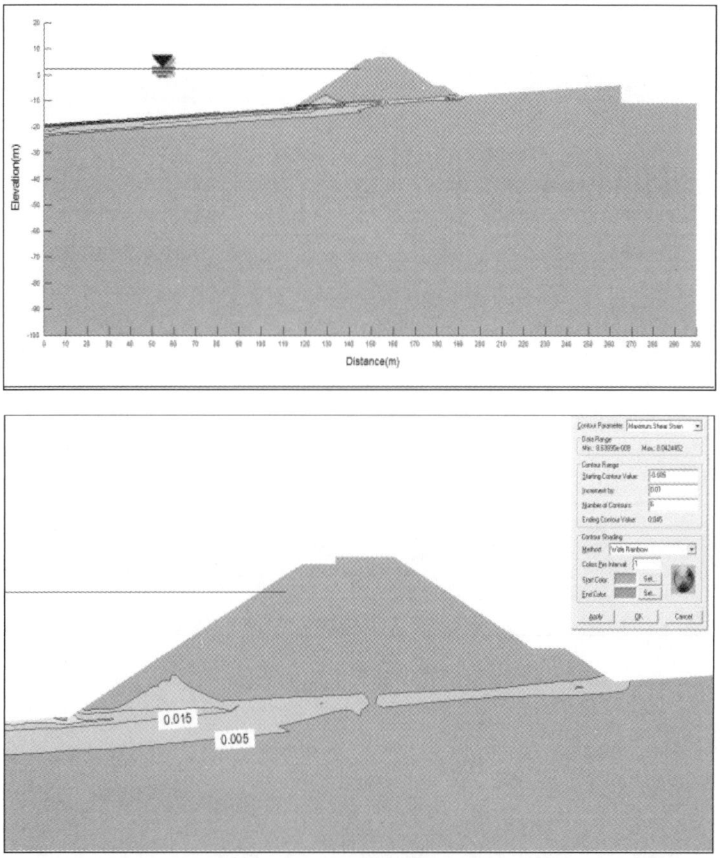

图 6.26　最大剪应变云图

综上所述，围堰临海护坡有效地消散了海水涌浪冲击作用，应力较大区域主要分布在扭王字块护面、块石垫层和干砌块石护面，并且向基坑方向逐步减小。

塑性混凝土最大有效应力为 1.07 MPa，满足设计要求。海水涌浪冲击作用下，围堰产生较大的位移，围堰最大水平位移为 0.046 m，最大沉降为 0.048 m，小于 0.07 m，满足设计要求。防渗墙两侧基础覆盖层产生较大剪应变，易形成危险滑动弧。

6.5　海浪抽吸影响分析

由图 6.27 可知，在海浪抽吸作用下，围堰有效主应力最大值为 910.3 kPa，分布在塑性混凝土防渗墙底部。数值模拟分析中，假设扭王字块护面为连续、均质的，经分析，其表面有效主应力为负值，有效主应力最小值为-302.88 kPa。堤心石部分产生有效主应力平均小于 20 kPa。

由图 6.28 和图 6.29 可知，海水涌浪冲击作用下，水平位移最大值分布在围堰临海边坡坡脚，围堰水平位移最大值为 0.025 m，围堰临空边坡产生负水平位移，为-0.017 m。围堰临海边坡顶部出现隆起现象，隆起最大值为 0.017 m。

由图 6.30 可知，在海水抽吸作用下，剪应变主要分布在防渗墙两侧堤心石及基础覆盖层，最大剪应变为 0.035 MPa，分布在临海边坡坡脚。

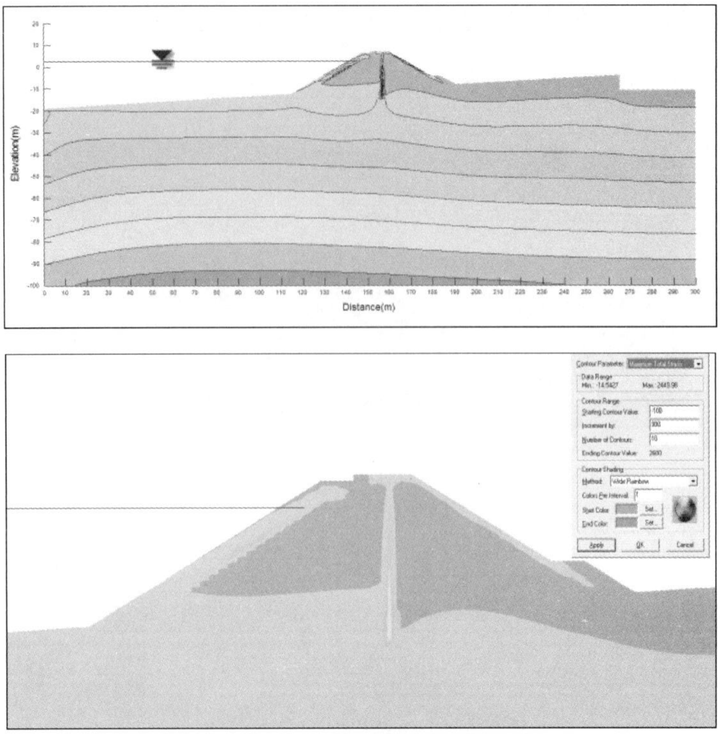

图 6.27　最大主应力云图

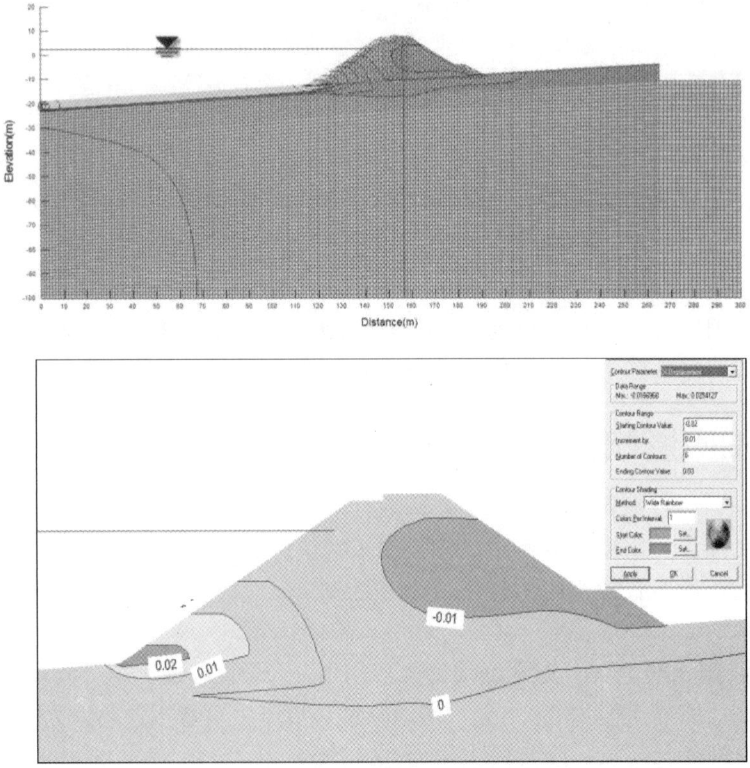

图 6.28　水平位移云图

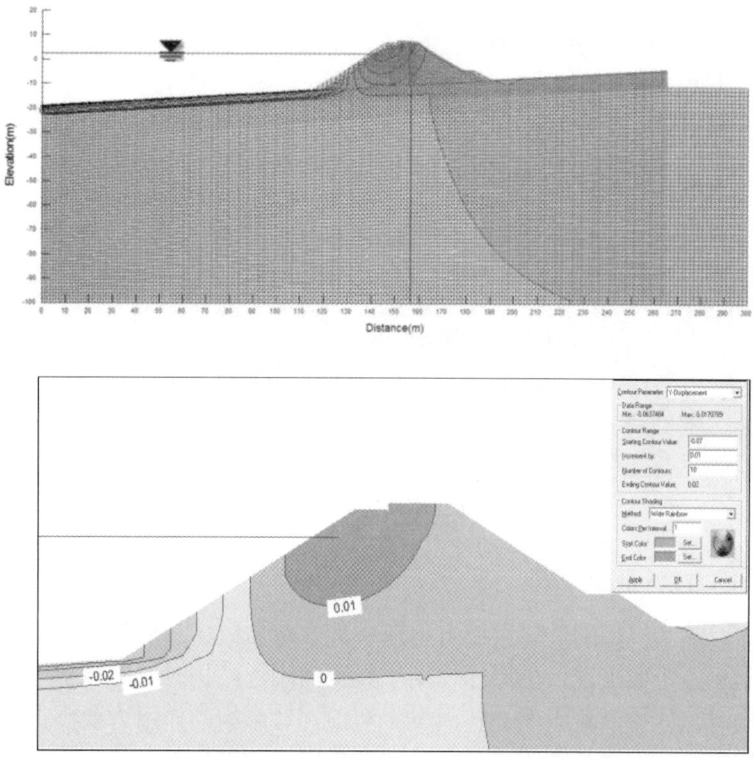

图 6.29　竖向位移云图

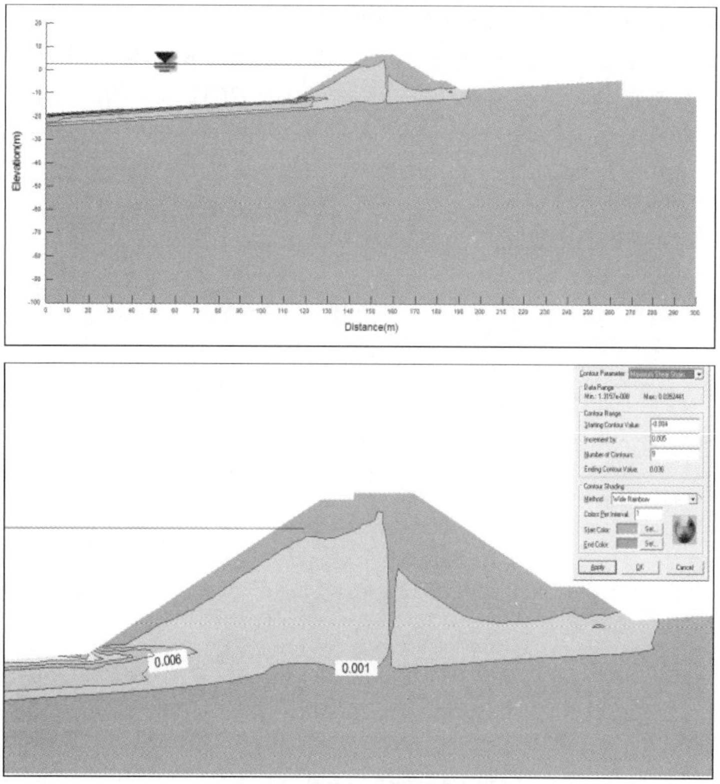

图 6.30　最大剪应变云图

综上所述，由于假设分析材料为连续、均质的，海浪抽吸作用可使围堰出现负压力(拉力)区域；实际工程中，扭王字块护面空隙较大，对海水的涌浪冲击、抽吸作用有良好的消散性能。因此，适当增加护面扭王字块质量，可消除抽吸负压力影响，见图 6.31。

塑性混凝土最大有效应力为 0.91 MPa，满足设计要求。海浪抽吸作用下，围堰局部产生隆起(0.017 m)和负向水平位移(-0.017 m)，围堰位移值均小于 0.07 m，满足设计要求。

图 6.31　导流堤围堰扭王字块护面及干砌块石护面示意图

6.6　海冰撞击影响分析

渤海湾海冰对水工结构的破坏主要有挤压破坏、弯曲破坏和屈曲破坏三种形式，其中以挤压冰最为常见。一般来说，当海冰作用于竖直的刚性结构时，海冰挤压破碎；当海冰作用于倾斜结构时，冰排沿着斜面上移而发生弯曲，对结构的作用力要小得多；对于柔性结构，冰与结构的耦合作用最为明显，海冰屈曲破碎。随着每天潮汐作用，海冰施加给建筑物一种循环荷载，这种作用给结构造成的损伤极大。

由图 6.32 可知，冰荷载属于撞击力，作用面积小，撞击部位会产生应力集中的现象，有效应力值为 564.71 kPa。在海浪抽吸作用下，围堰有效主应力最大值为 952.95 kPa，分布在塑性混凝土防渗墙底部。堤心石部分产生有效主应力平均小于 200 kPa。

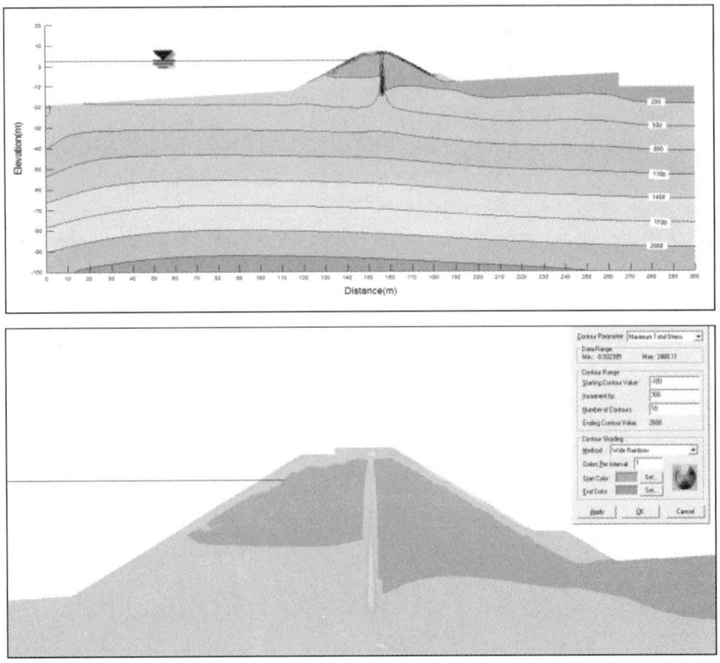

图 6.32　最大主应力云图

由图 6.33 和图 6.34 可知，海冰撞击作用下，围堰水平位移较大，水平位移最大值分布在围堰临海边坡坡脚处，并向基坑方向逐步减小，围堰水平位移最大值为 0.056 m，围堰临空边坡水平位移为 0.02～0.035 m。围堰临海边坡发生沉降，沉降最大值约为 0.041 m，并向基坑方向逐步减小，临空边坡顶部出现隆起现象，隆起最大值为 0.011 m。

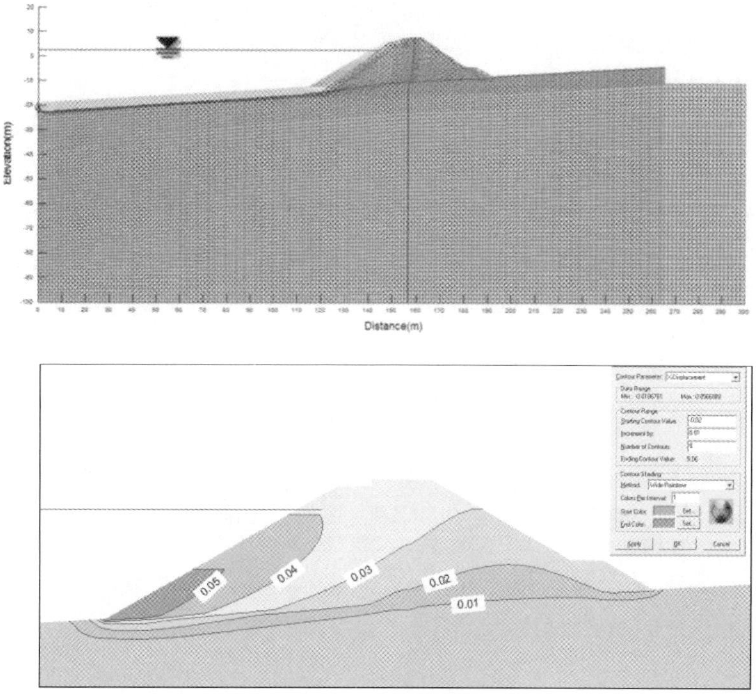

图 6.33　水平位移云图

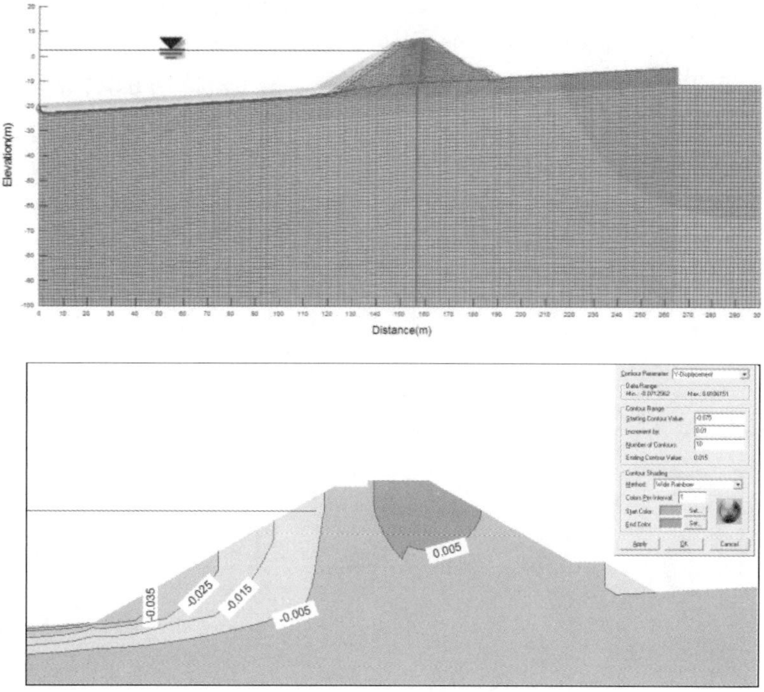

图 6.34　竖向位移云图

由图 6.35 可知，剪应变主要分布在防渗墙两侧基础覆盖层，最大剪应变为 0.049，分布在临海边坡坡脚。

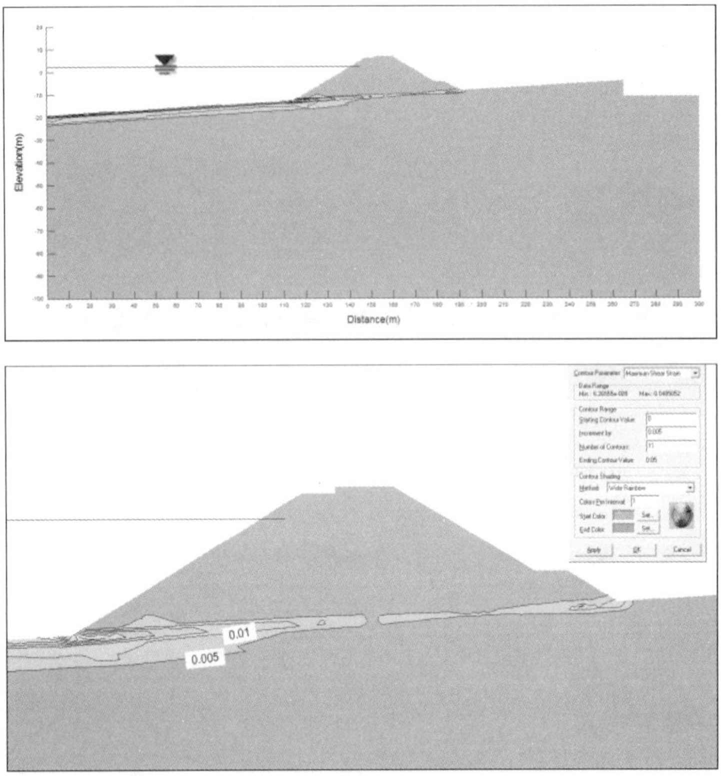

图 6.35 最大剪应变云图

综上所述，海冰撞击部位会产生应力集中的现象，围堰临海护坡有效地消散了海冰撞击作用。塑性混凝土最大有效应力为 0.953 MPa，满足设计要求。

海冰撞击作用下，围堰最大水平位移为 0.056 m，最大沉降为 0.041 m，临空边坡顶部出现隆起现象，隆起最大值为 0.011 m，小于 0.07 m，满足设计要求。

防渗墙两侧基础覆盖层产生较大剪应变，易形成危险滑动弧。工程海域多为漂冰，固定冰仅限于岸边几十米范围内，冰厚一般为 15～30 cm。取水口附近水域水流湍急，岸冰基本不出现，见图 6.36。

图 6.36 漂冰在扭王字块护面堆积示意图

6.7　导流堤围堰防渗施工控制方法

由上述分析可知，采用塑性混凝土防渗墙可有效控制海水向围堰内基坑的渗透，防渗墙墙体的施工及质量控制是导流堤围堰工程的关键问题之一。塑性混凝土防渗墙不常应用于抛石围堰，尤其是在堤心石粒径较大、地基强渗漏条件下。因此，运用“漏失地层造孔的控制技术”和“气举反循环排渣清孔技术”等施工关键技术，克服造孔成槽漏浆塌孔等困难，利用塑性混凝土形成地下连续防渗墙。混凝土防渗墙目前有专用的施工技术规范，但尚无专用的设计规范及试验规程。参考相近的试验规程及类似工程试验方法，试配出塑性混凝土的配合比；应用压水试验等质量检验技术，保证防渗墙防渗效果满足设计要求。

6.7.1　漏失地层造孔的控制技术

导流堤围堰防渗墙地基主要为抛石填料、海底覆盖层及海底基岩(中等风化岩石)。防渗墙造孔工序为：主孔钻进→主孔中回填黏土→劈打副孔→处理小墙→修整槽壁→清孔→验收。造孔设备根据地质情况选用冲击钻机设备，设置在钢轨之上，其布置见图 6.37。

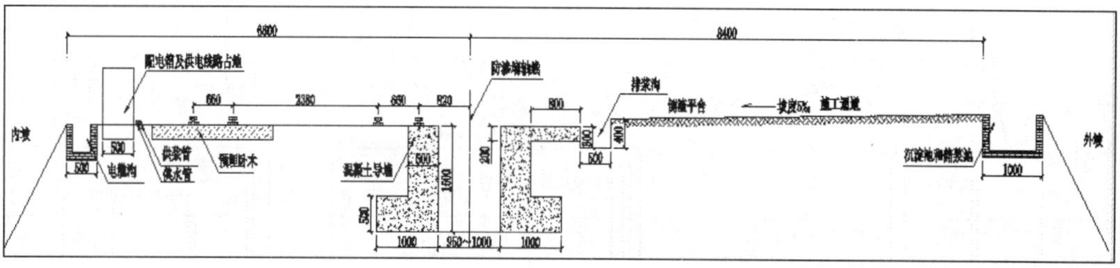

图 6.37　取水口防渗墙施工平台横断面图

由于抛填的堤心石粒径较大，架空现象严重，导流堤围堰防渗墙在抛石堤上进行钻孔成槽具有一定的难度，按照常规方法施工将出现漏浆现象。根据现场统计资料，块石层范围内发生过多处不同程度的渗漏现象，最频繁的部位在潮差段上下 1.5 m 范围内。

针对上述情况，将塑性混凝土防渗墙在抛石围堰上的成孔工艺做如下改进。

①用化学泥浆护壁、反复回填黏土碎石以及“小冲程、慢钻进”的施工方法。由于回填块石层孔隙率大，常规钻进过程中的泥浆固壁，虽然能满足施工要求，但在潮汐作用导致外部水压力始终变化的情况下漏浆现象严重，造成槽壁失稳、槽孔坍塌。施工中采用化学泥浆护壁、在钻孔过程中经常向孔内回填黏土碎石以及“小冲程、慢钻进”的施工方法。在钻头冲击作用下，利用回填料挤入块石孔隙内，堵死渗漏通道；部分黏土制成泥浆，增大孔底泥浆悬浮沉渣的能力。钻进过程中需要严格控制泥浆的各项指标，回填的碎石粒径要控制在 15～35 cm；泥浆配比、黏土质量及泥浆性能指标见表 6.2 和表 6.3。

②采用主孔“边钻进、边回填”的施工方法。钻孔过程中向孔内回填黏土和碎石混合料。在钻头冲击作用下，碎石挤密孔壁周围土层，黏土部分附在孔壁上堵死渗漏通道，部分制成泥浆增大孔底泥浆悬浮沉渣的能力。

③副孔施工采用“填主孔、打副孔”的方法。当主孔穿过块石层后，采用黏土将主孔回填起来，借助于回填的黏土保护主孔，然后施工副孔。当主孔、副孔全部穿过块石层后，再按照正常施工方法施工地下地连墙。堵漏泥浆配合比见表 6.4。

6.7.2　气举反循环排渣清孔技术

混凝土浇筑前的槽孔验收，通过清孔换浆保证浆液的密度、黏度、含砂率、孔底淤积厚度等主要验收指标达到设计及规范要求。本工程导流堤围堰防渗墙清孔换浆采用了“抽筒出渣法”与“气举排渣法”相结合的施工工艺，有效地将槽孔底部的沉渣及砂子排除，并适当补充新制泥浆，达到清孔换浆后的验收要求。在实际应用中，取得了良好的效果。“气举排渣法”是利用高压风在排渣管形成内负压，通过密度差来升扬排出孔底的泥浆和沉渣的施工工艺。

表 6.2　黏土泥浆配合比

土料名称	材料用量/kg				
	水	土	CMC	Na_2CO_3	其他外加剂
黏土	875	350	0.15	4	适量

表 6.3　黏土质量指标及实测值

项　目		质量指标要求	实测值
颗粒组成/%	＞0.075 mm	＜5%	7.6%
	＜0.005 mm	＞50%	50.9%
	＜0.002 mm	＞40%	41.5%
塑性指数		＞20	36.2
SiO_2 / R202		3～4	4
pH 值		＞7	7.3
活动性指数		＜1	0.9
有机质质量参数		＜1%	0.6%
砂质量参数		＜5%	4%

表 6.4　堵漏泥浆配合比

浆液组成	密度/(g/cm³)	配置后 1 min 测定的性能		
		动切力/Pa	静切力/Pa	塑性黏度/(MPa·s)
泥浆(1.6 g/cm³)+水泥(60 g/L)+水玻璃(10 g/L)+锯末(50 g/L)	1.18	60.0	230.0	50.0

施工过程中，先利用抽筒对孔底大块岩块碎渣进行清理。清孔顺序为主孔、副孔依次进行，并从槽段的一端至另一端反复进行。当槽底高差过大时，从高处端往低处端进行清理。清孔结束前在回浆管口取样，检测泥浆的全性能作为换浆指标的依据。

6.7.3　塑性混凝土配合比设计

塑性混凝土配合比设计指标要求很多，且试验周期较长，应及早入手以免影响后续施工。在北方寒冷地区应用塑性混凝土防渗墙时，还应考虑抗冻融指标。

6.7.4　防渗墙质量及检验试验

为全面检测分析防渗墙混凝土的质量，施工过程中对设计 28 d 龄期混凝土取样进行了抗压强度、抗渗和静力抗压弹性模量试验检测。

①抗压强度。取样进行了 101 组抗压强度试验，最大值为 3.3 MPa，最小值为 1.5 MPa，平均值为 2.3 MPa，全部达到设计要求。

②抗渗性能。共取样进行了 8 组抗渗试验，渗透系数为 5.7×10^{-8}～7.0×10^{-8} cm/s，全部达到设计要求的渗透系数。

③弹性模量。共取样进行 8 组混凝土弹性模量试验，其最大值为 486 MPa，最小值为 405 MPa，平均值为 443 MPa，达到 250～500 MPa 的设计指标要求。

取水口导流堤围堰防渗墙最大墙深约 30 m，贯穿 20 m 厚的围堰块石回填层，从工程难度上讲在国内核电工程中是少有的。“强漏失地层造孔的控制技术”和“气举反循环排渣清孔技术”等先进的施工技术及工艺的应用，成功解决了造孔成槽施工中的难题，为工程顺利高效的推进及工程施工质量的保证起到了决定性的作用。导流堤围堰墙体的迅速形成为围堰内基坑负挖等下游工程的推进提供了时间保证，有效地阻止了海水向围堰内近 25000 m^2 基坑的渗漏，大大减少了施工期间的抽排水工作量。该工程的成功为今后类似工程的设计及施工(在抛石堤上强漏失、复杂地质条件下施工塑性混凝土防渗墙)提供了借鉴和参考。它比较类似地层传统的防渗形式，具有工期短、效率高、质量保障、综合效益好的优点。

6.8　导流堤围堰防护施工方法

6.8.1　混凝土护面块体

通过对导流堤围堰在海水涌浪冲击、抽吸作用和海冰撞击作用下的力学特性分析可知，斜坡堤在波浪等外力作用时，受力大部分在护坡坡面上被吸收或消散，削弱了对堤心石及防渗墙的不利影响。护面块体的类型及施工控制直接关系到导流堤围堰运营安全及取水建筑物的施工安全。选择稳定性好、反射小、波浪爬高低、经济且易施工的护面块体是导流堤围堰防护工程施工控制的关键。从 20 世纪 40 年代起，各国开始致力于混凝土护面块体的研究。目前，国内外已开发并应用的各类混凝土护面块体有上百种，常用类型数十种，广泛应用于水利水电、港口建设等防护工程中。常用的护面块体见图 6.38。

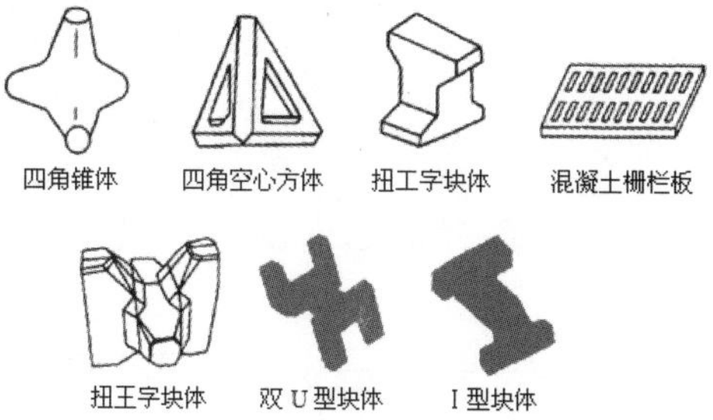

图 6.38　常用混凝土护面块体

6.8.2　导流堤围堰防护工程施工

施工围堰为保证取水建筑物及取水隧洞干地施工的临时挡水建筑物，其护面形式在保证安全的前提下优先考虑经济性。临海边坡坡度为 1∶1.75，护面采用 1.2 m 扭王字块(3.0 t)护面+1.0 m 块石垫层；临空边坡坡度为 1∶1.75，护面采用 0.8 m 干砌块石护面，并在坡脚设置 2 m 高护脚。在施工运营期间，临海边坡护面受到海水渗流、海浪冲刷、海冰漂浮物撞击等自然条件影响，同时考虑地震作用对围堰边坡稳定性的影响，进行边坡防护优化，临海坡脚处块石垫层扩大，分别按照 1∶14，1∶2，1∶8 坡度深入海床，见图 6.39。

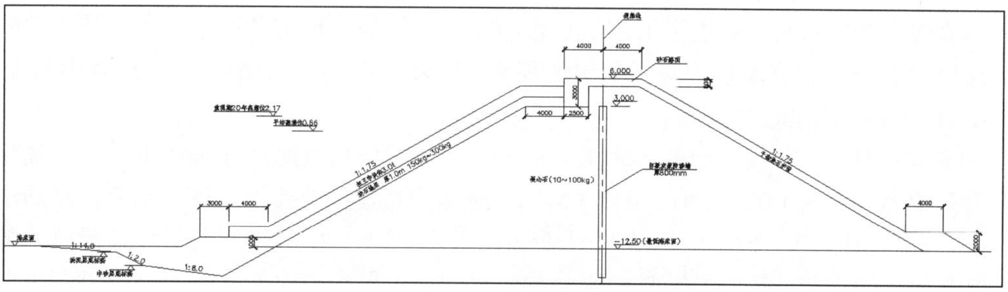

图 6.39　施工围堰临海边坡优化横断面

流堤是保证取水建筑物安全运营的必要永久建筑，其护面形式应考虑安全、耐用、易于维护。根据工程相关波浪物理模型试验成果，为满足 100 a 一遇水位、100 a 一遇波浪及相应不规则波的作用下堤身各部位的稳定要求，导流堤堤身、堤头扭王字块块体分别为 5.0,

6.0 t。导流堤临海边坡坡度为 1∶1.75，护面采用 2.0 m 扭王字块(5.0 t)护面+1.0 m 块石垫层，临空边坡坡度为 1∶1.75，护面采用 1.0 m 块石垫层+0.5 m 栅栏板护面，坡脚采用混凝土镇脚。混凝土栅栏板在大浪作用下易出现下滑现象，为增强临空边坡稳定性，并与施工围堰边坡施工相结合，对导流堤临空边坡护面进行优化，见图 6.40 和图 6.41。

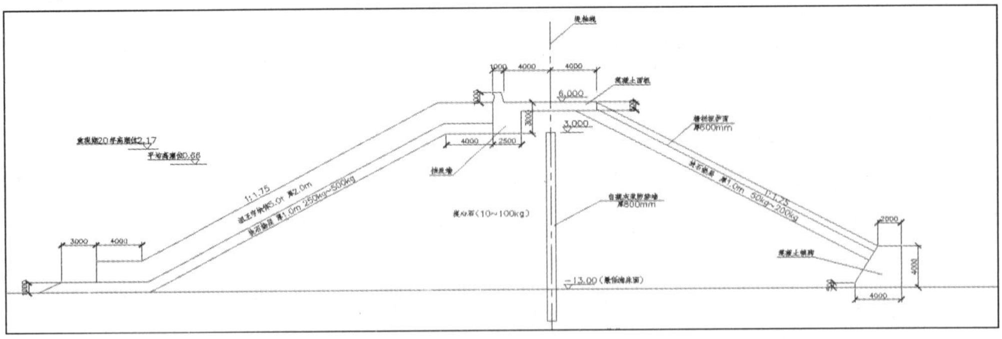

图 6.40　导流堤横断面

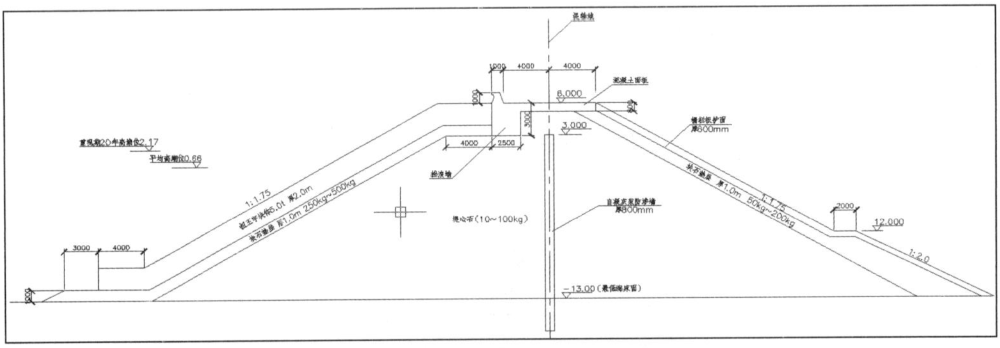

图 6.41　导流堤临空边坡优化横断面

根据工程相关海冰物理模型试验成果，海冰与斜坡作用过程中冰排沿着斜面向上爬是基本的现象特征。虽然工程海域区域潮差较小，并且在冬季海面时常被海冰覆盖，对波浪引起的海冰冲击起到了一定的抑制作用，但是潮水位的高低变化对防护堤有浸润作用，可能发生扭王字块之间严重冻结，从而造成表面冻结为光滑斜坡，需增加块体尺寸、增大块体间空隙。扭王字块块体在冰排的作用下是稳定的，尤其是在扭王字块间或与基础冻结时。

综上所述，以临时围堰为最不利分析断面开展渗流、力学特性分析，得到如下结论。

①防渗墙有效阻挡了海水向围堰内基坑渗透，且当防渗墙嵌入海底基岩一定深度后，嵌入基岩深度变化将对导流堤围堰渗流场没有影响。围堰内坡脚及取水建筑物基坑侧壁渗流流速约为 11 m/s，需在基坑内设置集水池积水。防渗墙可能出现的最大渗流比降为 11.22～13.68，小于 80，满足设计要求。

②围堰临海护坡有效地消散了海水涌浪冲击、抽吸作用及海冰撞击作用。塑性混凝土最大有效应力分别为 1.07，0.91，0.953 MPa，基本满足设计的要求；各个部分位移均小于 0.07 m，满足设计要求。但在防渗墙两侧基础覆盖层产生较大剪应变，易形成危险滑动弧。

③导流堤围堰防渗控制及防护控制是导流堤围堰工程施工的关键问题。运用“漏失地层造孔的控制技术”和“气举反循环排渣清孔技术”等施工关键技术，克服造孔成槽漏浆塌孔等困难，形成塑性混凝土地下连续防渗墙。采用扭王字块、混凝土栅栏板等稳定性好、反射小、波浪爬高低、经济且易施工的护面块体可有效提高导流堤围堰的安全性和稳定性。

第 7 章　浅海路堤施工控制与处治技术

围堰路堤工程地处滨海区域，施工区域主要分为陆地与滩涂两部分。一方面，工程地质条件较差，不适于直接作为地基；另一方面，工程一侧临海，是工程施工的重要影响因素。因此，具体的施工方案确定需考虑以上多种因素。

7.1　围海堤结构设计方案

7.1.1　工程概况

胶州湾产业新区是青岛“环湾保护、拥湾发展”重点规划率先启动的四大片区之一，也是青岛市产业升级和城市拓展的重要平台。其位于黄海之滨、胶州湾西北岸，东临青岛高新区、南接青岛经济技术开发区，与青岛主城区隔胶州湾相望，属青岛市“六大新增工业功能区”之一。总规划面积 98.12 km^2，北起环胶州湾高速公路，南至洋河，西接环胶州湾高速公路至黄岛段，东接大沽河入海口沿线(见图 7.1)。

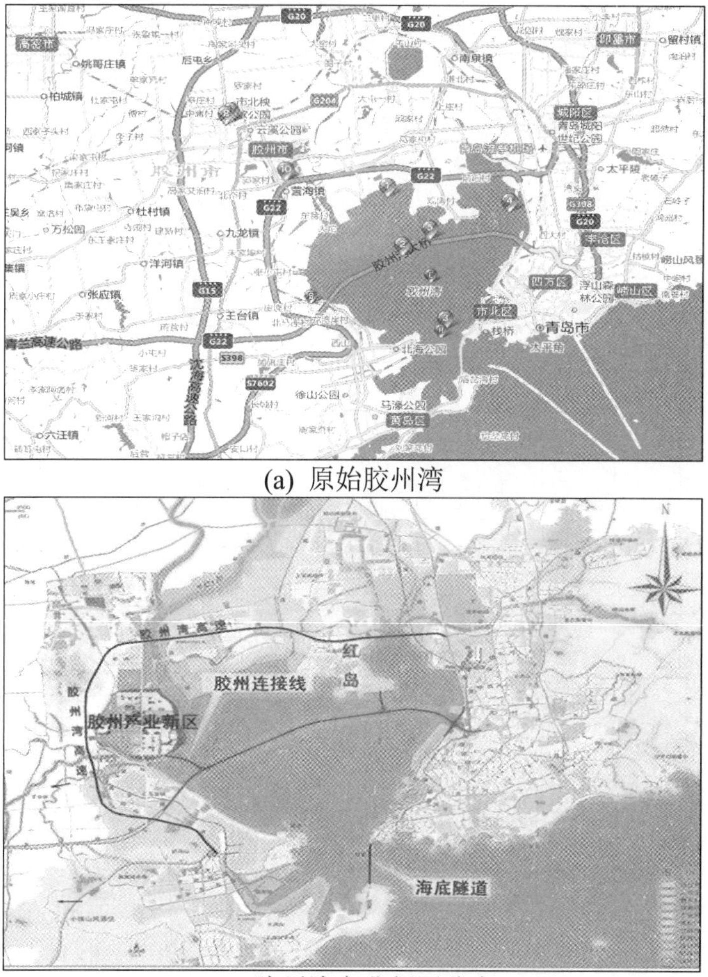

(a) 原始胶州湾

(b) 胶州湾产业新区分布

图 7.1　依托工程胶州湾产业新区示意图

从图 7.1 可以看出，胶州湾产业新区位于胶州湾湾底，这里曾经是胶州市沿海的一片废弃虾池和盐场，属于滨海区域，因此环区海堤工程是产业新区发展的重要保障。本研究以正在施工中的胶州湾产业新区围海堤工程为依托工程，针对海堤道路路基施工中的部分因素展开分析。工程为海堤及沿海公路，海堤堤高 7～8 m，路宽 50 m，长约 10 km，其形状近似半圆形。北端 3 km 为盐池及虾池，南端 7 km 为浅滩，最远处离岸 2 km，施工难度极大。从依托工程概况可以看出，工程围海堤道路堤基具有压缩性高、含水量大、透水性差、强度低等典型的滨海相软土特征，而且软土层厚，工程地质条件很差，不适于直接作为地基，需要采取相应的处理措施以提高地基的承载力和稳定性。选择合适的围海堤结构形式和合适的地基处理措施是工程顺利施工的重要前提。工程平面布置图如图 7.2 所示。

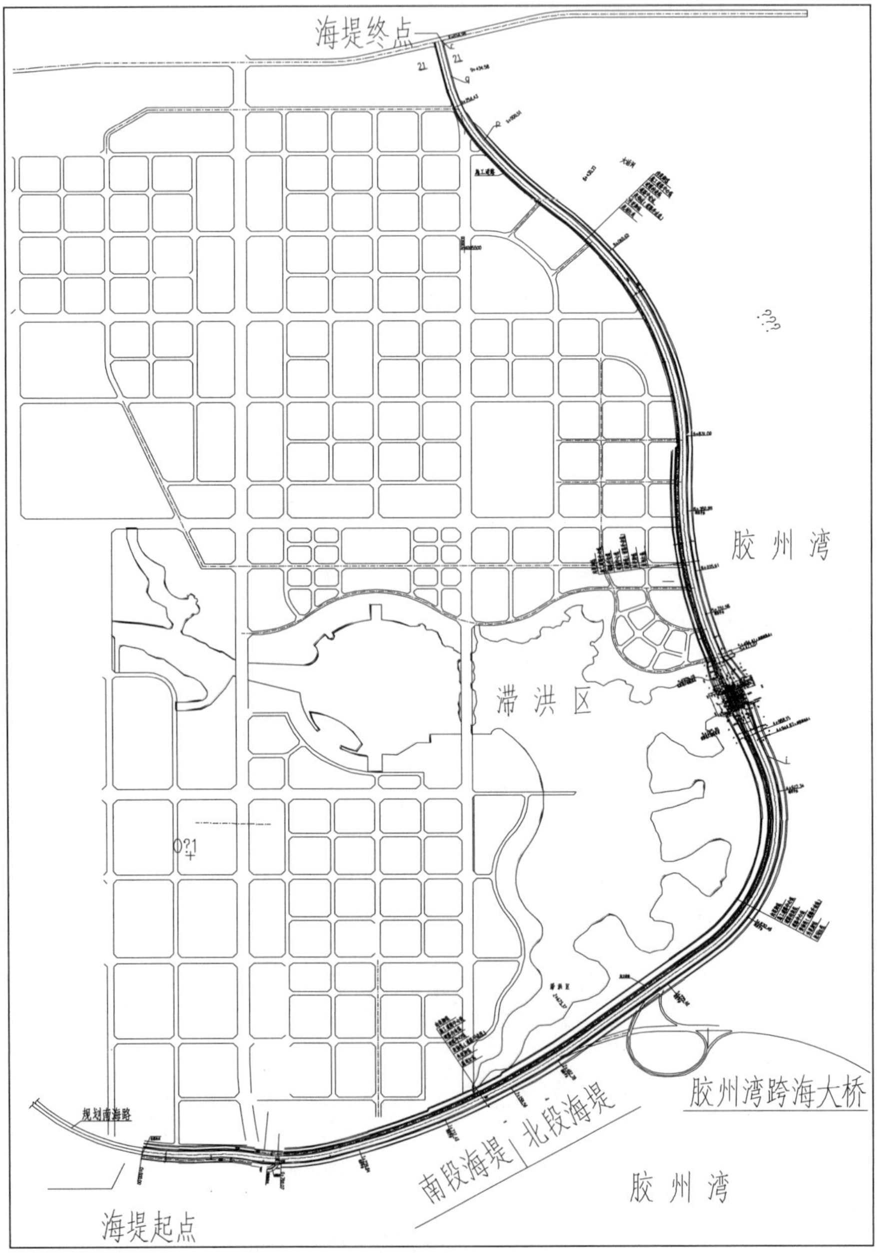

图 7.2　围堰路堤平面布置图

7.1.2　工程水文条件

依托工程位于胶州湾西海岸、胶州市的东南部，工程区域地形特征呈北高南低，地面标高-0.4～-3.80 m。地貌上属滨海冲积平原。北部盐池、虾池部分地形较平坦，池内有水；南部滩涂部分整体走势西高东低，呈缓坡状。

区域临海，所以水文条件需考虑河流及海洋两种不同因素。

① 河流。胶州湾南连黄海，周围河流主要受地形、地貌及人工影响控制，其水文动态随季节性变化很大，为季节性雨源型，多为独立入海的山溪性小河。主要有李村河、白沙河、大沽河、洋河。简述如下：

李村河：发源于崂山，全长 14.5 km，自东向西穿过青岛市，在四支流中支路南流入胶州湾，主要支流为张村河，河流水位及流量随季节变化，枯水期局部接近断流。

白沙河：发源于崂山，全长 35 km，由东向西流经北宅、黄埠、流亭，在西后楼处入胶州湾，年均流量 0.14 m^3/s，近来受上游水库截流及干旱影响，大部分时间断流。

大沽河：发源于招远市阖山，是胶东半岛最大河流，全长 179 km，20 世纪 70 年代以前季节性较强，夏季洪水暴涨，常年有水。近年来，由于地下水的大量开采及天气干旱，大沽河季节性断流。

洋河：发源于胶州市及胶南市山地丘陵，自西向东流入胶州湾，河流全长 49 km，水位及流量随季节变化较大。

② 潮汐。胶州湾产业新区潮汐类型属正规半日潮，最高潮位 3.32 m(潮高基准在平均海面下 2.31 m，最高潮位采用 1985 国家高程为 2.99 m)，最低潮位-3.27 m(最低潮位采用 1985 国家高程为-2.88 m)，平均高潮位 1.53 m(平均高潮位采用 1985 国家高程为 1.54 m)，平均低潮位-1.36 m(平均低潮位采用 1985 国家高程为-1.23 m)，平均潮差 2.89 m，最大潮差 6.59 m。

③ 设计潮位。为了安全起见，工程采用 1939 年特大风暴潮计算出的各重现期设计潮水位结果作为设计依据(表 7.1)。

表 7.1　设计潮位表　　m

潮位	重现期/a				
	5	10	20	50	100
极端高潮位	2.92	3.05	3.17	3.34	3.46
极端低潮位	-2.98	-3.07	-3.17	-3.30	-3.40
考虑 1939 年特大风暴潮后极端高潮位	2.95	3.08	3.23	3.43	3.56

④ 波浪。工程区域位于胶州湾西北部。胶州湾是几乎全封闭的内海，涌浪很难传入湾内。因此胶州湾的海浪几乎都是风浪，SE，S，SW 三个方向风区较长、波浪较大，其他方向可以忽略。冬季寒潮大风时波高可达 1.9 m，平时波浪较小，波高小于 0.5 m 的频率为 80%以上。

⑤ 潮流。工程所在区域潮流为半日潮流，涨潮流速大于落潮流速。

7.1.3　工程地质条件

勘察结果表明，工程场地地层分布稳定，层序较清晰，不易产生滑坡、崩塌等不良地质作用，勘察期间也未发现有地裂缝、岩溶、土洞塌陷、建筑边坡等影响场地整体稳定性的不良地质作用和河道、沟浜、墓穴、防空洞、孤石等对工程不利的埋藏物，场地稳定性良好。工程区域地基不会出现由地形、地貌造成的建筑地基侧限削弱而导致的基础整体失稳，但在勘察深度范围内有厚度较大的软弱土，地基稳定性一般，设计施工时需考虑采取加强措施。

上覆土层主要由第四系淤泥质土、黏性土、砂土组成，下伏基岩为白垩纪—第三系古新统王氏群胶州组泥质砂岩。依据《青岛综合地层表》，工程区域第四系地层自下而上大体分为三个沉积层：以中粗砂为主的第⑫层陆相沉积层，以中砂为主的第⑧层海相沉积层，以淤泥质土为主的第⑥层海相沉积层。从区域地质资料分析，拟建场区及其附近无活动性断裂通过，也未发现新构造运动迹象，区域稳定性良好。勘探点平面布置见图 7.3。

根据地层岩性、成因时代及工程特性的不同，自上而下可分为 7 个大层，每层又分不等的亚层(图 7.)，分述如下。

第一层①素填土(Q_4^{ml})：灰色，湿-饱和，松散，以粉质黏土为主，含碎石、砾砂 10%～15%，偶见碎砖，为近期回填路面(盐池、虾池池内为水)。场区陆上部分普遍分布，厚度 1.00～2.60 m，平均 1.59 m；层底标高 1.21～3.52 m，平均 2.33 m；层底埋深 0.00 m，平均 0.00 m。陆上部分普遍分布，厚度变化较大。该层回填时间短，处于欠固结状态，工程特性指标变异性大，不经处理不能作为拟建建筑物的地基持力层。

第二层⑥海相沉积(Q_4^m)：以淤泥质土为主，灰黑色、深褐色，局部灰黄色，流塑-软塑-可塑。分布广泛，海相沉积。该层土属于欠固结状态，不经处理不能作为拟建建筑物的地基持力层。

⑥-1 层淤泥(Q_4^m)：深褐色，流塑，含砂粒 5%～10%，局部夹薄层粉土、粉砂，见贝壳。场区普遍分布，厚度 2.20～6.00 m，平均 4.12 m；层底标高-0.99～1.85 m，平均 0.26 m；层底埋深 0.00～2.60 m，平均 0.43 m。

⑥-2 层淤泥质粉质黏土(Q_4^m)：灰黑色，流塑-软塑，切面光滑，韧性、干强度稍高，含砂粒 3%～5%，局部相变为淤泥质粉土，偶夹薄层粉砂，见贝壳。场区普遍分布，9#～12#段缺失，厚度 0.70～7.10 m，平均 4.50 m；层底标高-6.06～-0.48 m，平均-3.99 m；层底埋深 3.00～7.80 m，平均 4.62 m。

⑥-3 层粉砂(Q_4^m)：灰色，饱和，松散-稍密，主要成分为长石、石英，分选磨圆好,摇震反应迅速，含有机质、贝壳碎片 5%～10%。陆地部分普遍分布，厚度 1.10～6.80 m，平均 3.19 m；层底标高-13.02～-2.12 m，平均-7.33 m；层底埋深 4.30～13.50 m，平均 8.87 m。

⑥-4 层淤泥质粉土(Q_4^m)：灰黑色，饱和，松散，切面粗糙，干强度、韧性低，摇震反应中等，局部相变为淤泥质粉质黏土，偶夹薄层粉砂，含有机质，见贝壳。场区分布局限，在 83#～146#段揭露到，厚度 0.80～3.30 m，平均 1.63 m；层底标高-11.84～-1.54 m，平均-6.10 m；层底埋深 3.60～13.90 m，平均 7.68 m。

⑥-5 层粉质黏土(Q_4^m)：灰黑,河口入海处为灰黄色，可塑，切面稍光滑，韧性、干强度中等，含有机质砂 10%～15%。场区普遍分布，厚度 1.00～6.70 m，平均 3.31 m；层底标高-12.27～-7.44 m，平均-9.27 m；层底埋深 7.40～14.60 m，平均 9.76 m。

第三层⑧海沉积(Q_4^m)，以中砂为主，细砂、粗砂次之，黄褐色，饱和，稍密-中密-密实。该层土埋深较大，可作为复合地基的桩端持力层。

⑧-1 层细砂(Q_4^m)：黄褐色，饱和，稍密-中密，主要成分为长石、石英，分选磨圆好，顶部含贝壳碎片 10%～20%。场区分布局限，2#～15#段揭露，厚度 0.50～4.80 m，平均 2.59 m；层底标高-14.60～-10.21 m，平均-12.27 m；层底埋深 12.30～16.80 m，平均 14.22 m。

图 7.3　勘探点平面布置图

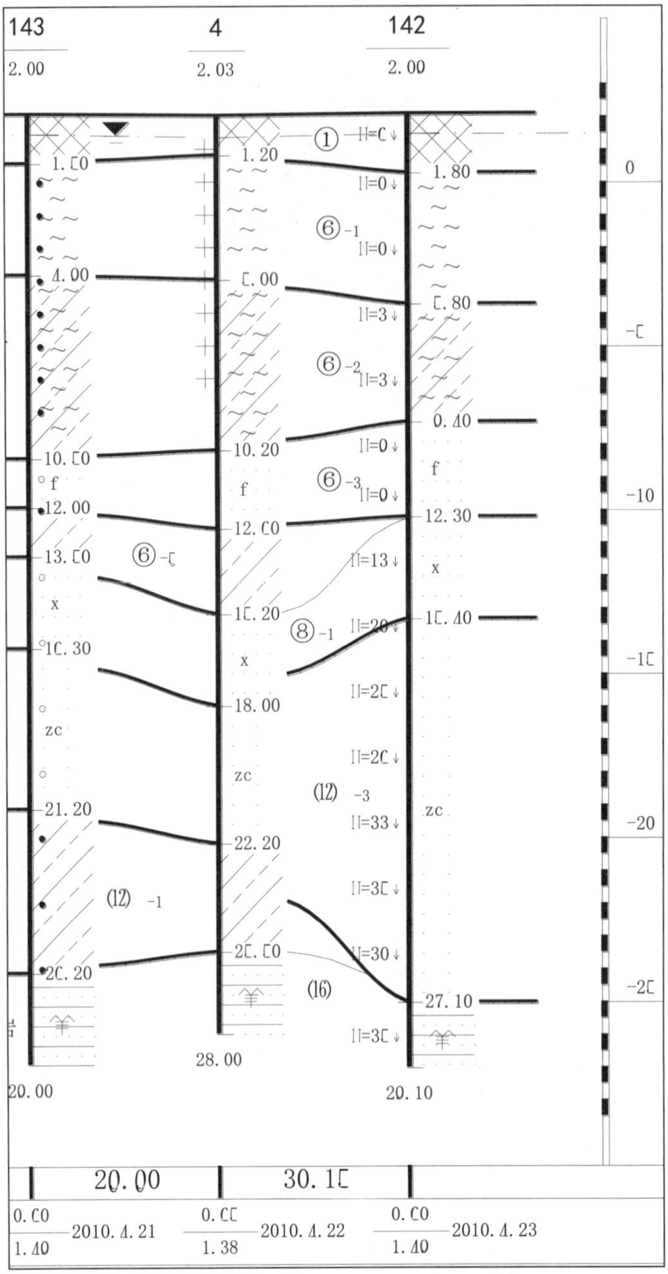

图 7.4　典型断面工程地质剖面图

⑧-2 层中砂(Q_4^m)：黄褐色，饱和，稍密-中密，主要成分为长石、石英，分选磨圆好，顶部含贝壳碎片 10%～20%。场区普遍分布，局部缺失，在 2#～15#段、在 83#～146#段缺失，厚度 1.00～8.70 m，平均 4.08 m；层底标高-15.82～-8.65 m，平均-12.85 m；层底埋深 10.50～17.00 m，平均 13.12 m。

⑧-3 层粗砂(Q_4^m)：黄褐色，饱和，中-密实，主要成分为长石、石英，分选磨圆好。场区分布局限，在 83#～146#段揭露到，厚度 2.00～6.80 m，平均 4.08 m；层底标高-15.73～-10.89 m，平均-13.07 m；层底埋深 12.10～17.00 m，平均 14.14 m。

第四层⑪粉质黏土(Q_4^{al+pl})：陆相沉积，黄褐色，局部灰褐色，硬塑，局部可塑，切面稍光滑，韧性、干强度中等，含砂及铁锰质结核 10%～15%。在 51#～146#段普遍存在，北部零星出露，厚度 0.80～6.20 m，平均 3.09 m；层底标高-22.03～-12.85 m,平均-16.27 m；层底埋深 13.60～21.60 m，平均 16.40 m。

第五层⑫陆相沉积层(Q_4^{al+pl})，以中粗砂为主，粉质黏土、细砂、砾砂次之，黄褐色。该层土埋深较大，可作为复合地基的桩端持力层。

⑫-1 粉质黏土(Q_4^{al+h})：沼泽相沉积，灰褐色，黄褐色，可塑-硬塑，切面稍光滑，韧性、干强度中等，含有机质、砂 10%～15%。场区分布局限，148#～151#段及 4#孔揭露到，厚度 1.20～5.50 m，平均 3.70 m；层底标高-24.20～-16.74 m，平均-19.91 m；层底埋深 19.20～26.50 m，平均 22.50 m。

⑫-2 层细砂：黄褐色(Q_4^{al+pl})，饱和，密实，主要成分为长石、石英，分选磨圆好。场区分布局限，在 7#～11#段有揭露到，厚度 0.90～3.80 m，平均 2.40 m；层底标高-18.80～-13.73 m，平均-15.21 m；层底埋深 16.40～18.00 m，平均 17.11 m。

⑫-3 层中粗砂(Q_4^{al+pl})：黄褐色，饱和，密实,主要成分为长石、石英，分选磨圆好。场区普遍分布，厚度 1.50～11.70 m，平均 5.86 m；层底标高-22.40～-13.31 m，平均-18.25 m；层底埋深 15.40～23.50 m，平均 18.92 m。

⑫-4 层砾砂(Q_4^{al+pl})：黄褐色，饱和，密实，主要成分为长石、石英，分选磨圆差，含卵石 10%～15%，卵石最大 5c m。场区 32#以北普遍分布，南部零星出露，厚度-1.50～7.00 m，平均 1.91 m；层底标高-26.88～-19.70 m，平均-23.44 m；层底埋深 21.50～26.90 m，平均 24.52 m。

第六层⑯强风化泥质砂岩($K_2-E_1^{wJ}$)：紫红色，泥质胶结，砂状结构，块状构造，局部夹泥岩，岩芯呈砂土状，易破碎，含卵石 10%，卵石最大 3 cm，岩体基本质量等级为V级，为破碎极软岩。场区普遍分布，厚度 0.80～8.70 m，平均 3.04 m；层底标高-28.53～-20.93 m，平均-25.16 m；层底埋深 3.90～29.50 m，平均 25.85 m。该层土埋深较大，可作为复合地基的桩端持力层。

第七层⑰中风化泥质砂岩($K_2-E_1^{wJ}$)：紫红色，泥质胶结，砂粒状结构，块状构造，局部夹泥岩，岩芯呈短柱状，锤击易碎，含卵石 10%，卵石最大 3 cm，岩体基本质量等级为IV级，为较破碎软岩。该层未穿透。该层土埋深大，不宜作为拟建建筑物的天然地基持力层，可作为钻孔灌注桩的桩端持力层。

7.1.4　气象条件

工程所在地区属于暖温带季风气候区，四季分明。多年平均气温 12.2 ℃，历年最高气温 38.5 ℃，最低气温-16.4 ℃。一月份平均气温-1.2 ℃，为全年最冷月；8 月份平均气温 25.5 ℃，为全年最热月。年平均降水量 775.6 mm。青岛地区近 50 a 最大降水量 1227.6 mm，最小降水量 386.3 mm，降水集中在 6～9 月，占全年降水量的 70%～76%。风向以 ES，WN 向最多，6 级以上大风以 N-NW 向最多，出现频率为 16.8%，WN 向为 13.8%；瞬间最大风速 44.2 m/s，累年平均风速 5.5 m/s，11 月至翌年 2 月风速最大，平均为 6.2 m/s；7，8 月最小，为 4.7 m/s。平均每年约 1.2 次台风或热带气旋影响工程区域。寒潮多出现于 11 月至翌年 3 月。寒潮大风强度大，风向稳定，持续时间长。影响区域的寒潮平均每年约 4 次，一般风力 6～7 级，最大风力可达 9～11 级。寒潮大风约四分之三集中于 NNW，N 和 NE 向。

结合目前正在施工中的 K0+000.00～K2+158.56 段路基工程，对围堰路堤路基施工的过程及施工要点进行具体阐述。目前，正在施工中的一期工程为胶州湾产业基地围海堤道路工程南段 K0+0.00～K2+158.56 段。其设计方案如下。

① 围海堤 K0+0.00～K0+790.07 段为斜坡式结构，堤顶道路高程+5.00 m，宽 38 m。宕渣回填堤身；堤前迎潮面修建施工便道，高程+3.50 m，宽 18 m，坡比 1∶2，堤身填筑完成后做反压平台；内侧设反压平台高程+2.00 m，宽 15 m，坡比 1∶4，+2.00 m 以上设草皮护坡。设计结构断面如图 7.5 所示。

② 围海堤 K0+790.07～K2+158.56 段为混合式结构，堤顶道路高程+5.00 m，迎潮面设钢筋混凝土防浪墙顶高程+5.80 m，堤顶宽 38 m。堤身+3.50 m 以下抛填开山石，+3.50 m 以上采用宕渣回填。迎潮面外坡堤前设大块石反压平台，平台及坡面设条石砌块护坡，堤脚设浆砌块石镇脚。内坡设黏土闭气，与开山石交界面设土工布、碎石反滤，坡面+2.00 m 以上设草皮护坡，坡脚设抛石子堤。设计结构断面如图 7.6 所示。

7.1.5 围堰路堤地基处理方案

根据地勘报告的内容，工程所在区域土类型为中软土，部分场地存在淤泥及淤泥质土，因此需要进行相应的地基处理方能满足施工要求。对于滨海相软土地基，随着沿海工程的逐渐增多，其处理方法也出现了很多种，主要有：换填法、强夯法、挤密法、抛石挤淤法、超载预压法、真空预压法、排水固结法、灌浆法等。根据工程地质特点，本工程中主要采用了预压排水法和抛石挤淤法两种较常见和简便的加固处理方法。

① 抛石挤淤法就是通过向流塑状的高灵敏度的淤泥表面大量集中抛填土石填料，依靠填料的自重挤开淤泥，起到置换饱和软土地基的处理方法，一般适用于厚度不超过 4 m 且表层硬壳被挖除的具有触变性的流塑状的饱和淤泥或淤泥质土的处理。对于 5 m 以上的深厚淤泥或淤泥质土层，需要辅以爆破或强夯等措施，才可使填筑体下沉到下层较硬的持力层。抛石排淤法的优点是工期较短，但由于处理面积较大，排淤可能会不均匀。故此陆地和滩涂部分采用预压排水井法。

② 排水固结法的基本原理是针对软土地基，通过添加荷载作用，并增设竖向排水体和水平排水层，改善地基的排水固结条件，加速地基的固结和强度增长，提高地基的承载力和稳定性，加速沉降发展，使基础沉降提前完成，以达到提高地基承载力、减少工后沉降的目的。

③ 预压排水法适用与于淤泥质土、淤泥、冲填土等饱和黏性土地基。饱和软黏土在荷载作用下，孔隙中的水被慢慢排出，土的孔隙比减小，随着超静孔隙水压力的消散，有效应力得到提高，从而土的强度得到增强。通过排水固结法处理地基可以使地基沉降在加载预压期内大部或基本完成，从而减少工后沉降和沉降差，也可提高地基承载力。因此，预压排水法是比较适用于围海地区的地基加固方法，同时具有简便经济的优点，缺点是工期较长。

工程中广泛使用的增加固结压力的方法是堆载法，此外还有真空法、电渗法、联合法等。很多工程实践均表明，在工期能够得到保证的情况下，排水预压法是经济性最好，且能较好地控制工后沉降的一种软土地基处治方法。所以，综合各种条件及考虑施工方法的可行性，工程中确定的地基处理方案包括以下两部分。

① 陆地部分地基处理方案。选用预压排水井法进行处理。采用塑料排水板排水，处理深度 9 m。选用开山石作为预压材料(预压材料可作为路基)。

② 滩涂部分地基处理方案。一是预压排水井法：采用塑料排水板排水，处理深度 9 m。顶部铺设 800 mm 中粗砂垫层及高强度土工织布，材料选用抗风化能力较强的毛石或块石(毛石或块石可作为路基、堤基)。

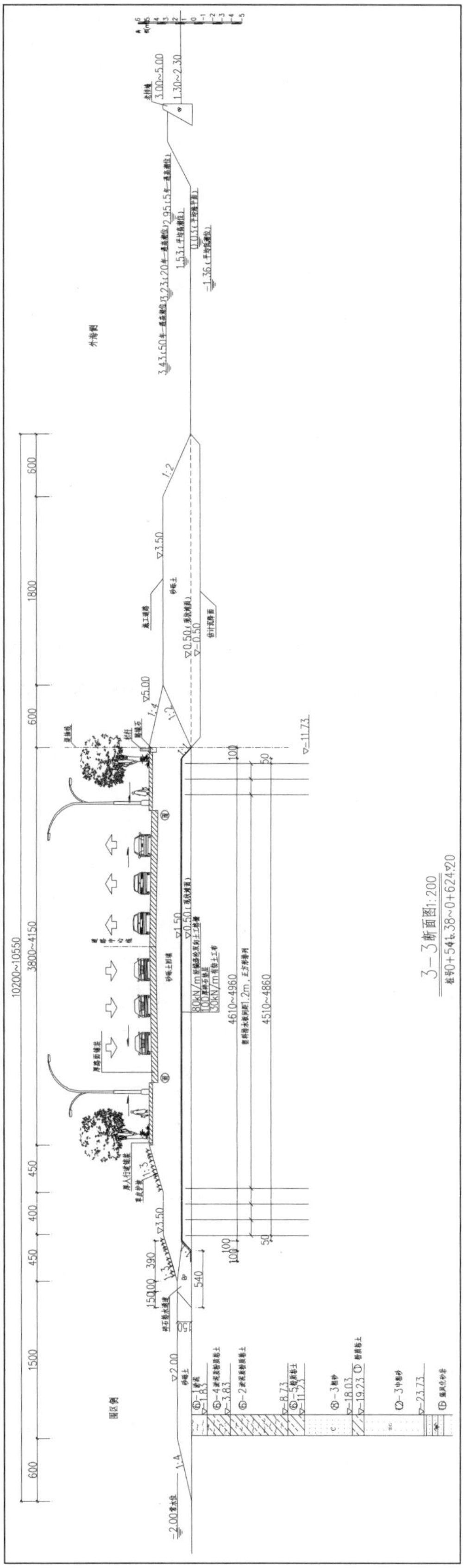

图 7.5　K0+541.38～K0+624.20 段围海堤斜坡式设计结构断面图

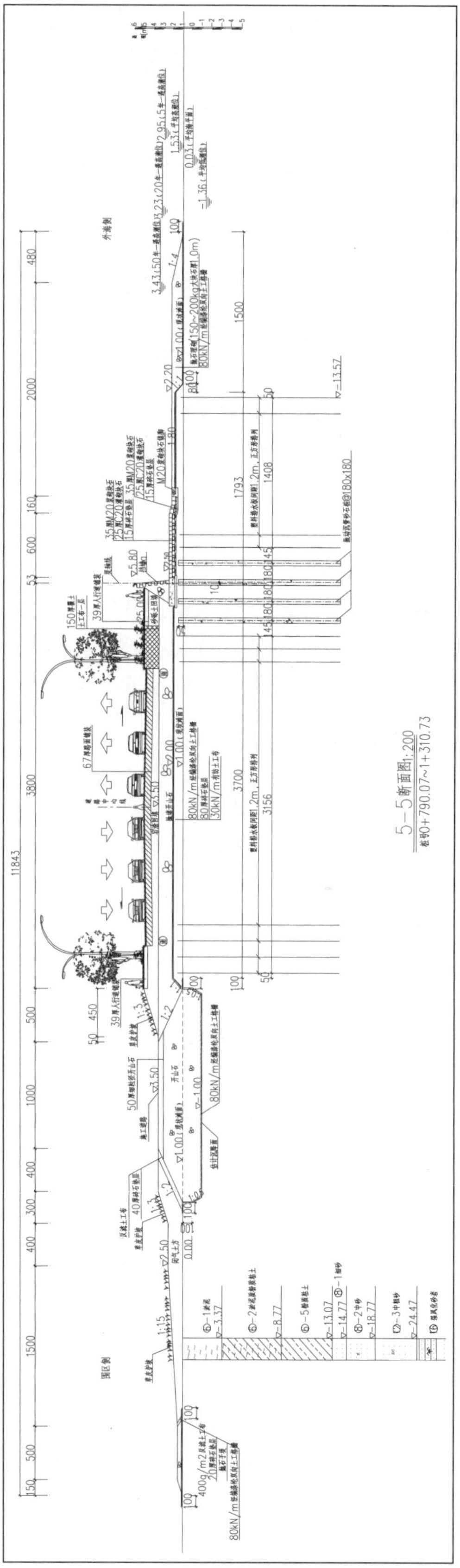

图 7.6　K0+790.07～K2+158.56 段围海堤混合式设计结构断面图

二是抛石排淤法：以⑥-2 层淤泥质粉质黏土作为基础持力层，基础埋深 5 m。施工时先以挖掘机或其他设备挖除或搅动⑥-1 层淤泥，填以抗风化能力较强的毛石或块石，用重型设备碾压或强夯，使毛石或块石达到设计深度。

7.2 围堰路堤设计与施工

7.2.1 施工工艺流程

陆上部分采用塑料排水板预压排水固结的方法对基础进行加固，而滩涂部分采用预压排水法和抛石挤淤法相结合，从而保证基础的加固效果。在地基基础处理完成后开始路基的填筑施工。具体施工工艺流程见图 7.7。

7.2.2 排水固结设计施工

对于依托工程围堰路堤施工中对滨海相软弱地基的处理，主要采用排水固结的方法，其主要目的是加速地基的排水固结，提高软基的承载力，减少工后沉降。

排水固结法是由排水系统和加压系统两部分组成的。

(1) 排水系统

排水系统由水平排水垫层和竖向排水体构成。设置排水系统的目的主要在于改变地基原有的排水边界条件，增加孔隙水排出的通路，缩短排水距离。竖向排水体可选用普通砂井、袋装砂井，近年来竖向排水体越来越多地使用塑料排水板，其施工设备和技术已经相当成熟。

(2) 加压系统

加压系统使土中孔隙水产生一定的水力梯度，形成渗流使水排出。加压系统一般用建构筑物自身荷载，堆填土石预压和真空法使用也较多，动力预压是近年来发展的一种预压新技术。

在本工程中，排水系统主要采用了塑料排水板来作为竖向排水体，碎石垫层作为水平排水通道，起到将从塑料排水板排出的地下水排出加固区域外的作用，同时兼作施工垫层。

塑料排水板在机械力作用下被插入软土地基后，能以较低的进水阻力聚集从周围土体中排出的孔隙水，并沿垂直排水通道排出，使土体固结，从而提高地基的承载力。塑料排水板具有良好的力学性能、足够的纵向通水能力、较强的滤膜渗透性和隔土性。

塑料排水板加固软土地基具有以下优点：① 滤水性好，排水畅通，排水效果有保证；② 材料有良好的强度和延展性，能适合地基变形能力而不影响排水性能；③ 排水板断面尺寸小，施打排水板过程中对地基扰动小；④ 可在超软弱地基上进行施工；⑤ 施工快、工期短、造价低。

本工程中采用塑料排水板堆载预压排水固结，是在软基中按照一定的间距和布置形式将塑料排水板插入深层土体，在软土层内形成排水通道，以增加土体的有效排水途径，缩短排水距离。再通过上部堆填石料及施工等荷载的作用，加速土体内孔隙水的排出和地基的固结，减少工后沉降，从而提高地基土的承载力。由于土体内孔隙中的水挤出速度较慢，初期的超静水压力较大，容易产生堤身失稳。为了保证海堤的稳定性，应控制海堤的分层填筑厚度和加大堤身的反压，使土中的超静水压力逐渐消散，有效应力逐渐提高，地基承载能力最终达到设计要求。

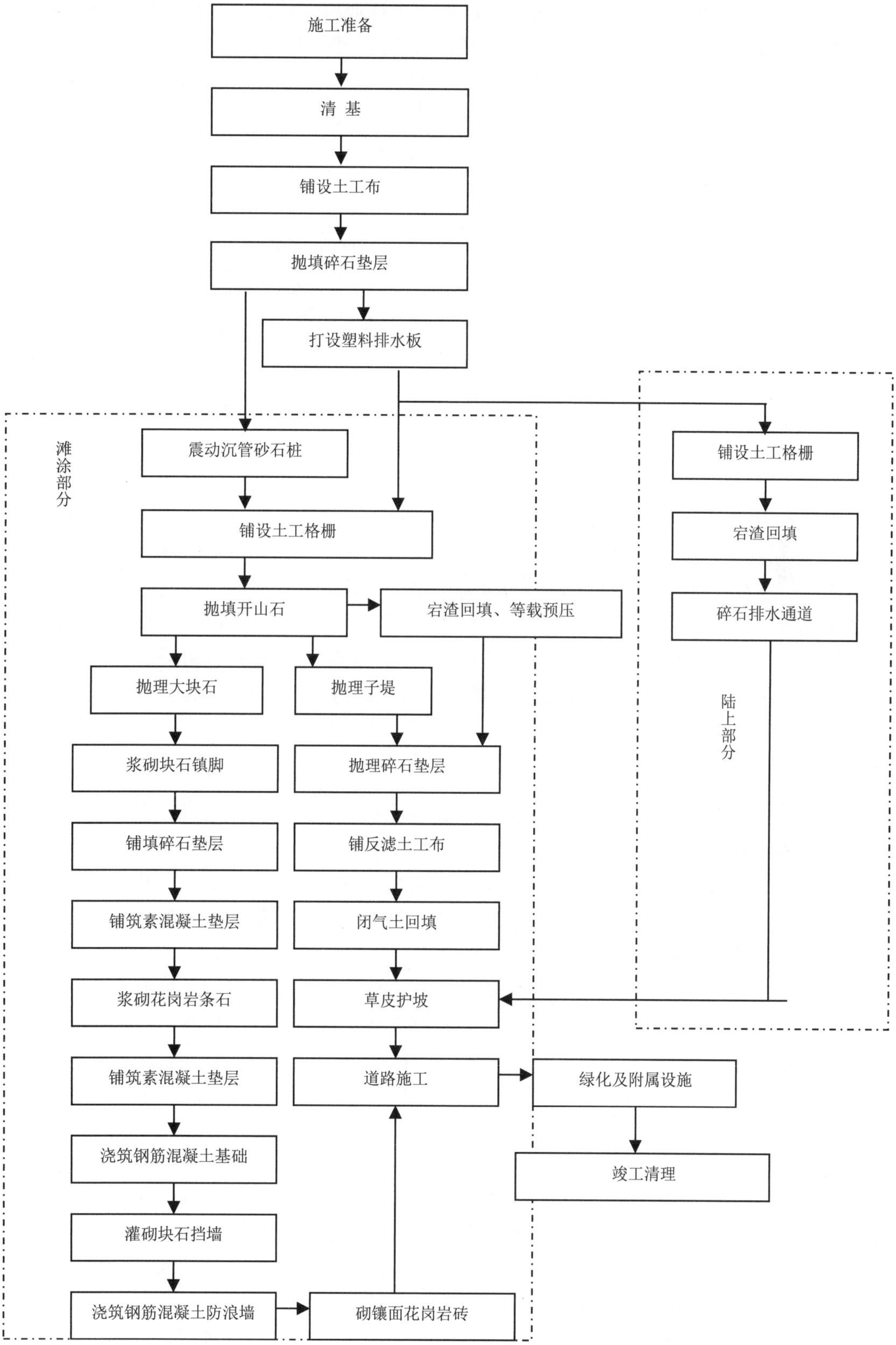
施工准备
清 基
铺设土工布
抛填碎石垫层
打设塑料排水板
滩涂部分
震动沉管砂石桩
铺设土工格栅
抛填开山石
宕渣回填、等载预压
抛理大块石
抛理子堤
浆砌块石镇脚
抛理碎石垫层
铺填碎石垫层
铺反滤土工布
铺筑素混凝土垫层
闭气土回填
浆砌花岗岩条石
草皮护坡
铺筑素混凝土垫层
道路施工
绿化及附属设施
浇筑钢筋混凝土基础
竣工清理
灌砌块石挡墙
浇筑钢筋混凝土防浪墙
砌镶面花岗岩砖
铺设土工格栅
宕渣回填
碎石排水通道
陆上部分

图 7.7　施工流程图

由于本工程地基土的含水量大、抗剪强度低、工程地质条件差，并且工程的施工条件较差，因此，为保证地基排水固结而增加地基土的抗剪强度和稳定性，确保工程的安全，采用排水板的主要性能指标必须满足要求。施工过程中排水板打设间距为 1.2 m，碎石垫层出露不少于 20 cm，下端打入⑧-3 粗砂层中 50 cm，以保证排水板的排水作用。

表 7.2　塑料排水板性能指标

材料	项目	指标
复合体	宽度	100 mm±2.0 mm
	厚度	≥3.[illegible] mm
	纵向通水量	≥0.1[illegible] cm^3/s(侧压力 3[illegible]0 kPa)
	复合体抗拉强度	≥1.0 kN/10cm(干态，延伸率 10%)
板芯	抗压屈强度	≥3[illegible]0 kPa
滤膜	滤膜质量	00 g/m^2
	滤膜抗拉强度	≥1[illegible] N/cm^2(干态，延伸率 10%)
		≥10 N/cm^2(湿态，延伸率 10%)
	滤膜渗透系数	≥[illegible]×10^{-4} cm/s(浸水 24 h)
	滤膜等效孔径	<0.07[illegible] mm
材质	板芯	聚乙烯
	滤膜	涤纶无纺布

塑料排水板芯槽齿应无倒伏现象，板芯材料必须透明、无孔洞、无气泡且表面必须平滑。塑料排水板芯板外包滤膜应紧贴平整，无皱折和松套现象，粘合缝必须连续，缝宽为 5±1 mm。滤膜纤维分布必须均匀，无毛絮。

考虑到排水板在地基中长期受到土的压力作用，滤膜逐渐压进芯带沟槽内，芯带的弹性压缩及蠕变，土颗粒及地下水生物与化学作用引起对淤堵，施工过程中排水带的扭曲、损伤等因素，都将使得排水板的通水能力下降。因此，要求滤膜要具有足够的抗拉强度和良好的韧性，防止在土压力作用下滤膜过多地嵌入芯带槽内；滤膜同时应有良好的反滤性，防止土颗粒过多地堵塞孔隙。

7.2.3　土工合成材料设计施工

土工合成材料是 20 世纪 50 年代末逐渐开始兴起的以合成纤维、塑料、合成橡胶等高分子聚合物为原料制成的新型材料。根据制造工艺及应用功能的不同可分为土工织物、土工膜、土工复合材料和土工特种材料四大类型，如今已在遍及交通、水利、城建、港工等各个方面的岩土工程中得到广泛的应用，在依托工程中围堰路堤基础的处理中也大规模使用了土工合成材料，在路堤填筑过程中主要使用了土工布和土工格栅这两种土工合成材料。

土工布是由合成纤维通过针刺或编织而成的透水性土工合成材料，是目前土木工程中经常使用到的一种材料。因其有着重量轻、抗拉强度高、渗透性好、耐高温、抗冷冻、耐老化、耐腐蚀等特性，同时具有施工简便、备料容易、经济性好等优点，并且施工速度快、节省工期，因而在海堤工程施工中已经得到了广泛的应用，具有优秀的过滤、排水、隔离、加筋、防渗、防护作用。

① 隔离。利用土工布对具有不同物理性质(粒小径大、分布、稠度及密度等)的建筑材料(如土体与砂粒、砂粒与砾石、土体与混凝土等)进行隔离，使两种或多种材料间不流失、不混杂，保持材料的整体结构和功能，使构筑物载荷承受能力加强。

② 过滤。当水由细料土层流入粗料土层时，利用土工布良好的透气性和透水性使水流通过，而有效地截留土颗粒、细砂、小石料等，以保持水土的稳定。

③ 排水。土工布是良好的导水材料，它可以在土体内部形成排水通道，将土体结构内多余的液体和气体外排。

④ 加筋：利用土工布增强土体的抗拉强度和抗变形能力，增加建筑结构的稳定性，以改善土体质量。

⑤ 防护：有效地将集中应力扩散、传递或分解，防止土体受外力作用而破坏。土工格栅是聚合物材料经过定向拉伸形成的具有开孔网络、较高强度的平面网状材料，是目前比较常用的一种土工合成材料。土工格栅的整体性能好，抗拉强度高、延伸率低、质量轻、造价低廉；抗老化、耐酸、耐碱、耐腐蚀，不受生物及微生物侵蚀，具有良好的化学、物理稳定性，具有很好的协调土体变形的能力。用土工格栅加筋路堤施工简单，易于现场裁剪和搭接，不需特殊的施工机械和专门技术施工人员，是一种良好的路用加筋材料。

土工格栅的加筋作用是利用筋材的抗拉特性，通过与周围土界面的摩擦咬合作用产生应力传递，改变土体中的应力应变场。增进土的强度和韧性，从而改善填料变形性能，提高土体稳定性。筋材表面粗糙及嵌固性是发挥与土界面效能的主要条件。土工格栅结点厚度大于肋条厚度，能够将粗粒土基部紧紧连在一起，形成嵌锁结构。粗粒土在网格内固定下来所达到的机械结合力，形成由土体到筋材或相反方向的界面效应及高的应力传输作用。网格受到拉力负荷，使嵌锁土体受到压缩裹覆作用，从而形成一个稳定的有一定模量的承台结构。土工格栅这种新型的土工合成材料以其施工简单、速度快及造价低的特点在岩土工程建设中得到了广泛的应用，主要在挡土墙和桥台、软土地基处理、陡坡工程以及道路工程四个方面发挥着重要的作用。

在本工程施工中，采用土工布及土工格栅碎石垫层的加筋垫层形式来加固路堤地基的整体稳定性，同时与排水固结法一起使用，从而共同起到加速地基固结排水的作用。

设计中需要考虑以下问题：土工织物应选用抗拉强度高、延伸率低和摩擦特性好的材料；土工织物铺设位置和层数；土工织物两端的锚固问题，适当增加铺设长度；垫层选用中粗砂或天然砂砾料，或采用人工轧制的碎石，最大粒径不应大于 8 cm，具有良好的透水性。表 7.3 和表 7.4 列出了依托工程施工过程中采用土工布与土工格栅的主要技术指标。

表 7.3　30 kN/m 有纺土工布主要技术指标

项目	指标	说明
断裂强力	≥30 kN/m	经纬向
断裂伸长率	≤20%	经纬向
CBR 顶破强力	≥2.4 kN	
垂直渗透系数	3.0×10^{-3} cm/s	

表 7.4　80 kN/m 土工格栅主要技术指标

项目	指标	说明
延伸率	≤20%	
抗拉强度	>80 kN/m	经纬向

7.2.4　振动沉管砂石桩设计施工

振动沉管砂石桩是近 10 余年来发展起来的一种砂桩施工新工艺。振动沉管法是在振动机的振动作用下，把套管打入规定的设计深度；套管入土后，挤密了套管周围的土，然后投入砂石，把砂石挤压于土中，振动密实、振动拔管成桩，多次循环后，就成为挤密砂桩。这种施工工艺处理效果较好，既有挤密作用，又有振密作用，使桩与桩间土形成较好的复合地基，提高了承载力，防止了砂土液化，增大了软弱土基土整体稳定性。

振动沉管砂石桩在软土加固工程中可起到挤密、振密的作用。砂石桩在成桩过程中，桩管对周围桩间土产生很大的横向挤压力，同时桩管的振动能量以波的形式在桩周围土体中传播，引起桩周土体的振动、压缩。在两者共同作用下，桩周围的土体密实度提高，孔隙比减小。桩管体积的砂挤向桩管周围的砂层，使桩管周围的砂层孔隙比减小，密实度增大。其有效挤密范围约为3～4倍桩体直径。

对于依托工程地基土而言，振动沉管砂石桩起到换土置换的作用，以性能较好的砂石来替换软土地基，砂石桩成桩后就形成了砂石桩和砂石桩间土共同组成的复合地基，由密实的砂石桩桩体取代同体积的软土，二者共同承担上部荷载。在等应变情况下，砂石桩刚度明显高于软土，所以对整体地基的承载力有很大提高。

同时，砂石桩加固地基时，桩孔中充填的粗粒砂(碎石、卵石、砾石)等反滤性好的粗颗粒料，在地基中形成渗透性能良好的人工竖向和横向排水减压通道，从而快速有效地消散成桩时形成的超孔隙水压力，起到排水砂井的作用，加速软土的排水固结，加速路基土体的沉降稳定过程。碎石挤密桩在成孔及成桩时,振动锤的强烈振动使填入料和地基土在挤密的同时获得强烈的预振效果,对砂土、粉土增强抗液化能力是极为有利的。

对于振动沉管砂石桩的设计施工，首先需要确定其加固范围、桩位布置、加固深度及桩径。加固深度根据建筑物的重要性和场地条件及基础形式而定，通常大于基底面积。对一般地基，在基础外缘应扩大1～3排；对可液化地基，在基础外缘扩大宽度不应小于可液化土层厚度的1/2，并不小于5 m。桩径需要根据地基土质情况和成桩设备等因素确定，可按照每根桩所用填料量计算。依托工程中采用砂石桩桩径为50 cm，正方形布置于围堰路堤临海侧防浪挡墙基础之下，间距1.8 m。

施工前应进行成桩挤密实验，桩数宜为7～9根，振动法根据沉管和挤密情况，确定填砂量、提升高度和速度、挤压次数和时间、电机工作电流等，作为控制量标准，以保证挤密均匀和桩身的连续性。灌砂时含水量应加以控制，对饱和土层砂可采用饱和状态。

7.3 围堰路堤施工控制技术

从施工流程可以看出，本工程路堤施工中的重点在于路基填筑前期的地基处理，主要包括以下几部分。

7.3.1 土工合成材料铺设

由于潮汐的影响，铺设土工布及土工格栅等土工合成材料应采取趁低潮陆上作业的施工方法。

(1) 清基

土工布(土工格栅)铺设前需对原地面(基层)进行检查清理，使其高差不大于50 mm。若有树根、块石、垃圾等硬杂物，需清理以避免破坏土工布(格栅)。铺设前用全站仪放出铺设边线，打木桩控制清理范围，在木桩间拉施工线，用水准仪器放出标高，拉线控制整平不平整处。陆上部分用装载机大略平整，推土机整平。挖掘机装车，自卸车运走清理出杂物，土方卸于监理工程师指定地点。海上部分在低潮时用挖掘机清理，人工配合，若清理出土方量大，则配置多台挖掘机接力配合运往陆上，再用自卸车运走。

(2) 土工布、塑料格栅铺设

用全站仪放线定位人工拖动土工布(土工格栅)铺设，如图7.8所示。

用全站仪控制，分别在图示A，A_1，A_2，A_3，B和C，C_1，C_2，C_3，D处插木桩。将加工成卷的土工布(格栅)安放在A，A_1处，人工摆正，并将起始端固定于木桩上，再用碎石袋压紧。人工拉展开绳和紧拉绳向CC_1方向慢慢移动，边展开，并参照系于A_1C_1木桩上的细绳观察偏位(和搭接)情况，及时调整展开方向。每展开5m左右，紧张拉绳一次[紧时土工布(土工格栅)只移动而不转动]，并按照 50 cm 间距抛压碎石袋，如此逐步展开铺至 CC1 为止。重复上述过程，逐卷进行铺设。若铺设长度过长、人工铺设吃力，可在 CD 处停放挖掘机作为锚根，通过手拉葫芦滚动铺设。土工布加工成铺设块铺设，铺设块的宽度宜不小于 20 m，土工布的拼幅和接长，采用手提缝纫机缝制，所用尼龙线强度不得小于 150 N，其缝接方法采用“蝶形缝”，接缝宽 25 cm，缝合强度>80%。

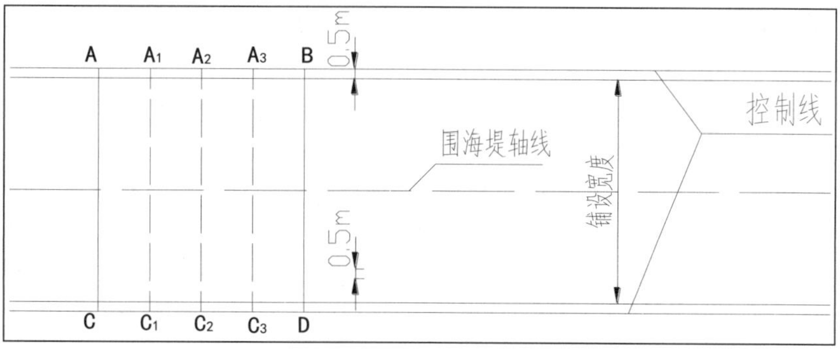

图 7.8　土工布(土工格栅)铺设示意图

施工中注意事项：为控制展开长度，在张拉绳上每 5 m 系一标志。土工布(土工格栅)铺设完成后要及时覆盖,以保证土工织物裸露暴晒不超过 7 d。施工中若发现土工织物有破损或空洞，应及时用相同材料修补，陆上宜用缝接，水上宜用搭接，修补面积不小于破坏面积的 5 倍。土工织物的坡顶、坡趾处理或立缝铺设的固定措施，应满足设计和施工方案的要求。

7.3.2　塑料排水板打设

由于本工程地基土的含水量大、抗剪强度低、工程地质条件差，并且工程的施工条件较差，因此，为保证地基排水固结而增加地基土的抗剪强度和稳定性，确保工程的安全，塑料排水板采用槽形土工聚合物排水带，宽 10 cm，型号为 A 型。采用排水板的主要性能指标应满足交通部《塑料排水板质量检验标准》的要求。塑料排水板施工机具是插板机。插板机采用对土扰动小、能插入设计要求深度的静动方式。套管要选用矩形管，帽靴要起到将塑料排水板底部“锚固”在设计深度的作用。打设塑料排水板施工步骤如下。

(1) 抛理碎石垫层

插板前先抛理碎石垫层，采用自卸车来料、装载机分料、挖掘机趁低潮时拉线整平的施工方法。为保护土工布严禁车辆在土工布上行走，自卸车在土工布前停放卸料，用挖掘机和装载机铲斗送料。垫层边缘用袋装碎石作为临时保护，防止海浪冲散。

(2) 桩位放样

按照确定排距、列距和每段底宽及原海底面地形情况画出布桩图，标明排列的编号。同时绘制排水板打插预控图，图上标明分区分块设计的打插深度，作为实际打插时的预控深度。同时绘制打插布桩图，每施打一根在图上相应位置标出，以免遗漏。在垫层上准确定出每根插板的位置，并有明显的标志，在插板机具上标明进尺记号，以控制标高。施工中应经常注意检查和保护，丢失的及时补上。

(3) 塑料排水板导管靴与桩尖

塑料排水板导管靴与桩尖均采用矩形。桩尖平端与导管靴配合要适当，避免错缝，防止淤泥在打设过程中进入导管、增大对塑料排水板的阻力。

(4) 插入塑料排水板

插板机定位后必须调整导管的垂直度后进行插板施工。施工过程中，随时调整桩机垂直度，要求垂直度误差不大于 1.5%。导杆沿平台边作业时，应随时调整垂直度。插板时，插板机就位后通过振动锤驱动套管对准插孔位下沉，排水板从套管内穿过与端头的锚靴相连，套管顶住锚靴将排水板插到设计入土深度，拔起套管后，锚靴连同排水板一起留在土中，然后剪断连续的排水板，即完成一个排水孔插板操作。插板机就可移位到下一个排水孔继续施打。

施工中注意事项：对于回带长度的控制，一方面要做好桩靴与沉管出口的密封，防止淤泥等进入沉管引起回带；另一方面观测沉管上口与排水板有没有相对位移。塑料排水板滤水膜在转盘和打设过程中需要避免损坏，防止淤泥进入板芯堵塞输水孔，影响排水效果；在打设过程中应保证排水带不扭曲，透水膜不被撕破和污染。塑料排水板打设完毕后，应剪断多余的部分。剪断时应保证碎石垫层以上的外露长度至少为 20 cm，使其与碎石垫层贯通，以保证排水顺畅。

塑料排水板施工流程如图 7.9 所示。

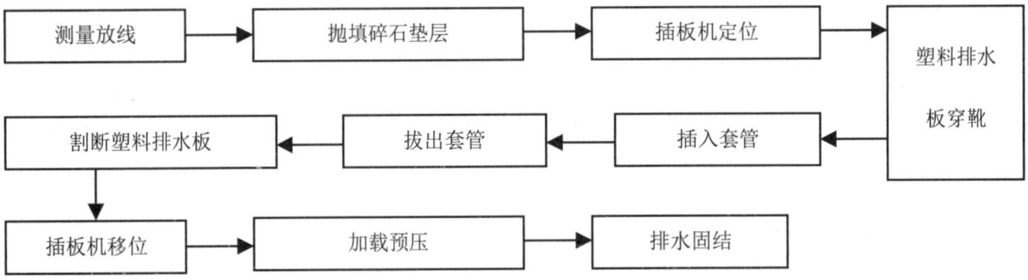

图 7.9　塑料排水板施工工艺流程图

塑料排水板海上施工的基本要求可归纳为六个字，即插板(垂直排水通道)要“准”“匀”“深”“直”“通”“快”，分别简释如下：

①“准”，即插板机的定位要准，误差不大于+50～-100 mm，套管定位误差 0～-100 mm；

②“匀”，即桩与桩之间的间距要均匀，误差不超过+50～-200 mm；

③“深”，即要达到设计深度，回带不能超过 500 mm，回带率不得超过 5%；

④“直”，即导杆要调整好垂直度，打设深度在 10～20 m 时，倾斜不能超过 1.5%；

⑤“通”，即排水板与碎石垫层之间及整个排水系统要连通，排水系统的滤膜不能有破损，沟槽不能堵死，否则起不到排水作用；

⑥“快”，即在保证质量的前提下，尽量提高打设速度，以缩短施工工期，提高经济性。

塑料排水板打下去后最关键的问题就是让板在地底锚固。在施工过程中，若遇上插管提起来时，刚打入稀泥中的塑料板就跟着上来，导致插板失败，则应详细查阅有关地质资料，分析原因，及时改进施工工艺，改善桩头形状，检查排水板进桩靴处的滚轴是否灵活。确保排水板的锚固，尽量减少回带。

7.3.3　振动沉管砂石桩施工

振动沉管砂石桩施工方法为：使用履带吊移动定位桩架，振动锤打带活瓣桩靴的套管入土后投料，分段拔出套管成桩。桩体材料使用砾石、中粗砂，含泥量应小于 5%，粒径小于 50 mm。施工顺序应从两侧向中间进行。本工程砂桩间距不大，施工时同一排应间隔进行，以减小相互干扰。采用振动沉桩机在桩位将带活瓣尖的与砂桩同直径的钢管沉到设计深度，从进料口往桩管内灌砂后，边振动边缓慢拔出桩管(在振动拔管过程中，每拔 0.5 m 高停拔，振动 20～30 s 或将桩管压下然后再拔，以便将落入桩孔内的砂压实成桩)，振动力以 30～70 kN 为宜，不应太大，以防过分扰动土体。拔管速度应控制在 1～10 m/min。

工艺流程：施工准备→测放桩位→打桩→投料→拔桩→振动→成桩→验收。

施工中注意事项：打砂桩基表面会产生松动或隆起，需人工平整；灌砂时含水量应加以控制，对饱和土层砂可采用饱和状态；砂桩的灌砂量通常按照桩孔的体积和砂在中密状态时的干密度计算，一般取 2 倍桩管入土体积。砂桩实际灌砂量不包括水量，不得少于设计值的 95%。如发现砂量不够或砂桩中断等情况，可在原位进行复打灌砂。

7.3.4　陆上宕渣回填、抛填开山石

抛填：采用陆上自卸车来料直接抛填、装载机分料、推土机推平的施工方法。分级加载抛填至施工标高(按照设计加载曲线)，每层按照先两侧端再中部的顺序进行抛填，抛填时每 50 m 作为一个施工控制段，立方导标控制抛填边线，同时计算每段宕渣需要量，使抛填量略小于需要量，不足部分在理坡的时候来料补抛。

理坡：采用挖掘机从下而上进行。首先准确放出每段坡面坡脚和坡顶边线，插钢钎拉施工线控制理坡范围，用坡度尺控制坡面坡度，挖掘机理坡；然后挂线自坡脚向坡顶滑动人工去高补低修整。

碎石排水通道：宕渣抛填后理坡前施工，用挖掘机开挖出抛填槽，人工填筑。先放出开挖边线(比设计宽度宽 20 cm)，用石灰粉标志，成槽后在侧面插 $\delta 5$ 钢板，全站仪准确放出边线填料。注意填料时板后宕渣同步回填以保证钢板稳定，最后抽出钢板平整顶面。

草皮护坡：外购草皮人工铺设，铺设前先在坡面上铺 30 cm 种植土。

工艺流程：施工准备→测量立标→自卸车来料→装载机分料→挖掘机理坡→验收。

质量要求：宕渣填筑的相对密度不低于 0.65；抛填后堤身平均轮廓线不小于设计断面，坡面坡度符合设计要求；表面平整。

加荷速率控制：施工遵循石方领先、土方紧跟的原则。施工初期按照设计加载曲线进行，施工过程中根据实际观测情况调整，报请监理工程师同意后按照调整后方案进行。加荷速率以地表日沉降量和边桩日水平位移值为主要控制参数，以地基孔隙水压力为辅控制参数，具体如下。

(1) 地表沉降量

对插板区：加载高度 $H \leqslant 4.0$ m，单天沉降速率≥20 mm/d，停止加载，连续 5 d 沉降量≤3 mm/d，允许加载。加载高度 $H>4.0$ m，单天沉降速率≥10 mm/d，停止加载，连续 5 d 沉降量≤2 mm/d，允许加载。

非处理区：单天沉降速率≥10 mm/d，停止加载。

(2) 水平位移控制值

插板处理区：最大水平位移≤10 mm/d；

非处理区：最大水平位移≤5 mm/d。

(3) 超静孔隙水压力控制指标

插板处理区和非处理区：超静水压力系数≤0.6。

抛填开山石的施工方法同宕渣抛填。采用陆上来料直接抛填的方法，按照加载设计分层阶梯推进(加载要求同陆上宕渣堤身)。每层按先两侧再中间的顺序进行抛填，平行推进。

根据每段设计块石用量和自然抛填坡度计算出每段抛填顶宽设立导标控制抛填(见抛填示意图)。较小的块石填在堤心，外侧镇压层采用较大粒径块石。与土工格栅接触的第一层抛石选择较小粒径块石，用人工配合挖掘机抛填，并控制其落距小于 50 cm，满铺一层。避免砸毁格栅。理坡在抛填完成后采用挖掘机进行。

施工工艺流程：进料→测量放线→抛填→理坡→验收。

7.4 防渗措施设计施工

围垦工程中的海堤围堰直接建造在滩涂基础上，渗流和滑坡问题是影响其安全的两大主要因素。渗透是否稳定和边坡是否稳定是衡量此类围堰工程安全与否的重要指标。因此，海堤围堰的防护措施包括防渗措施和坡面防护措施两大类。围堰的防渗形式大体分为土质防渗体、防渗墙两类，也有工程采用土工膜、静压灌浆和高喷灌浆等技术。坡面防护措施过去常采取抛石护坡结构，之后逐渐出现了干砌块石护面、浆砌块石护面、灌砌块石护面、混凝土护面、模袋混凝土护面及人工块体护面等结构。近年来，为提高消浪效果，抗击巨大波浪的冲击，异形块体在风浪较大区域得到广泛应用，如四脚空心块、扭工块、扭王块是最常见的异形块体。在工程实践中，过去一般采取的防护措施是在外海侧抛填石方挡潮，在内坡侧填筑闭气土方防渗，闭气土方一般直接取自围堰附近的浅层淤泥质黏土。对于依托工程围堰结构，分为陆上围堰和滩涂围堰两部分，陆上围堰为斜坡式结构土石围堰，在外海测有老挡墙的情况下并未采取过多的防护措施；滩涂围堰直接受到海水的冲刷侵蚀影响，迎差潮面采取抛石护坡，边坡设置防浪墙及浆砌块石护面，防渗采用闭气土体，位于围堰内侧，土石接触面设石渣垫层和土工布做反滤。

本章对工程中主要采取的防护措施设计施工进行具体介绍。依托工程围堰结构主要为土石结构，在防渗措施的选择上选择结构造价低、施工简便的添加反滤层土质防渗措施。工程主要防渗措施包括以下几部分。

7.4.1 倒滤层设计施工

土工织物反滤的设计，首先要符合反滤条件的标准，即满足保土、透水和防止淤堵三项条件。另外还必须考虑隔离、平面排水和补强加固作用的要求，以保证反滤层的稳定、连续和正常工作，从而达到预期的效果。

工艺流程：基层检查→测量放线→抛理碎石→滑线理坡(验收)→土工布加工→插控制线钢钎→土工布投放固定→展开→紧拉→抛压二片石→验收。

质量要求：反滤层所用砂、碎石、土工织物的规格和质量应满足设计要求；倒滤层应连续，分段分层施工的接茬处理应满足设计要求；倒滤层施工验收后，应及时回填覆盖。土工布采用 250 g/m² 针刺无纺布和 150 g/m² 有纺布复合布，主要技术指标列于表 7.5。

表 7.5 反滤土工布技术指标

项目	指标	说明
单位质量	250 g/m² 无纺+150 g/m² 有纺	
断裂强度	≥35 kN/m	经向
	≥30 kN/m	纬向
断裂伸长率	≤30%	经纬向
CBR 顶破强力	≥3.5 kN	
垂直渗透系数	>1.0×10^{-2} cm/s	

7.4.2　闭气土、黏土、滩涂泥回填设计

黏土铺盖在围堰工程中用于防渗处理的技术由来已久，并被证明是一种有效的措施。黏土铺盖施工方法简单、技术要求不高、抛投速度快，不需碾压即可能达到快速止漏、闭气的目的；并且黏土铺盖柔性大，适应地基变形能力强，随着淤泥堆积，防渗作用逐渐增强，是围堰施工中常用的一种防渗措施。

7.4.3　水泥土灌浆设计施工

依托工程围堰主体结构为土石围堰，在临海面防渗措施中控制性水泥灌浆技术是应用比较广泛和较成功的。依托工程中水泥土灌浆设计要点如下。

① 灌浆压力。由于灌浆压力与土的重度、强度、初始应力、孔深、位置及灌浆次序等因素有关，而这些因素又难以准确地确定，灌浆压力暂按照 48 kPa 作为设计值，在灌浆过程中根据具体情况做适当的调整。

② 灌浆量。灌浆量主要与灌浆对象的体积 V、土的孔隙率 n 和经验系数 k 有关，据公式 $Q=kVn$，理论估算黏土的单位吸浆量为 0.5 m^3。

③ 灌浆结束标准。在规定的灌浆压力下，孔段吸浆量小于 0.6 L/min，延续 30 min 即可结束灌浆，或孔段单位吸浆量大于理论估算值时也可结束灌浆。

灌浆孔沿中心断面设 3 排，梅花形布置，间距 1.5 m，孔底插入滩面 1 m。灌浆压力应小于 4.8 kPa(具体以试验数值经监理工程师审批为准)。浆液需掺入 15%水泥，浆液物理力学指标见表 7.6。

表 7.6　浆液物理力学指标

项　目	性能指标
容重/(t/m^3)	1.3～1.6
黏度/(Pa.s)	30～100
稳定性/(g/m^3)	<0.1
胶体率/%	>80
失水量/(m^3/30 min)	10～30

7.5　坡面防护措施设计施工

依托工程围堰临海侧直接受到海水的侵蚀与冲刷作用影响，陆上部分围堰路堤受影响较小，但在滩涂区域围堰路堤边坡需要采取必要的防护措施以保证围堰的整体稳定性。工程中迎潮面主要采取措施有以下几部分。

7.5.1　抛理大块石护坦

护坦是指闸、溢流坝等泄水建筑物下游，用以保护河床免受水流冲刷或其他侵蚀破坏的刚性结构设施。依托工程中护坦结构采用抛理大块石的方式施工，可以削减海水冲刷动能，保护围堰不直接受到潮汐的危害性冲刷，同时起到反压平台的作用，加大围堰路堤整体的稳定性。

施工方法：①抛填。采用陆上自卸车来料、装载机推平抛填的施工方法。②理坡。采用滑线法，在坡面上埋设排桩，排距控制在 5 m 左右，排桩上系拉细绳，在两绳间设滑线，以滑线为准，去高补低，自上而下移动滑线理坡。高出的多余块石向下扒去；低下的不足块石，选合适大小块石补足。

工艺流程：块石备料→测量放线→陆上自卸车抛填→挖掘机粗略整平→测设排桩→滑线理坡。

7.5.2 浆砌块(条)石

围堰临海侧边坡直接受到海水冲刷侵蚀作用，做好相应的边坡防护是围堰整体稳定性的重要保证措施。沿海水利水电工程中常用的防护结构主要有干砌块石护面、浆砌块石护面、灌砌块石护面、混凝土护面、模袋混凝土护面及人工块体护面等，依托工程中主要采用浆砌块石及浆砌条石护面防护措施。

7.5.3 防浪墙

在海堤及围堰工程施工中，为减小堤身断面、降低造价，通常会在堤顶设置防浪墙。依托工程围堰路堤顶部临海面设置防浪墙，可防止风浪对围堰顶部的冲刷，同时起到挡墙的作用。防浪墙施工工艺流程如图 7.10 所示。

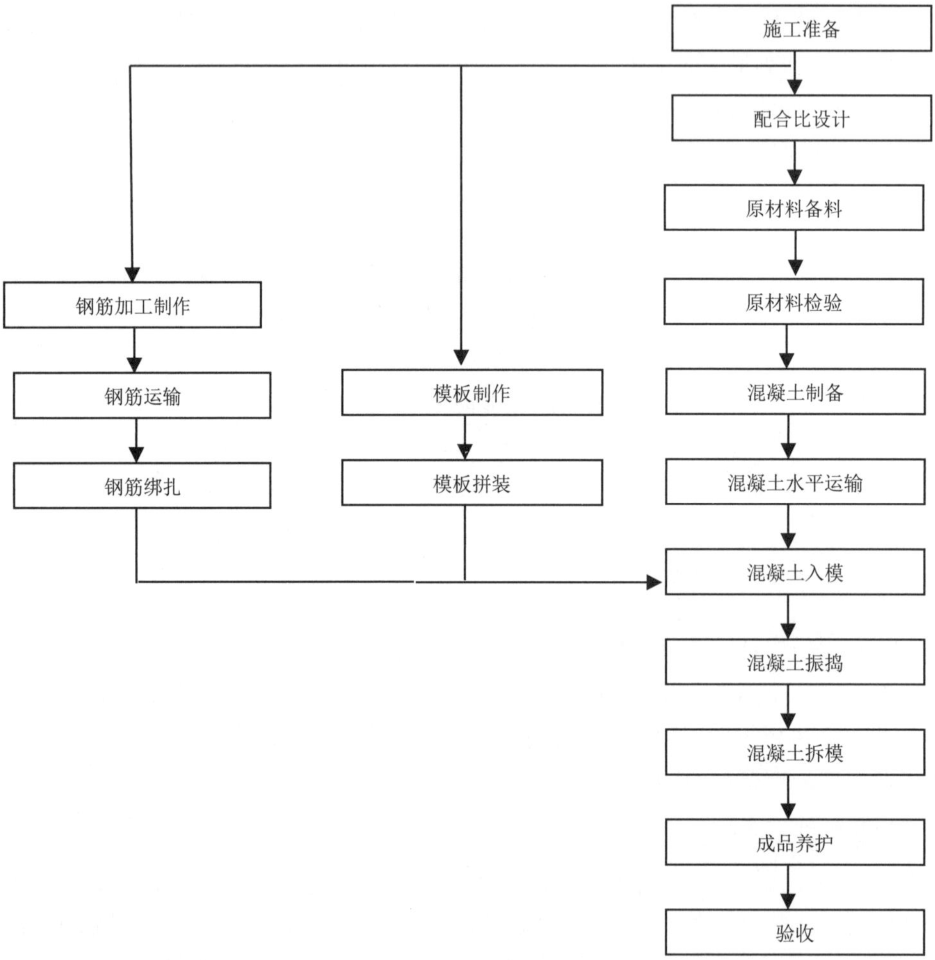

图 7.10 防浪墙施工流程图

第 8 章　浅海斜坡路堤软土蠕变固结分析与控制

在介绍了海堤围堰稳定性的理论研究情况后，可以看出基于有限元法的数值模拟分析方法越来越得到工程应用的认可，所以本章具体阐述有限元法数值模拟技术的原理与方法，并针对依托工程围堰路堤施工过程进行相应的数值模拟分析，对施工中的固结沉降过程及应力应变情况展开分析研究。

8.1　有限元数值模拟分析方法

有限元法(Finite Element Analysis，FEA)的基本原理是将复杂的求解区域划分为简单有限的小的相互关联的区域，从而在考虑各个具体有边界条件的单元情况下，可以使用简单的近似解，从而可以求得整个求解区域的解。它是一种用简单问题代替复杂问题求解后还原的方法，所以具有简单实用的优点，同时计算精度也能得到一定的保障，所以目前已经成为广泛应用的工程计算分析措施。根据应力与应变的关系，有限元法分为两种情况：线性有限元法和非线性有限元法。土体材料并不是线性的，传统的弹性分析已不能满足工程实际的需要，同时不同条件下土体有着不同的特性，几何形状也千差万别，所以实际情况下路基的稳定性问题具有很大的复杂性。传统的方法只能得出片面的结论，并不能确保适用于实际工程，而有限元法很好地解决了这个难题。借助有限元数值模拟分析技术，可以得到更为精确的解答，从而结论也更加可靠，更能直接用于指导施工实践。

由于土体材料的非线性、几何形状的复杂性和岩土体特有的许多性质，路基的稳定性问题变得异常复杂，而利用有限元法能够很好地求解类似的问题，从而得到更为精确的解答，进而得出更加可靠的结论。

目前求解非线性问题采用的方法主要有迭代法、增量法和混合法。

① 迭代法。迭代法是用修正劲度的方法，或保持劲度不变而用调整荷载的方法，通过重复试算从而得到真实解，而在每次试算时做一次线形有限元计算。主要方法有直接迭代法、Newton-Raphson 法、修正的 Newton-Raphson 法、拟 Newton 法等。迭代法的计算过程，就是随着迭代次数的增加，用总荷载作用下不平衡的线性解去逼近平衡的非线性解，消除失衡力的过程。

② 增量法。增量法是将全荷载分成若干级微小增量进行逐级施加，用有限元法进行计算，这些增量可以相等，也可以不等。对于每一级增量，在计算时假定材料性质不变，做线性有限元计算，即假定劲度矩阵是常数，方程是线性的，解得位移、应变和应力的增量，累加起来就是所求解答。当然，不同的荷载增量中，劲度矩阵可以具有不同的数值。各级荷载之间，考虑材料力学性质的变化，以反映非线性的应力应变关系。这种方法实际上是用分段直线来逼近曲线。主要有 Euler 法和修正的 Euler 法两种。

③ 混合法。对同一非线性方程组混合使用增量法和迭代法则称为混合法或逐步迭代法，一般在总体上采用 Euler 增量法，在同一级荷载增量内采用迭代法。

8.2 数值模拟模型建立

工程施工分为陆上施工和滩涂施工两部分，因此模拟分析分别选取两个断面作为典型断面用于模型的建立。

用 Mohr-Coulomb 模型来模拟分析土的应力应变关系，有限元网格划分采用 15 节点单元的三角形单元。依托工程围堰路堤占地范围较大，路幅宽度超过 100 m，因此在建立模型时取左右堤脚向外延伸 30 m 以考虑土体的应力应变情况；路堤填高 5 m，模型考虑 Y 轴范围基底以下 30 m 强风化砂岩层为底基层。

建立有限元模型及有限元网格划分后如图 8.1 所示。

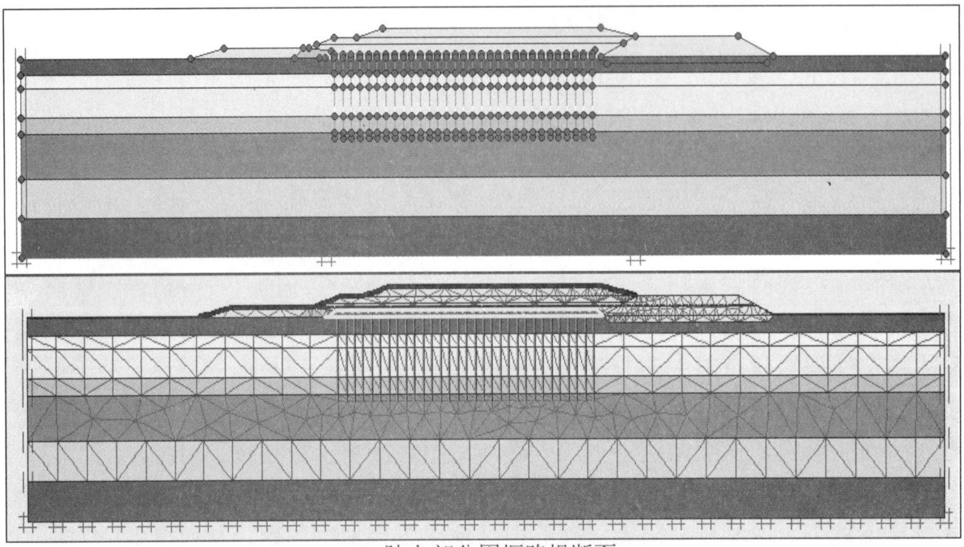

(a) 陆上部分围堰路堤断面

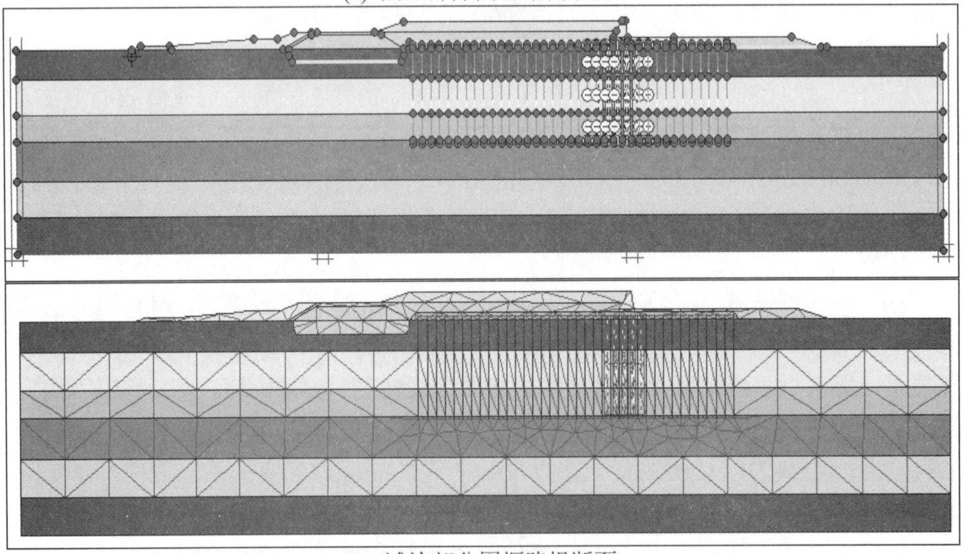

(b) 滩涂部分围堰路堤断面

图 8.1　有限元模型及网格划分示意图

根据胶州湾产业新区围堰路堤勘察报告的资料，工程场地上覆土层主要由第四系淤泥质土、黏性土、砂土组成，下伏基岩为白垩纪—第三系古新统王氏群胶州组泥质砂岩。依据《青岛综合地层表》，工程区域第四系地层自下而上大体分为 3 个沉积层：以中粗砂为主的第⑫层陆相沉积层，以中砂为主的第⑧层海相沉积层，以淤泥质土为主的第⑥层海相沉积层。从基础顶面开始考虑的地基处理深度范围内，主要分为以下几个土层，需要在数值模拟分析时考虑其影响。各土层土工参数如表 8.1 所示。

表 8.1　围堰路堤路基围堰路堤路基物理力学参数表

类别	弹性模量/kPa	泊松比	饱和容重/(kN/m³)	黏聚力/kPa	内摩擦角/(°)	渗透系数/(m/s)
⑥-1 层淤泥	2.5×10^3	0.35	15.3	7	10.1	2×10^{-5}
⑥-2 层淤泥质粉质黏土	3.4×10^3	0.35	16.8	12	10.5	5×10^{-5}
⑥-4 层淤泥质粉质黏土	4.1×10^3	0.35	17.1	14	12	5×10^{-5}
⑥-5 层粉质黏土	4.3×10^3	0.35	18.3	17.9	15.3	1×10^{-4}
⑧-3 层粗砂	3.1×10^4	0.3	20.5	5	36	2.6×10^{-4}
⑫-3 层中粗砂	4.0×10^4	0.3	20	6	35	1.8×10^{-4}
⑯强风化砂岩	4.5×10^4	0.29	24	200	32	3.1×10^{-8}
碎石垫层	2.0×10^4	0.3	22	5	38	完全排水
回填砂砾土	1.5×10^4	0.3	18.8	10	32	2×10^{-4}
抛填开山石	3.0×10^5	0.3	25.8	2	65	完全排水
浆砌块石	4.5×10^6	0.22	25.8	100	45	1×10^{-8}
闭气土方	3.0×10^3	0.35	16	20	18	1×10^{-7}

8.3　围堰路堤施工过程数值模拟分析

胶州湾产业新区海堤围堰工程是产业新区发展的重要保障，是保证阻挡海水侵蚀及海浪冲击的重要挡水建筑物，同时其滨海相地质决定了其地基承载力不足，需要采取地基处理措施才能满足海堤整体的稳定性要求。

因此，通过对围堰路堤施工过程进行数值模拟分析，在考虑多种软土地基处理措施相结合的情况下分析其对路堤固结沉降的影响，以及与实际情况进行对比以指导施工。结合施工流程进行相应的施工过程数值模拟，路基的填筑为分步施工、分层填筑。采用增量法考虑荷载的逐级加载，将施工各个阶段的应力应变都计算出来，这样就能反映路堤在随施工填筑过程变化对应力的影响。路堤往往是分步加载的，分为施工期和预压期，程序在模拟时分加载和固结两个不同的过程。加载分析时假设某一级荷载施加瞬时完成，地基土来不及固结，采用的是不排水有效应力法。加载分析采用荷载增量法，利用荷载步长和荷载的自动控制来实现。在固结阶段，要考虑孔压的发展和消散，采用有效应力方法分析固结过程。

8.3.1　陆上部分围堰路堤施工数值模拟分析

对于陆上部分围堰路堤的施工，其结构形式为土石围堰。数值模拟分析中主要考虑了以下施工步骤：施工便道填筑→加筋碎石垫层铺填→土工格栅及塑料排水板打设→反压平台填筑→主堤分层填筑。

碎石垫层填高 1 m，主堤回填砂砾土分三层填筑，层高为 1，1，1.5 m，每层填筑完成后预压期为 60，60，90 d。施工中考虑孔隙水压力对土体固结的影响，根据设计资料考虑常水位为 2 m。

图 8.2 至图 8.6 所示为各施工步骤完成后(含预压期)地基土体的应力应变情况。数值模拟分析可以得出以下结果。

① 各施工步骤完成后，在预定预压期结束后路基沉降值分别为 77.29，34.19，28.37，36.14，47.97，75.69 mm，即最大沉降发生在施工便道填筑完成后和路堤整体填筑完成后。最大沉降发生区域基本在填筑区域中部，说明陆上围堰路堤填筑施工能够正常有序地进行。

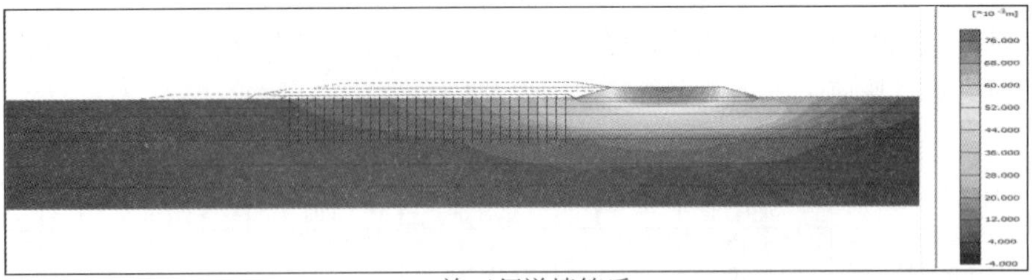

(a) 施工便道填筑后

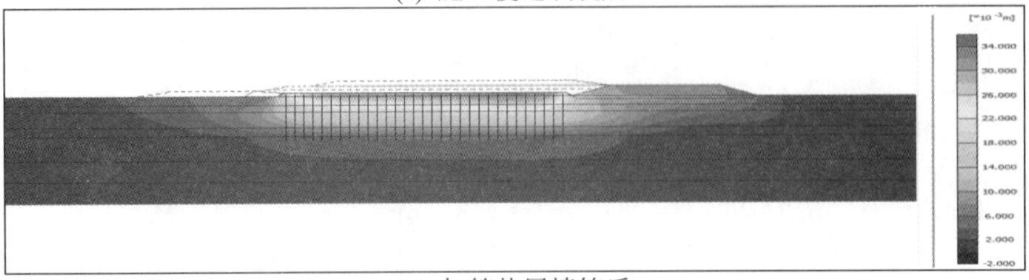

(b) 加筋垫层填筑后

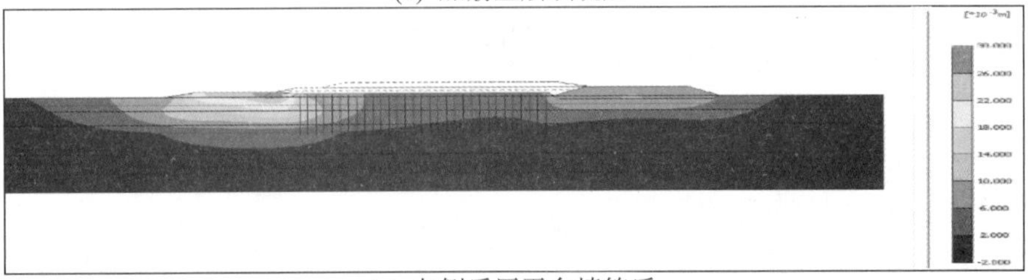

(c) 左侧反压平台填筑后

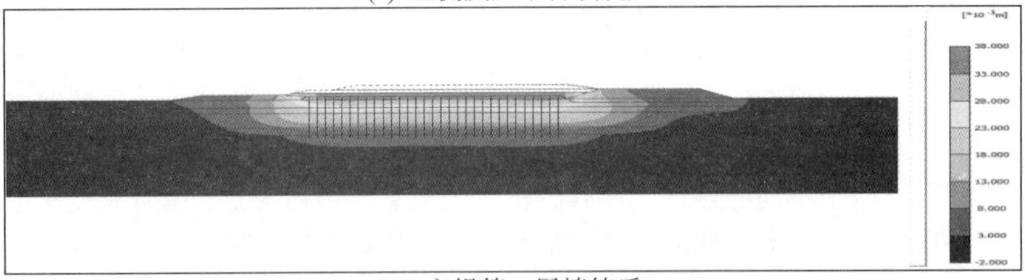

(d) 主堤第一层填筑后

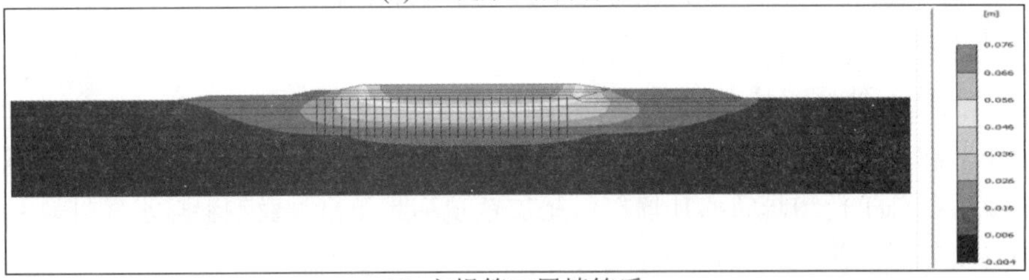

(e) 主堤第二层填筑后

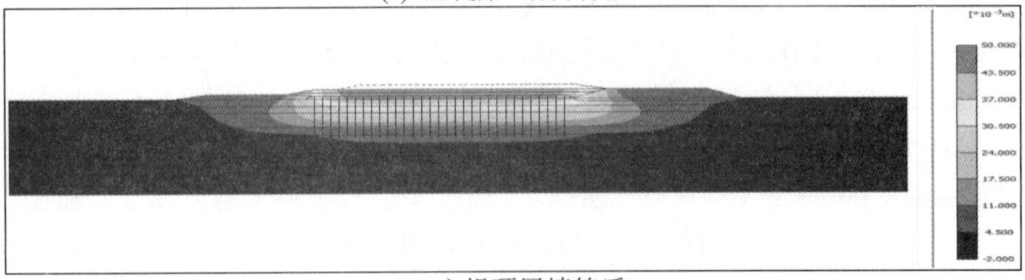

(f) 主堤顶层填筑后

图 8.2 陆上部分围堰路堤施工过程总位移云图

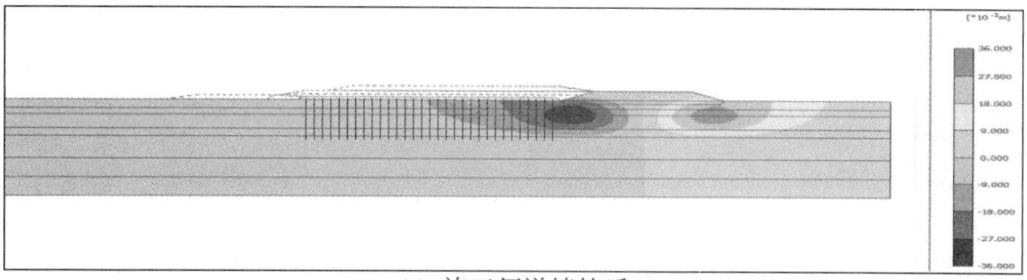

(a) 施工便道填筑后

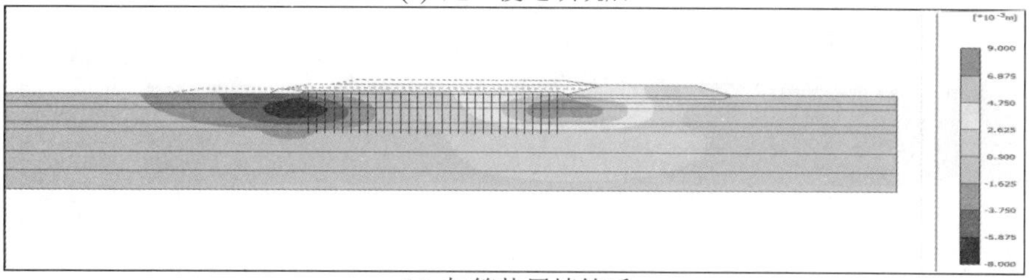

(b) 加筋垫层填筑后

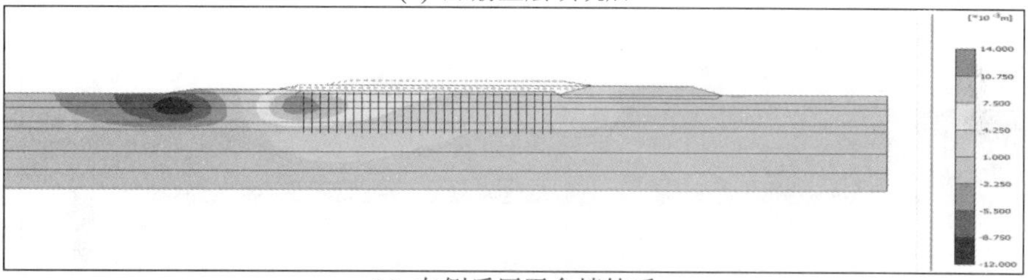

(c) 左侧反压平台填筑后

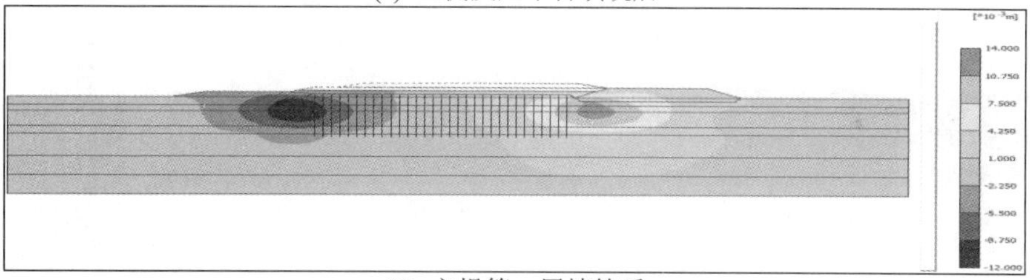

(d) 主堤第一层填筑后

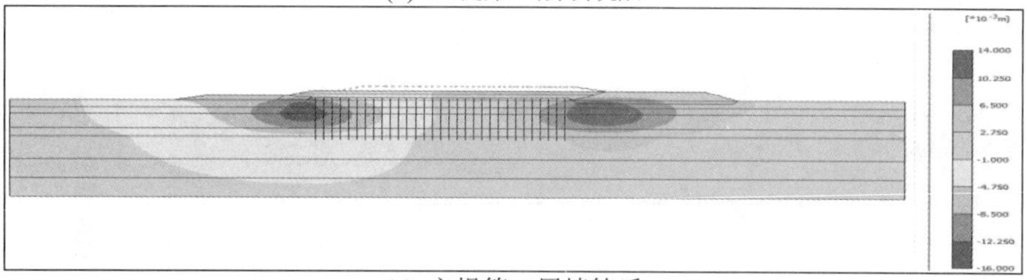

(e) 主堤第二层填筑后

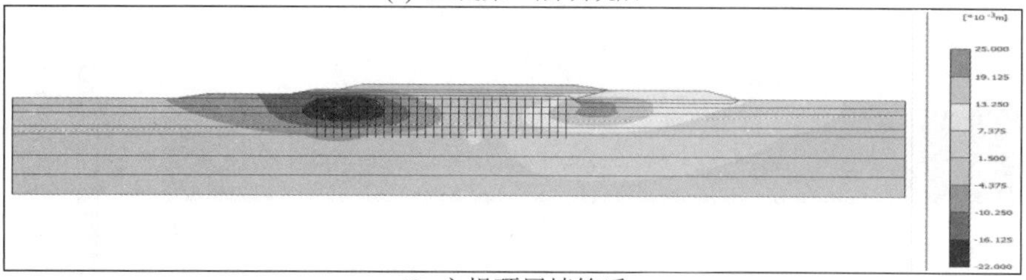

(f) 主堤顶层填筑后

图 8.3　陆上部分围堰路堤施工过程水平位移云图

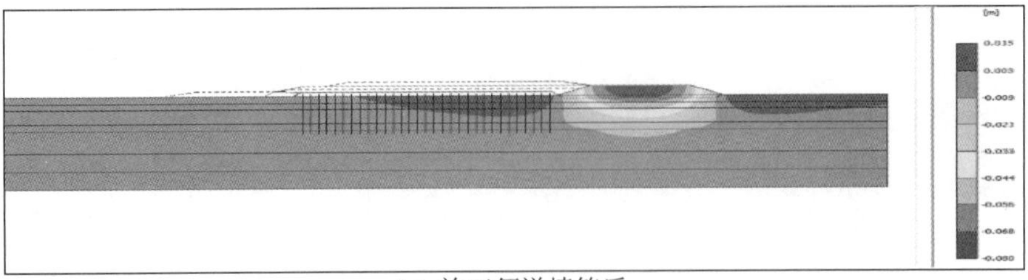

(a) 施工便道填筑后

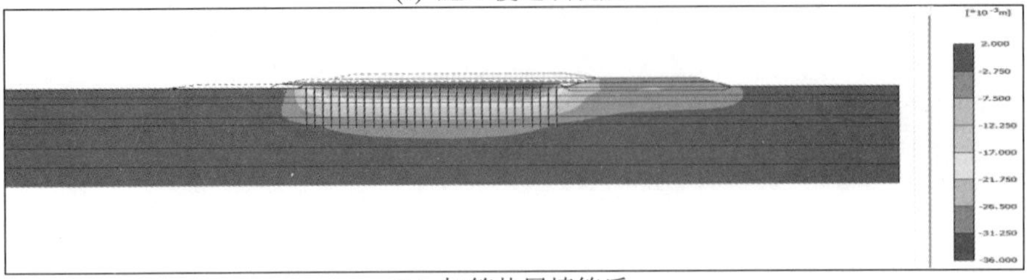

(b) 加筋垫层填筑后

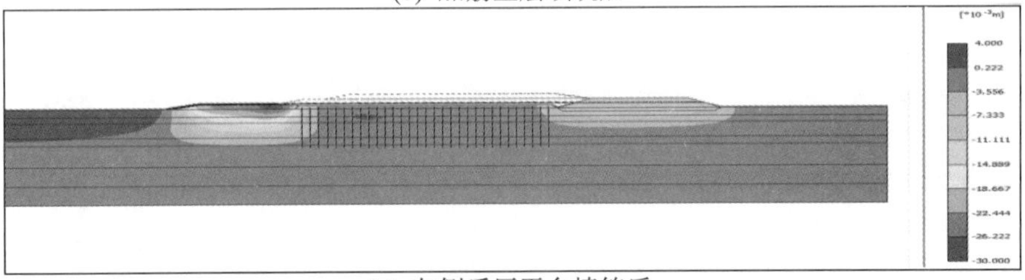

(c) 左侧反压平台填筑后

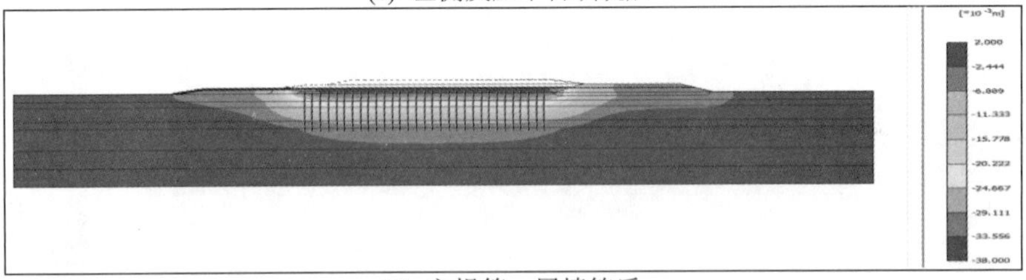

(d) 主堤第一层填筑后

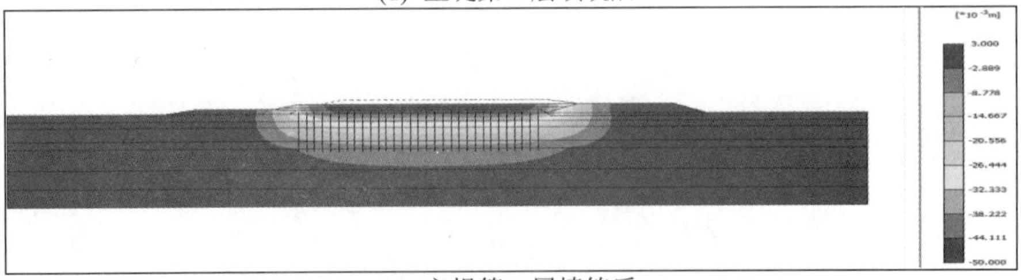

(e) 主堤第二层填筑后

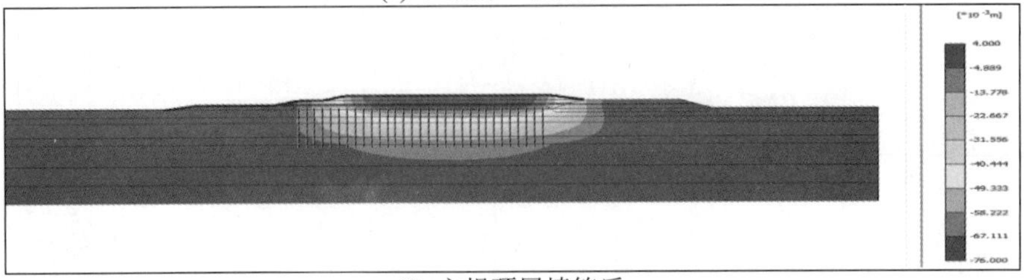

(f) 主堤顶层填筑后

图 8.4 陆上部分围堰路堤施工过程沉降云图

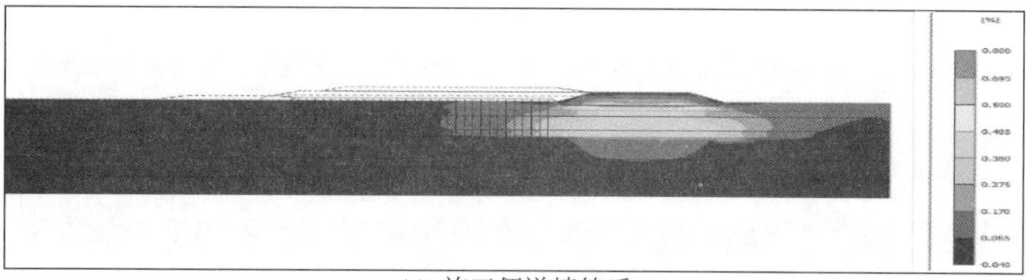

(a) 施工便道填筑后

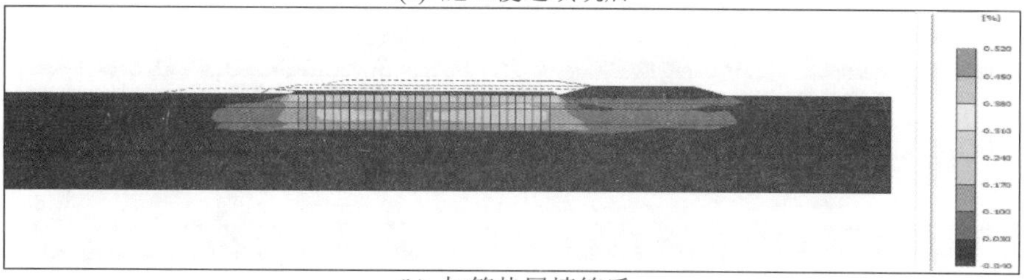

(b) 加筋垫层填筑后

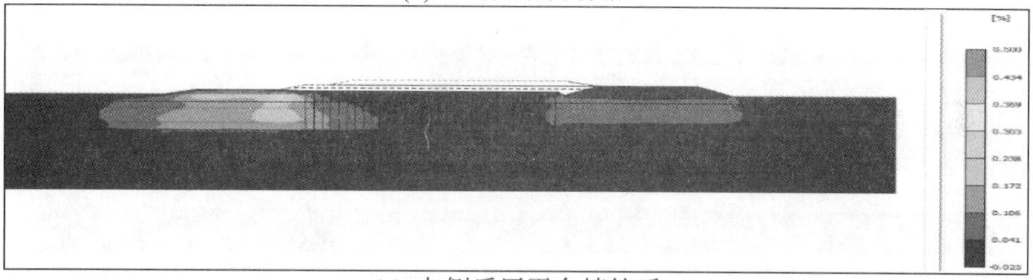

(c) 左侧反压平台填筑后

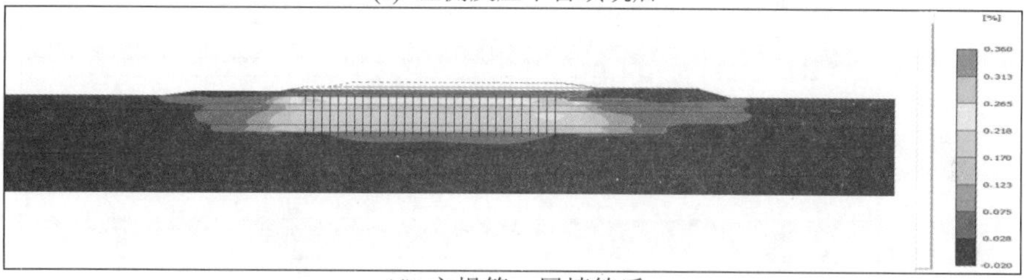

(d) 主堤第一层填筑后

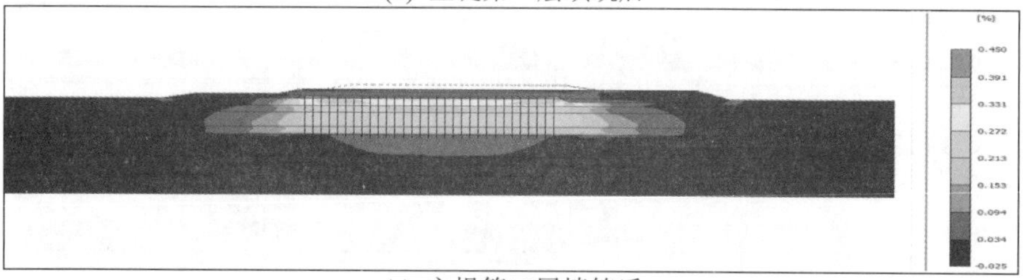

(e) 主堤第二层填筑后

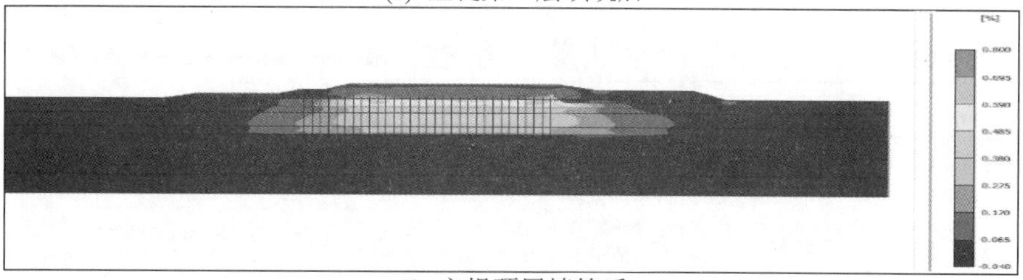

(f) 主堤顶层填筑后

图 8.5　陆上部分围堰路堤施工过程剪应变云图

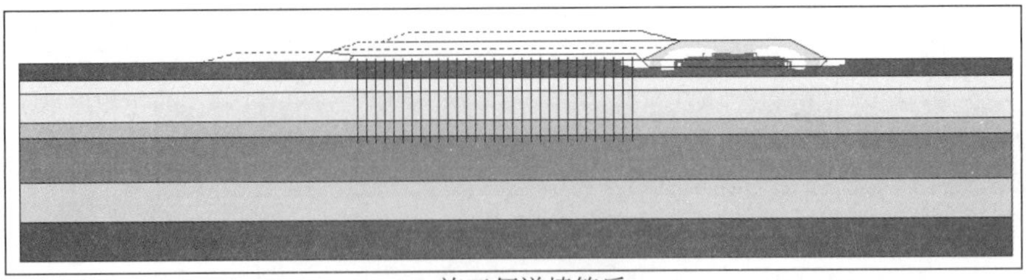

(a) 施工便道填筑后

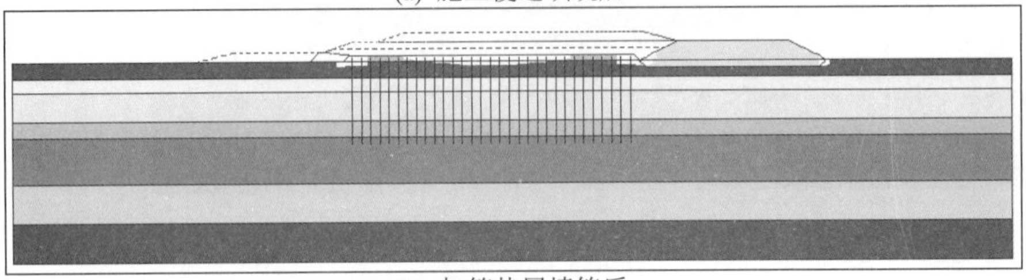

(b) 加筋垫层填筑后

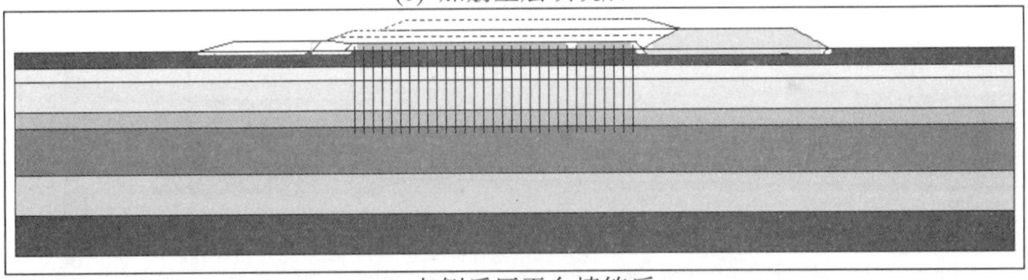

(c) 左侧反压平台填筑后

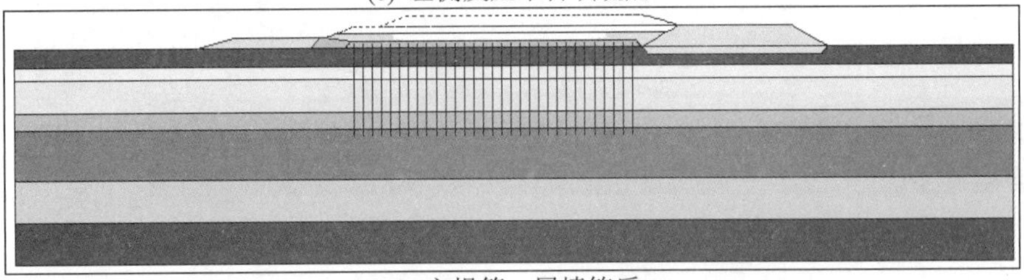

(d) 主堤第一层填筑后

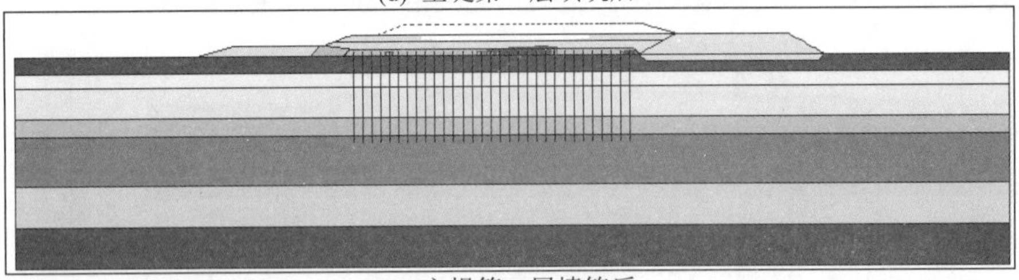

(e) 主堤第二层填筑后

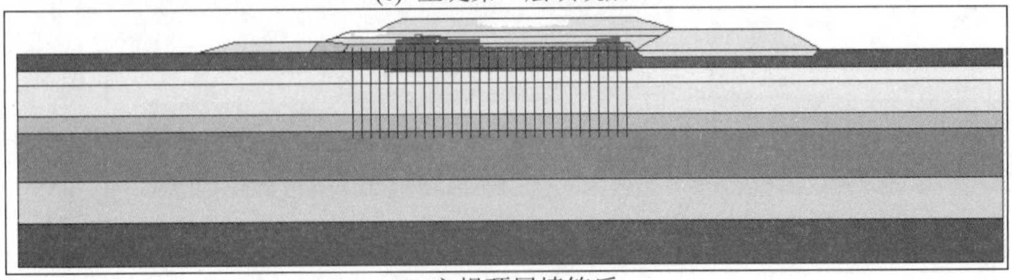

(f) 主堤顶层填筑后

图 8.6　陆上部分围堰路堤施工过程塑性区分布图

② 各层土方填筑后产生的水平位移基本对称分布在填筑区域两端，最大水平位移发生在基底的淤泥层和淤泥质粉质黏土层。各施工步中，施工便道填筑完成后产生的水平位移值最大为 33.3 mm，路堤整体填筑完成后产生的水平位移为 23.9 mm。

③ 剪应变集中发生在路堤基底位置，基本呈均匀线形分布，由于加筋垫层和回填砂砾土力学参数的差异，最大剪应变发生在碎石垫层与施工便道交界处位置，路堤填筑完成后最大剪应变为 0.79%。

④ 从各塑性点分布的情况可以看出，在路基填筑高度不大的情况下，土体中塑性点很少，拉伸截断点(白色区域)主要分布在填筑土层上部。随着填筑高度的逐步增加，塑性区域从基层填土区域逐渐向下延伸，集中在碎石垫层及淤泥土层。路基顶部及边坡部分在沉降变形影响下出现塑性区。

依托工程场地为软土地基，同时地下水位较高，在这种情况下修筑路基将导致孔隙水压力迅速增加。为了路基施工的安全，必须采用中期固结以保证土体在超静水压消散后获得必要的抗剪强度。分析中考虑超静孔隙水压力降低到最小值(分析中一般取 1 kN/m^2)作为土体完成固结的标志。在此基础上，得到围堰路堤施工完成后整体的应力应变情况，如图 8.7 所示(矢量图为路堤基底截面)。

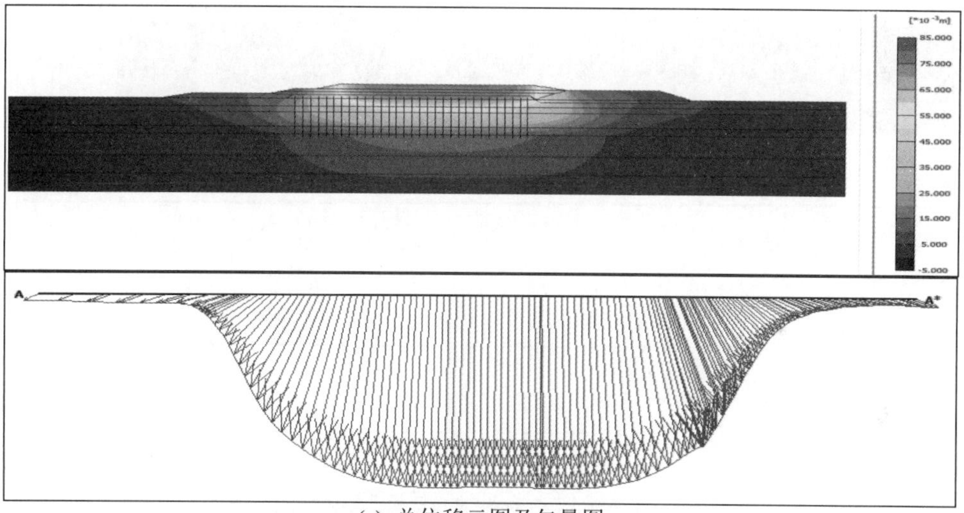

(a) 总位移云图及矢量图

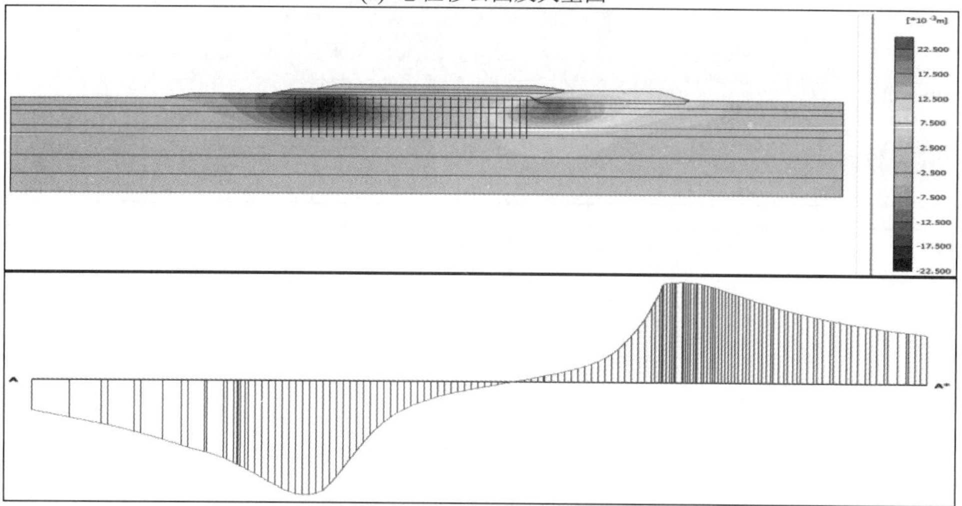

(b) 水平位移云图及矢量图

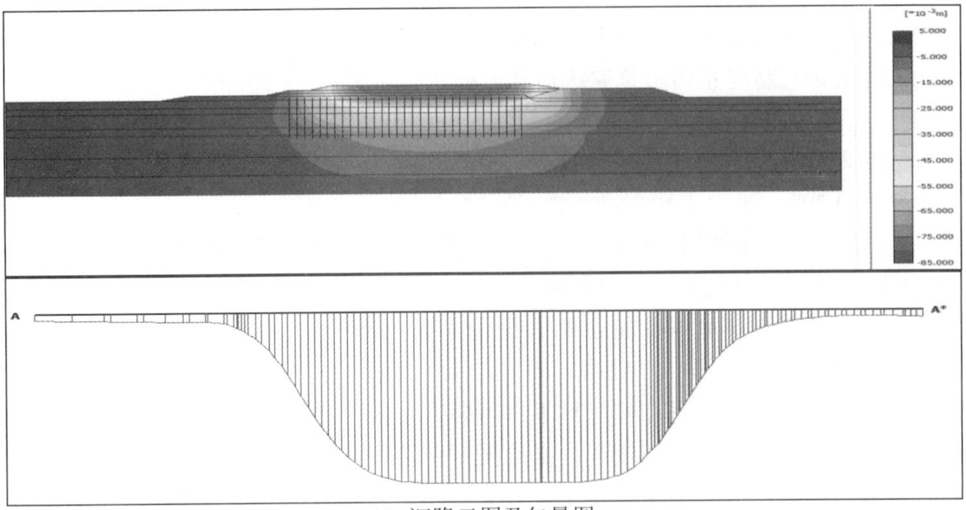

(c) 沉降云图及矢量图

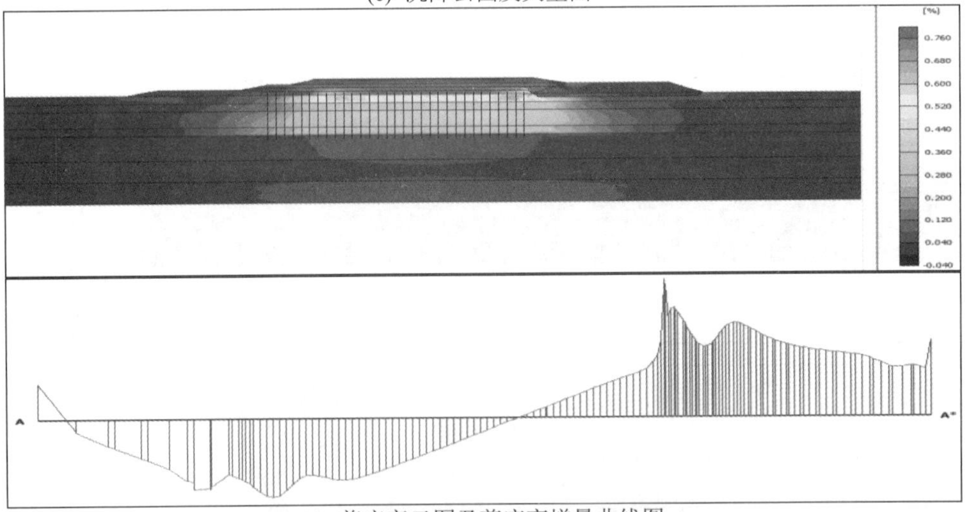

(d) 剪应变云图及剪应变增量曲线图

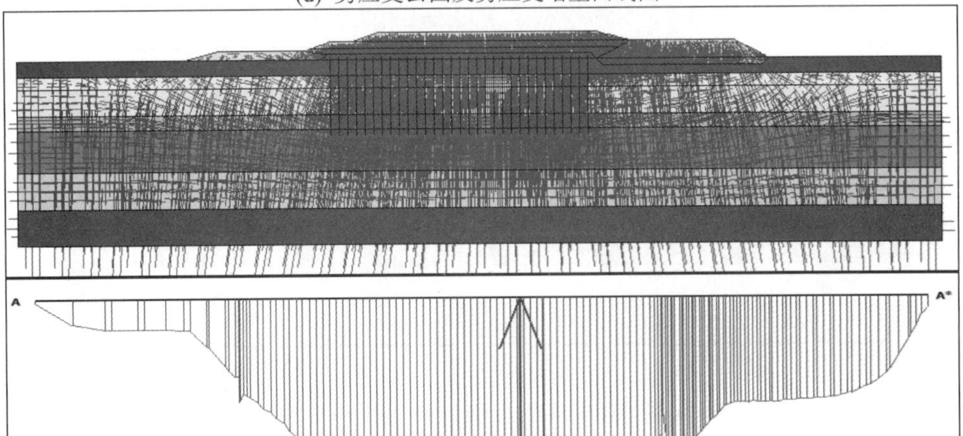

(e) 有效应力示意图及有效应力矢量图

图 8.7　路堤土体固结完成后位移、应力应变示意图

通过比较图 8.7 与图 8.2 和图 8.3 可以看出，考虑长期固结的情况下与围堰路堤整体施工完成 90 d 预压期后土体的应力应变情况基本一致，说明由于排水固结的作用，围堰路堤整体施工预压期结束后土体已基本达到稳定，土体中的孔隙水压力基本消散，路堤基底的有效应力与考虑长期固结情况的数值基本相同。最大有效应力为 69.02 kN/m^2。

从矢量图可以看出，路堤基础位移及应变在主堤填筑范围内线形均匀分布，在施工便道而成的反压平台地基部分有集中现象发生，但整体呈均匀、平滑之势，说明路堤填筑是能够满足设计施工要求的。

8.3.2　滩涂部分围堰路堤施工数值模拟分析

① 对于滩涂部分围堰路堤的施工，其结构形式为混合式结构，左侧围区侧设置施工便道，堤顶临海侧设防浪墙，防浪挡墙基础采用振动沉管砂石桩进行加固。

② 主路堤范围内基础采用塑料排水板+加筋垫层的方式进行加固处理，堤身 3.50 m 以下抛填开山石，3.50 m 以上采用宕渣回填。

③ 外坡堤前设大块石反压平台，堤脚设浆砌块石镇脚。内坡设黏土闭气，坡脚设抛石子堤。

依据工程施工流程，数值模拟分析中主要考虑了以下施工步骤：

施工便道填筑→排水设施及沉管砂石桩施工→加筋垫层铺设→抛填开山石及抛理子堤→挡墙施工及主堤填筑→闭气土回填。

施工便道填筑采用土工格栅+抛填开山石的方式，预计沉降到原基础底面 2 m 处。

模拟分析结果表明：各施工步水平位移发生区域基本在填筑区域两侧基底软土中对称分布，各阶段产生最大水平位移值分别为 80.0，11.6，21.3，68.6，13.9，4.0 mm，即施工便道和主路堤回填时抛石挤淤所产生的水平位移较大，需在施工中及时进行控制。

在考虑长期固结的情况下，由于桩与软土地基的相互作用以及闭气土的性质，水平位移区域主要分布在闭气土层和碎石桩侧土区域。

8.4　地基处理措施影响分析

依托工程基础为滨海相软土地基，施工中采取了多种软土地基的处理措施。

对不同处理措施的作用影响进行数值模拟分析，通过与上节中模拟分析结果相对比，研究各种地基加固措施的作用影响。

分析主要针对塑料排水板排水作用对工程施工的影响，土工布、土工格栅+碎石垫层形成的加筋垫层对地基处理的影响作用，以及反压护道的设置对施工过程中基础的影响等三个方面展开。本部分内容采用陆上围堰路堤部分模型进行模拟分析。

8.4.1　塑料排水板影响分析

分析考虑在同样的施工步骤下不设置塑料排水板，仅通过路堤填筑的自重来进行预压固结。施工完成后分析结果如图 8.18 至图 8.15 所示。

分析表明，设置塑料排水板的情况下，路基两侧拱起突出现象得到改善，基底应力情况由分散不均匀变成均匀线性分布，路基的不均匀沉降现象有很大改善，基底的应变及变形曲线明显均匀、平滑。选取路堤中部基底淤泥层中一点绘制该点的超静孔隙水压力-时间图表，如图 8.16 所示。

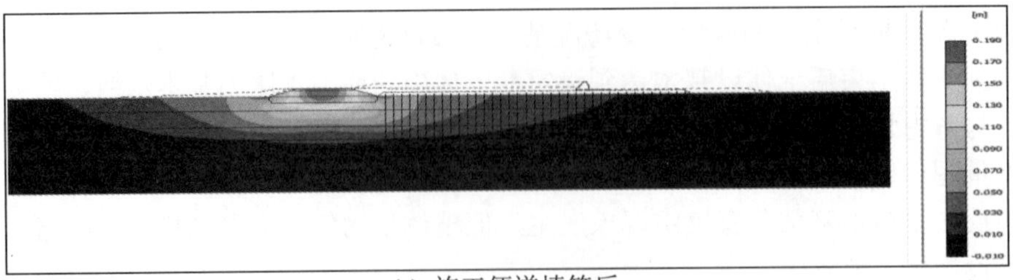

(a) 施工便道填筑后

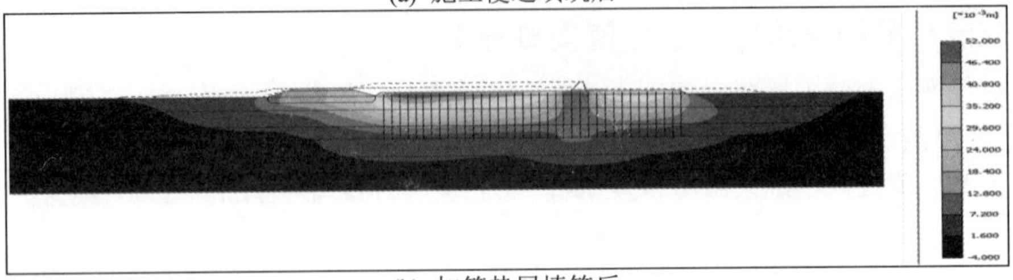

(b) 加筋垫层填筑后

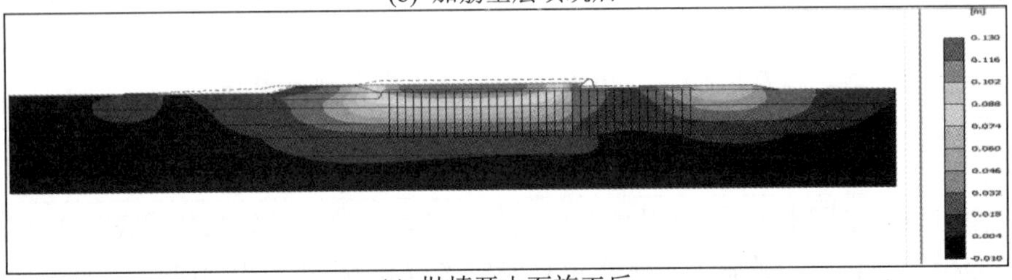

(c) 抛填开山石施工后

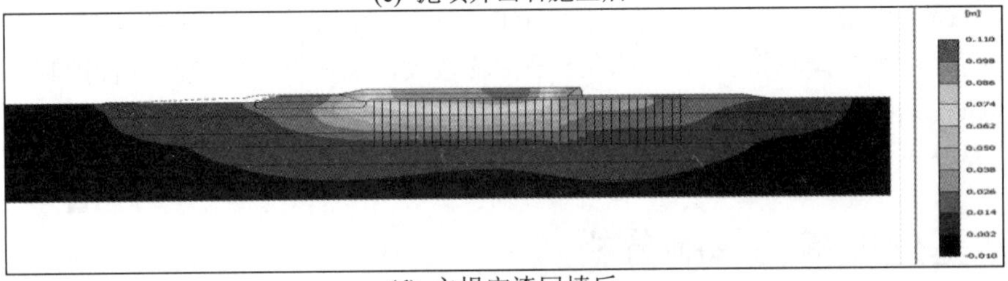

(d) 主堤宕渣回填后

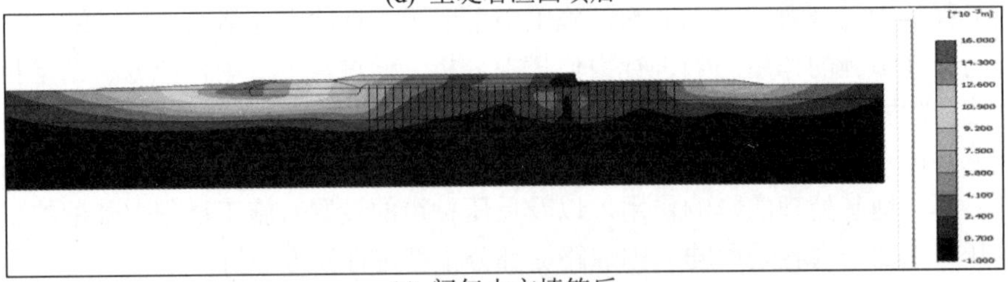

(e) 闭气土方填筑后

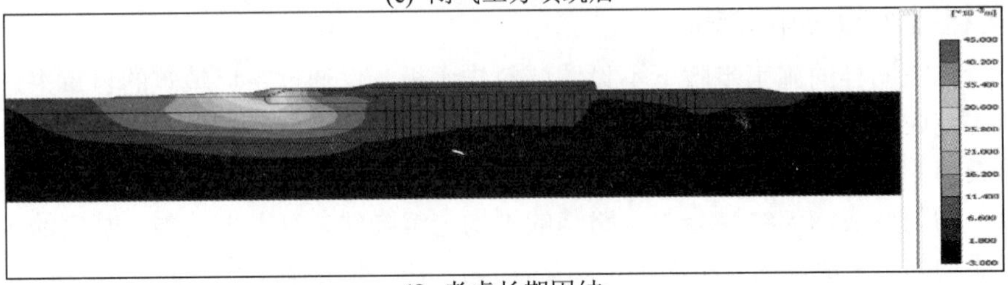

(f) 考虑长期固结

图 8.8　滩涂部分围堰路堤施工过程总位移云图

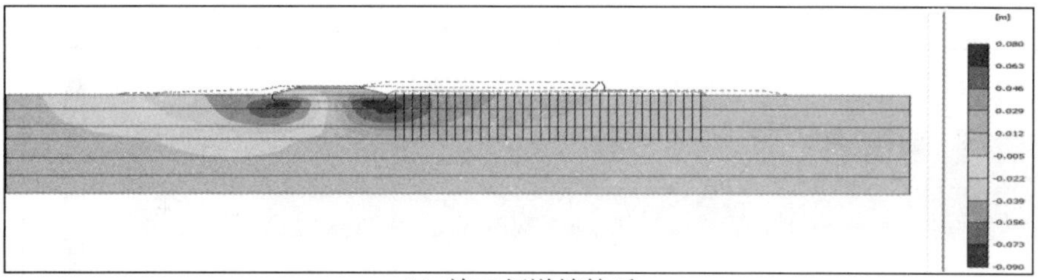

(a) 施工便道填筑后

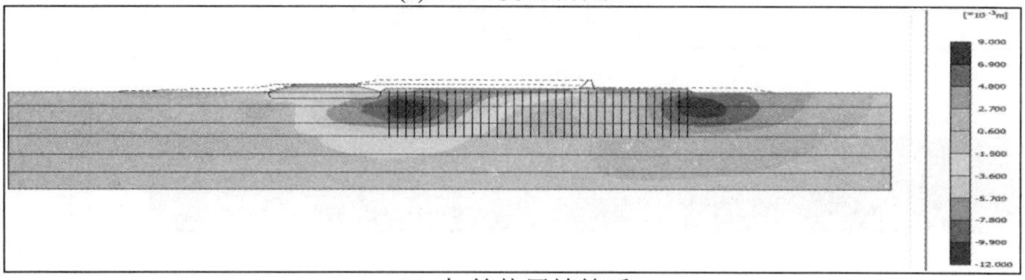

(b) 加筋垫层填筑后

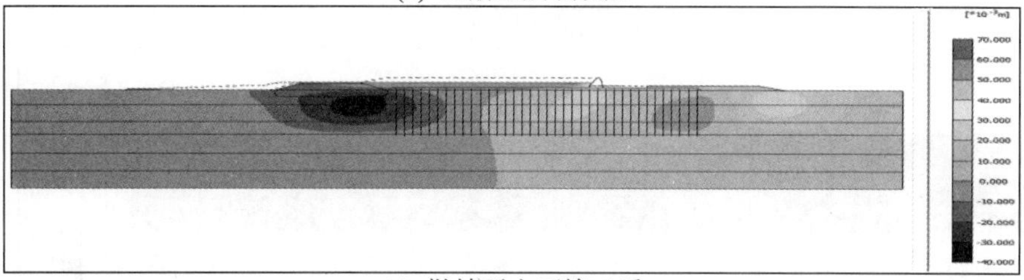

(c) 抛填开山石施工后

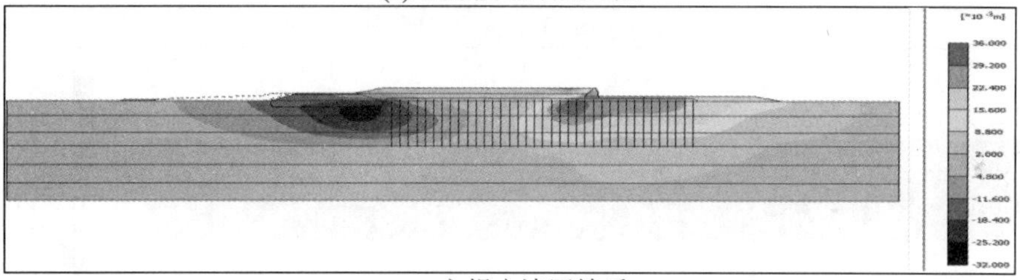

(d) 主堤宕渣回填后

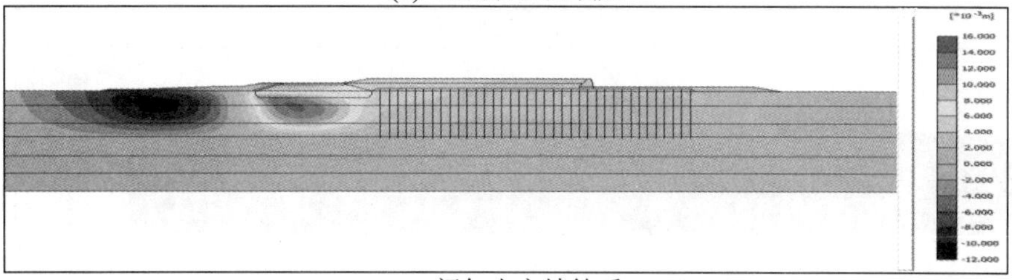

(e) 闭气土方填筑后

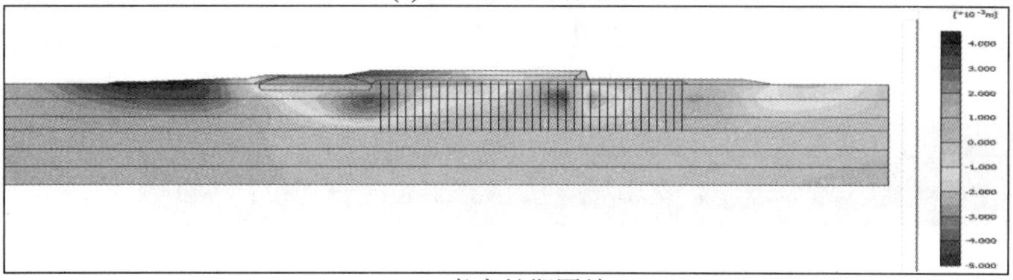

(f) 考虑长期固结

图 8.9　滩涂部分围堰路堤施工过程水平位移云图

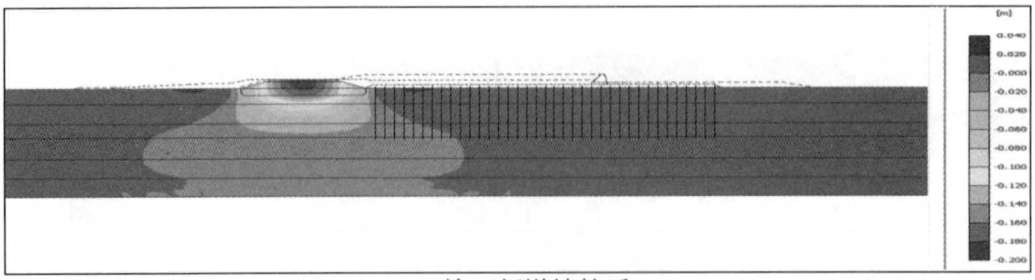

(a) 施工便道填筑后

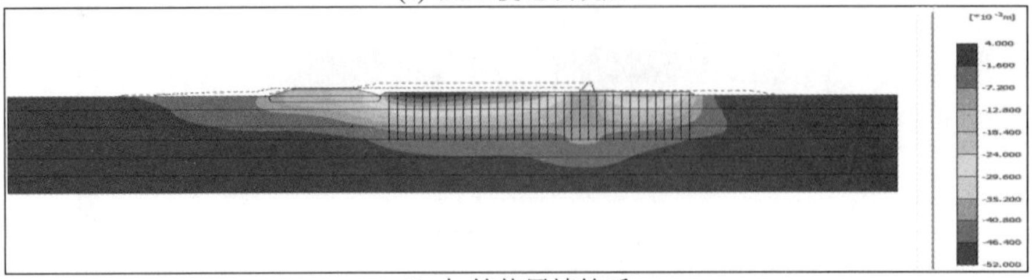

(b) 加筋垫层填筑后

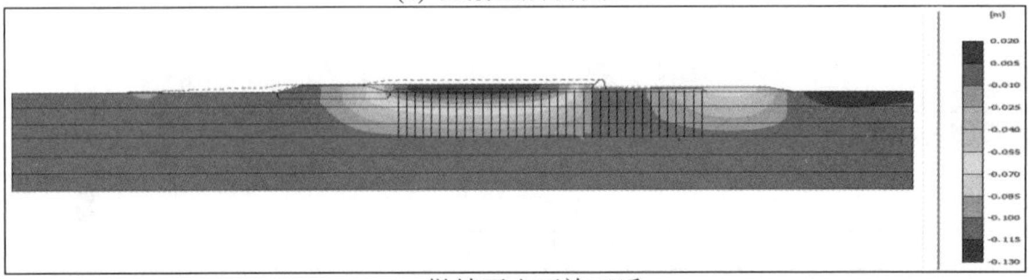

(c) 抛填开山石施工后

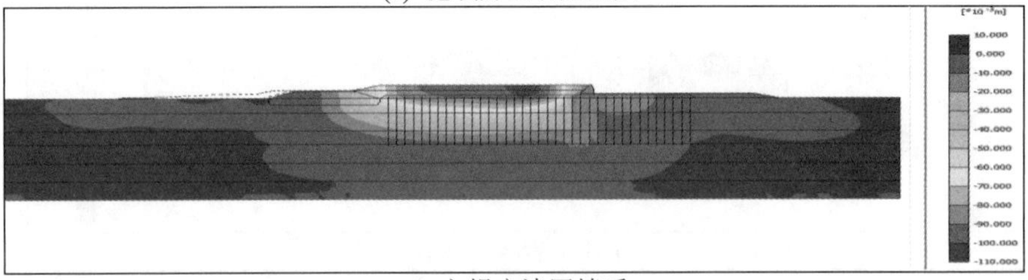

(d) 主堤宕渣回填后

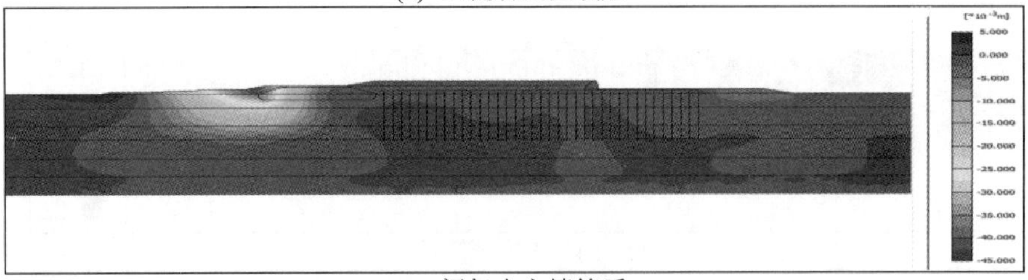

(e) 闭气土方填筑后

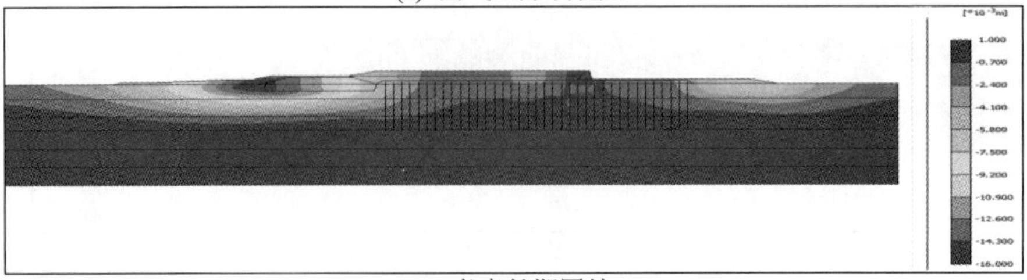

(f) 考虑长期固结

图 8.10　滩涂部分围堰路堤施工过程沉降云图

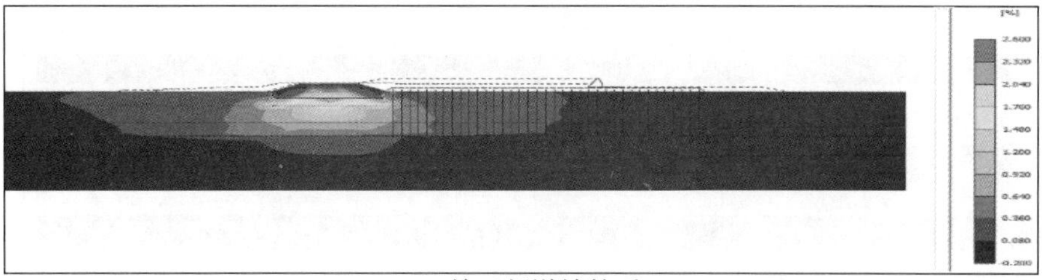

(a) 施工便道填筑后

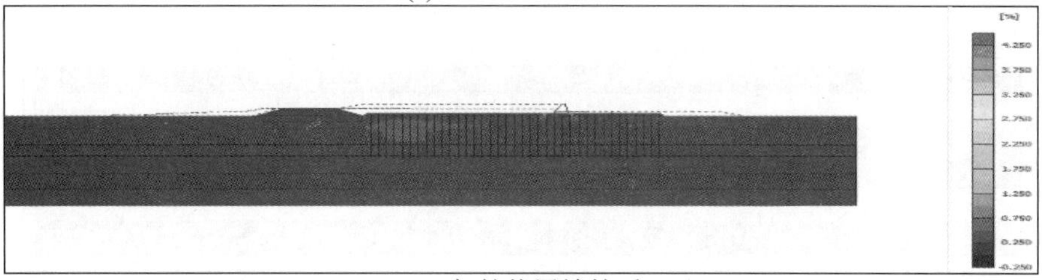

(b) 加筋垫层填筑后

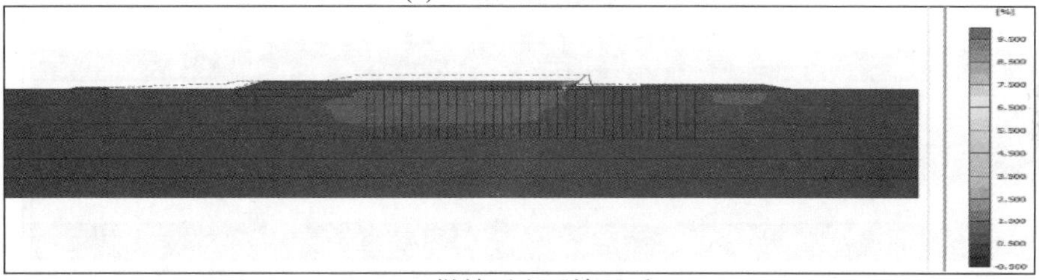

(c) 抛填开山石施工后

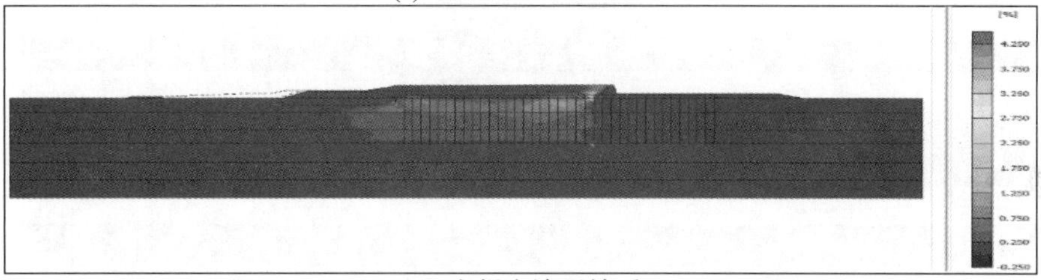

(d) 主堤宕渣回填后

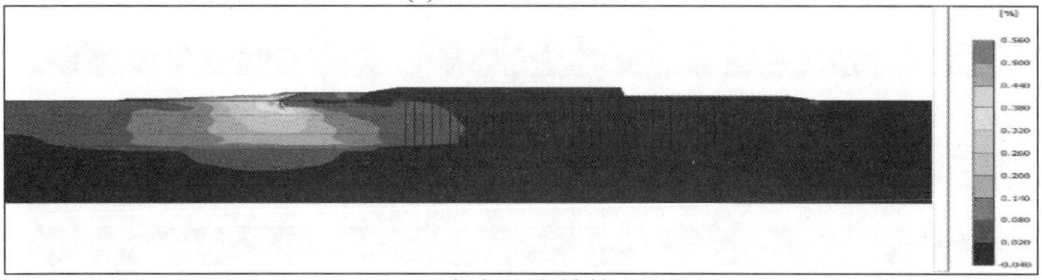

(e) 闭气土方填筑后

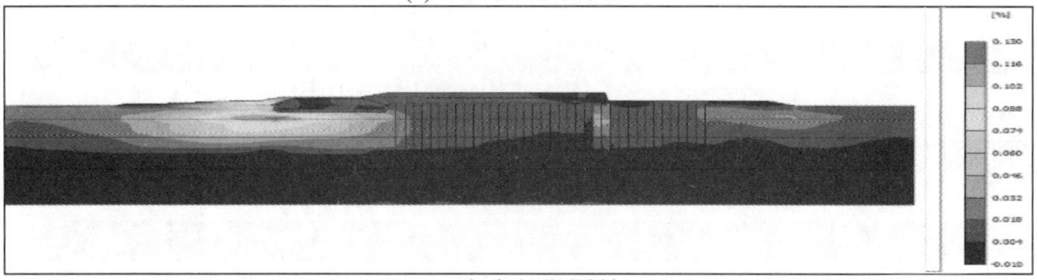

(f) 考虑长期固结

图 8.11　滩涂部分围堰路堤施工过程剪应变云图

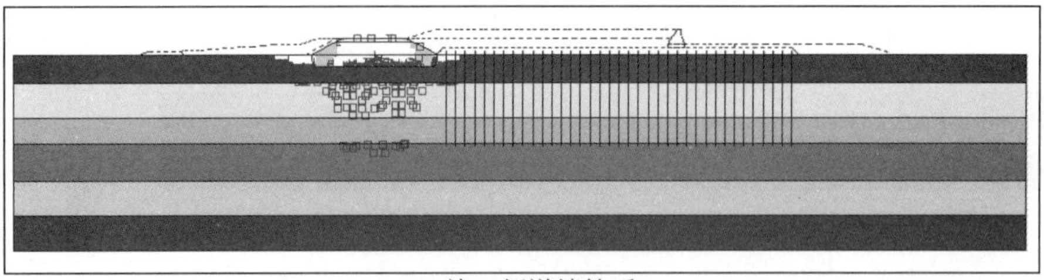

(a) 施工便道填筑后

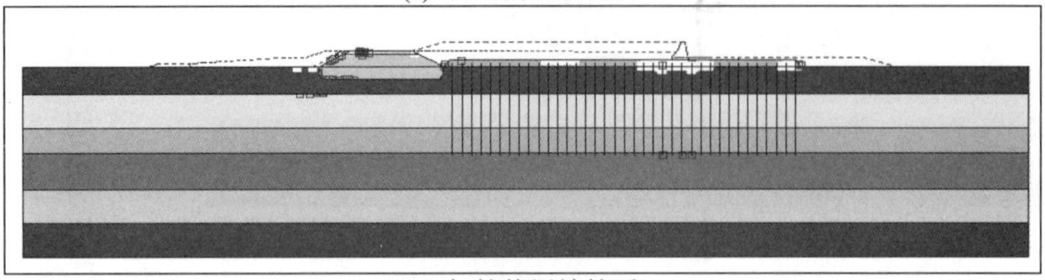

(b) 加筋垫层填筑后

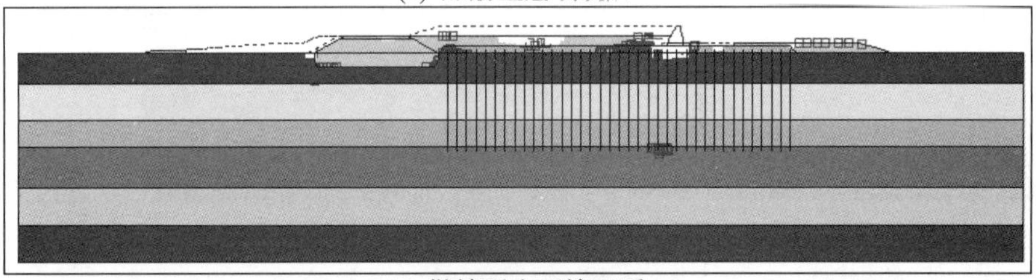

(c) 抛填开山石施工后

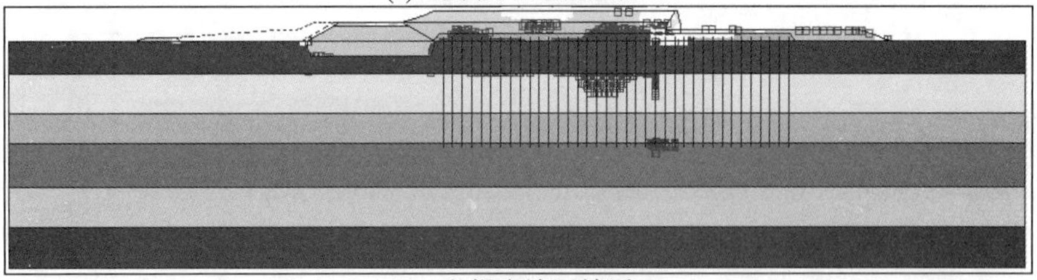

(d) 主堤宕渣回填后

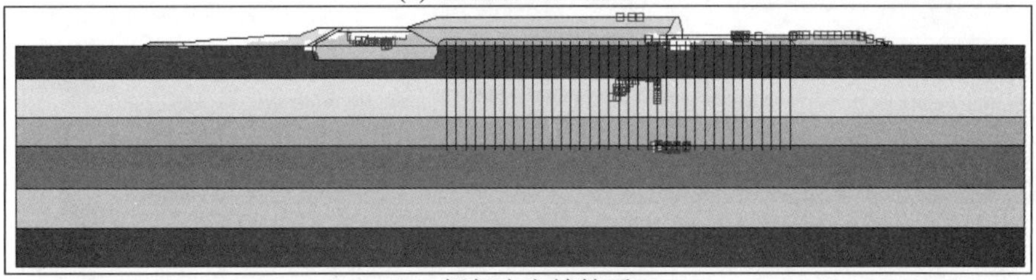

(e) 闭气土方填筑后

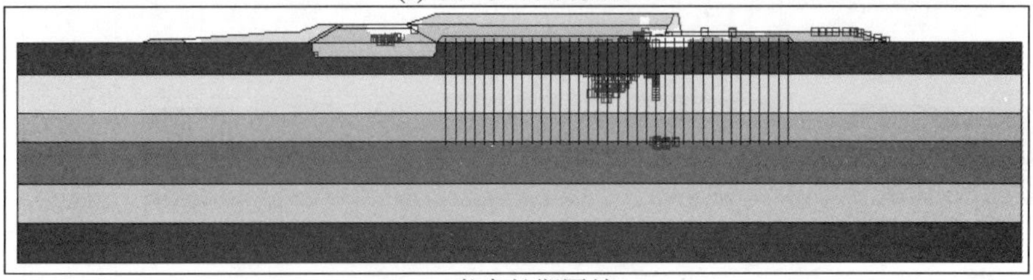

(f) 考虑长期固结

图 8.12 滩涂部分围堰路堤施工过程塑性区分布图

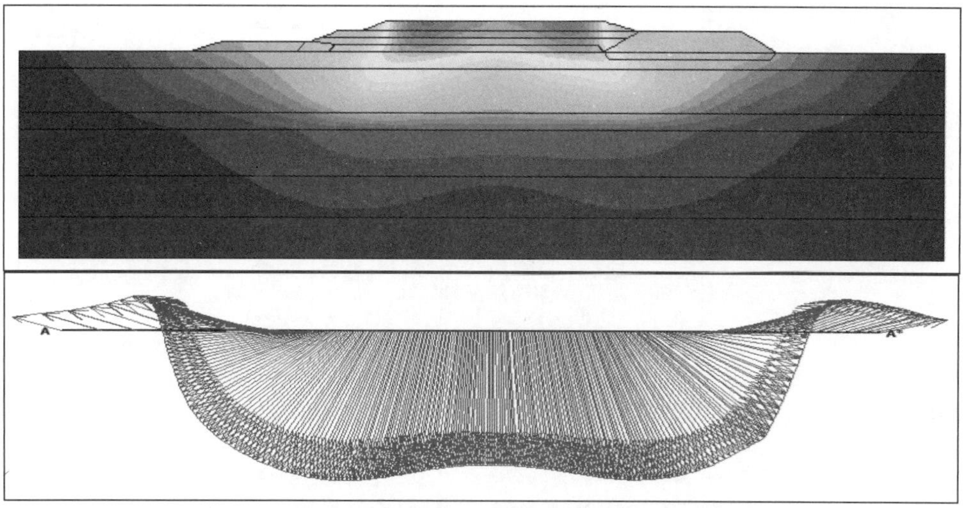

图 8.13　无排水板施工完成后总位移云图及基底总位移矢量图

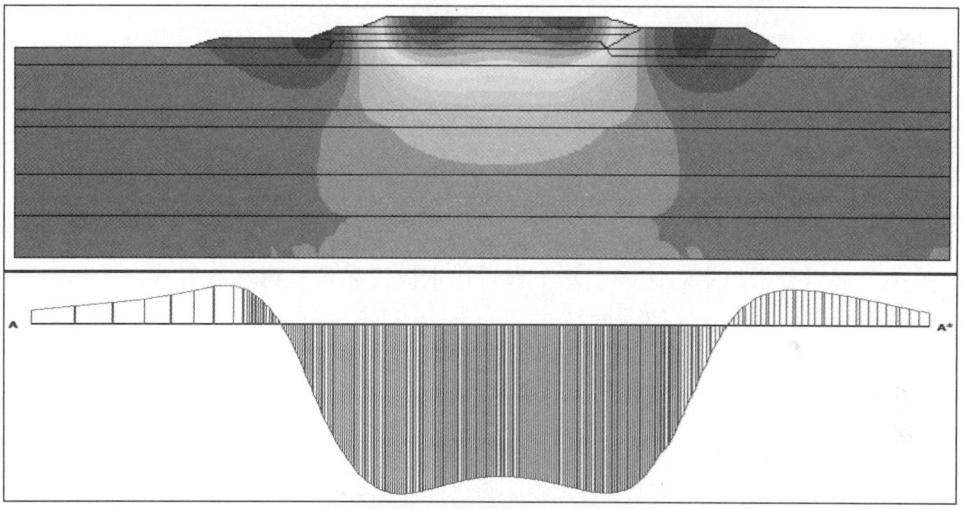

图 8.14　无排水板施工完成后沉降云图及基底沉降矢量图

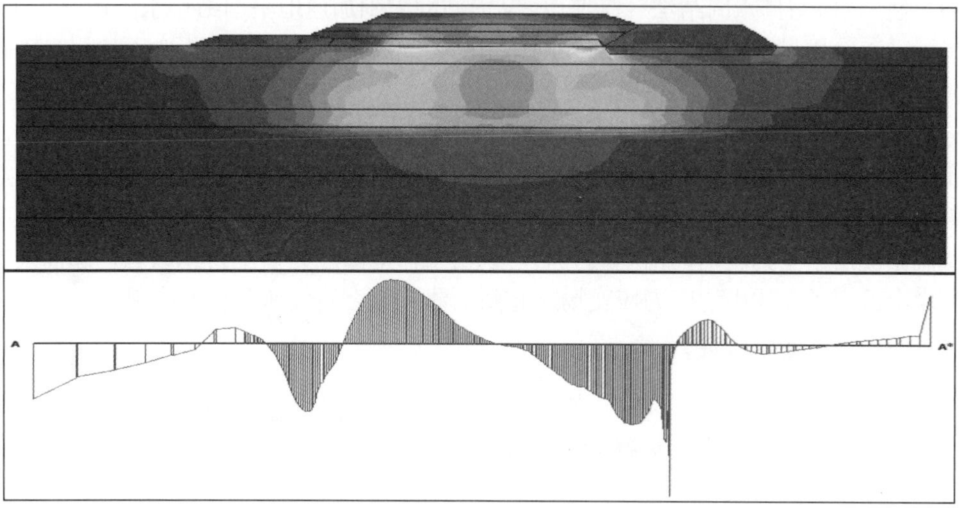

图 8.15　无排水板施工完成后剪应变云图及基底剪应变增量矢量图

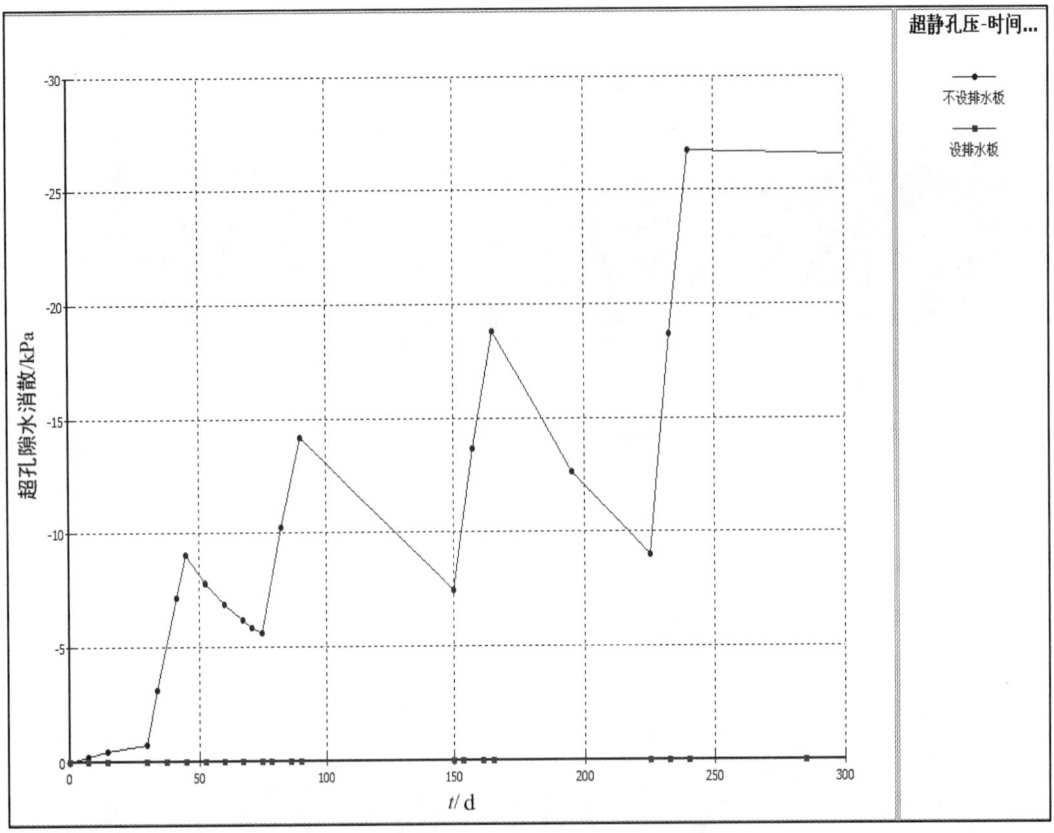

图 8.16　基底中部超静孔压-时间关系图

与图 8.7 显示分析结果对比表明，不设置排水板仅靠预压排水的方式，土体中的孔隙水压力消散很慢，难以有效地快速固结。

塑料排水板作用下，形成了有效的排水通道，快速降低了周围土体中超静水压力，基底的超静孔压基本为零，从而加速了土体的固结。

8.4.2　加筋垫层影响分析

在本工程施工中，采用土工布及土工格栅碎石垫层的加筋垫层形式来加固路堤地基的整体稳定性，同时与排水固结法一起使用，从而共同起到加速地基固结排水的作用。因此，分析考虑土工合成材料和碎石垫层的共同作用对路堤施工的影响。分析中不适用土工合成材料，碎石垫层部分改为直接填筑路堤。

分析结果如图 8.17 至图 8.19 所示。分析结果表明，加筋垫层的设置对路基的最终沉降影响不大，但剪应变由非均匀化转变为均匀化、分散化，沉降及应变增量曲线趋向平滑，且峰值减小。从塑性区分布图可以看出，设置加筋垫层后，剪切破坏区域从分区域集中分布在基底淤泥层中变为较均匀沿基底分布，说明土体中的应力情况得到改善，加筋垫层在一定程度上改变了土体中的应力应变场，起到土体中应力的传递及扩散作用。

8.4.3　反压平台影响分析

在滨海相软土地基上修建堤防等建筑物常会出现由于地基承载力不足而导致的路基两边隆起的破坏现象，反压平台是解决这种问题的常用措施之一。反压平台是指在土堤和土坡侧面延伸堆筑的利用其重量产生的抵抗力矩增加堤坡整体稳定性的有一定宽度和高度的土、石台体，在围堰工程中也是常用的结构形式。

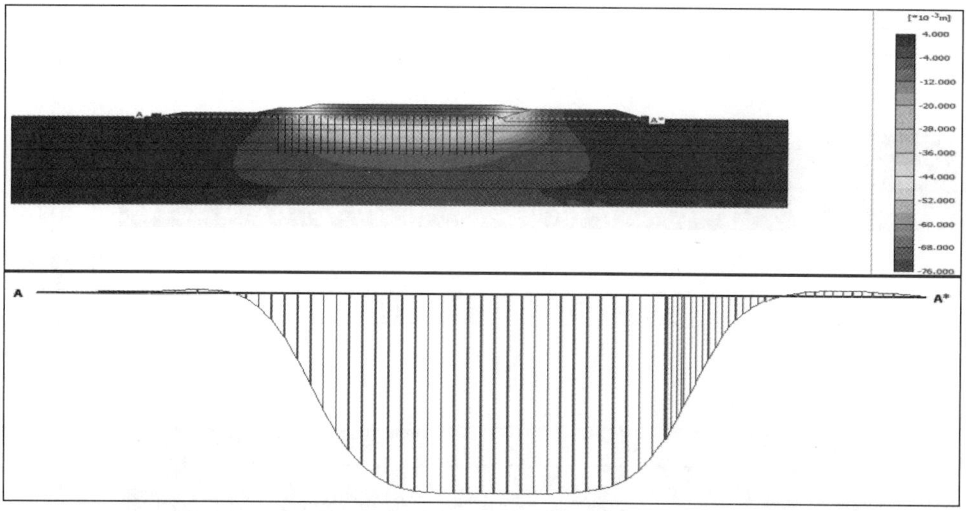

图 8.17　无加筋垫层施工完成后沉降云图及基底沉降矢量图

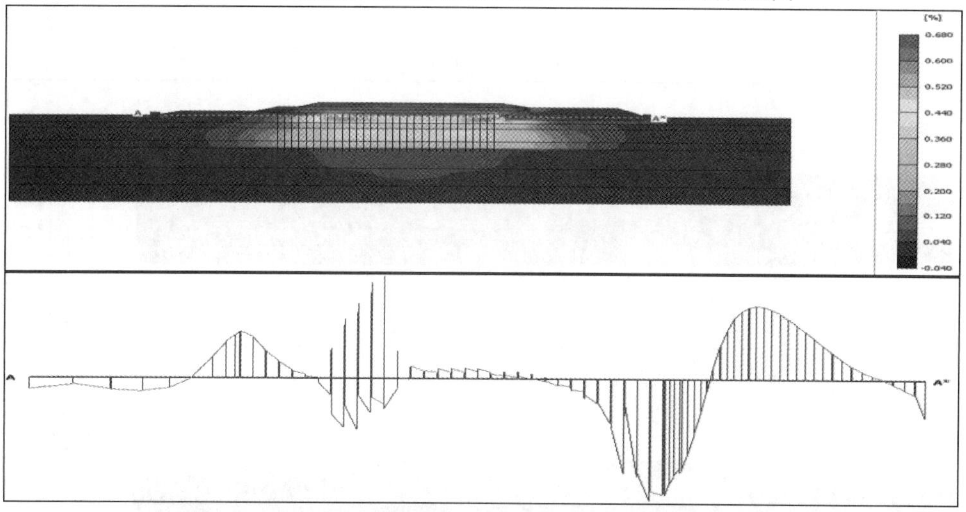

图 8.18　无加筋垫层施工完成后沉降云图及基底沉降矢量图

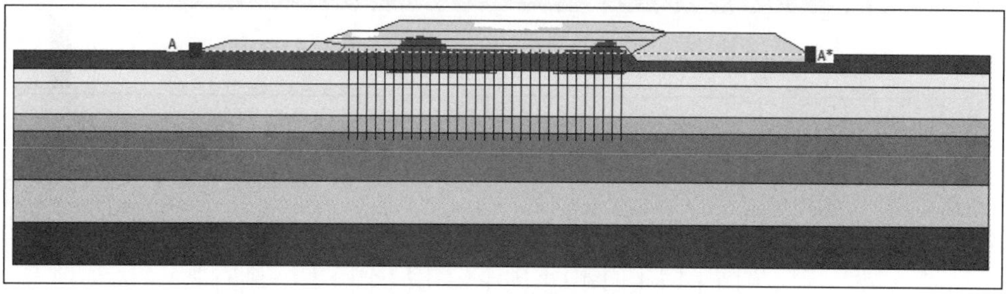

图 8.19　无加筋垫层施工完成后塑性区分布图

分析考虑在同样的施工步骤下两侧均不设置反压平台，此时分析结果如图 8.20 至图 8.22 所示。

施工步骤为：加筋垫层及排水板铺设→第一层填筑→第二层填筑→顶层填筑。

分析结果通过与图 8.7 对比可以看出，在路堤两侧设置反压护道以后，可以改善地基内土体受剪的应力状态，使得原来可能出现的塑性剪切破坏带发生转移，并且使地基土可能出现的塑性挤出和两侧地面的隆起得到平衡，从而保证堤坝的稳定。

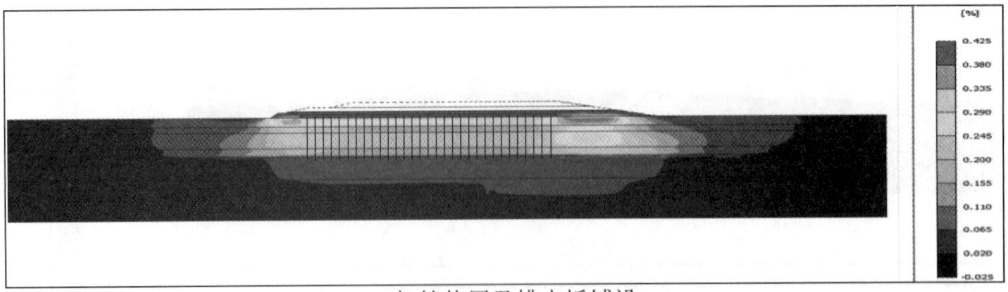

(a) 加筋垫层及排水板铺设

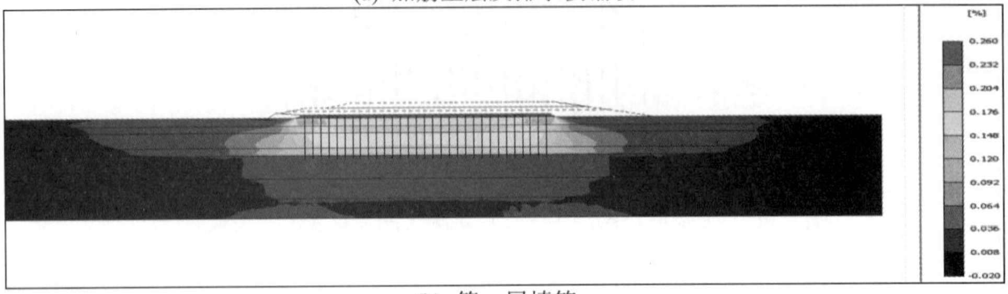

(b) 第一层填筑

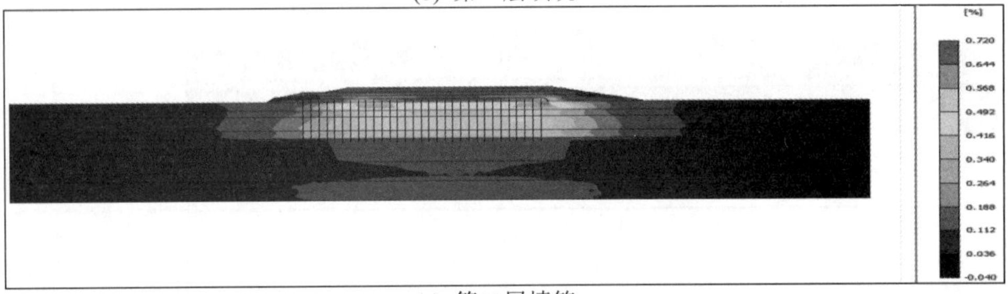

(c) 第二层填筑

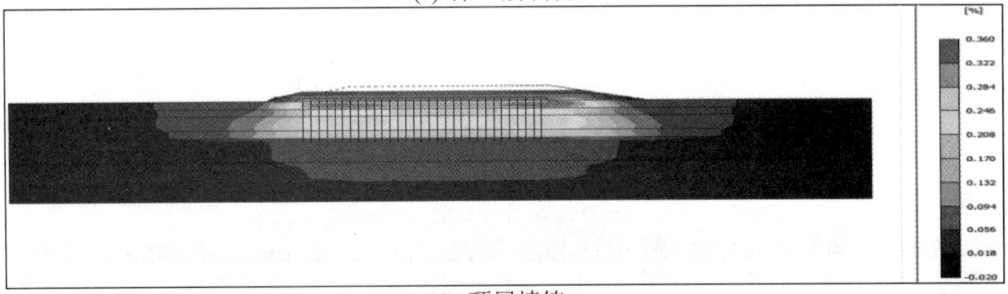

(d) 顶层填筑

图 8.20 不设反压平台各施工步剪应变云图

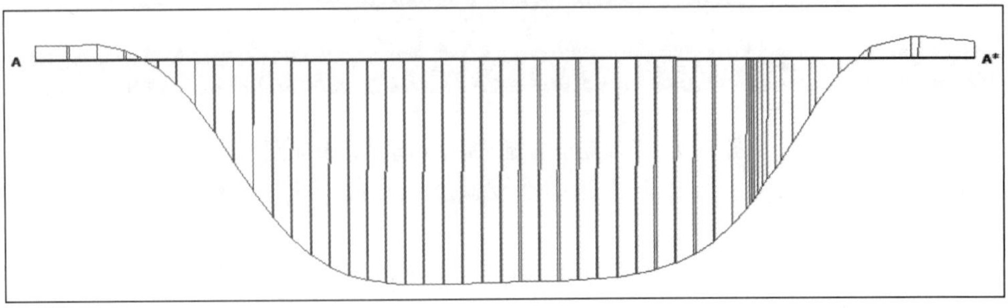

图 8.21 不设反压平台施工完成后路基地面沉降矢量图

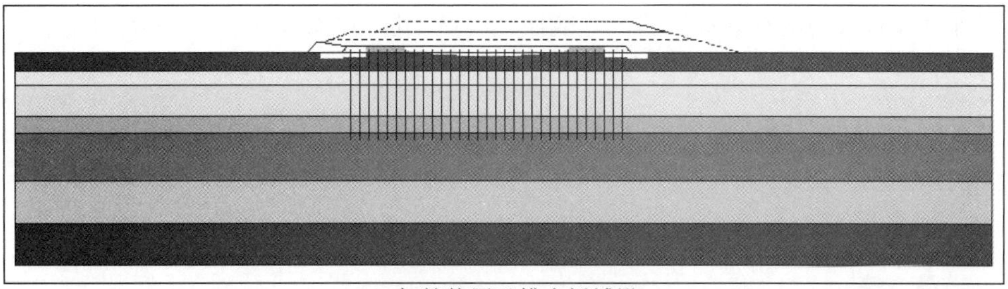

(a) 加筋垫层及排水板铺设

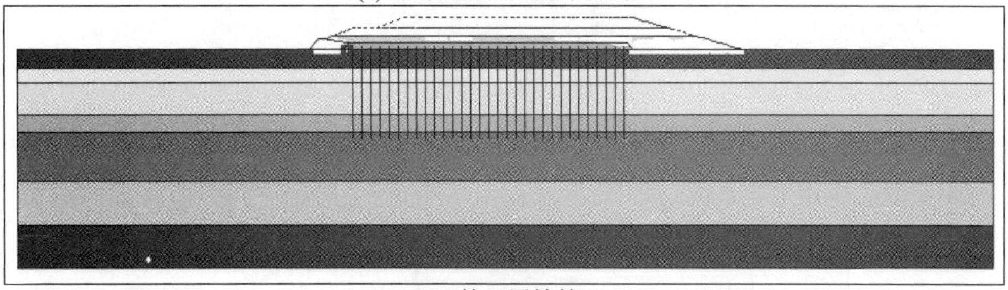

(b) 第一层填筑

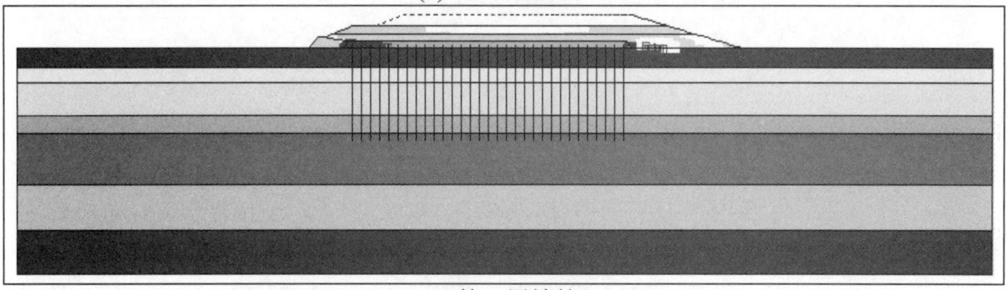

(c) 第二层填筑

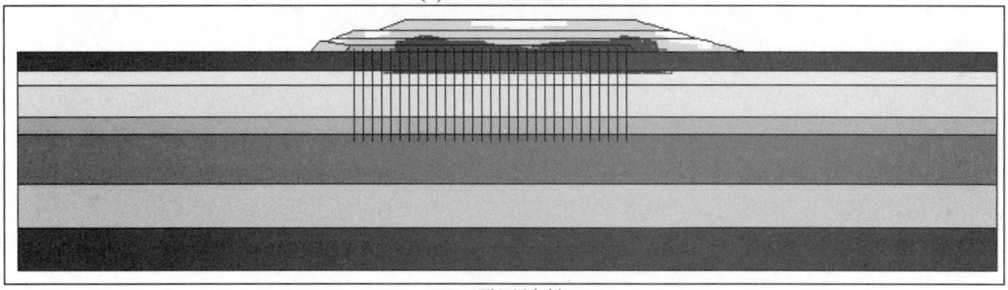

(d) 顶层填筑

图 8.22　不设反压平台各施工步塑性区分布图

综上所述，有限元法是一种用简单问题代替复杂问题求解后还原的方法，具有简单实用的优点，同时计算精度也能得到一定的保障，所以目前已经成为广泛应用的工程计算分析措施。从数值模拟的分析结果来看：

首先，海堤围堰施工区域的软土地基采用塑料排水板能够很好地改善土体中超静孔压的消散情况，从而加速路基的固结，保证工程的顺利施工及围堰的稳定性。

其次，土工布、土工格栅等合成材料在海堤工程中的应用越来越广泛，分析中对其进行添加考虑，结果表明土工合成材料能够起到较明显的增强路基土体稳定性的作用。

再次，反压平台的设置是路堤施工中经常采取的一种保证路堤稳定性的措施，分析表明，在海堤围堰施工中同样可以起到很好的稳定作用。

围垦工程中海堤围堰的施工首先要解决的就是软土地基的处理问题。

需要从围堰地基处理技术角度展开深入研究，选择适合海堤围堰的施工技术和设备，从而保证合理有效的地基处理措施，才能保证围垦工程中海堤围堰基础的顺利安全施工。

第9章　浅海斜坡路堤动力响应特性分析

围海堤是滩涂围垦工程的重要组成部分，围海堤边坡稳定是建设与管理中需要重点解决的问题之一。沿海地区地基均为软土，具有承载力低、变形大的特点，围海堤在自重和水压力等荷载作用下容易发生局部或整体失稳，因此围海堤的边坡稳定是工程中的重要环节。基于有限元数值模拟分析方法和基本理论，并通过有限元软件对依托工程中的围海堤施工过程进行了模拟分析，主要对围海堤边坡的稳定性采用有限元强度折减法进行模拟分析，同时考虑不同因素对边坡稳定的影响。

9.1　有限元强度折减法与模型建立

对于均质的、简单剖面形状的、无加固措施的天然边坡，利用已有的技术水平能够较准确地把握潜在破坏面的位置和形状，采用极限平衡法能够比较方便地确定边坡的临界破坏面和相应的稳定安全系数。但在实际中不论是天然的还是人工的边坡，其断面往往存在比较复杂的土层，边坡的形状也比较复杂。在此基础上，为保证边坡一定的稳定安全性，往往对其进行工程加固措施。对于这种复杂的边坡不可能事先确定破坏面的形状和位置，传统极限平衡法的应用受到限制，因此，目前用以分析边坡稳定问题更为适用且业已成熟的有限元法在实际工程中开始得到广泛的应用。

有限元法有着可以不受边坡几何形状不规则和材料不均匀性限制的优点，由此产生了多种计算方法。一般来讲，有限元法通过分析计算得出边坡的安全系数，以此来评价边坡的稳定性。这种方法可以分为两类：第一类是建立在滑动面应力分析基础上的边坡稳定分析方法，即滑面应力分析法，它是基于弹塑性的计算原理，首先通过有限元计算出边坡内的应力场，然后依据数学规划方法和极限平衡原理确定临界滑动面及相应的安全系数；第二类是将强度折减技术与弹塑性有限元方法相结合的边坡稳定分析方法，即强度折减法。

9.1.1　强度折减法原理

强度折减是在理想弹塑性有限元计算中将边坡岩土体抗剪切强度参数逐渐降低，直到其达到破坏状态为止，可以自动根据弹塑性计算结果得到破坏滑动面(塑性应变和位移突变的地带)，同时得到边坡的强度储备安全系数。强度折减法首先对于某一给定的强度折减系数，通过式（9-1）调整土体的强度指标 c'，φ'，其中 F_S 为强度折减系数，通过弹塑性有限元数值计算确定边坡内的应力场、应变场或位移场，并且对应力、应变或位移的某些分布特征以及有限元计算过程中的某些数学特征进行分析，不断增大折减系数，直至根据对这些特征的分析结果表明边坡已经发生失稳破坏，将此时的折减系数定义为边坡的稳定安全系数。

$$c'_r=c'/F_S，\varphi'_r=\arctan(\tan\varphi'/F_S) \tag{9-1}$$

1975 年，Zienkiewicz 等人首次在土工弹塑性有限元数值分析中提出了抗剪强度折减系数概念。之后，随着有限元计算技术的发展和提高，强度折减有限元法逐渐发展为边坡稳定分析研究的新趋势。

尽管国内外学者研究的具体内容有所差别，但是其数值分析结果均表明，有限元强度折减法能得到与刚体极限平衡法几乎接近的安全系数和临界滑动面，所以本部分内容将采用强度折减法运用数值模拟手段来确定所考虑边坡的安全系数和临界滑动面。

9.1.2 强度折减法边坡失稳依据

采用有限元强度折减法分析边坡稳定性的一个关键问题，是如何根据有限元计算结果来判别边坡是否处于破坏状态。目前的失稳判据主要有两类：第一类是在有限元计算过程中以数值计算的收敛性作为边坡失稳判据；第二类是以广义塑性应变或等效塑性应变从坡脚到坡顶贯通作为边坡破坏的标志。

在有限元计算中，所选取的破坏准则、所采用的有限元计算模型、计算单元类型、计算边界范围等多种因素可能对数值计算结果及其收敛特性产生不同程度的影响，目前也缺乏有效的方法来消除这些因素的影响。大量计算实例表明，以有限元数值计算的收敛性作为失稳判据能够满足工程要求，有限元软件采用的边坡失稳标准为非线性有限元静力计算不收敛，折减后的边坡达到不稳定状态，此时的折减系数即为边坡的稳定系数。

9.1.3 有限元模型建立

工程施工分为陆上施工和滩涂施工两部分。目前陆上部分施工基本完成，因此模拟分析选取图 9.1 中陆上部分围海堤 3-3 施工断面(桩号 K0+180)作为典型断面用于模型的建立，以通过与原位测试结果对比分析验证有限元分析的准确性。

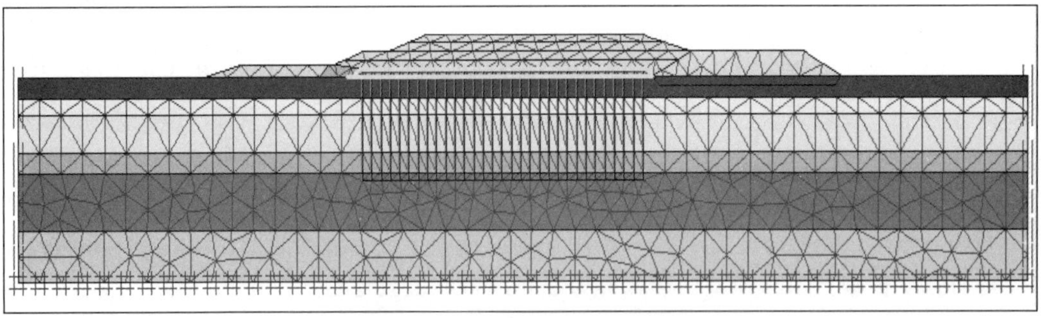

图 9.1 围海堤有限元模型示意图

采用 Mohr-Coulomb 模型来模拟分析地基土体的应力应变关系，有限元网格划分采用 15 节点单元的三角形单元。依托工程围海堤占地范围较大，路幅宽度超过 100 m。因此，在建立模型时取左右堤脚向外延伸 30 m 以考虑土体的应力及变形情况；堤身填高 5.5 m(预留沉降 50 mm)，模型取基底标高-24 m，已到达基底持力层强风化砂岩层处。渗透边界条件为：两侧为透水边界，底部砂岩为不透水边界。位移边界条件为：两侧为水平约束，竖向位移自由；底部砂岩为水平、竖向同时约束。采用排水线单元来模拟塑料排水板，默认排水板上超孔压为零，排水线间距设为 1.5 m。同时模型中采用土工格栅单元模拟土工布及土工格栅，设置碎石垫层作为水平排水通道。建立有限元模型如图 10.1 所示。

根据胶州湾产业新区工程地质勘察报告，工程场地上覆土层主要由第四系淤泥质土、黏性土、砂土组成，下伏基岩为白垩纪—第三系古新统王氏群胶州组泥质砂岩。依据《青岛综合地层表》，工程区域第四系地层自下而上大体分为三个沉积层：以中粗砂为主的第⑫层陆相沉积层、以中砂为主的第⑧层海相沉积层、以淤泥质土为主的第⑥层海相沉积层。

从基础顶面开始考虑的地基处理深度范围内，主要分为以下几个土层，需要在数值模拟分析时考虑其影响。各土层物理力学参数取值如表 9.1 所示。

表 9.1　堤基土层物理力学参数表

类别	弹性模量/kPa	泊松比	饱和容重/(kN/m³)	黏聚力/kPa	内摩擦角/(°)	渗透系数/(cm/s)
⑥-1 层淤泥	2.5×10^3	0.35	15.3	7.0	10.1	2×10^{-7}
⑥-2 层淤泥质粉质黏土	3.4×10^3	0.35	16.8	12.1	10.5	5×10^{-7}
⑥-4 层淤泥质粉质黏土	4.1×10^3	0.35	17.1	14	11.6	5×10^{-7}
⑥-5 层粉质黏土	4.3×10^3	0.35	18.3	17.9	15.3	2×10^{-6}
⑧-3 层粗砂	3.1×10^4	0.3	20.5	5	36	2.6×10^{-4}
⑫-3 层中粗砂	4.0×10^4	0.3	20	6	35	1.8×10^{-4}
⑯强风化砂岩	4.5×10^4	0.25	24	200	32	3.1×10^{-8}
碎石垫层	2.5×10^4	0.3	21	2	38	完全排水
回填砂砾土	1.5×10^4	0.3	18.8	6	32	2×10^{-1}

9.2　围海堤边坡稳定性分析

9.2.1　施工过程边坡稳定影响分析

运用有限元软件在模拟施工过程的基础上，进行强度折减计算下的边坡稳定分析。强度折减的实现方式是在计算过程中将土的强度参数(内摩擦角和黏聚力)逐步降低，使结构达到极限状态，定义此时土体所具有的强度参数值与相应于极限状态的强度参数值之比(自动搜索破坏面)为安全系数(见图 9.2)

$$\Sigma Msf = \frac{c}{c_{\text{reduced}}} = \frac{\tan\varphi}{\tan\varphi_{\text{reduced}}}$$

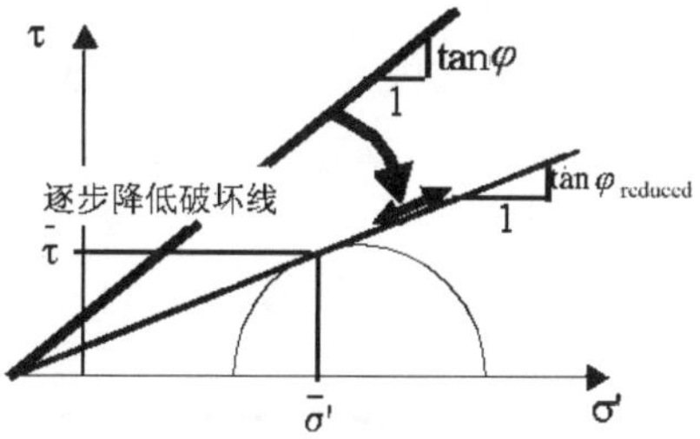

图 9.2　安全系数定义方式图

由于不能指定搜索滑动面出现区域，所以，为了更好地分析两侧不同边坡的稳定性，分别在轴对称建立模型的基础上取前述章节中数值模型的半幅进行边坡稳定分析，并与平面应变条件下的整体模型边坡稳定分析结果相印证。在施工过程模拟固结完成后添加一个施工步，来进行强度折减计算，将自动调整土体的强度指标直到土体出现破坏，分析结果如图 9.3 所示；分别取图 9.3 中有限元模型的半幅在同样的施工步骤下进行堤身填筑，在施工完成后考虑长期固结的情况下进行边坡的有限元强度折减分析。

图 9.3 中位移增量是在强度折减过程中产生的附加位移，并不是实际坡体发生破坏时所产生的滑动位移，所以图中并没有标出量值，但图中的位移及应变趋势很好地展现了边坡的破坏机理。从图中可以看出，模型中围海堤内侧因为反压平台填筑高度较低且宽度较大，从而剪应变集中在一级反压平台坡脚位置与二级反压平台以下堤身填土与碎石排水通道交界区域，塑性破坏区域从反压平台坡脚向土体内部延伸，但在强度折减作用下，并没有形成明显的塑性贯通区域，反压平台坡脚处及二级平台位置以下土体发生破坏，反压平台及以下填土发生失稳，表现为二级平台坡脚下发生沉陷，而反压平台填土向上拱起。

围海堤右侧最大剪应变主要集中在施工道路形成的反压平台坡脚位置以下的淤泥土层中，随着折减系数的增大，坡脚塑性区逐渐与坡体内部开展的塑性区连通，并向反压平台顶面发展，形成图 9.3 中所示的破坏带，反压平台内部土体向坡脚位置发生较大位移，从而整体成为最危险滑动面。

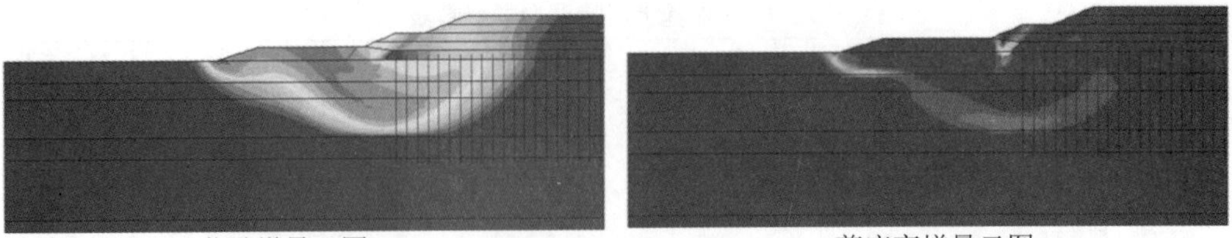

位移增量云图　　　　剪应变增量云图

(a) 围海堤内侧边坡

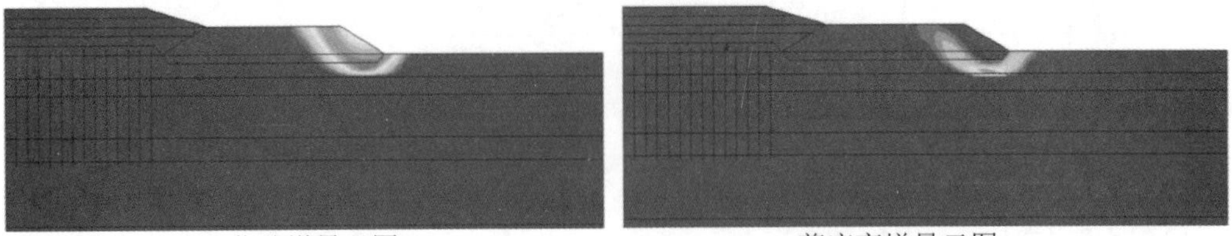

位移增量云图　　　　剪应变增量云图

(b) 围海堤外侧边坡

图 9.3　围海堤边坡稳定性示意图

以破坏面中某一节点的总乘子-位移曲线来表示边坡的安全系数，以位移来表示土体发生破坏的情况，而呈直线发展的总乘子数值即代表相应状态下最终的安全系数。因此，根据分析结果得出堤身边坡内外侧的安全系数如图 9.4 所示。

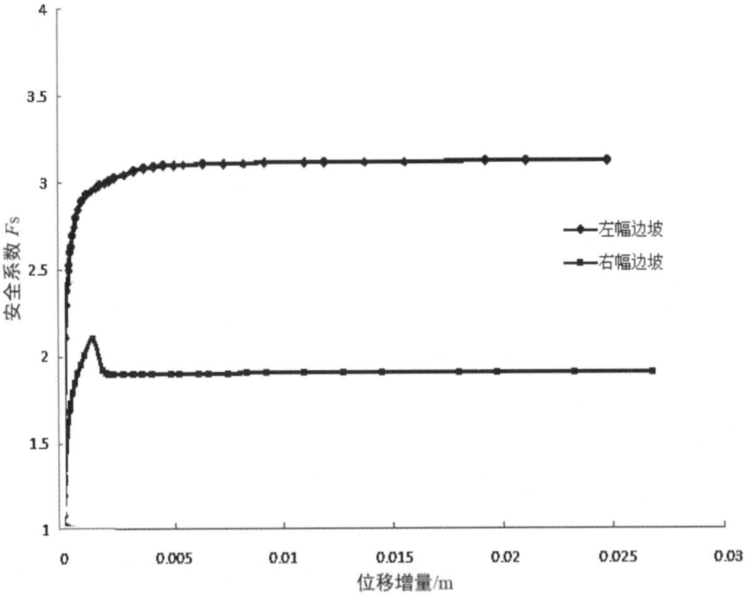

图 9.4　围海堤两侧边坡总乘子-位移曲线

最终得到右幅边坡安全系数为 1.912，左幅边坡安全系数为 3.122。即对围海堤整体来讲，可能发生边坡滑动的位置为外侧反压平台坡体，与图 9.3(a)分析结果相符。从结果来看，围海堤边坡稳定性较好。在分析中采用分部施工的数值模拟方法。因此，分别计算得到各施工步完成后堤身整体的安全系数，如图 9.5 所示(图中曲线仅反映各施工步骤后的边坡安全系数，实际上安全系数并非直线变化)。分析结果表明，整个施工过程中影响边坡稳定的位置仅发生在外侧反压平台的坡体中，即图 9.3(b)显示位置，而随着堤身填筑的进程，海堤整体边坡安全系数一直处于上升趋势，即说明依托工程围海堤施工过程中边坡稳定性一直能够得到保障，施工能够得到顺利有序的进行。

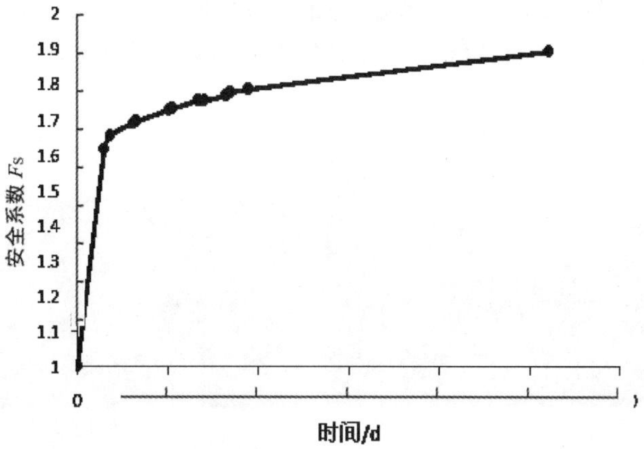

图 9.5　围海堤边坡施工 t/ d 下稳定安全系数

9.2.2　车辆荷载边坡稳定影响分析

依托工程围海堤施工完成后堤顶将作为景观道路投入运行，道路设计车速为 60 km/h，因此需要考虑在车辆荷载作用下围海堤边坡的稳定性是否能够满足正常使用要求。

一般来讲，实际工程中对路堤边坡的稳定性分析，对于车辆荷载(标准车辆荷载)的处理一般是把荷载换算成当量土柱高，即以相等压力的土层厚度来代替荷载，从而计入滑动力部分作用，作为影响路堤稳定的因素看待；但类似依托工程这种存在反压平台的阶梯式边坡路堤稳定分析时，若直接把车辆荷载换算成当量土柱高，就相当于降低上边坡的高度，增大下边坡的高度，而实际上车辆荷载的作用并不会改变边坡的高度。

因此，车辆荷载换算为当量土柱高的方法，进一步把车辆荷载换算成均布荷载，从而考虑车辆荷载作用下边坡的稳定性。

车辆荷载换算为当量土柱高公式为

$$h_0 = \frac{NQ}{LB\gamma} \tag{9-2}$$

式中，h_0——荷载当量土柱高，m；

N——横向分布的车辆数；

Q——每辆车的总重，kN；

L——前后轴距加轮胎着地长度，m；

B——横行分布车辆轮胎外缘之间的距离，m。

$$B = Nb + (N-1)d \tag{9-3}$$

式中，b——每辆车轮胎外缘之间的距离，m；

d——相邻两车辆之间的净距，m。

将式（9-3）做适当变化，即将等效土柱高换算为均布压力

$$p = h_0\gamma = \frac{NQ}{LB} \tag{9-4}$$

依托工程围海堤堤顶道路宽 38 m，即考虑半幅分析情况下横向分布车辆数为 4，考虑车辆荷载的有关参数取值。

$$p_0 = \frac{NQ}{LB} = \frac{4\times550}{13\times5.4} = 31.4\ \text{kPa} \tag{9-5}$$

考虑车辆荷载的冲击力，在计算得到均布荷载数值基础上乘 1.3 的系数，则分析中添加于堤顶的均布荷载值为 40.8 kPa。在之前分析的基础上添加车辆荷载，在强度折减分析的基础上进行分析，结果如图 9.6 所示。

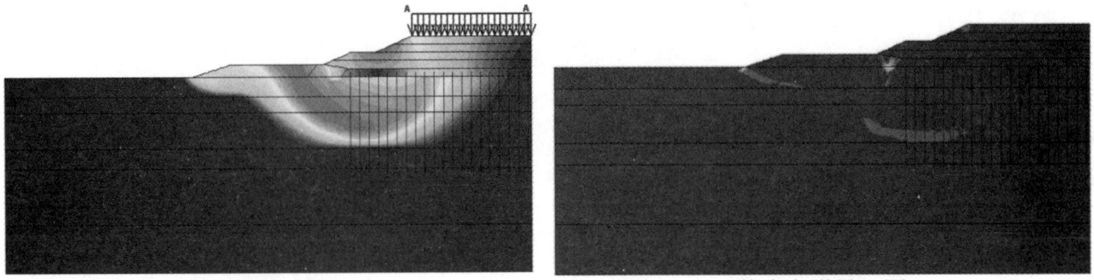

位移增量云图　　剪应变增量云图

(b) 围海堤内侧边坡

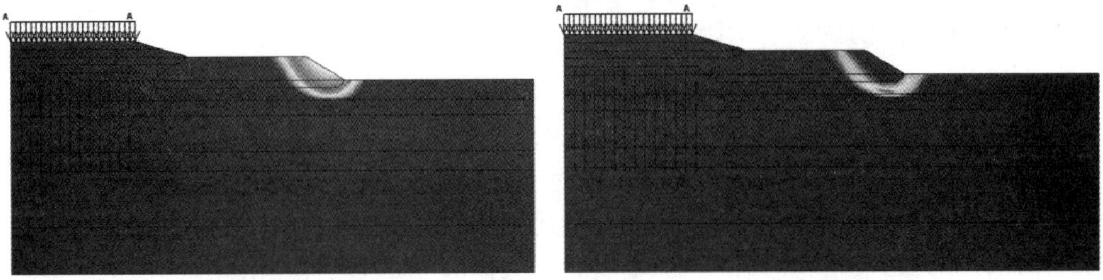

位移增量云图　　剪应变增量云图

(b) 围海堤外侧边坡

图 9.6　车辆荷载作用下围海堤边坡稳定性分析图

图 9.6(a)与图 9.3 对比可以看出，在车辆荷载作用下，在计算无法收敛的情况下左幅边坡塑性区域发展更不明显，剪应变主要集中在反压平台坡脚位置和碎石垫层底部淤泥土层位置，而最危险滑动面显示，反压平台失稳拱起区域集中在平台内侧部分，即在荷载作用下，堤顶外侧区域发生沉陷导致堤底软基发生滑动，向反压平台中部区域发展，导致填土隆起。

从图 9.6(b)可以看出，车辆荷载作用下围海堤外侧边坡最危险滑动面与图 9.3 基本一致，最危险滑动面存在于坡顶外侧向坡脚方向的整个坡体，剪应变集中在坡脚以下淤泥土层中，塑性破坏区域贯通较为明显，坡顶塑性区域位置更为靠近外侧。

两侧边坡在车辆荷载作用下的安全系数分别为 1.993 和 1.905，分别下降为无荷载作用下安全系数值 61.2%和 99.6%，说明车辆荷载对内侧边坡影响较大而对外侧临海面反压平台的抗滑稳定性基本没有影响。其原因可能是堤顶到两侧反压平台的坡比及反压平台宽度不同。内侧因为设置二级平台且堤底为碎石排水通道，在荷载作用下对土体扰动较大，从而抗滑稳定性降低幅度较大。

总体来说，在考虑车辆荷载的作用下，依托工程围海堤两侧边坡的稳定性仍能得到很好的保障，从而可以保证堤顶道路的正常使用。

9.2.3　渗流边坡稳定影响分析

围海堤作为保证海涂围垦区域生产生活的屏障，将直接且持续受到潮汐的冲刷影响，由于潮汐水位处于持续变动之中，水位的提升与降低引起的渗流作用将对围海堤边坡稳定直接产生影响。因此，本部分利用有限元数值模拟手段分析潮汐水位变化引起的渗流作用对围海堤边坡稳定的影响。在之前分析的基础上继续使用有限元分析软件进行相应分析。

程序中地下水的渗流计算是以有限元原理为基础的，它通过定义土体的渗透系数、划分网格以及定义边界条件，然后建立水利计算模型进行计算。程序假设孔隙水在多孔介质中的运动符合 Darcy 定律强度折减法分析水位变化对边坡稳定性的影响。

从上述分析结果可以看出，依托工程围海堤内侧边坡抗滑稳定性明显高于外侧，同时由于堤身材料的透水性受到渗流影响作用较小，因此分析仅取右幅外侧围海堤边坡进行分析。根据设计潮位，选取堤底基准面、极端高潮位 3.56 m、平均高潮位 1.53 m 作为分析水位。依托工程所处区域潮汐为标准半日潮，由于潮位与堤底基准面高差不大，因此分析工况假定为：土体在基准面水位下孔隙水压力已达到稳定，水位从基准面逐渐地均匀上升至 1.53 m(3.56 m)。由于基准面海平面高度为 0.5 m，因此，分析取 4 h 水位上升到最高潮位，再 4 h 下降到基准面位置。即分析选取潮汐水位超过堤底基准面的一个周期内(8 h)水位的变化值进行分析，得出结果如图 9.7 和图 9.8 所示。

(a) 1.53 m 平均高潮位　　　　(b) 3.56 m 极端高潮位

图 9.7　潮位最高值下浸润面及滑动面示意图

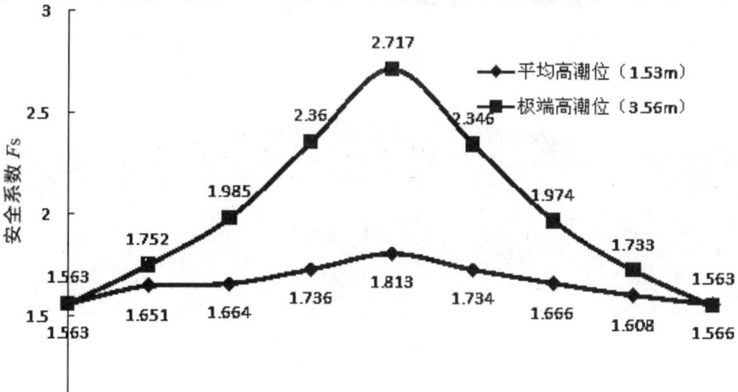

图 9.8　不同潮水位下边坡稳定系数

从分析结果可以看出，海水处于不同水位，围海堤发生滑动失稳的区域均为外侧反压平台坡体位置，随着水位的上升，由于水压的作用，对坡体产生抗滑阻力，从而对边坡的稳定起到有利的作用，安全系数不断增大，稳定性逐渐增强。

实际上在水位上升过程中，将导致边坡最危险滑动面位置土体中的孔隙水压力升高，由于浸水作用导致其有效强度降低，对边坡稳定产生不利影响，而依托工程施工中堤身填土为砂砾土，透水性能良好，因此，在水位变化过程中产生的超静孔隙水压力消散速度较快；另一方面分析选取断面位置潮位与基准面高差不大，考虑极端高潮位情况下为 3.16 m，因此，在海水渗流作用下水压对坡体产生的抗滑阻力对边坡稳定性起主导作用，从而出现图 9.8 所示的分析结果。通过分析可以认为，依托工程围海堤外侧边坡在海水渗流作用影响下，危险滑动面区域仅出现在外侧反压平台坡体位置，而随着潮汐水位的升降，边坡的抗滑性能能够保持在安全的状态，满足使用要求，但由于海水的反复冲刷作用，边坡及坡脚位置仍需要设置必要的防护措施，以避免坡体的冲刷破坏。

9.2.4 反压平台边坡稳定影响分析

在前述章节分析了反压平台在海堤围堰软基处理中的应用性，同时反压平台可起到放缓边坡的作用，使得原来可能出现的塑性剪切破坏带发生转移，并且使地基土可能出现的塑性挤出和两侧地面的隆起得到平衡，从而保证堤坝的稳定，防止边坡滑动。在建立的分析模型基础上，运用有限元强度折减方法分析反压平台对边坡稳定的影响。分析主要针对围堰路堤陆上段土石围堰结构进行，分别取消设置左侧、右侧和两侧的反压平台，以对比分析反压平台的影响作用。

(1) 左侧反压平台

分析考虑取消围区左侧反压平台的设置，采用原碎石排水通道为坡脚，外侧按设计填筑施工便道设置反压平台，分析结果如图 9.9 所示。

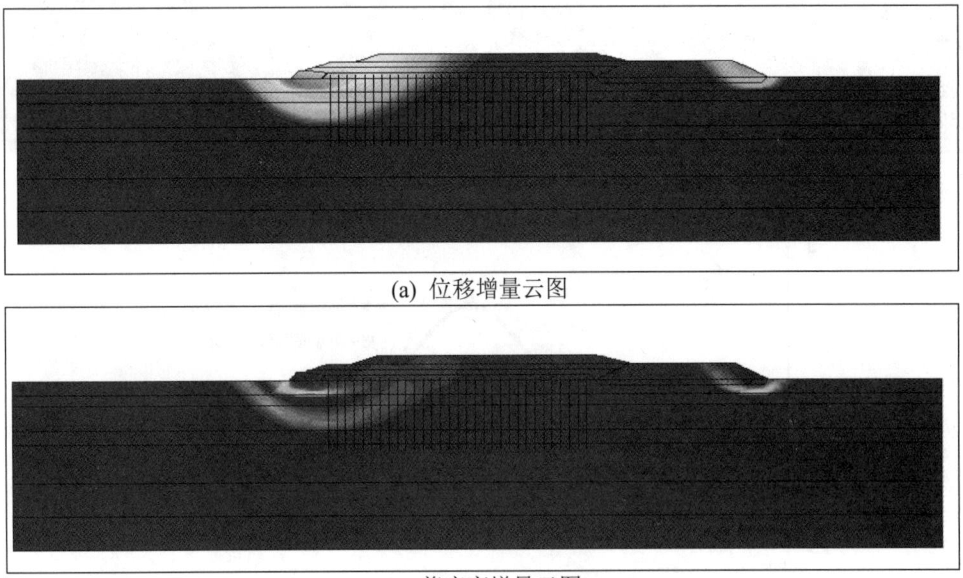

(a) 位移增量云图

(b) 剪应变增量云图

图 9.9 左侧不设反压平台边坡剪切破坏示意图(SRF=2.231)

(2) 右侧反压平台

分析考虑取消右侧施工便道形成的反压平台，将路堤边坡仍采用 1∶4 放坡到基准面，围区侧仍按照设计设置反压平台，分析结果如图 9.10 所示。

(3) 两侧不设置反压平台

分析考虑两侧均不设置反压平台，即直接在原地面基础上按照流程进行路堤施工，结果如图 9.11 所示。

通过分析结果与图 9.3 结果对比可以看出，围堰路堤仅在临海侧设置反压平台的情况下围区侧即模型左侧应力主要集中在基底下淤泥土层，同时坡脚位置可能出现失稳，出现危险滑动面，右侧基底虽然出现较大剪应变，但没有出现明显滑动面。其安全系数降低 23%。

临海侧不设置反压平台而直接放缓边坡的情况下，塑性区域从坡顶向坡脚方向在坡体深处贯穿，危险滑动面出现在整个坡体，安全系数略有降低。

综上所述，可以看出，反压平台的设置明显起到放缓边坡的作用，可以很好地保证路堤边坡的稳定性。因此，在占地条件允许的情况下，设置反压平台是增加围堰边坡稳定性的有效措施。

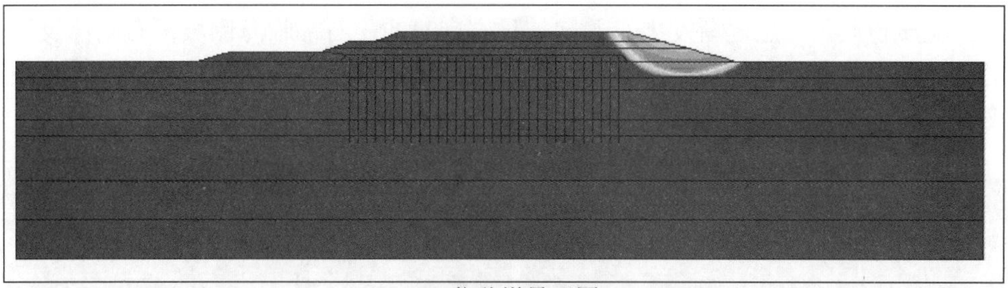

(a) 位移增量云图

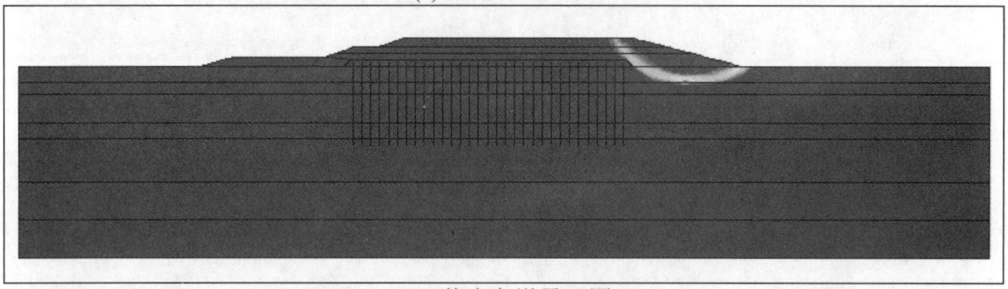

(b) 剪应变增量云图

图 9.10　右侧不设反压平台边坡剪切破坏示意图(SRF=1.819)

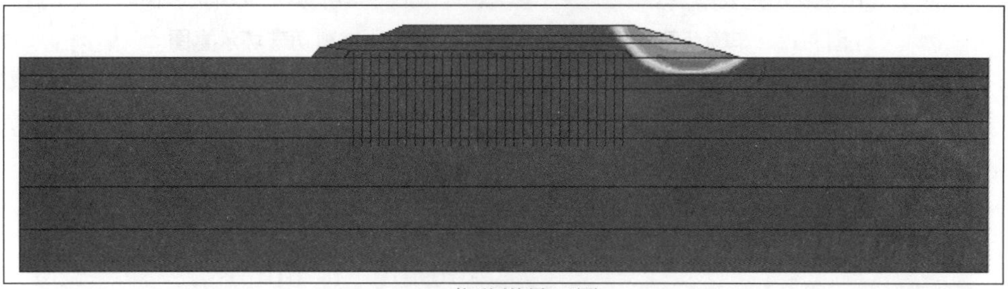

(a) 位移增量云图

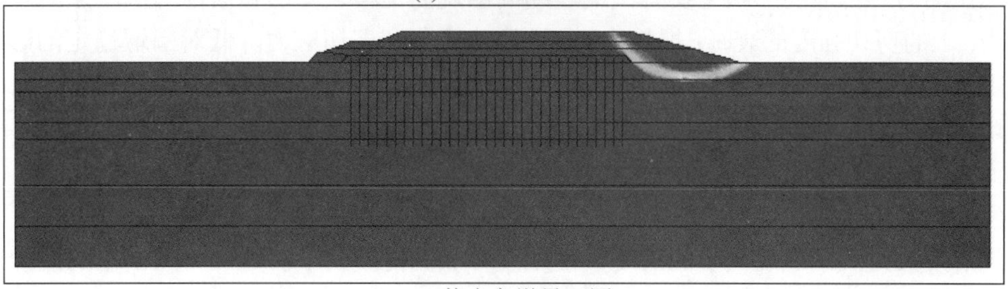

(b) 剪应变增量云图

图 9.11　不设反压平台边坡剪切破坏示意图(SRF=1.816)

9.2.5　车辆荷载边坡稳定影响分析

依托工程围堰路堤施工完成后将作为胶州湾产业新区围海堤的堤身部分进行使用，其堤顶道路设计车速为 60 km/h，因此需要考虑在车辆荷载作用下路堤边坡的稳定性是否能够满足正常使用要求。根据我国水泥混凝土路面设计规范和沥青路面设计规范的规定，选用车辆标准轴载 100 kN，分析中假定轴载沿堤顶道路横向线形分布，在此工况下对路堤顶部施加荷载，通过有限元强度折减方法得到围堰路堤边坡的稳定性如图 9.12 所示。

从图 9.12 中可以看出，陆上部分围堰路堤边坡在车辆荷载作用下，左幅围区侧二级护道基底比图 9.3 所示产生位移更大，塑性区域主要集中在两级护道的坡脚处，塑性带区域在基底淤泥质粉质黏土层逐渐发展，并向坡顶方向贯通；右幅临海侧坡顶右侧与反压平台坡脚处发生最大位移，形成明显的滑动面，塑性区域虽然贯通不明显，但反压平台坡脚处剪应变较大，容易发生边坡失稳。

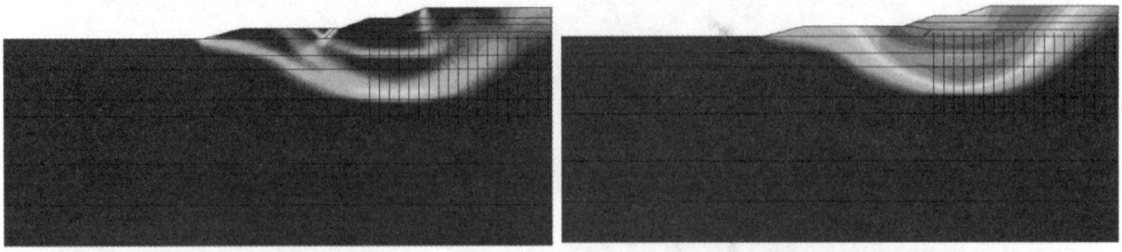

(a) 位移增量云图　　(b) 剪应变增量云图

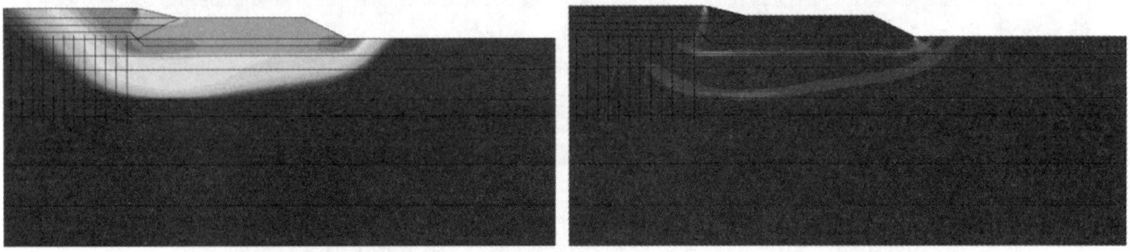

(a) 位移增量云图　　(b) 剪应变增量云图

图 9.12　车辆荷载作用下陆上部分围堰路堤边坡剪切破坏示意图

两侧边坡在车辆荷载作用下的安全系数分别为 1.482 和 1.414，分别下降为无荷载作用下安全系数值的 51.3%和 71.3%，因此，在围堰路堤施工完成后道路面层的铺设需要考虑车辆荷载对路基的影响，以及进行相应的坡面防护，保证边坡的稳定。

9.3　地震响应有限元法

地震动力对围堰的影响主要有：地震期间出现的位移、变形和惯性力；产生的超孔隙水压力；土的剪切强度的衰减；惯性力、超孔隙水压力和剪切应力降低对围堰稳定的影响；超孔隙水压力的重分布和地震后的应变软化；永久变形及大面积液化引起的破坏。研究表明，地震停止之后出现的变形经常超过标准永久大变形。震后变形不是惯性力和位移引起的，而是土体中超孔隙水压力和土体强度降低两者耦合形成的。

(1) 震级与烈度

地震震级是表示地震大小的尺度，由地震释放的能量大小决定，释放出来的能量愈大则震级愈大。地震烈度是指某一地区的地面和各种建筑物遭受地震影响的强烈程度，地震烈度表是划分地震烈度的标准。它主要是根据地震时地面建筑物受破坏的程度、地震现象、人的感觉等来划分制定的。

我国和世界上大多数国家都是把烈度分为 12 度。采用我国制定的中国地震烈度表(GB/T17742—2008)。

基本烈度：它是指在今后一定时期内，某一地区在一般场地条件下可能遭遇的最大地震烈度。基本烈度所指的地区，并不是某一具体工程场地，而是一较大范围，如一个区、一个县或更广泛的地区，因此基本烈度又常常称为区域烈度。

场地烈度：通过专门的工程地质、水文地质工作调整后的烈度，在工程上称为场地烈度。根据场地条件调整后的烈度，在工程上称为场地烈度。

设计烈度：在场地烈度的基础上，考虑工程的重要性、抗震性和修复的难易程度，根据规范进一步调整得到的设计烈度，也叫作设防烈度。

(2) 对于地震荷载，有限元地震荷载产生应力

(3) 时程分析，指当围堰路堤结构受到荷载作用时，计算围堰路堤结构的动力特性和任意时刻围堰路堤结构位移、内力等的响应过程，采用的动力平衡方程进行。

利用有限元研究围堰路堤在地震动力作用下的应力应变情况，采用有限元强度折减分析方法得出其稳定系数，对其稳定性做出评价。

9.4　围海堤地震影响边坡稳定分析

胶州湾地处大沽河、洋河水系发育的沉积地区，古河道变迁复杂。区内有郯庐强震带、燕山渤海强震带、南黄海强震带，一旦周边地区发生强烈破坏性地震，对胶州湾产业新区将会产生破坏性影响，甚至有可能造成重大人员伤亡和财产损失。因此，为确保人民生命财产安全，保证经济建设顺利进行，需要对该围海堤道路工程进行地震响应分析。

《胶州湾产业基地人工海堤工程岩土工程测试报告》中指出，前期勘察中选取 10#，21#，86#，91#孔做了土体波速测试(海上孔等退潮后在海滩上做)，采用面波法，在地表以钻孔位置为中心对称钻孔布 12 只检波器，采用道间距 0.5 m，偏移距 5 m 激震，锤击激震，检波器接收地震信号。场地土层剪切波速测试成果见表 9.2。

表 9.2　场地土层剪切波速测试成果表

岩　性	素填土	淤泥质粉质黏土	中砂	粉质黏土	粗砂	砾砂	强风化泥质砂岩
剪切波速平均值/(m/s)	81.5	134.4	193.8	268.8	335.4	368.8	523.5

根据《建筑抗震设计规范》(GB50011—2010)，该场地抗震设防烈度为 6 度，设计基本地震加速度值为 0.05 g，特征周期 0.45 s，设计地震分组为第三组。在原基础土层以下 20 m 范围内等效剪切波速实测值为 157.77～183.92 m/s，判定依托工程场地土类型为中软土，但场地存在淤泥及淤泥质土，综合判定，场地为对建筑抗震不利地段。

地震对边坡的破坏主要是由水平地震力引起的，因此，在分析地震对边坡稳定的影响时，只需考虑水平方向地震力的作用。在数值模拟分析中，地震力的考虑通常采用静力法。按照相应技术规范，水平地震加速度可通过地震角计算得到，地震角为地震力与土体自重的合力方向与竖直方向的夹角，在有限元数值模拟中可通过设置水平方向加速度来实现地震力，从而考虑地震对边坡的影响作用。

分析在渗流场和流固耦合分析的基础上，考虑地震影响作用，对围海堤边坡进行强度折减稳定性验算。本部分分析采用非线性有限元分析软件。非线性有限元分析软件可进行加载、强度折减、地震作用产生的应力应变分析，在边坡强度折减稳定性验算、渗流及流固耦合作用下进行地震动力响应稳定性验算等方面有着较好的适用性。

模型建立及土工参数的取值与前章节相同，如图 9.13 所示。为减弱模型边界对堤身地震响应作用的影响，从两侧堤脚位置向外各延伸 100 m，基底强风化砂岩底标高-50 m。渗流分析工况为：围海堤外侧海水位稳定，不考虑海浪渗透影响。渗流计算边界条件为：围堰内侧为渗流自由面(Pore Pressure=0)；围堰外侧受海水渗透，取平均高潮位 1.53 m。

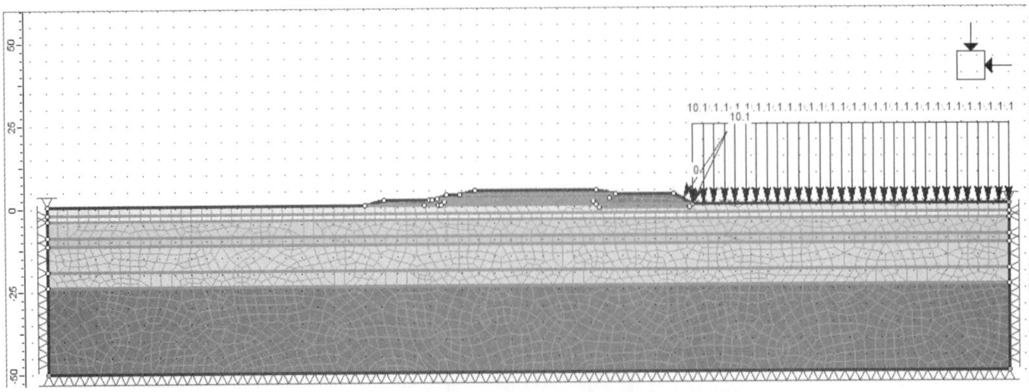

图 9.13　地震响应有限元分析模型示意图

在设置加速度荷载时，在竖直方向设置重力加速度为 10 m/s^2，地震烈度为 6 度时地震角为 0.72°，则水平地震加速度为 10 m/s^2×tan0.72°=0.126 m/s^2；地震烈度为 7 度时地震角为 1.5°，则水平地震加速度为 10 m/s^2×tan1.5°=0.262 m/s^2。根据拟定的计算参数、水位、地震力等计算条件，经强度折减验算，围海堤边坡 SRF(抗滑稳定安全系数)如表 9.3 所列，计算得到的最危险滑动面及位移见图 9.14 至图 9.17。

表 9.3　地震影响稳定性分析结果

	SRF	
	地震烈度 6 度	地震烈度 7 度
临海侧边坡	1.31	0.72
内海侧边坡	1.26	0.69

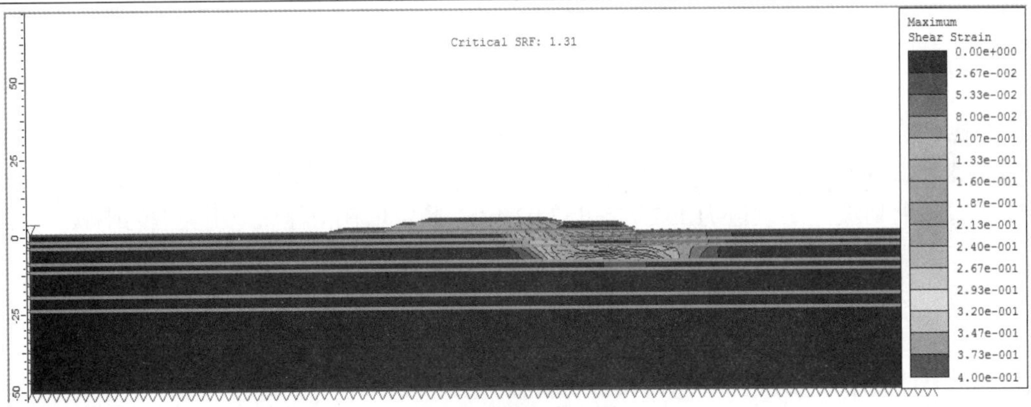

(a) 最大剪应变云图

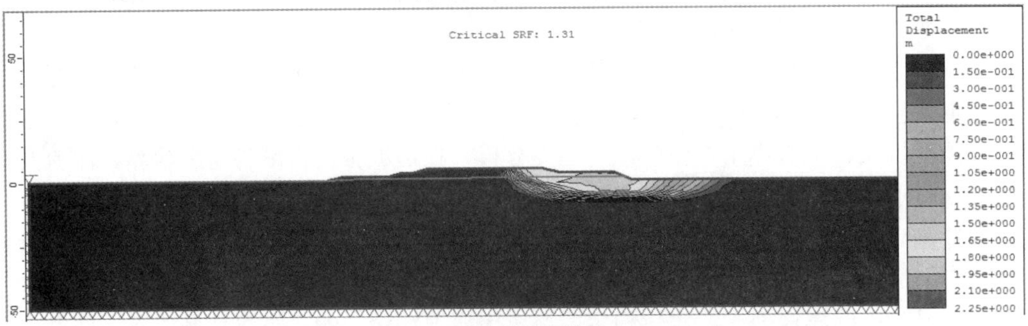

(b) 位移形变图

图 9.14　地震烈度为 6 度最大剪应变云图及位移形变图（临海侧边坡）

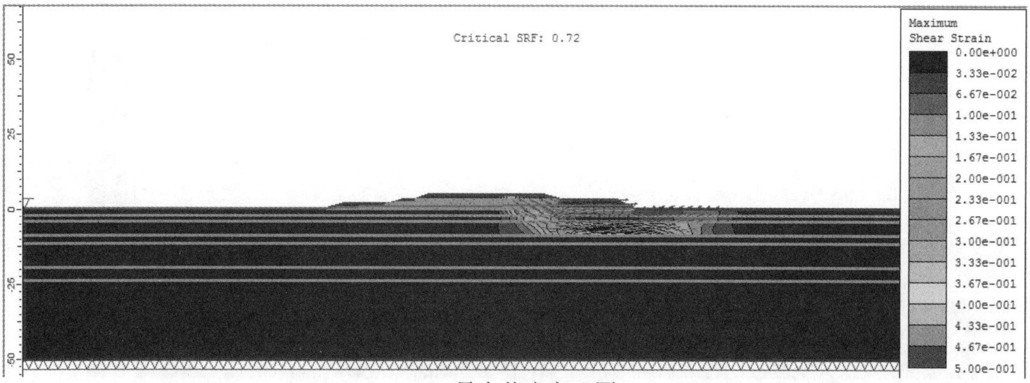

(a) 最大剪应变云图

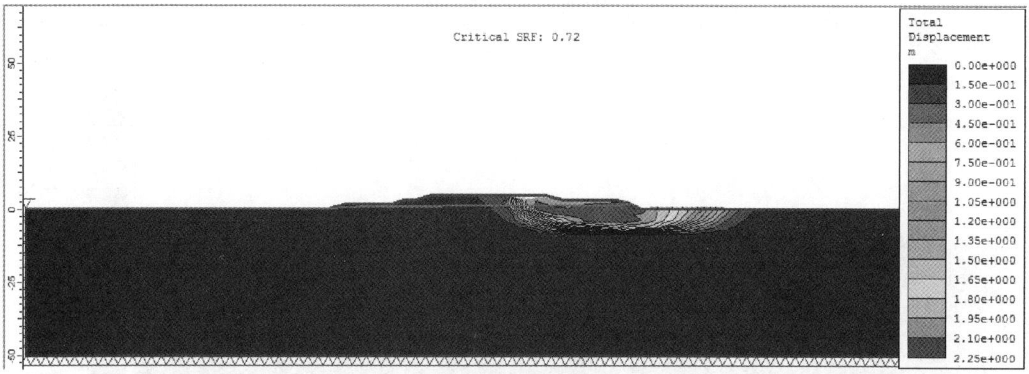

(b) 位移形变图

图 9.15　地震烈度为 7 度最大剪应变云图及位移形变图（临海侧边坡）

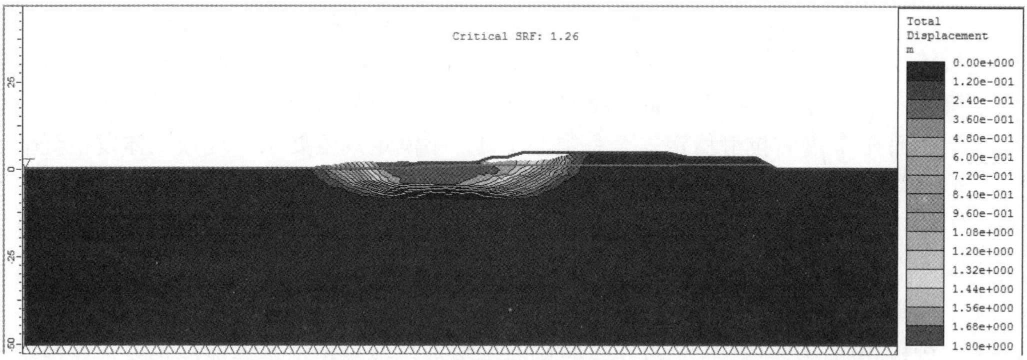

(a) 最大剪应变云图

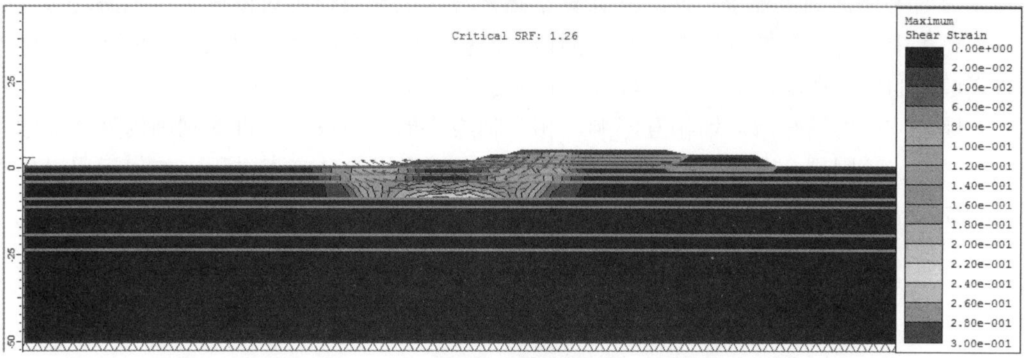

(b) 位移形变图

图 9.16　地震烈度为 6 度最大剪应变云图及位移形变图（围区侧边坡）

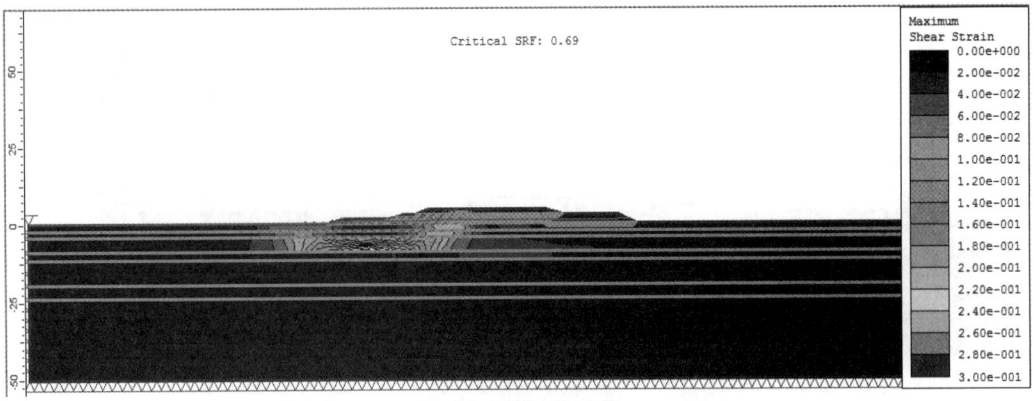

(a) 最大剪应变云图

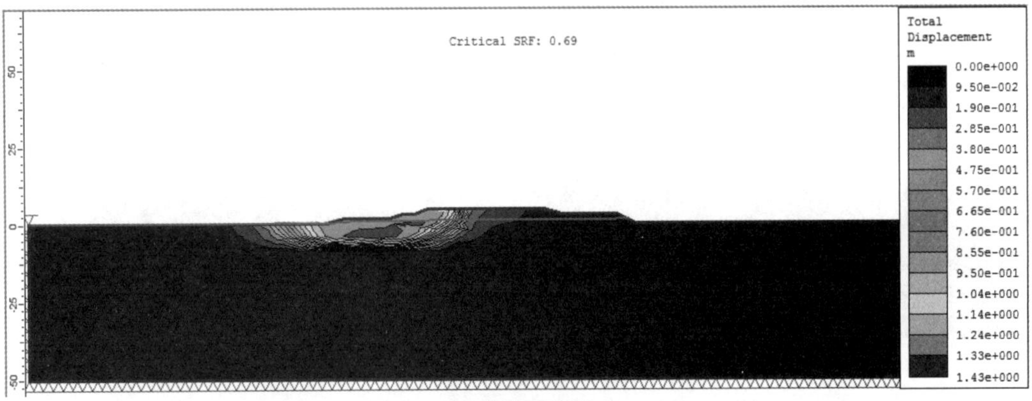

(b) 位移形变图

图 9.17　地震烈度为 7 度最大剪应变云图及位移形变图（围区侧边坡）

分析结果表明，围海堤临海侧边坡在地震烈度为 6 度时抗滑稳定安全系数为 1.31，堤顶向坡脚方向整体为最危险滑动面，最大剪应变集中在外侧反压平台位置以下淤泥质粉质黏土层中；而在 7 度时抗滑稳定安全系数小于 1，不满足规范要求，堤顶土体发生沉陷下滑，坡脚土体拱起。围海堤围区侧即内侧边坡在地震烈度为6度时抗滑稳定安全系数为1.26，在地震力作用下坡顶土体向坡脚方向整体发展为最危险滑动面，坡顶土体发生沉陷，最大剪应变集中在内侧反压平台位置以下淤泥质粉质黏土层中；而在 7 度时抗滑稳定安全系数小于 1，不满足规范要求，在地震力作用下堤顶土体向坡脚位置发生滑动。

上述分析表明，在地震烈度为 6 度时围海堤边坡抗滑稳定性基本能满足要求，地震烈度为 7 度时不满足规范要求。同时从计算结果来看，地震力作用对依托工程围海堤边坡的影响主要集中在堤顶及坡脚位置，对内侧边坡的稳定性影响较大，因此，为保证依托工程围海堤道路的抗震性能，需要对边坡进行相应的加固和优化。

海堤土体应力场和渗流场相互影响、相互制约的耦合关系，一直受到国内外众多学者的分析研究。流固耦合理论已经比较完备，具体在围海堤设计施工过程中如何运用以加以指导和优化，是今后长期内仍需要考虑的问题。

第 10 章　浅海混合路堤软土蠕变固结与控制分析

胶州湾产业新区正处在胶州湾西北岸的咽喉地段，是青岛“环湾保护、拥湾发展”的主要载体之一，也是重点规划的四大片区之一。该区南接青岛经济技术开发区，东临青岛高新区，规划面积约为 98.12 km^2，是青岛市政府提出的六大“新增工业功能区”之一。研究主要依托胶州湾产业新区三河入海口岸线保护工程，工程基本情况如下：胶州湾三河入海口岸线保护工程项目总投资约 11 亿元。该工程主要建筑物由海堤、跃进河挡潮闸、船闸、道路工程、桥梁工程等组成。海堤全长 9654.96 m，其中陆上部分长 3613.83 m，海上部分长 6041.13 m。堤顶高程 5.00 m，防浪墙顶高程 5.80 m。堤顶道路双向 6 车道宽度 26 m，两侧人行道和绿化带共宽 12 m，堤顶道路总宽 38 m。海堤建成后形成堤内围垦总面积约 4.5 km^2。海堤工程级别为 2 级，设计挡潮标准为 50 a 一遇(允许部分越浪)，龙口度汛标准为二十年一遇，堵口合龙按照非汛期十年一遇标准设计。堤顶道路等级为城市-I 级主干路。从依托工程概况可以看出，工程海堤堤底土体属于典型的滨海相软土，因此不能直接被用作地基。为提高地基的承载力和稳定性，在施工过程中必须对地基进行处理。因此，保证围海堤工程顺利施工的一个首要前提是：选择合理的海堤结构形式与相应的地基处理措施。同时，由于依托工程土体含水量大、透水性差、软土层厚，在采取相应地基处理措施，堤顶道路施工完成，投入使用后，工程稳定性如何，在海水潮汐、交通荷载、地震动力作用下，海堤是否发生大的破坏变形，堤身是否失稳破坏，是工程完工后要重点研究的问题。因此，浅海路堤施工过程中的稳定性和地基处理措施的有效性成为后续工程顺利建设首要考虑和解决的问题。对斜坡式海堤施工过程进行有限元方法的模拟和分析及对海堤设计施工中的控制技术和施工方案已有过大量的研究，如张全威对斜坡式海堤施工过程利用有限元进行数值模拟分析。故在研究中不再详细论述对斜坡式路堤施工过程的分析和施工过程中的控制技术。选取依托工程胶州湾产业基地海堤道路工程南段 K1+513.53～K2+158.56 浅海混合式路堤为研究对象。堤顶道路高程+5.00 m，宽 38 m，左侧为围区侧，右侧为外海侧。

10.1　浅海混合式路堤结构设计施工方案

(1) 施工工艺流程

浅海海堤混合式路堤施工主要采用预压排水法和抛石挤淤法相结合的方式，目的是确保基础的加固效果。

(2) 混合式路堤结构地基处理措施

① 加压排水法。采用塑料排水板，在排水板的顶部铺设一层80 cm厚的材料为毛石或块石的碎石垫层，其上铺土工织物，在防浪墙基础之下，用振动沉管砂石桩起到加固作用。

② 抛填毛石或块石挤淤。基础持力层为⑥-2层淤泥质粉质黏土，基础埋深5 m。施工时先搅动或除去⑥-1层淤泥，再将毛石或块石填筑进去，随后用重型设备进行碾压或强夯，从而使填料达到设计深度。

(3) 土工合成材料设计施工

工程中施工条件差，地基稳定性不足，因此，采取的提升地基整体稳定性的措施主要是采用30 kN/m有纺土工布和80 kN/m经编涤纶双向土工格栅设置在碎石垫层之上，作为加筋垫层。同时，应采用排水固结法对土体进行排水固结，从而实现加速地基固结排水的目的。浅海混合式路堤工程中采用的是30 kN/m有纺土工布及80 kN/m经编涤纶双向土工格栅。

(4) 振动沉管砂石桩设计施工

在软土加固工程中，振动沉管砂石桩可起到挤密和振密的作用。混合式路堤采用的沉管砂石桩打设于防浪墙钢筋混凝土基础之下，正方形分四排，桩径为50 cm，横纵间距都为1.8 m。

(5) 宕渣回填施工控制要点

① 抛填。采用陆上自卸车来料直接抛填，装载机分料、推土机推平的施工方法。

② 理坡。使用挖掘机由下而上进行操作。首先，准确放出每段坡面、坡脚以及坡顶的边线；然后，挂线由坡脚至坡顶滑动，人工操作去高补低进行修整；最后，抽出钢板对顶面进行平整。

(6) 草植护坡

采用外购草皮与种植灌木对边坡进行防护。

(7) 抛填开山石

施工方法与宕渣抛填一致。施工工艺流程：进料→测量放线→抛填→理坡→验收。

10.2 浅海混合式路堤施工过程数值模型建立

对于依托工程混合式路堤施工过程的模拟分析，基于有效应力的平面有限单元法，采用有限元分析软件进行。研究采用 Mohr-Coulomb 模型来模拟分析地基土体的应力应变关系，有限元网格划分采用 15 节点单元的三角形单元。模型取基底标高-24 m，已到达基底持力层强风化砂岩层处。渗透边界条件为：两侧为透水边界，底部砂岩为不透水边界。位移边界条件为：两侧为水平约束，竖向位移自由；底部砂岩为水平、竖向同时约束。用排水线单元来模拟塑料排水板，默认排水板上超孔压为零，排水线间距设为 1.2 m。同时模型中采用土工格栅单元模拟土工布及土工格栅，设置碎石垫层作为水平排水通道。建立有限元模型，如图 10.1 所示。

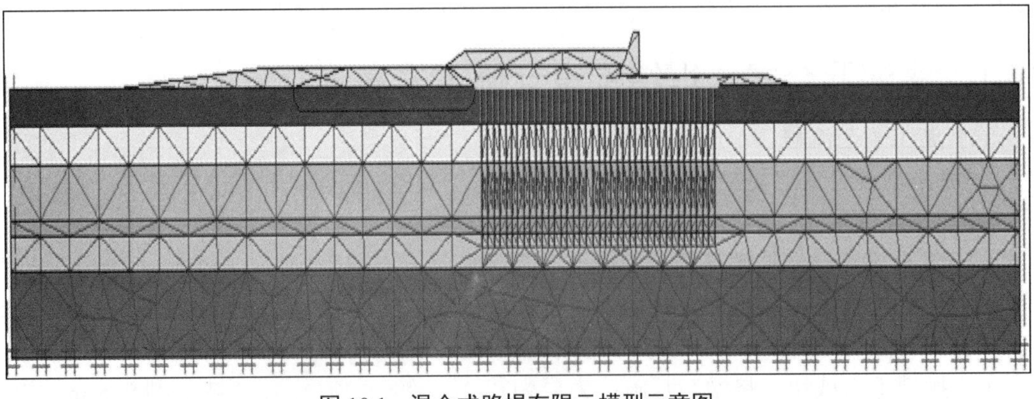

图 10.1　混合式路堤有限元模型示意图

10.3 物理力学参数选取

根据胶州湾产业新区工程地质勘察报告，工程场地上覆土层主要由第四系淤泥质土、黏性土、砂土组成，下伏基岩为白垩纪—第三系古新统王氏群胶州组泥质砂岩。依据《青岛综合地层表》，工程区域第四系地层自下而上大体分为三个沉积层：以中粗砂为主的第⑫

层陆相沉积层、以中砂为主的第⑧层海相沉积层、以淤泥质土为主的第⑥层海相沉积层。数值模拟分析时各土层物理力学参数取值见前述章节。

10.4　浅海混合式路堤施工过程数值模拟分析

数值模拟分析中主要考虑了以下施工步骤。

(1) 外海侧防浪墙下振动沉管砂石桩

振动沉管砂石桩打设于防浪墙钢筋混泥土基础之下，砂石桩桩径为 50 cm，间距 1.8 m，四排呈正方形。

(2) 加筋碎石垫层铺填及排水板打设

堤底基础表面采用 80 cm 厚碎石排水垫层铺筑排水，其顶部高程为+2.0 m，两侧坡比为 1∶1，碎石垫层底部铺设一层为 30 kN/m 有纺土工布、顶部铺一层为 80 kN/m 经编涤纶双向土工格栅，起到对土体内所含水的隔离作用，堤底下部土体采用正方形布置、间距为 1.2 m、埋深为 14 m 的塑料排水板进行排水处理。

(3) 外海侧钢筋混凝土防浪墙修筑

防浪墙位于振动沉管砂石桩上部，墙顶高程+5.80 m。

(4) 防浪墙外大块石反压平台填筑

大块石反压平台分三层填筑：第一层为 15 cm 厚碎石垫层、第二层为 25 cm 厚强度为 C20 的灌砌块石、第三层为 35 cm 厚 M20 的浆砌块石。反压平台顶部高程为+2.5 m。在反压平台的外部再设一级顶部高程为+2.2 m 的反压平台，宽 20 m，采用厚度为 1 m 的 150～200 kg 大块石抛石理砌而成，上铺一层 80 kN/m 经编涤纶双向土工格栅。

(5) 围区侧施工道路填筑，形成一级反压平台

反压平台顶部高程+3.5 m，宽 10 m，坡比 1:2，平台上部和左侧边坡设反滤土工布和 40 m 厚碎石垫层，反压平台的形成采用 50 cm 细粒径开山石抛石挤淤法，沉降面高程-1.0 m，下设 80 kN/m 经编涤纶双向土工格栅。

(6) 围区侧施工道路内侧闭气土方施工及堤脚碎石子堤填筑

围区侧施工道路内侧采用黏土闭气，向下形成一级平台，将边坡放缓，坡比分布为1:3，1:15，高程为+2.5 m，闭气土方平台宽度4 m，边坡坡面采用草皮护坡，坡脚处设抛石子堤，抛石子堤与闭气土方相接处，铺80 kN/m经编涤纶双向土工格栅、20 cm碎石垫层、400 g/m^{2}反滤土工布。

(7) 路堤堤身分层填筑

路堤堤身填筑分两部分：高程+3.5 m 以下抛填开山石，厚度 1.5 m；高程+3.5 以上宕渣回填，厚度 1.5 m。堤身填筑完成后，堤顶道路 67 cm 路面铺装，路基边坡采用草植防护措施，坡比 1:3，道路两侧铺装 39 cm 人行道，浅海斜坡式路堤工程施工完毕。

10.4.1　竖向沉降分析

沉降值是软基处理效果的重要评价指标之一，通过有限元数值模拟得到围海堤 320 d 预压期结束后沉降云图及堤基横断面沉降矢量图(见图 10.2)。

数值模拟分析得到路堤预压期结束后最大竖向沉降为 200.6 mm，最大沉降发生在路堤填筑部位。沉降区域主要集中在堤底以下淤泥和淤泥质粉质黏土层。整体来讲，沉降发生在路堤填筑范围之内，区域范围外沉降很小。

在分析中以土体中超静孔隙水压力消散到一定值(1 kN/m^2)作为土体完成固结的标志。分析结果表明，1429 d 后土体基本完成固结，此时最大沉降值 330.2 mm，即在预压期结束后土体的沉降值很小，可以认为在预压期内土体已基本完成自重固结(见图 10.3)。

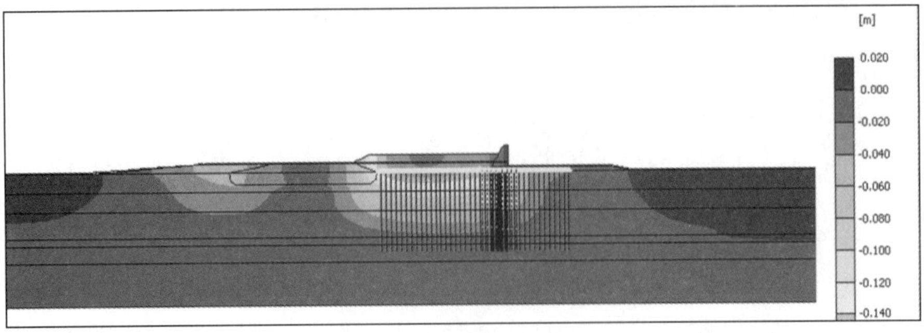

(a) 预压后沉降云图

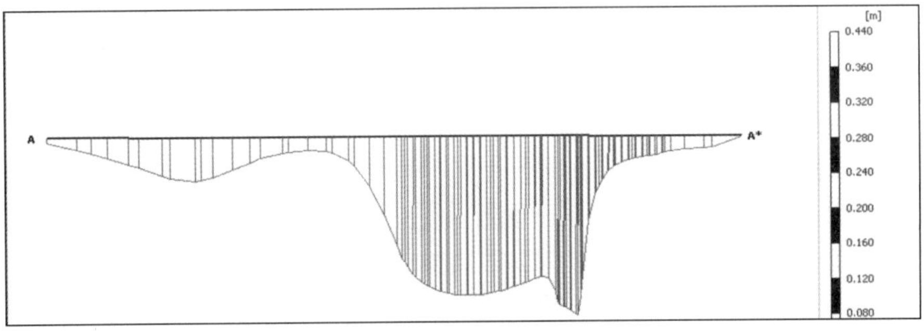

(b) 基底横断面沉降矢量图

图 10.2　预压后竖向沉降分析示意图

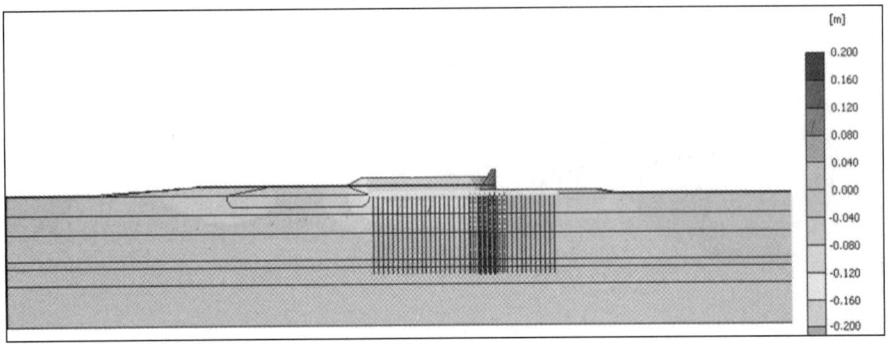

(a) 固结后沉降云图

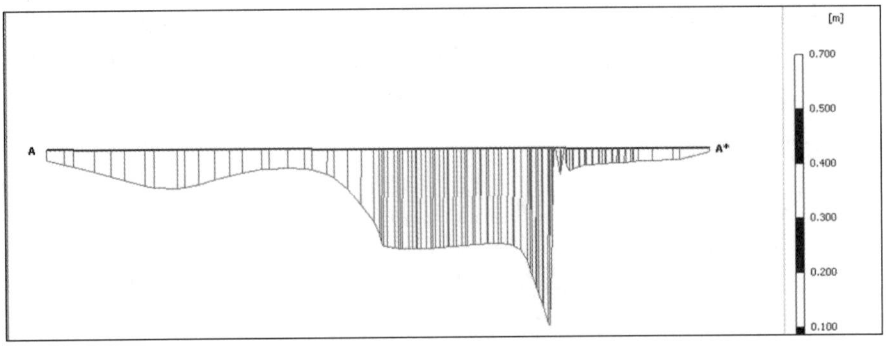

(b) 基底横断面沉降矢量图

图 10.3　固结后竖向沉降分析示意图

图 10.4 为路堤基底中心位置设置沉降板记录的地基沉降随时间变化曲线与数值模拟分析结果对比图(不含施工道路填筑)。可以看出，数值模拟结果与实测数据基本一致，在堤身加载期间沉降速率较大，而在间歇期内呈平缓趋势。

在第一层填筑后模拟分析沉降较实测数值较大，主要原因应该是施工道路模拟的影响以及排水板模拟与实际情况仍有出入。而填筑完成阶段及之后实测沉降量略大于数值模拟结果，是数值模拟时填筑过程的模拟与实际工程的区别所导致的。但整体来讲二者相符度较高，说明该数值模拟是可行的。

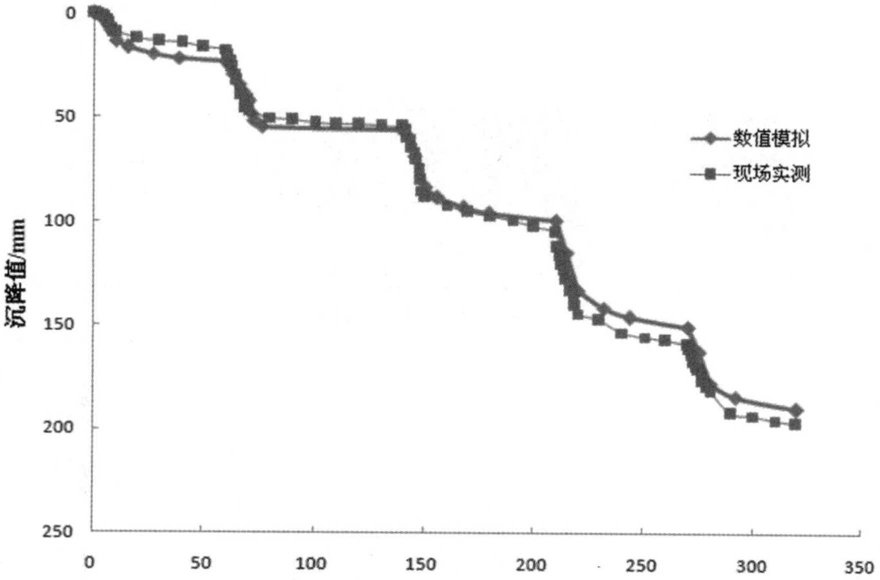

图 10.4　堤底中心位置时间-沉降曲线图

10.4.2　水平位移分析

水平位移在一定程度上反映海堤施工加载过程中的稳定性。图 10.5 为预压期结束后水平位移云图及堤基横断面水平位移矢量图。

分析表明，预压结束后水平位移最大值发生在左侧反压平台下方淤泥土层和淤泥质粉质黏土层内，内侧水平位移最大区域位置在主堤堤脚以下的淤泥质粉质黏土层内，最大值为 15.1 mm；外侧水平位移集中分布在防浪墙底部土体处，最大值为 20.6 mm，朝堤身以外方向。这种情况发生的原因是围海堤结构两侧的不对称性。从基底水平位移矢量图可以看出，基底水平位移值在左侧反压平台位置较大，外侧受防浪墙的影响产生较大位移，在外侧防浪墙与堤身填筑交界处位移方向发生变化。在主堤范围内由于加筋材料的作用位移值较小且分布均匀。

分别在堤身填筑碎石垫层两侧位置和海堤中心位置选取土层断面，并得到预压期结束后各断面土层水平位移沿深度曲线，如图 10.6 所示。

结果表明，在海堤中心线位置最大水平位移发生在堤底软土表层位置，为-5.3 mm(方向向左)；垫层两侧堤底表面位置水平位移分别为-31.9 mm 和 23.6 mm，与实测数值-30.9 mm 和 24.3 mm 比较吻合。由于围海堤结构的不对称性，左侧位置随深度增大而增大，在 4.5 m 深度达到最大值之后开始减小；右侧位置从堤底表面位置逐渐减小，并在 3.9 m 深度位置有部分反弹。总体来讲，水平位移集中分布在淤泥层和淤泥质粉质黏土层内，数值模拟分析与实测结果基本一致。

根据数值模拟分析结果绘制堤底中心位置水平位移随时间变化曲线，如图 10.7 所示。从图中可以看出，由于施工道路的填筑导致在预压开始时堤底表面已经发生水平位移为 11.6 mm(方向向左)，随着堤身填筑的进行，在碎石垫层及第一层加荷期间位移变化较大，之后出现“台阶”，在第三层填筑时位移出现增长现象后维持稳定。即堤身填筑对堤基水平位移的影响主要集中在加荷期间，但总体影响不大，能够保证施工的顺利进行。

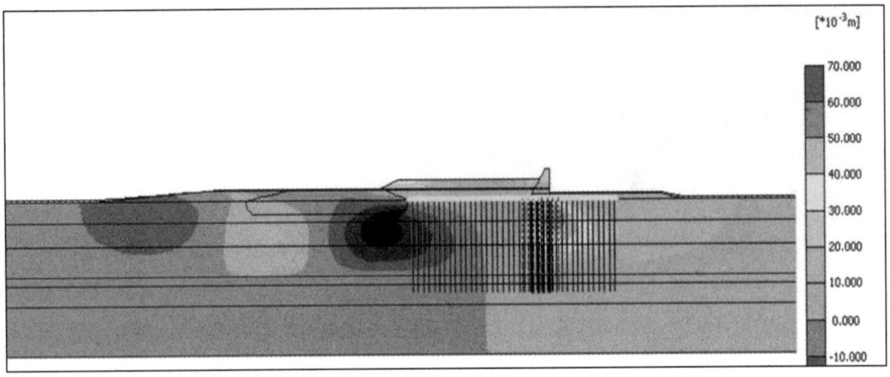

(a) 预压后水平位移云图

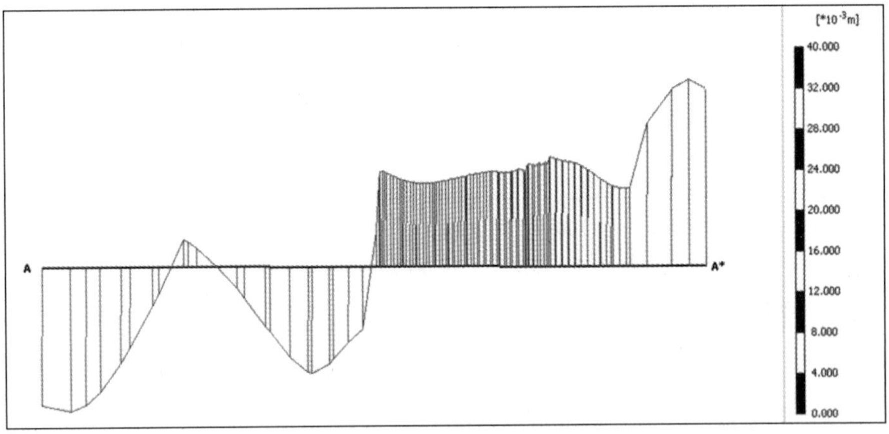

(b) 基底横断面水平位移矢量图

图 10.5　预压后水平位移分析示意图

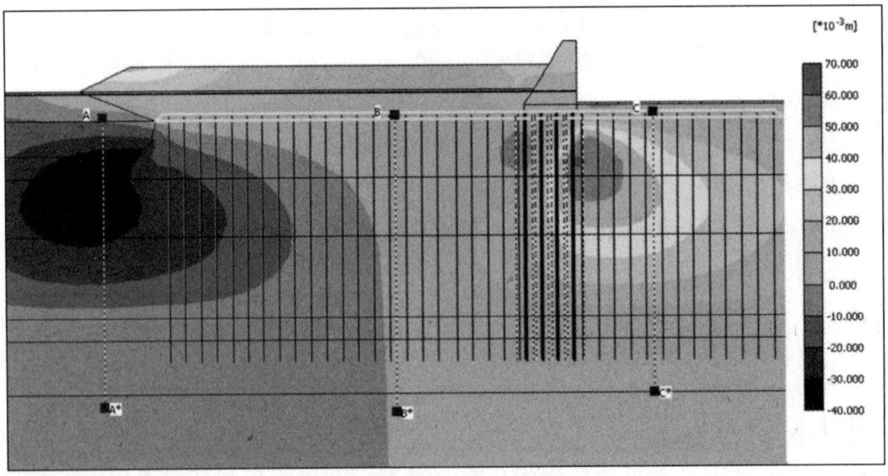

(a) 土层断面选取示意图

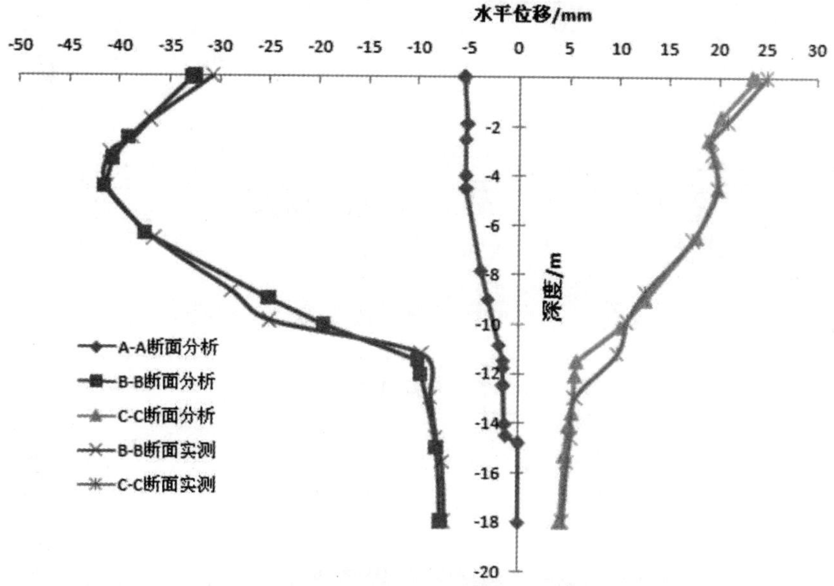

(b) 土层水平位移沿深度分布图

图 10.6　堤基土层断面及水平位移沿深度分布示意图

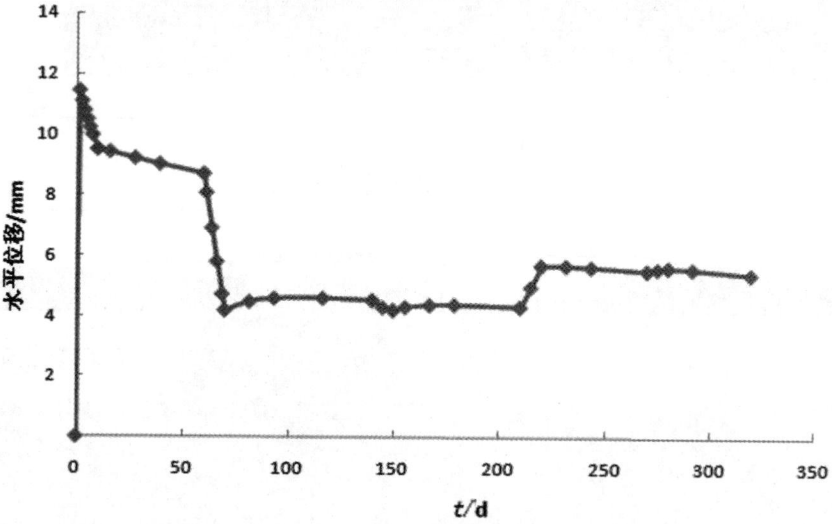

图 10.7　堤底中心位置水平位移-时间曲线

10.4.3　孔隙水压力分析

浅海斜坡式路堤预压期后和主固结完成后基底超静孔隙水压力分布情况如图 10.8 所示。从图中可以看出，预压期结束后超静孔隙水压力主要集中在左侧反压平台下方淤泥和淤泥质粉质黏土层内，最大超孔压为-17.63 kN/m^2，而由于塑料排水板的作用，路堤堤底范围内超孔压值较小。在预压后 1000 d 以上的固结期后，主堤范围内土体中超孔压基本消散，排水板处理范围外在上述两区域超孔压仍有残余，但最大值为-0.90 kN/m^2，可认为主固结已基本完成。从分析结果可以看出，排水板对土体固结的加速作用十分明显。

10.4.4　应力应变分析

预压期结束后围海堤应力应变情况如图 10.9 所示。结合有限元模拟分析得到的各施工步应力应变情况可以得到以下结论。

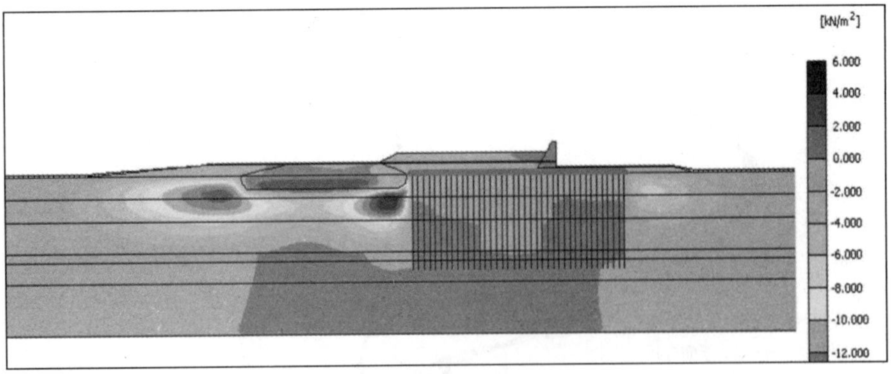

(a) 预压后超孔压云图

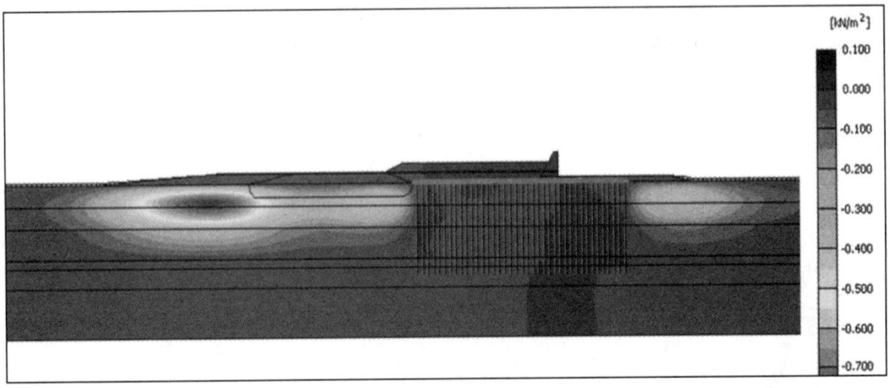

(b) 固结后超孔压云图

图 10.8 **超静孔隙水压力分布云图**

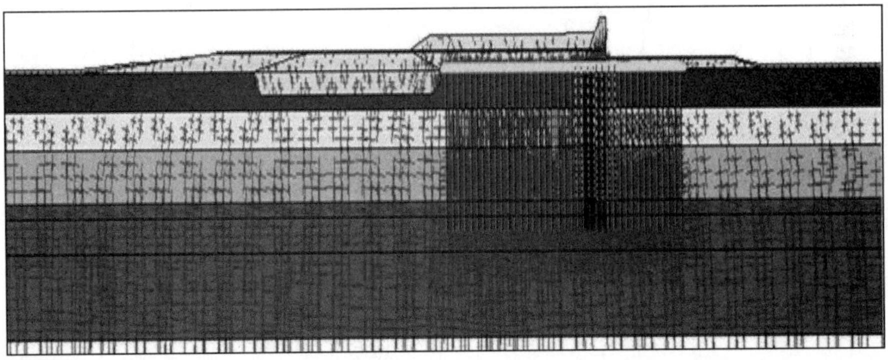

(a) 有效应力分布图

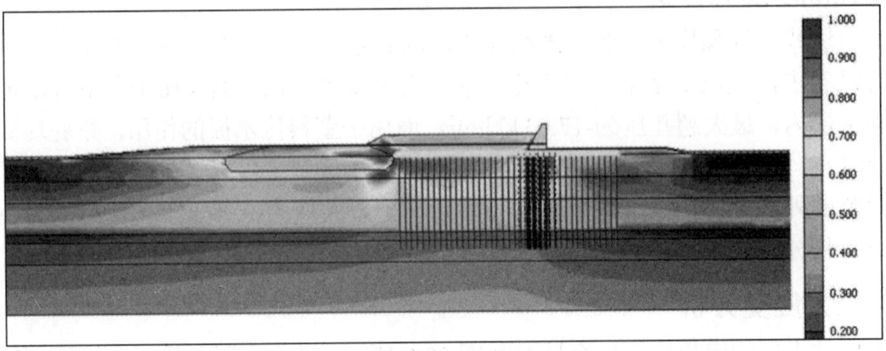

(c) 剪应变云图

图 10.9 **预压后应力应变示意图**

① 预压后海堤堤身有效应力在堤身填筑范围内分布均匀，随着深度增加而逐渐增大，在基底的有效应力大小与上部堤身填筑荷载大小基本对应，最大值发生在中心部位，量值为-59.35 kN/m²，符合实际情况。

② 基底剪应变在主堤填筑范围内淤泥土层中排水板间隔区域内均匀分布，由于加筋垫层和施工道路填土力学参数的差异，最大剪应变发生在碎石垫层与施工道路坡脚交界处位置为 9.21%，从各施工步分析结果来看，此区域剪应变值随填筑高度增大而逐渐增大，在之后的长期固结中仍在发展，即此处土体可能发生塑性破坏。

10.5　地基处理措施影响分析

工程地基基础为滨海相软土地基，施工中采取了多种处理措施，从有限元分析结果与实测数据可以看出处理效果良好，多种处理措施相结合保证了海堤在地基固结沉降过程中的稳定性。本节分析主要针对塑料排水板排水作用对固结排水的影响、土工合成材料与碎石垫层形成的加筋垫层对地基的影响作用，以及反压护道的设置对堤身稳定影响等三个方面进行。

10.5.1　塑料排水板影响分析

分析考虑在同样的施工步骤下不设置塑料排水板，仅通过堤身填筑自重来进行预压固结。预压后超孔压分布情况对比如图 10.10 所示。同样选取堤基中心线基底以下-1.8m 淤泥土层位置绘制其超孔压消散曲线。

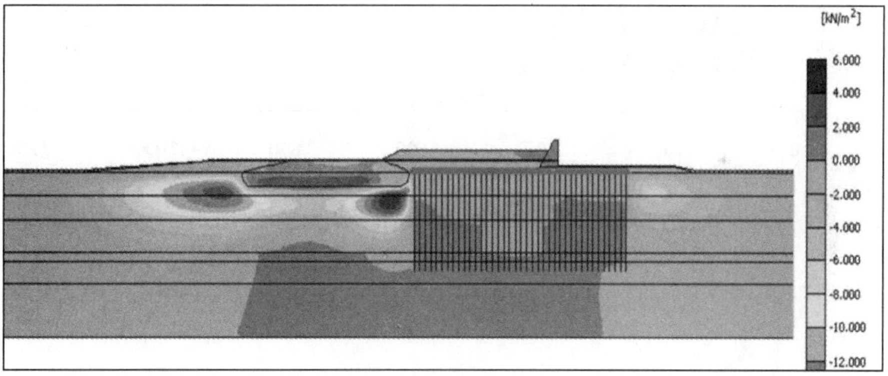

(a) 设排水板

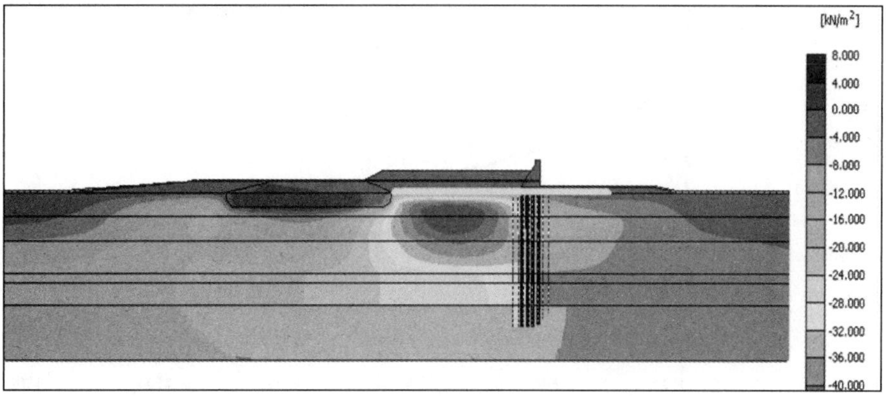

(b) 不设排水板

图 10.10　预压后超静孔隙水压力分布云图对比

由计算结果图 10.11 及对比分析可以看出，预压期结束后不设排水板情况下土体中的超孔压集中分布在主堤基底范围内的软土层中，在加载过程中，随着填筑高度的增大，软土地基来不及排水，土体中的超静孔隙水压力随之增大，在排水板作用下会迅速消散；而没有排水板的情况下出现平台区域，之后随着加荷而再次增长，预压期结束后土体中超孔压最大值达到-72.15 kN/m^2，之后随着固结时间而缓慢消散，消散速率明显比设置排水板的情况下小，在 1060 d 的固结期后超孔压仍高达-39.75 kN/m^2，与设置排水板情况下对比明显。两种情况下，堤基的沉降趋势均为两侧向中部逐渐增大，因此，取堤基表层中点位置绘制其在两种情况作用下的沉降随时间变化曲线及固结度随时间变化曲线，可用沉降量来表示堤基的最大沉降量(见图 10.12)。

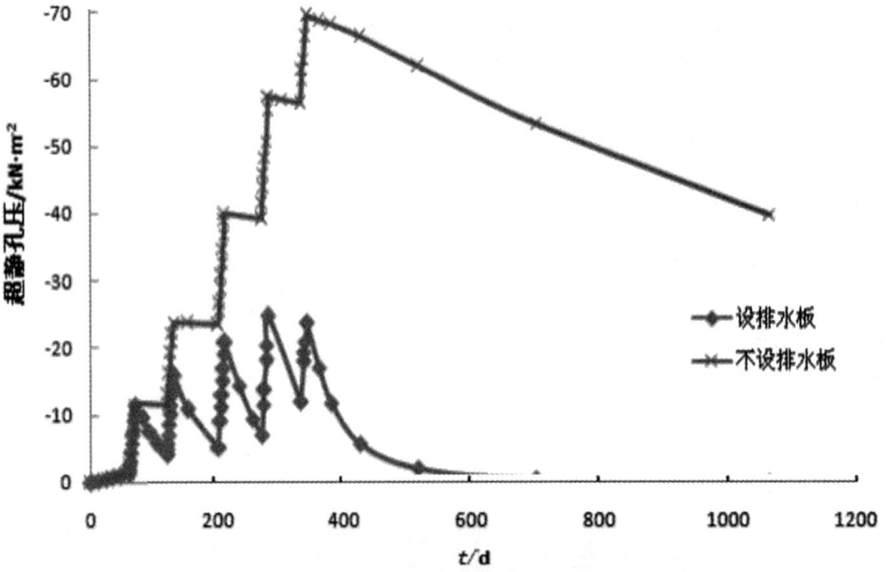

图 10.11　基底中部淤泥层超孔压消散过程对比

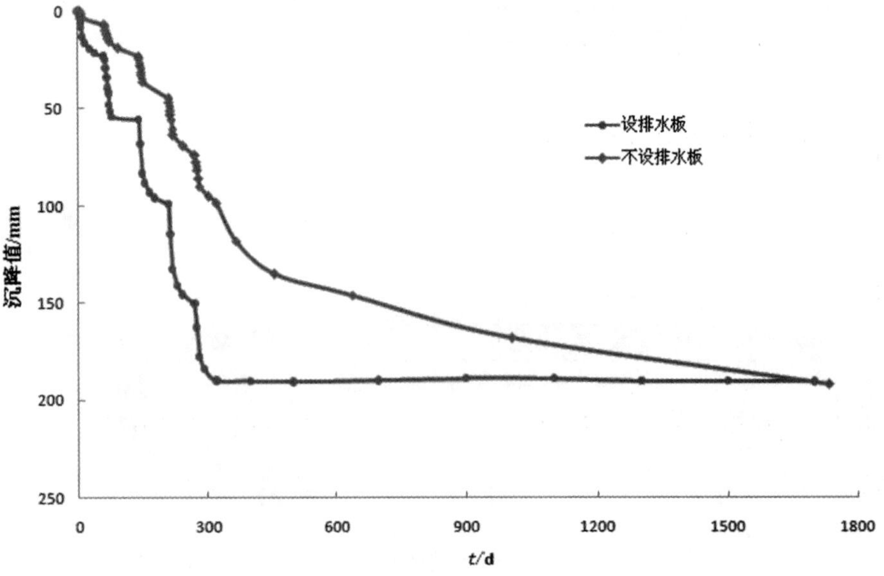

(a) 时间-沉降曲线对比

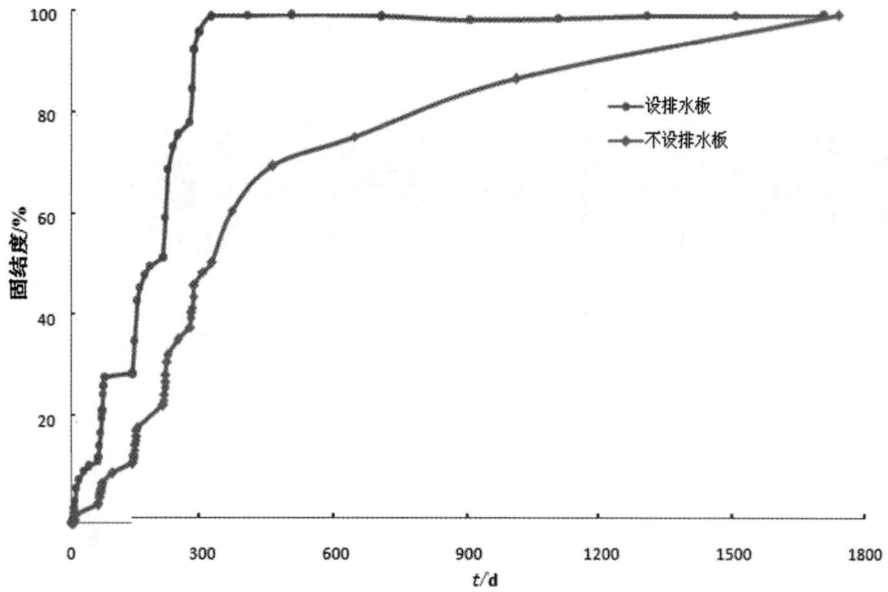

(b) 时间-固结度曲线对比

图 10.12　两种情况下堤基中部土体沉降及固结度变化情况对比

从图 10.12 中可以看出，两种情况下堤基的最终沉降量是基本相同的，但设置有塑料排水板的软基固结速度明显快于不设排水板情况下的软基，在预压期结束后及施工完成后 40 d，固结度基本已达到 100%，即堤基中部土体已基本完成固结，而此时不设排水板情况下地基的固结度仅有 50.9%。

从时间-沉降曲线对比可以看出，设置排水板的软土地基在堤身填筑期间已经完成了大部分沉降，即主固结基本完成。结合土体中超静孔隙水压力的消散情况，不设排水板的情况下，堤基以下土体完成固结的时间超过 3000 d，远远大于设置排水板的情况下所需要的 1400 d。由以上分析可知，在海涂围垦工程中针对滩涂软土地基的处理，合理地采用加设塑料排水板预压固结的措施，可以增加土体排水途径，缩短排水距离，从而大大加速超静孔压消散的速度，有效地加速软基的固结，促进地基土强度增长，有效地保证海堤在施工过程中的稳定性。

10.5.2　加筋垫层影响分析

在该工程施工中，采用土工布及土工格栅结合碎石垫层的加筋垫层形式来加固堤基的整体稳定性，同时与排水固结法一起使用从而共同起到加速地基固结排水的作用。不考虑加筋垫层对浅海路堤施工的影响，同样选取堤基底部为横断面绘制其水平及垂直位移矢量图，分析结果如图 10.13 至图 10.15 所示。

从堤底断面位移情况及堤身整体位移云图可以看出，加筋垫层的设置对堤基的最终沉降影响不大，但对堤底断面的水平位移产生较大影响。从图中可以看出，堤身及地基中产生的水平位移趋势与 10.4.2 节分析结果保持一致，但基底水平位移在加筋材料的拉伸作用下在堤底呈线性均匀分布，而无加筋垫层情况下由于外侧施工道路及内侧反压平台的填筑导致水平位移在堤基范围内变化趋势明显，垫层范围内两侧土体受到向外侧的拉力作用。说明加筋材料在一定程度上给土体以侧向约束，限制了土体的侧向变形。

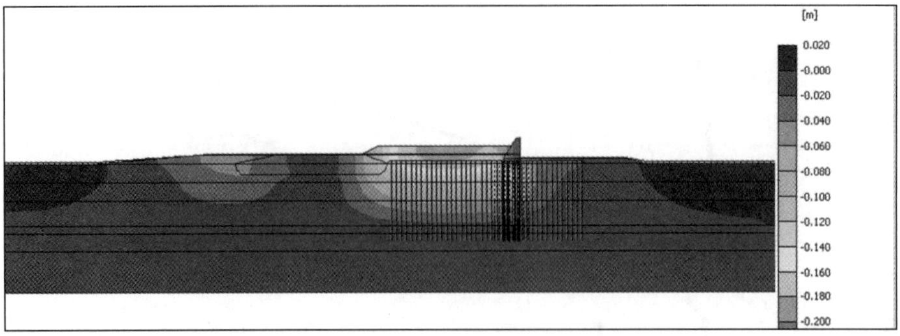

(a) 沉降云图

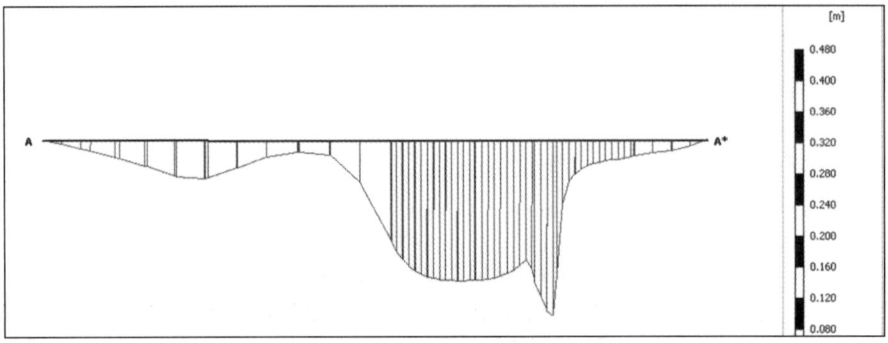

(b) 基底沉降矢量图

图 10.13　无加筋垫层预压后沉降云图及基底沉降矢量图

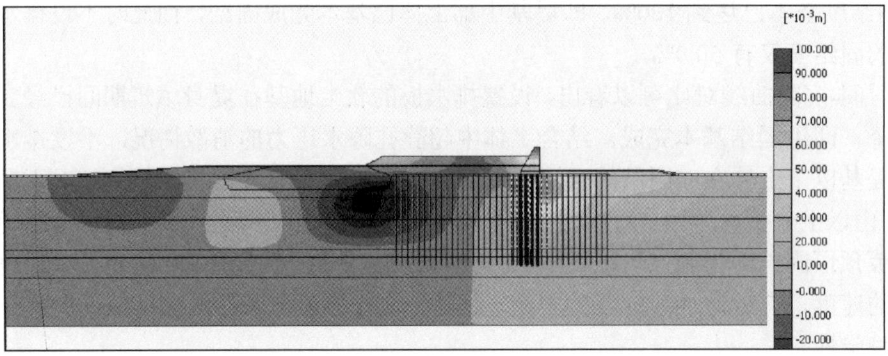

(a) 水平位移云图

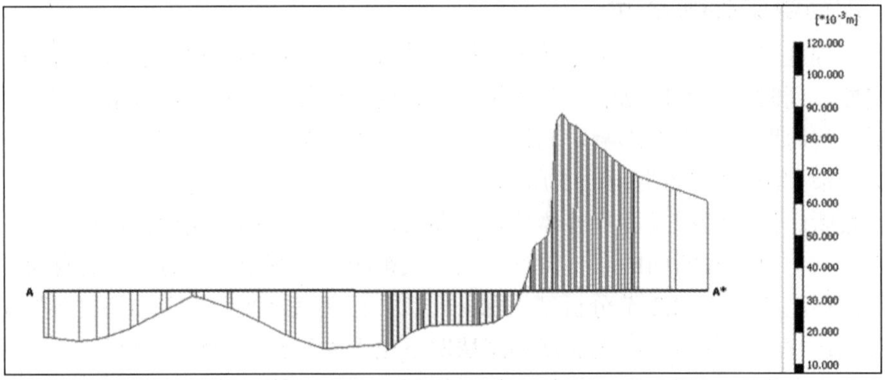

(b) 基底水平位移矢量图

图 10.14　无加筋垫层预压后水平位移云图及基底水平位移矢量图

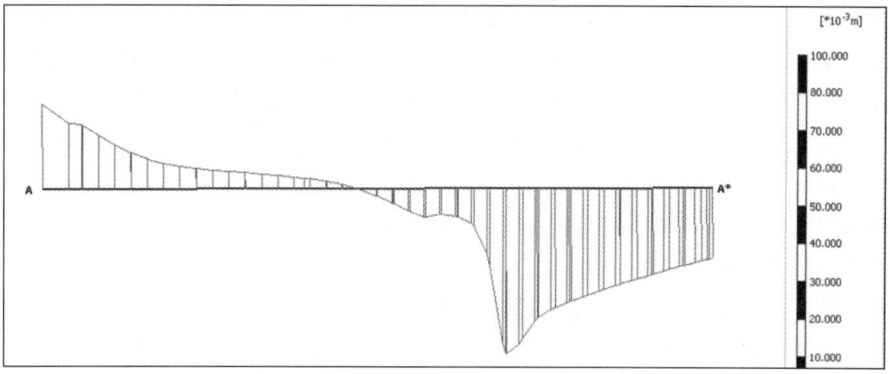

(a) 设加筋垫层(极值 43.2 mm)

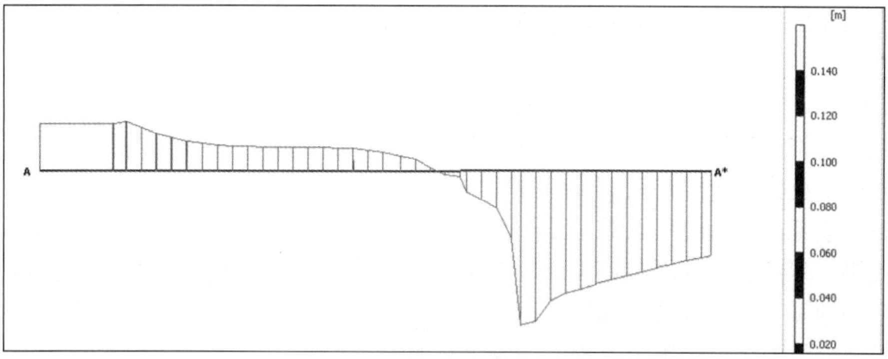

(b) 不设加筋垫层(极值 63.7 mm)

图 10.15　加筋垫层处理范围内堤基水平位移矢量对比

分析得到加筋垫层对堤基土体应力的影响作用，如图10.16所示。

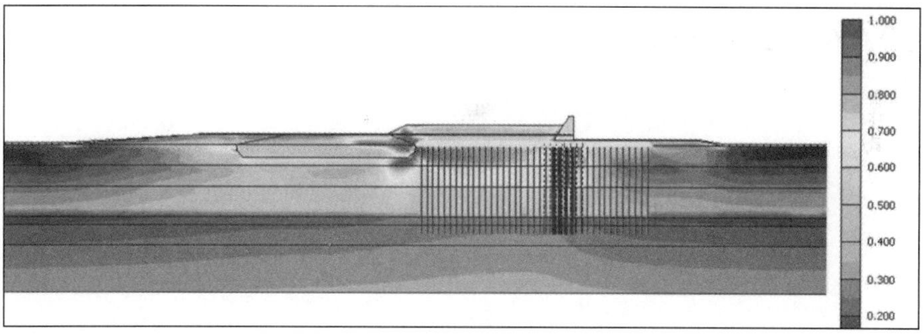

(a) 设加筋垫层

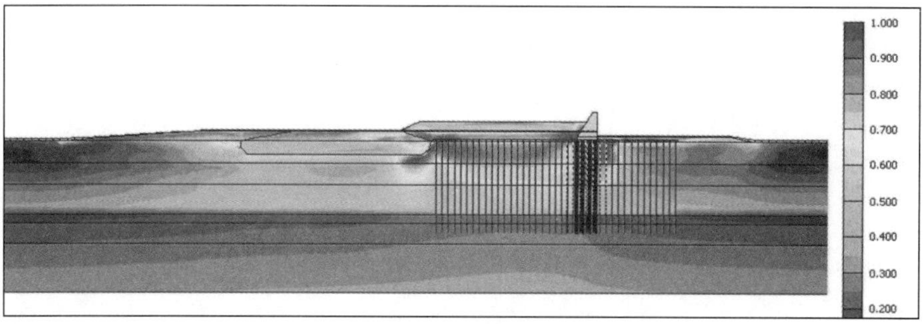

(b) 不设加筋垫层

图 10.16　堤身及地基应力水平云图

从应力水平云图可以看出：在加筋垫层的作用下，土体中应力水平较大的区域明显减少，主要表现在堤身填筑土体中的应力水平较大区域向基底以下方向缩减，即剪应力值较大区域减少，在一定程度上就意味着土体稳定性的增加。说明加筋材料与周围土体界面的应力传递在局部区域改变了土体中的应力分布，从而改变了地基中的应力场和位移场的分布，加筋材料与土体的摩擦咬合作用使土中的部分应力得到扩散和转移，从而使土体一定深度范围的附加应力有所减小，使应力在断面上分布更加均匀。

上述围海堤施工过程中加筋垫层的设置，主要体现在加筋材料的影响作用上，但其对于施工期间的沉降、最终沉降以及工后沉降意义并不大。其原因是铺设土工织物只是改善了作用在软基上的应力分布，而由于围海堤施工过程中大范围的堆载预压，并不能减小总的固结压力，因此对堤身的固结沉降意义不大；而加筋垫层的设置对限制土体的侧向变形有着很好的作用，对堤身中应力场的改善作用也较明显，在一定程度上增大了堤身及土体的稳定性。

综上所述，用有限元分析软件对依托工程的典型施工断面建立平面应变有限元分析模型进行数值模拟，根据有效应力原理分析混合式路堤不同施工步骤下的应力及变形情况，并考虑不同工况作用对堤基固结沉降的影响。

从数值模拟的分析结果来看，依托工程采用多种处理措施相结合进行软基处理取得了良好的效果，保障了海堤堤身填筑的顺利施工。从堤基沉降和水平位移情况来看，依托工程所采取的地基处理措施是合理的，而数值模拟分析的结果与实测结果能够保持吻合，说明采用数值分析的手段应用于工程实际是可行的。

混合式路堤施工区域的软土地基采用塑料排水板能够很好地改善土体中超静孔压的消散情况，从而加速路基的固结，保证工程的顺利施工及堤身的稳定；另一方面，分析结果表明，土工合成材料结合碎石垫层能够起到较明显的增强路基土体稳定性的作用，对土体中的应力分布有较好的改善作用。

第 11 章　浅海混合路堤动力响应特性分析

本章针对胶州湾产业基地 K0+0.00～K1+513.53 段斜坡式路堤结构，斜坡式路堤堤顶道路高程为+5.00 m，道路宽 36 m 依托工程，开展浅海斜坡式路堤设计与施工研究。

11.1　浅海斜坡式路堤设计与施工

11.1.1　斜坡式路堤设计方案

斜坡式路堤堤顶道路高程为+5.00 m，道路宽为 36 m。堤身主体为砂砾土回填；堤身右侧外海侧填筑施工便道，施工便道堤身填筑完成后形成一级反压平台，平台顶部高程为+3.50 m，宽为 18 m，坡比 1∶2，回填采用砂砾土；路堤基础表面铺筑一层为 1 m 厚碎石排水垫层，路堤下部土体的排水处理采用塑料排水板，塑料排水板上部伸入碎石排水垫层为 50 cm，下部打入⑧-3 粗砂层中 50 cm。海堤左侧围区侧填筑两级反压平台，第一级反压平台填筑宽度为 15 m，坡比 1∶4，平台顶部高程为+2 m。第二级反压平台在第一级的基础上填筑，填筑宽度为 0.45 m，坡比 1∶3，反压平台顶部高程为+3.5 m。+2.00 m 以上反压平台处边坡进行草皮防护，填筑采用回填砂砾土。堤顶路面设计采用双向六车道。

11.1.2　围海堤斜坡式路堤设计施工要点

(1) 施工工艺流程

围海堤斜坡式路堤的主要加固方式是用塑料排水板对基础进行预压排水固结，在对地基基础处理完成后对堤身进行填筑施工。

(2) 软弱地基处理方案

① 采用排水固结法，加速地基的固结，提高其承载力，减少工后沉降。主要进行塑料排水板的打设。

② 对软弱土基加压，土中的孔隙水在渗流作用下形成足够的水力梯度从而排出。由于本工程地基的工程地质条件特点，为确保施工的安全，排水板主要性能指标应当满足要求。

(3) 土工合成材料的设计与施工

斜坡式路堤土工合成材料采用的 30 kN/m 有纺土工布及 80 kN/m 经编涤纶双向土工格栅主要技术指标见前述章节所列。

11.2　动力响应分析方法

地震动力对斜坡式路堤的影响主要包括地震期间出现的位移、变形和惯性力；产生的超静孔隙水压力；惯性力、超孔隙水压力和剪切应力降低对稳定的影响；超孔隙水压力的重分布和地震后的应变软化；土的抗剪强度的降低等影响作用；土体的永久变形及大面积液化作用造成的破坏。通过相关研究可以发现，地震停止之后出现的变形经常超过标准永久大变形。震后变形不是惯性力和位移引起的，而是土体中超静孔隙水压力和土体强度降低两者耦合而形成的。运行期内考虑到路堤在交通荷载作用及超重交通荷载作用下的地震动力分析。研究中利用有限元分析软件中的地震响应分析方法，研究浅海围海堤斜坡式路堤工程在地震动力作用下的永久位移和强度折减，并分析其在地震作用下的边坡稳定性。

11.3 物理力学参数选取

依托工程根据地质勘察报告和《青岛综合地层表》，工程区域的地层自上而下主要可分为三个沉积层：第⑥层海相沉积层，以淤泥质土为主；第⑧层海相沉积层，以中砂为主；第⑩层陆相沉积层，以中粗砂为主。胶州湾产业新区的主要土层分布信息见前述章节所示。因此，在数值模型建立时，从现状滩面以下，主要考虑 7 个土层，对土层建立数值仿真模型并进行计算分析。土层物理力学参数的取值如见前述章节。采用 Mohr-Coulomb 模型进行堤数值模拟，分别考虑海水位升降、车辆荷载、地震以及超重交通荷载地震作用三种不同情况下浅海围海堤斜坡式路破坏变形以及其应力应变关系，并对其稳定性进行分析研究。

11.4 斜坡式路堤数值模型建立与分析工况

本章中运用有限元软件对浅海围海堤斜坡式路堤建立数值分析模型，采用 Mohr-Coulomb 模型来模拟分析本工程斜坡式路堤土体的应力应变关系和堤身稳定性，采用 15 节点四边形单元进行有限元网格划分，堤身主体填筑高度为 5 m，堤顶道路路面高程+5.5 m，模型建立时底部取至基地标高-26.2 m，达到基底持力层强风化砂岩处。有限元模型如图 11.1 所示。

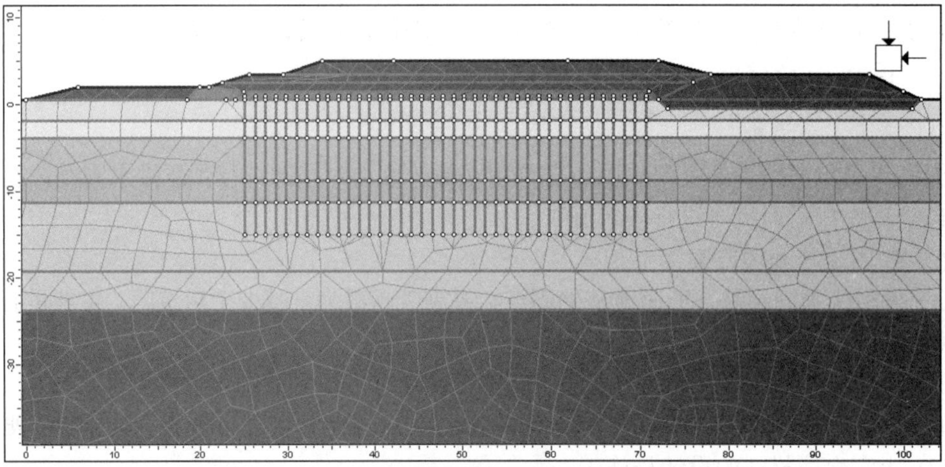

图 11.1 浅海围海堤斜坡式路堤数值分析模型图

渗透边界条件为两侧透水边界，底部强风化层为不透水边界。左侧围区侧考虑常水位 2 m，右侧外海侧考虑高潮水位 3.43 m。数值模拟分析中主要考虑了以下施工步骤。

① 外海侧施工便道填筑形成一级反压平台。施工便道施工前，对首层⑥-1 层淤泥进行 1 m 厚土体换填，平台底部高程为-0.5 m，反压平台土采用回填砂砾土填筑，反压平台上施工便道高程+3.5 m，宽 18 m，坡度 1∶2(见图 11.2)。

② 加筋碎石垫层铺填及排水板打设。路堤基础表面铺筑一层1 m厚碎石垫层排水，碎石排水垫层两侧坡比1:1，碎石垫层顶部铺设一层30 kN/m 有纺土工布、一层80 kN/m经编涤纶双向土工格栅，起到对土体内所含水的隔离作用，路堤下部土体的排水处理采用塑料排水板。但塑料排水板起到的作用主要是在施工期进行排水，本身不具备支撑作用，在海堤斜坡式路堤修筑完成后，在堤顶道路运用期内，塑料排水板对堤身稳定性及其应力变形作用很小，故在数值分析计算时，将不考虑塑料排水板对堤身稳定性和堤身应力应变的影响(图11.3)。

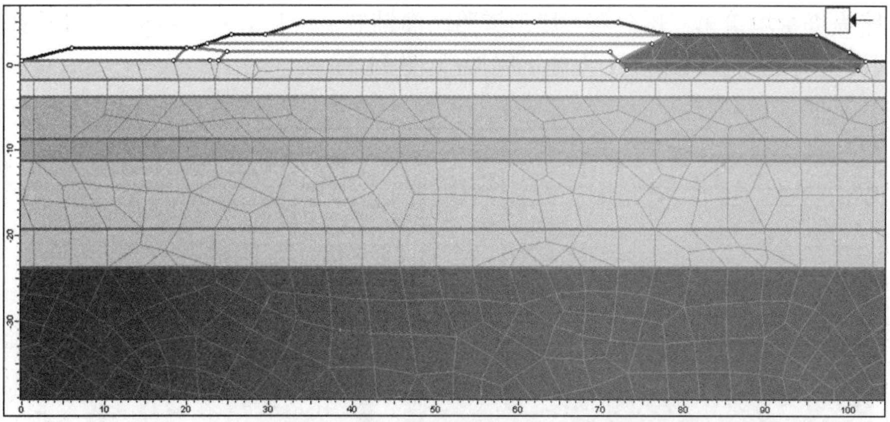

图 11.2　斜坡式路堤外海侧反压平台修筑图

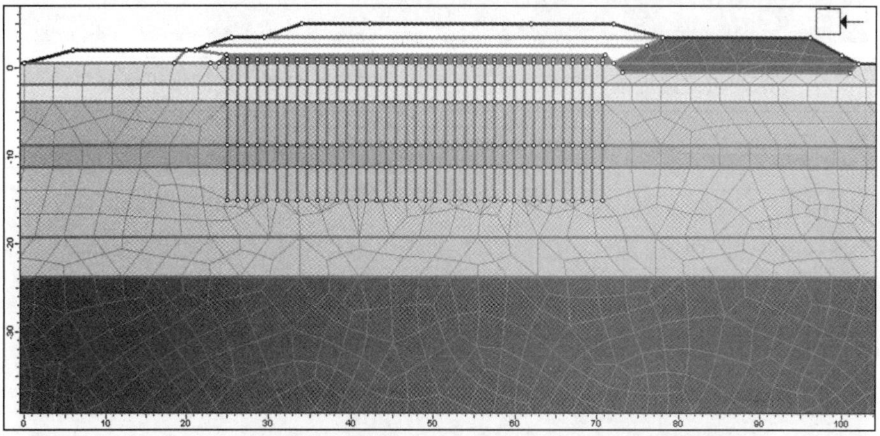

图 11.3　斜坡式路堤碎石排水垫层铺筑及塑料排水板打设图

③ 围区侧反压平台及路堤堤身分层填筑。围区侧填筑两级反压平台：第一级反压平台填筑施工前在反压平台与碎石排水垫层接触填筑一碎石排水通道，反压平台填筑采用砂砾土，填筑宽度15 m，坡比1∶4，平台顶部高程+2 m；第二级反压平台在第一级的基础上填筑，位于碎石排水通道与碎石排水垫层上部，填筑宽度0.45 m，坡比1∶3，反压平台顶部高程+3.5 m。反压平台处边坡进行草皮防护，第二级反压平台与第一层、第二层路堤堤身同时进行填筑，填筑采用回填砂砾土(见图11.4)。

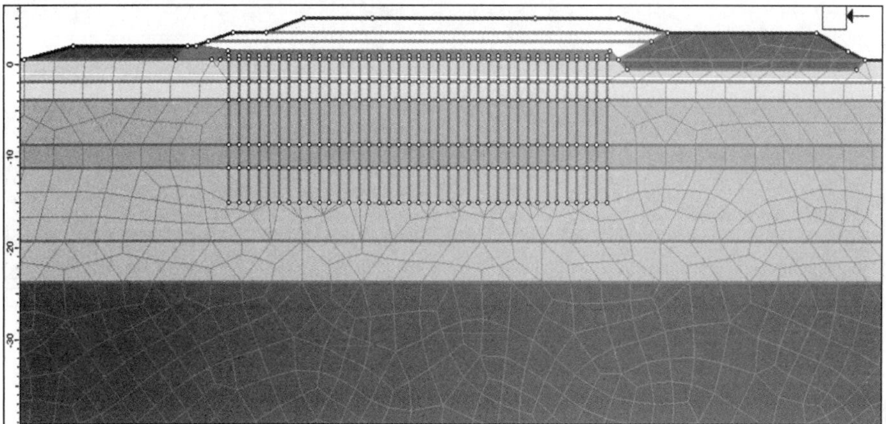

图 11.4　斜坡式路堤围区侧碎石排水通道及第一级反压平台修筑图

④ 路堤堤身填筑第三层分层，堤顶道路路面铺装，路基边坡采用草植防护措施，坡比1∶3，浅海围海堤斜坡式路堤工程施工完毕(见图 11.5)。

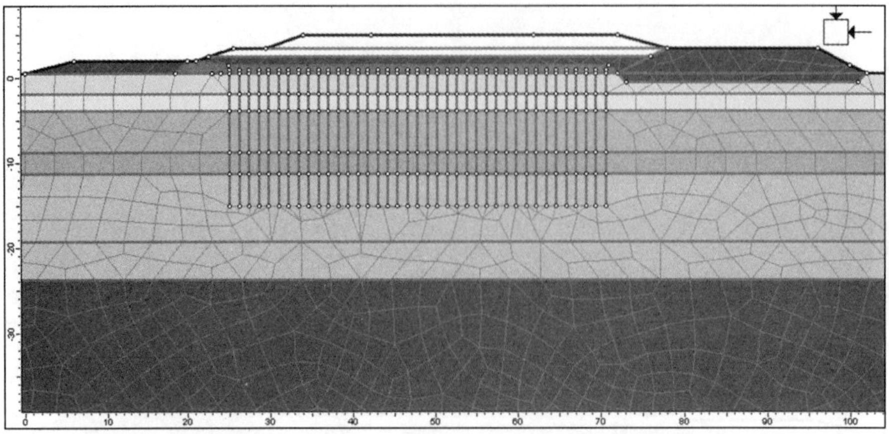

(a) 斜坡式路堤围区侧第二级反压平台与路堤堤身第一层回填土填筑

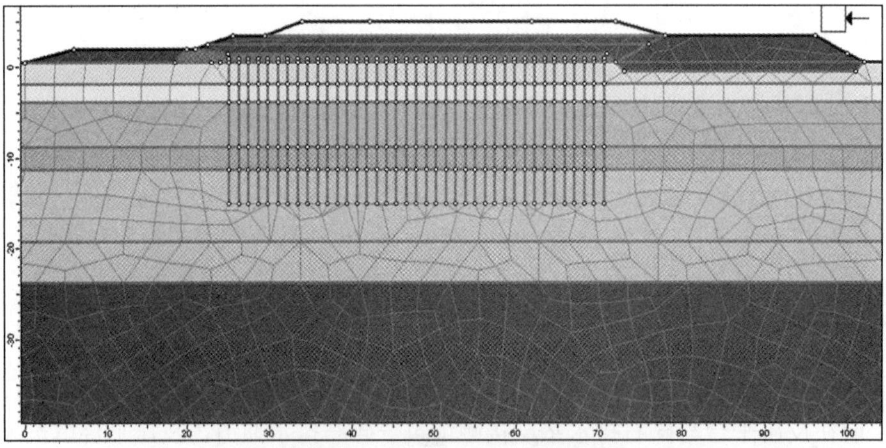

(b) 斜坡式路堤围区侧第二级反压平台与路堤堤身第二层回填土填筑

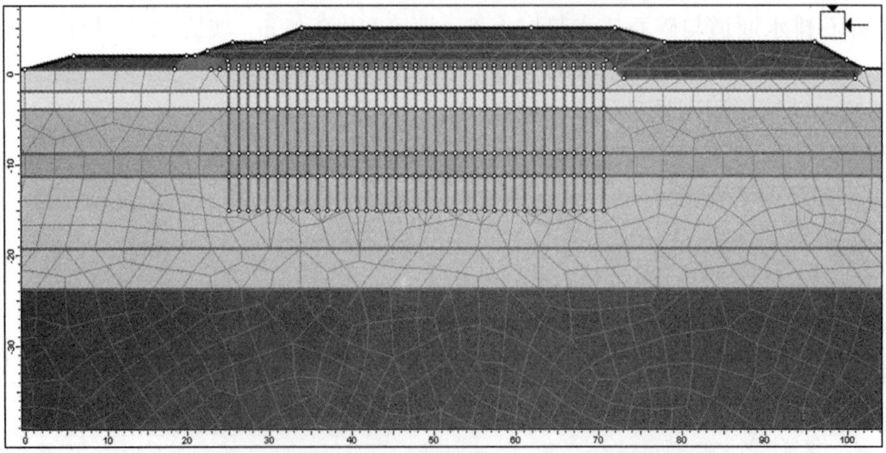

(c) 斜坡式路堤第三层回填土填筑及堤顶道路路面铺装

图 11.5　浅海围海堤斜坡式路堤分层回填施工过程图

分析工况：

① 高潮水位+3.43 m，交通荷载 N=35 kPa 作用(见图 11.6)。

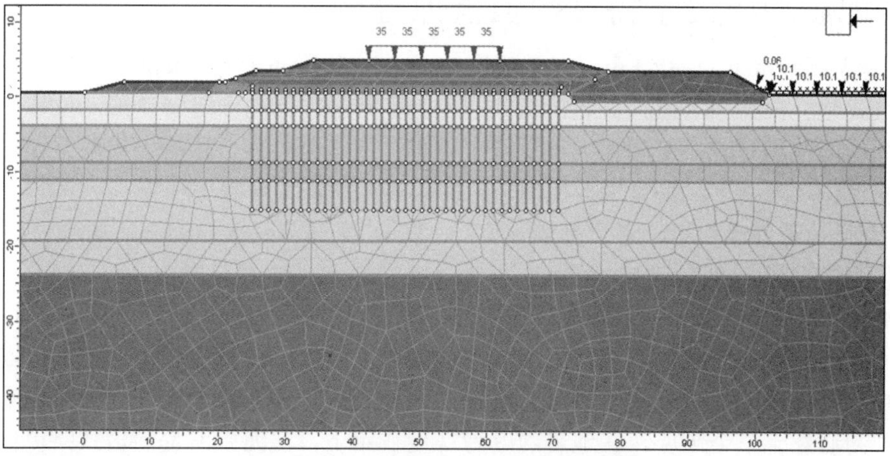

图 11.6　考虑高潮水位+交通荷载作用图

② 高潮水位+3.43 m，交通荷载 N=35 kPa，地震烈度为 7 度的地震作用(见图 11.7)。

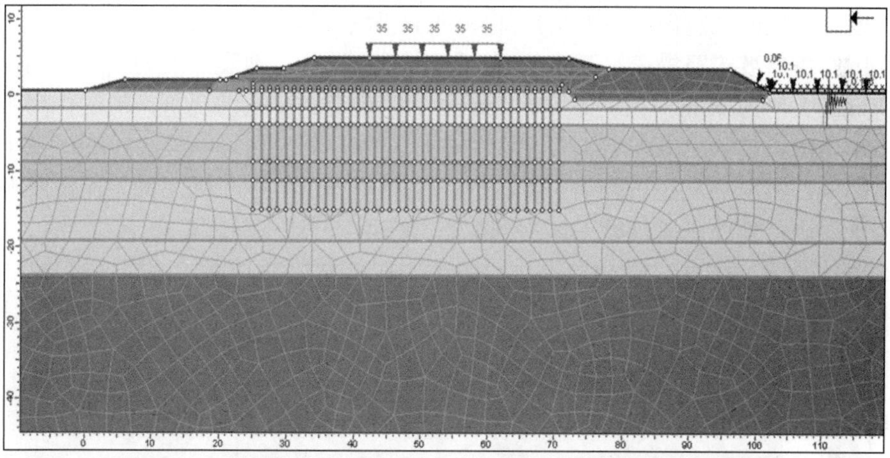

图 11.7　考虑高潮水位+交通荷载作用+地震烈度为 7 度作用

③ 高潮水位+3.43 m，超重交通荷载 5×N=175 kPa，地震烈度为 7 度的地震作用(见图 11.8)。

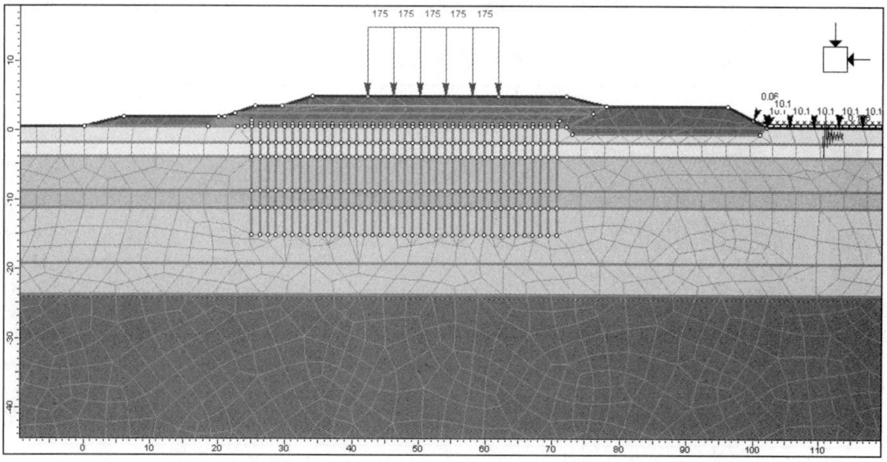

图 11.8　考虑高潮水位+超重交通荷载作用+地震烈度为 7 度作用图

11.5 地震响应力学特性数值模拟分析

① 考虑高潮水位为+3.43 m，交通荷载 N=35 kPa 作用下变形，如图 11.9 所示。

斜坡式路堤在高潮水位、交通荷载共同作用下路基整体向下沉降变形。位移变形与交通荷载的作用范围对应，变形较大值主要集中在堤顶路面以下，趋势由堤顶至堤脚向两侧延伸，变形值逐渐减小，堤身没有出现较大的破坏变形，堤身整体稳定。

② 交通荷载地震作用。考虑高潮水位+3.43 m，交通荷载 N=35 kPa，地震烈度为 7 度的地震作用下变形，如图 11.10 所示。

浅海围海堤斜坡式路堤在高潮水位、交通荷载作用、地震烈度为 7 度共同作用下，位移变形不再与荷载作用范围对应，右侧外海侧变形值增大，变形值较大的范围由堤底路面以下集中到外海侧，变形趋势转为向外海侧，该处反压平台变形增大，集中在堤底的淤泥及淤泥质粉质黏土三个土层。在地震烈度为 7 度作用下，浅海围海堤斜坡式路堤仍处于稳定状态，并未出现大的破坏变形。

③ 超重交通荷载地震作用。考虑高潮水位+3.43 m，超重交通荷载 5×N=175 kPa，考虑地震烈度为 7 度的地震作用下变形，如图 11.11 所示。

浅海围海堤斜坡式路堤在高潮水位、超重交通荷载作用、地震烈度为 7 度共同作用下，总位移变形最大值为 8 m。在堤底路面处于受到超重交通荷载情况下，地震作用带来的变形值进一步增大，趋势仍为外海侧发生大的变形，围区侧受到影响较少，变形减小，堤底路面下沉加剧，将影响交通车辆的正常行驶；大的变形仍集中在堤底的淤泥及淤泥质粉质黏土三个土层中，外海侧堤趾处土体受到地震力作用，产生隆起。

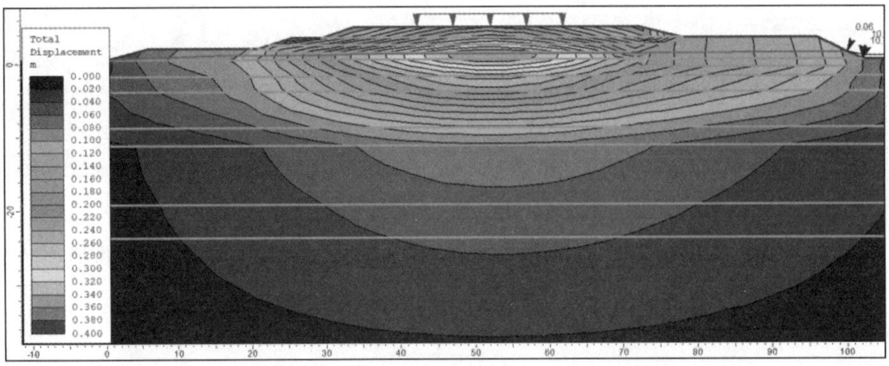

(a) 考虑高潮水位+交通荷载作用堤身出现的变形位移云图

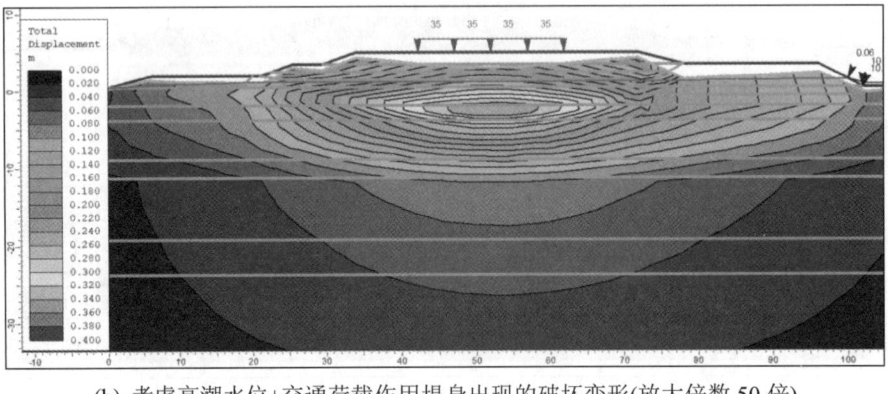

(b) 考虑高潮水位+交通荷载作用堤身出现的破坏变形(放大倍数 50 倍)

图 11.9 考虑高潮水位+交通荷载作用图

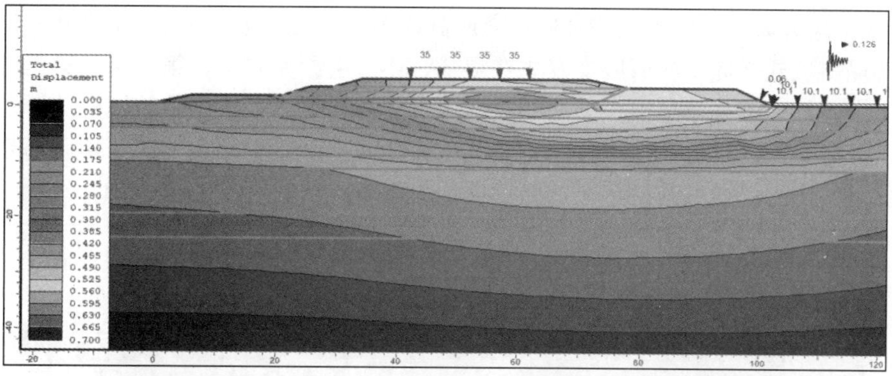

(a) 考虑高潮水位+交通荷载+地震烈度为 7 度作用堤身出现的变形位移云图

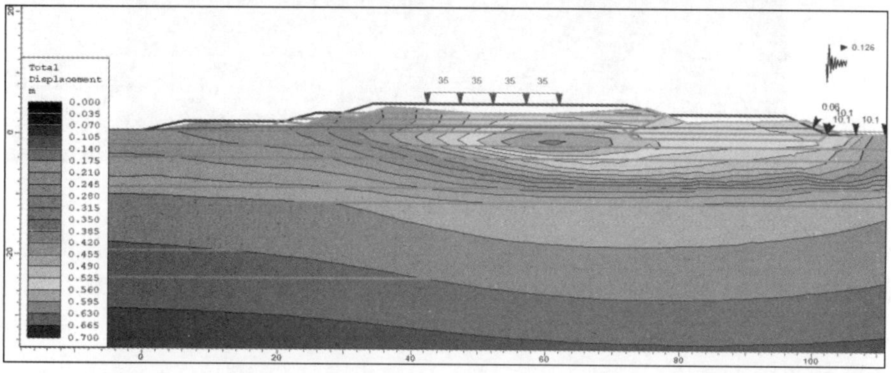

(b) 考虑高潮水位+交通荷载+地震烈度为 7 度作用堤身出现的破坏变形(放大倍数 50 倍)

图 11.10 考虑高潮水位+交通荷载作用+地震烈度为 7 度示意图

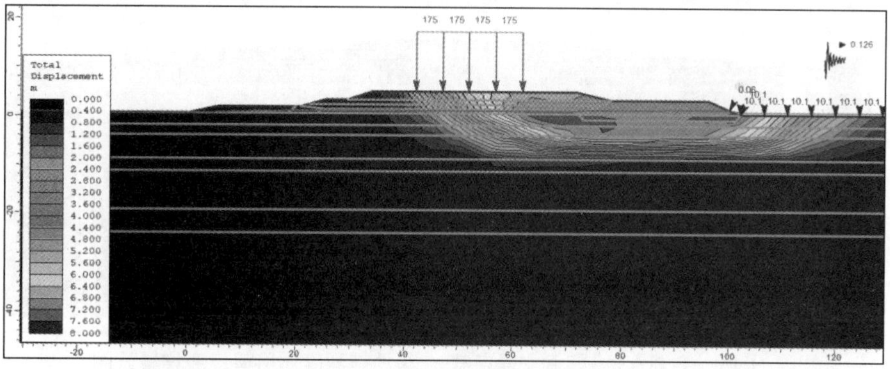

(a) 考虑高潮水位+超重交通荷载+地震烈度为 7 度作用堤身出现的变形位移云图

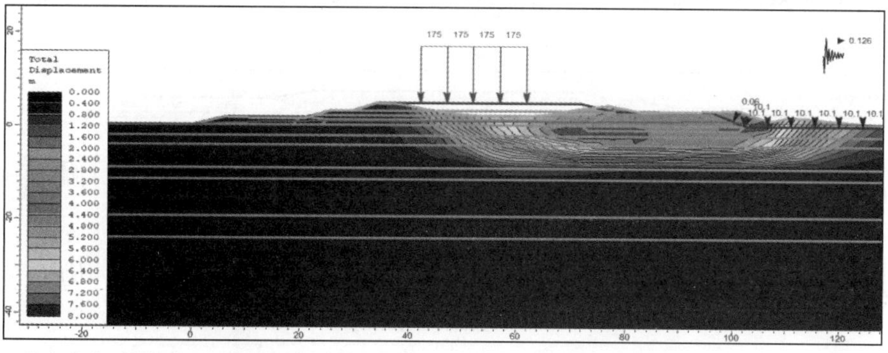

(b) 考虑高潮水位+超重交通荷载+地震烈度为 7 度作用堤身出现的破坏变形(放大倍数 50 倍)

图 11.11 考虑高潮水位+超重交通荷载+地震烈度为 7 度示意图

④ 在考虑外海侧高潮水位+3.43 m、交通荷载 N=35 kPa、地震烈度为 7 度共同作用下，浅海围海堤斜坡式路堤工程剪应变发生在堤身、第一层淤泥质土、第二层及第三层淤泥质粉质黏土中，较大值主要集中在外海侧反压平台下部淤泥中，该层有较完整的滑动面。但是，由于外海侧反压平台在地震作用下受到剪应变较小，对下部土体的剪切破坏起到压制作用，保证了围海堤堤身的稳定，从而使堤顶道路能正常使用(见图 11.12)。

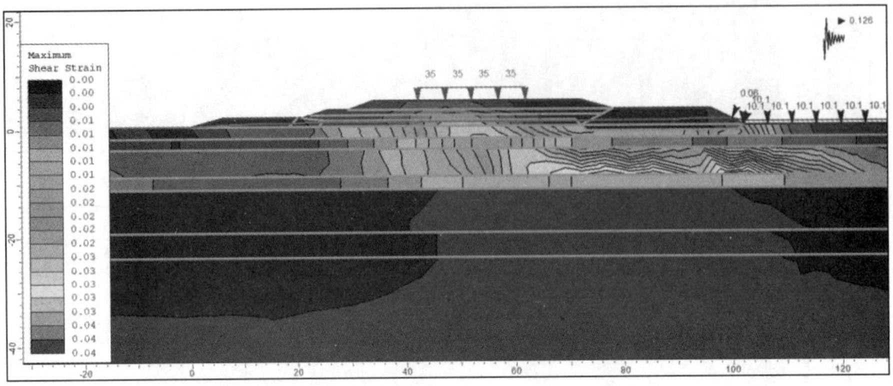

图 11.12 高潮水位+交通荷载+7 级地震烈度作用剪应变增量云图

⑤ 在考虑外海侧高潮水位+3.43 m、超重交通荷载 5×N=175 kPa、地震烈度为 7 度作用下，浅海围海堤斜坡式路堤工程剪应变值增大，集中在堤底下三层土淤泥、淤泥质粉质黏土中，在外海侧反压平台下方三层土内形成完整的滑动面，但由于反压平台的填筑，该工程整体稳定(见图 11.13)。

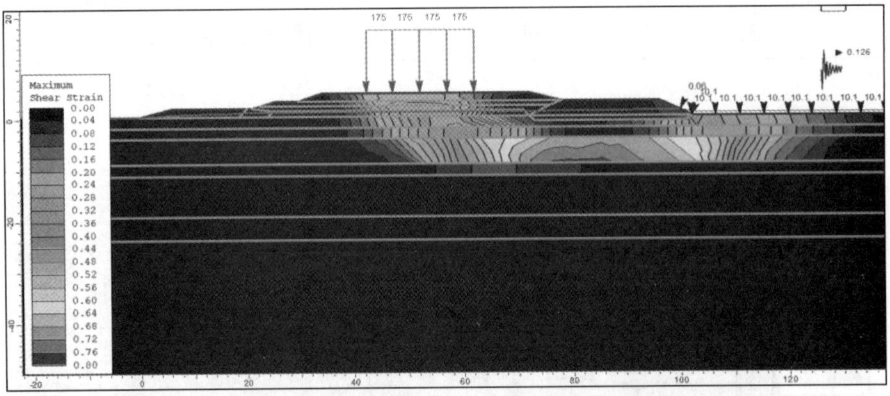

图 11.13 高潮水位+超重交通荷载+7 级地震烈度作用剪应变增量云图

⑥ 设 1 条水平和 1 条垂直典型测线，以便深入观测海堤在不同变形破坏状态的影响范围和趋势(见图 11.14)。

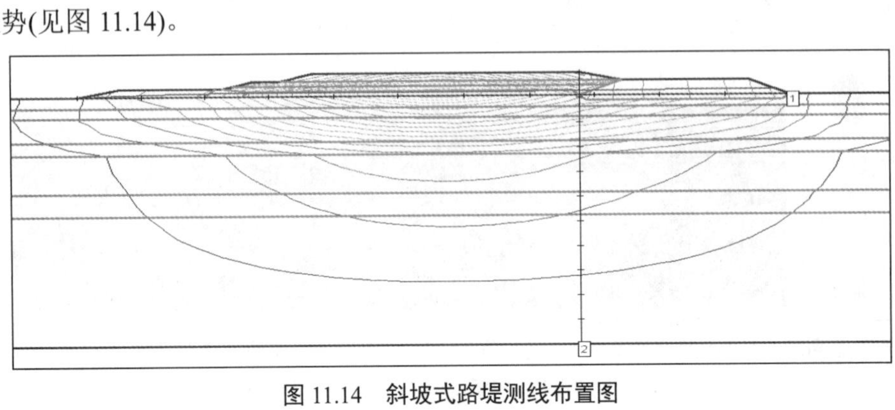

图 11.14 斜坡式路堤测线布置图

斜坡式路堤基底 1 号测线沉降曲线见图 11.15，表 11.1 为 1 号测线在水平方向上的沉降值，堤顶道路受到交通荷载作用，堤身发生整体向下沉降位移，越靠近交通荷载作用的范围，沉降值越大。

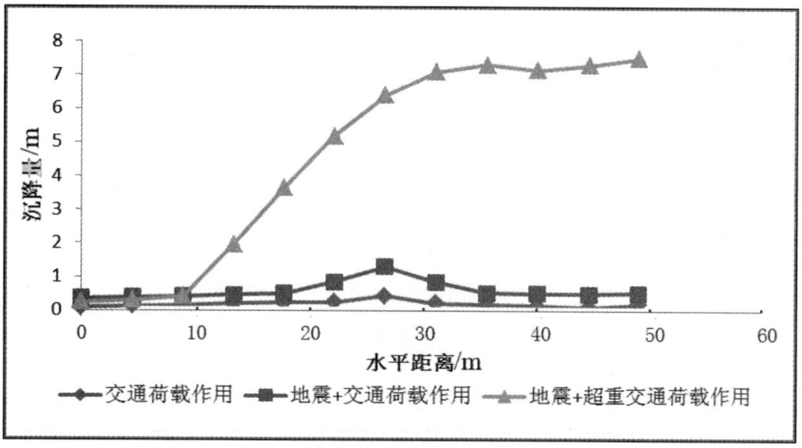

图 11.15　1 号测线不同变形破坏状态的沉降曲线

表 11.1　1 号测线沉降值

m

水平距离/m	沉降值/mm		
	交通荷载作用	地震+交通荷载作用	地震+超重交通荷载作用
0	0.083	0.361	0.252
4	0.125	0.387	0.301
8	0.166	0.421	0.426
13	0.206	0.465	1.958
17	0.237	0.513	3.65
22	0.250	0.848	5.173
26	0.443	1.212	6.396
30	0.217	0.850	7.095
35	0.180	0.530	7.309
39	0.139	0.510	7.156
44	0.095	0.494	7.296

斜坡式路堤 2 号测线不同深度的水平位移见图 11.16，水平位移较大值主要集中在离基底 15 m 的范围内，也就是第一、二、三层淤泥与淤泥质粉质黏土中，与数值分析结论相符。不同深度水平位移曲线倾斜表明，在地震动力作用下，对堤身的水平位移作用显著。通过对比表 11.2 中不同变形破坏状态下的水平位移值可知，不同深度水平位移倾斜曲线，表现图 11.16 连续特征表明，堤身整体稳定，未出现较大的破坏滑移变形。

表 11.2　2 号测线不同变形破坏状态的水平位移

m

垂直距离/m	水平位移/mm		
	交通荷载作用	地震+交通荷载作用	地震+超重交通荷载作用
0	0.067	0.476	7.138
5	0.220	0.557	7.632
10	0.151	0.472	5.809
15	0.077	0.234	0.411
20	0.054	0.188	0.209
25	0.044	0.167	0.182
30	0.036	0.147	0.159
35	0.029	0.126	0.135
40	0.021	0.100	0.108
45	0.014	0.071	0.076
50	0.006	0.037	0.040
55	0	0	0

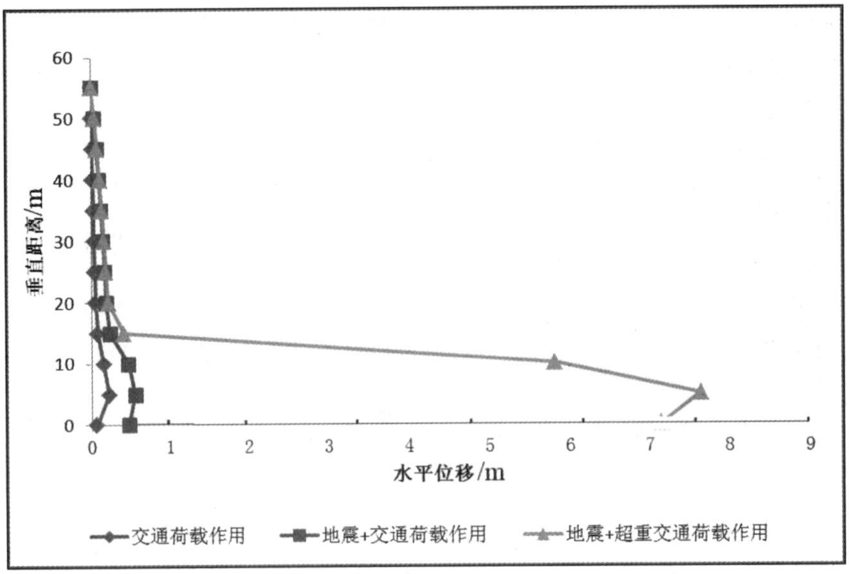

图 11.16　2 号测线不同变形破坏状态的水平位移曲线

11.6　强度折减力学特性数值模拟分析

边坡稳定计算强度折减法通过公式中的 c'，φ'值的变化。计算强度折减系数 F_S，当计算得到的边坡失稳，得到的折减系数即为边坡的稳定系数。

$$c'_r=c'/F_S,\ \varphi'_r=\arctan(\tan\varphi'/F_S)$$

运用软件中的强度折减方法，对浅海围海堤斜坡式路堤两侧边坡进行边坡折减，计算得到其边坡稳定系数，并对该工程的稳定做出评价分析。

① 围区侧海堤边坡变形总位移矢量云图如图 11.17 所示。围区侧边坡安全系数为 1.51，大面积的滑坡变形发生在围区侧第一级反压平台下方第二、三层土中，在交通荷载的作用下，堤顶道路以下变形与交通荷载作用基本对应，大的变形主要集中在荷载作用范围内，其余部位变形较小。

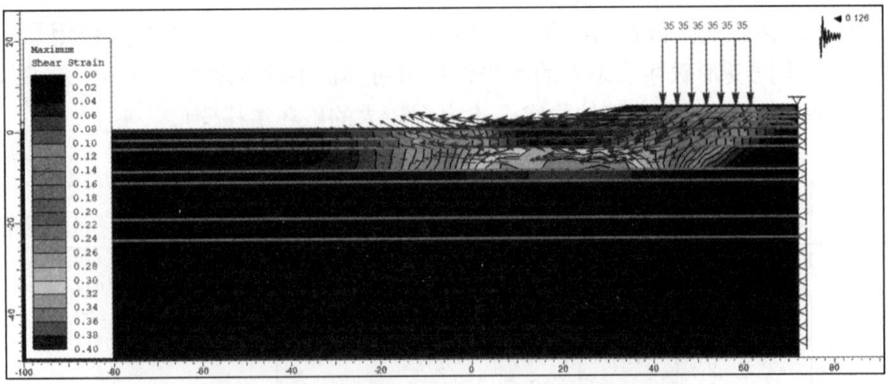

图 11.17　围区侧海堤边坡变形总位移矢量云图

② 围区侧滑动面贯通变化趋势。围区侧在交通荷载作用下，危险滑动面破坏变形首先发生在围区侧第一级反压平台下第三层土淤泥质粉质黏土中[见图11.18(a)]；围区侧在地震和交通荷载作用下，危险滑动面进一步发展，由初始滑动面破坏位置向两侧范围扩大并向上部土层发展至基底下部第一、二层土[见图11.18(b)]。

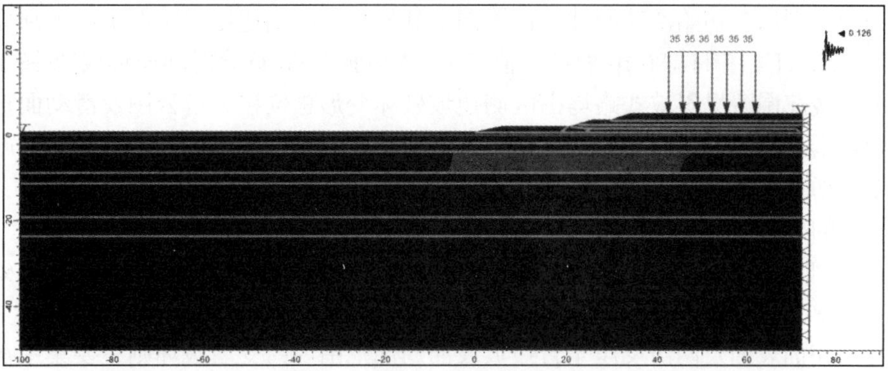

(a) 初始滑动面破坏位置

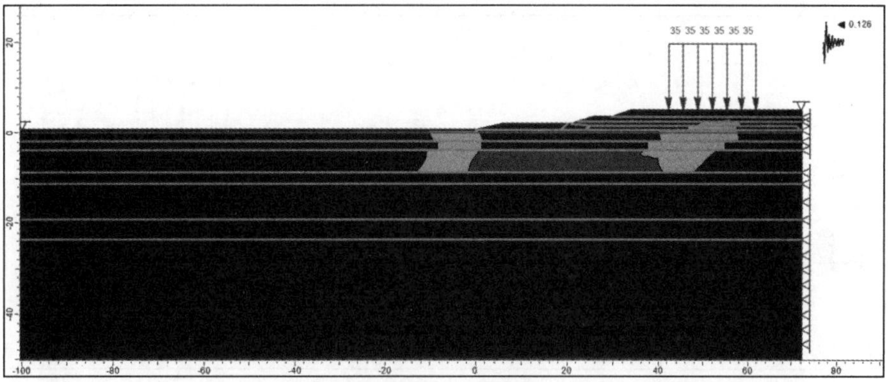

(b) 滑动面范围变化 1

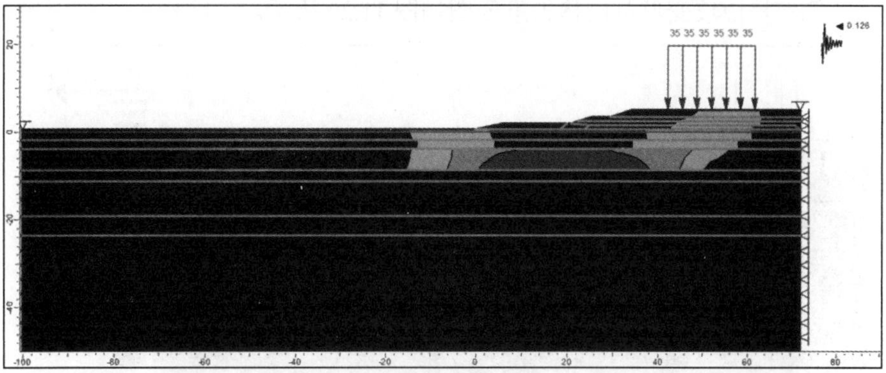

(c) 滑动面范围变化 2

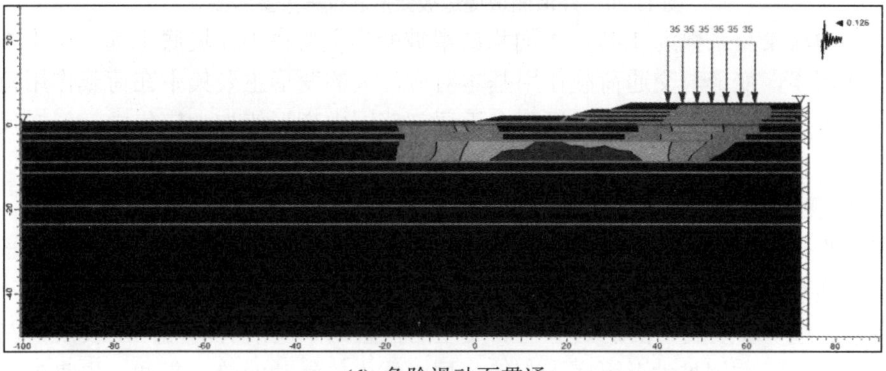

(d) 危险滑动面贯通

图 11.18　围区侧海堤边坡滑动面变形过程示意图

滑动面范围沿着初始滑动面破坏位置向上延伸，右侧到达堤顶路面下，上部堤身所受剪应变数值增大[见图 11.18(c)]；剪应变值增大，滑动面贯通，危险滑动面形成[见图 11.18(d)]。

由上述浅海围海堤斜坡式路堤围区侧边坡破坏变形总位移矢量云图及滑动面贯通变化趋势可知，围区侧堤底第一、二、三层土体地基承载力较低，在采取地基处置措施，有所改善，在交通荷载和地震作用下的破坏变形在围区侧两级反压平台的抑制下，该工程并没有发生较大的破坏变形，工程整体稳定，不影响堤顶道路正常使用。

③ 围区侧海堤边坡受剪受拉破坏位置如图 11.19 所示。图中“○”符号表示该处为受拉破坏位置，“×”符号表示该处为受剪破坏位置。由图可知，围区侧受拉破坏分布很少，主要集中在堤顶路面表面及两级反压平台边坡表面局部范围内；受剪破坏则主要集中在受到剪应变破坏的范围，在剪应变较大值处分布较集中。

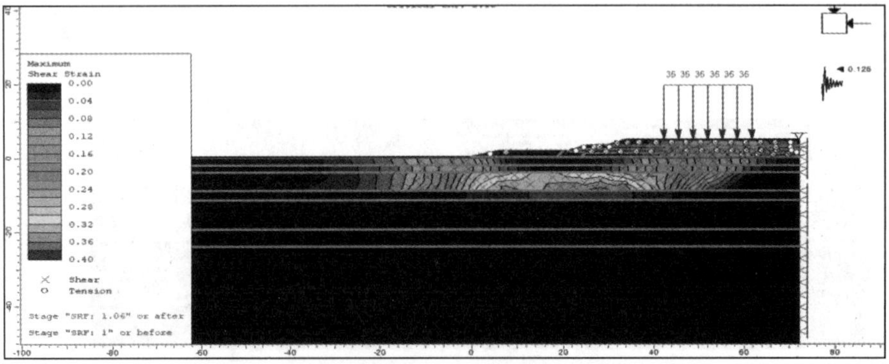

图 11.19　围区侧海堤边坡受剪受拉破坏位置图

④ 外海侧海堤边坡变形总位移矢量云图如图 11.20 所示。

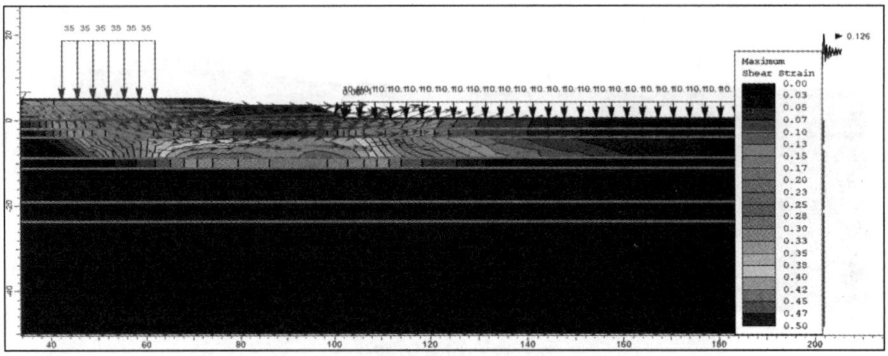

图 11.20　外海侧海堤边坡变形总位移矢量云图

外海侧边坡安全系数为 1.47，大面积的滑坡变形主要集中在堤底下部三层土中，在交通荷载的作用下，变形与交通荷载作用基本对应，大的变形主要集中在荷载作用范围内，其余部位变形较小，外海侧一级反压平台下局部范围内变形值加大较集中，但在反压平台的抑制作用下，堤身稳定，未出现较大的破坏变形。

⑤ 外海侧滑动面贯通变化趋势。

• 在交通荷载和地震作用下，危险滑动破坏变形首先出现在外海侧一级反压平台下方第三层淤泥质粉质黏土层中局部范围内，有向上部土体发展趋势[见图 11.21(a)]。

• 滑动面进一步发展，由初始滑动面发生的位置向下及沿着两侧向上发展，左侧扩大至堤顶路面以下，右侧扩大至堤底下部第一层土层中，滑动面趋于贯通，堤身剪应变增大[见图 11.21(b)]。

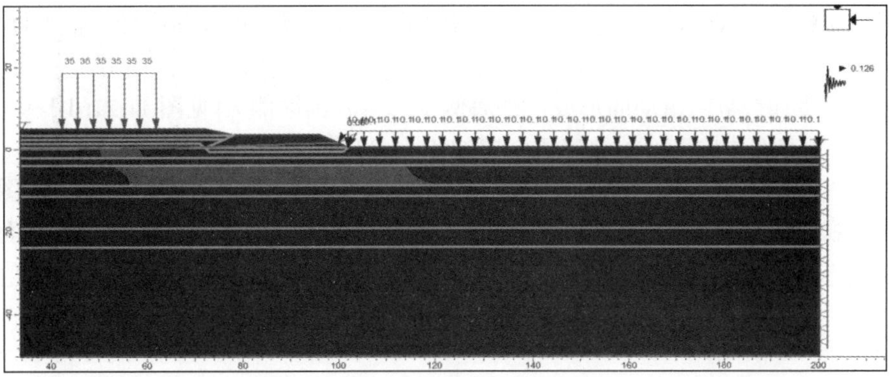

(a) 初始滑动面位置

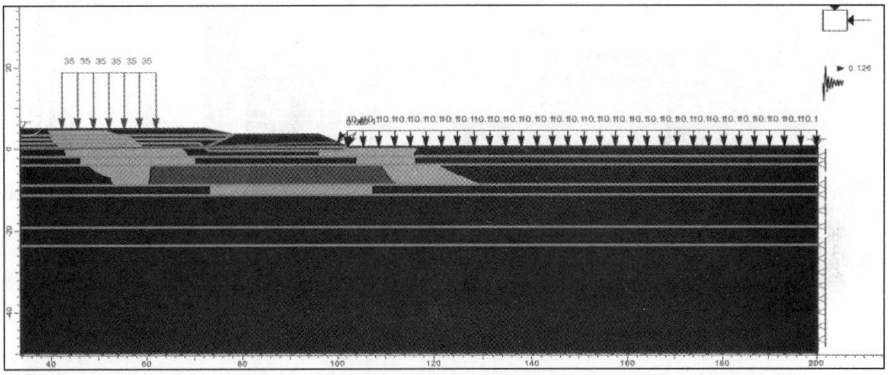

(b) 滑动面破坏位置扩大 2

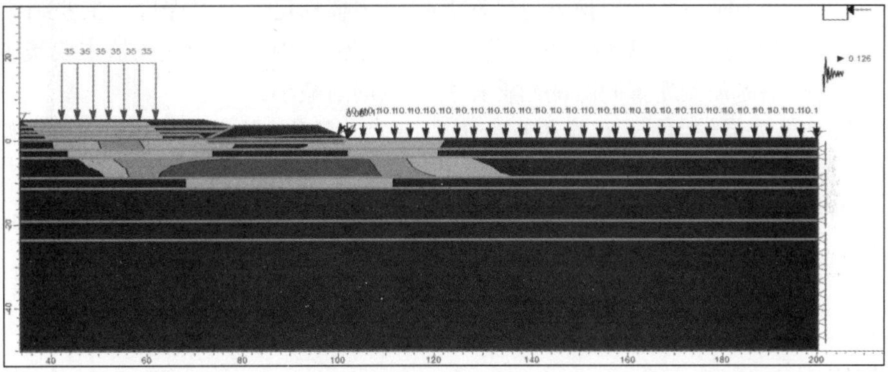

(c) 滑动面破坏位置扩大 3

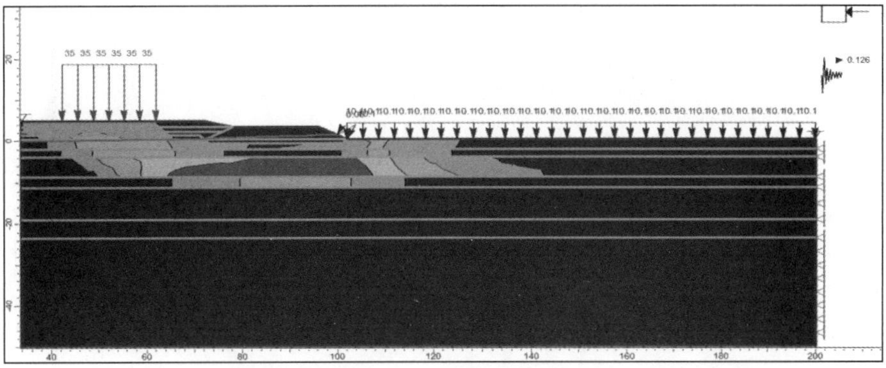

(d) 完整滑动面形成滑动面贯通

图 11.21　浅海围海堤斜坡式路堤外海侧边坡滑动面变形过程示意图

• 滑动面向上堤底第一、二、三层土层中不断扩大，堤身所受剪应变数值继续增大[图11.21(c)]。

• 滑动面贯通，危险滑动面形成，外海侧变形值较围区侧大[见图 11.21(d)]。

⑥ 外海侧海堤边坡受剪受拉破坏位置如图 11.22 所示。

图中“○”符号表示该处受拉破坏位置，“×”符号表示该处为受剪破坏位置。由图可知，外海侧受拉破坏位置分布很少，主要集中在堤顶路面表面及两级反压平台边坡表面局部范围内；受剪破坏则主要集中在受到剪应变破坏的范围，与之对应，在剪应变较大值处分布较集中。

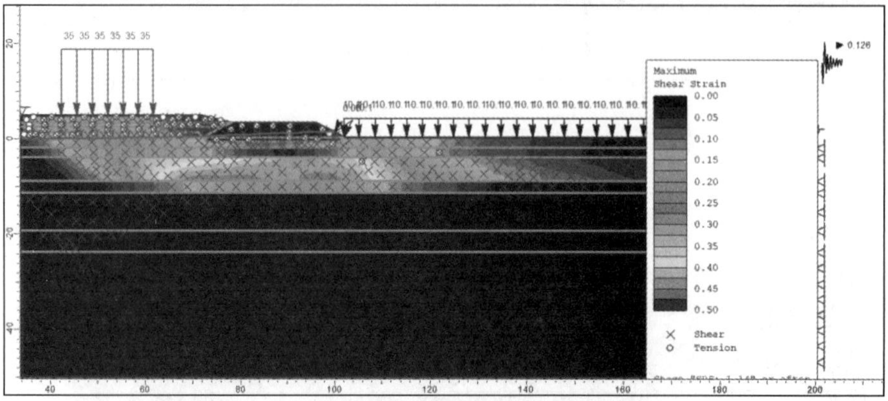

图 11.22 外海侧海堤边坡受剪受拉破坏位置图

综上所述，通过对胶州湾产业基地海堤道路工程南段 K0+0.00～K1+310.73 采取的斜坡式路堤进行地震动力响应数值模拟分析，对其堤身边坡稳定性做出评价，主要结论如下。

① 无地震作用时，位移变形与交通荷载的作用范围对应，变形较大值主要集中在堤顶路面以下，趋势由堤顶至堤脚向两侧延伸，变形值逐渐减小。

② 地震烈度 7 度作用时，堤顶位移变形值增大，变形趋势变化，转为向外海侧，但由于外海侧设置反压平台，对变形有压制作用，斜坡式路堤处于稳定状态。

③ 由剪应变云图可知，破坏变形主要集中在反压平台下部淤泥、淤泥质粉质黏土中，反压平台起到保持堤身稳定性的作用。

第 12 章　浅海混合基础结构道路动力响应特性分析

组队胶州湾产业基地海堤工程南段 K1+513.53～K2+158.56 段为混合式路堤结构，浅海混合式路堤堤顶道路高程+5.00 m，宽 38 m，左侧为围区侧，右侧为外海侧。依据依托工程，深入开展浅海混合基础结构道路动力响应特性分析。

12.1　浅海混合式路堤设计方案

浅海混合式路堤外海侧迎潮面设钢筋混凝土防浪墙，墙顶高程+5.80 m，防浪墙下设振动沉管砂石桩支撑，正方形布置，分四排，桩距 1.8 m；浅海混合式路堤堤身+3.50 m 以下地基处理措施采用抛填开山石，+3.50 m 以上采用宕渣回填。路堤基础表面铺筑一层 80 cm 厚碎石垫层排水，碎石垫层下部铺一层 30 kN/m 有纺土工布，上部铺一层 80 kN/m 经编涤纶双向土工格栅；路堤下部土体的排水处理采用塑料排水板。塑料排水板上部伸入碎石排水垫层 50 cm，下部打入⑧-3 粗砂层中 50 cm。因塑料排水板主要起到的作用是在施工期进行排水，本身不具备支撑作用，在海堤混合式路堤修筑完成后，在堤顶道路运用期内，塑料排水板对堤身稳定性及其应力变形作用很小，故在本章数值分析计算时，将不考虑塑料排水板对堤身稳定性和堤身应力应变的影响。外海侧防浪墙下外坡堤前填筑大块石反压平台，分三层填筑：第一层为 15 cm 碎石垫层，第二层为 25 cm 厚强度为 C20 的灌砌块石，第三层为 35 cm 厚 M20 的浆砌块石。反压平台顶部高程为+2.5 m。在反压平台的外部再设一级顶部高程为+2.2 m 的反压平台，宽 20 m，采用厚度为 1 m 的 150～200 kg 大块石抛石理砌而成，上铺一层 80 kN/m 经编涤纶双向土工格栅；内侧填筑施工道路，形成一级反压平台，平台顶部高程+3.5 m，宽 10 m，坡比 1∶2，平台上部和左侧边坡设反滤土工布和厚度 40 cm 碎石垫层，反压平台采用 50 cm 细粒径开山石抛石挤淤法，估计沉降面高程-1.0 m，下设 80 kN/m 经编涤纶双向土工格栅。围区侧施工道路反压平台内侧采用黏土闭气，向下形成一级平台，将边坡放缓，坡比为 1∶3，1∶15，高程为+2.5 m，闭气土方平台宽度 4 m，边坡坡面采用草皮护坡，坡脚处设抛石子堤，抛石子堤与闭气土方相接处，铺 80 kN/m 经编涤纶双向土工格栅、20 cm 碎石垫层、400 g/m^2 反滤土工布。

12.2　物理力学参数选取与数值模型建立

本章中运用软件对浅海围海堤混合式路堤建立数值分析模型，采用 15 节点的四边形单元进行有限元网格划分，建立数值模型时下层土体宽度边界取左右堤脚各向外延伸 50 m，堤身主体填筑高度 5 m，堤顶道路路面高程+5.5 m，模型建立时底部取至基地标高-27.2 m，达到基底持力层强风化砂岩处。浅海围海堤混合式路堤工程数值模型中各土层上至下为：海床以上为路面、海堤回填砂砾土；海床下为⑥-1 层淤泥、⑥-2 层淤泥质粉质黏土、⑥-5 层粉质黏土、⑧-1 细砂、⑧-2 层中砂、⑧-3 层中粗砂、强风化砂岩层。因此，在数值模型建立时，从现状滩面向下开始考虑的地基处理深度范围内，主要取 7 个土层，外加包括碎石垫层、回填砂砾土、抛填开山石、黏土闭气土方。边界条件：渗透边界条件取为两侧透水边界，而底部强风化层取为不透水边界。左侧围区侧考虑常水位 2 m，右侧外海侧考虑高潮水位 3.45 m。位移边界条件为：两侧约束水平，竖向自由；底部砂岩为水平，并对竖向位移进行约束。采用 Mohr-Coulomb 模型来模拟分析本工程混合式路堤土体的应力应变关系和堤身稳定性，模型建立时模拟其施工过程，但本章对施工过程中浅海围海堤混合式路堤产生的变形不做重点分析，重点主要考虑该海堤运营期内受到渗流、地震作用影响下的堤身稳定性。故数值模型建立时，分别考虑三种不同情况下的浅海围海堤混合式路堤破坏变形及其应力应变关系，并对这三种情况下堤身的稳定性进行分析研究。建立有限元模型，如图 12.1 所示。

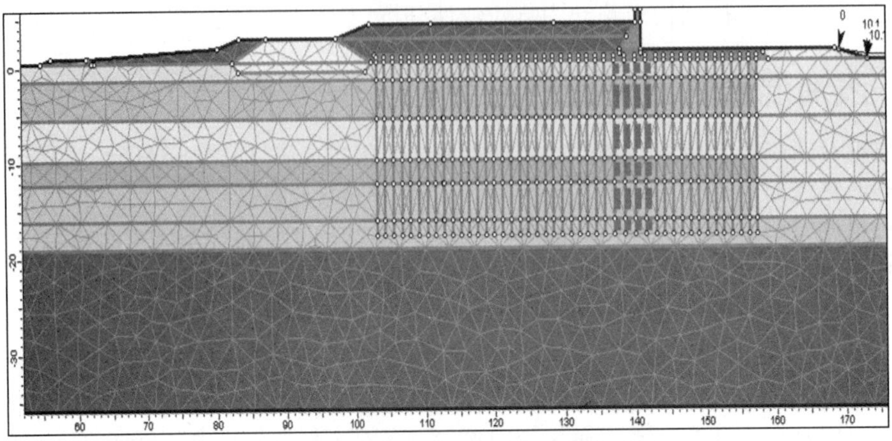

图 12.1　浅海海堤混合式路堤数值模型图

数值模拟分析中主要考虑了以下3种不同情况：

① 考虑高潮水位3.45 m，交通荷载N=35 kPa作用(见图12.2)；

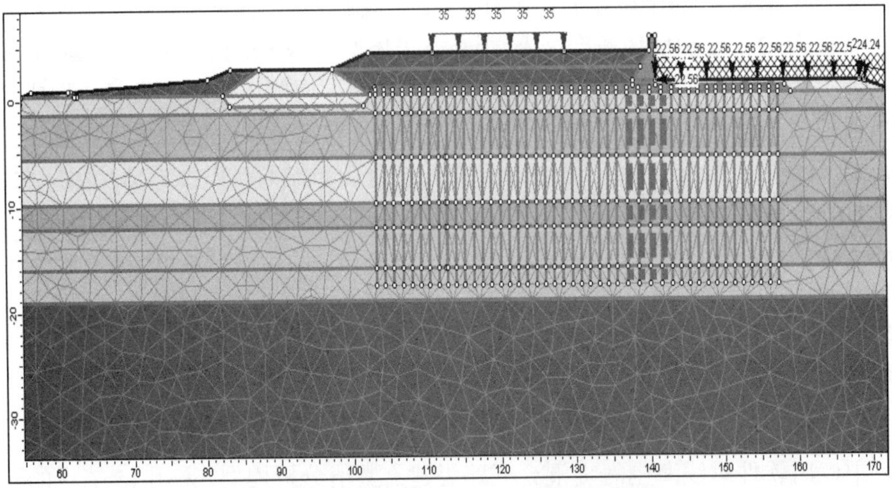

图 12.2　高潮水位 3.58 m+交通荷载作用

② 考虑高潮水位 3.45 m，交通荷载 N=35 kPa，地震烈度为 7 度作用(见图 12.3)；

③ 考虑高潮水位+3.45 m，超重交通荷载 5×N=175 kPa，地震烈度为 7 度(见图 12.4)。

12.3　地震响应力学特性数值模拟分析

① 高潮水位+3.45 m，交通荷载 N=35 kPa 作用下变形值如图 12.5 所示。考虑高潮水位、交通荷载共同作用下路基向下发生沉降。变形集中在荷载作用的范围，与荷载作用对应，变形趋势由堤顶至堤脚向两侧延伸，变形值逐渐减小。振动沉管砂石桩起到支撑作用，变形较小。

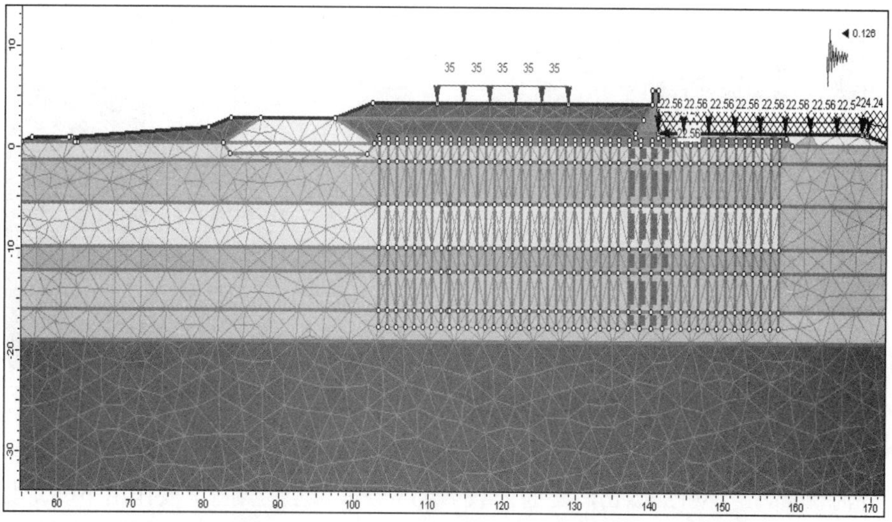

图 12.3　高潮水位 3.45 m+交通荷载作用+地震烈度为 7 度示意图

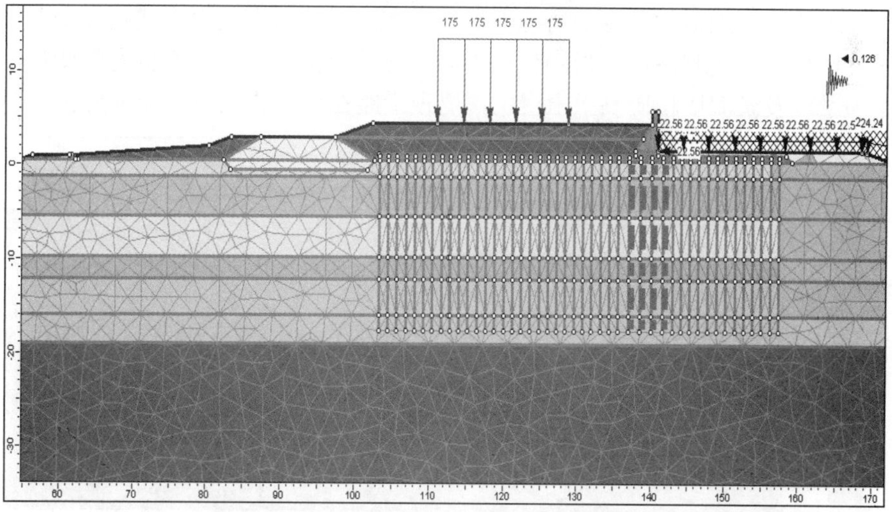

图 12.4　高潮水位 3.45 m+超重交通荷载作用+地震烈度为 7 度示意图

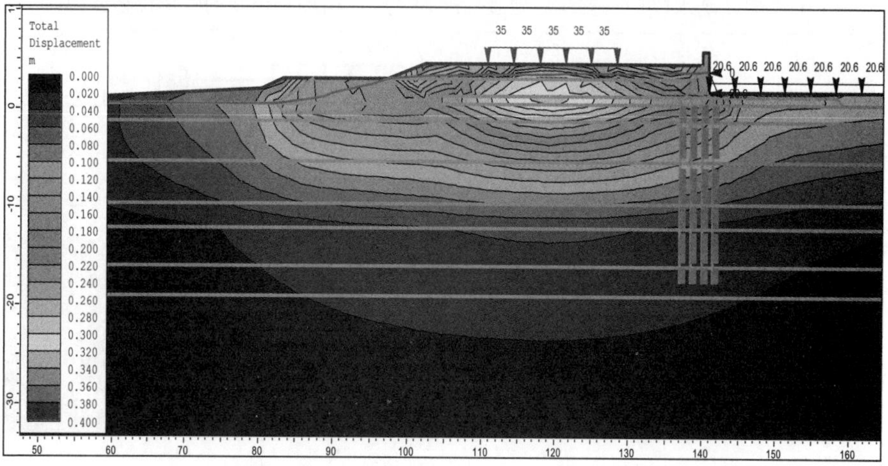

(a) 考虑高潮水位+交通荷载作用堤身出现的变形位移云图

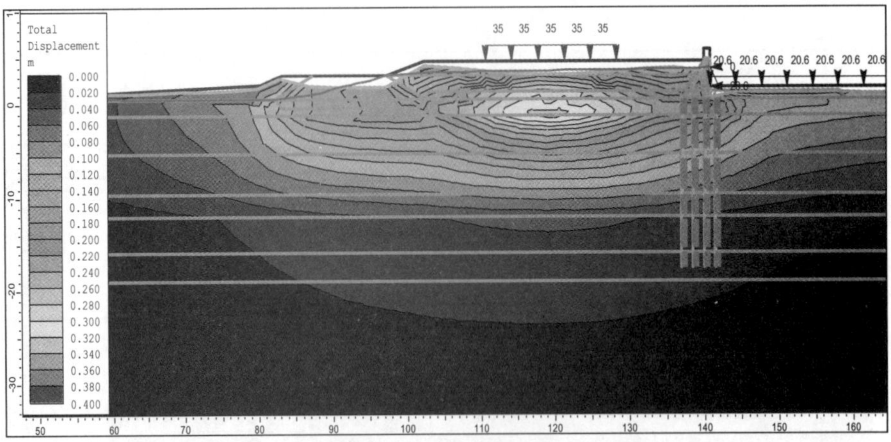

(b) 考虑高潮水位+交通荷载作用堤身出现的破坏变形

图 12.5 考虑高潮水位+交通荷载作用示意图

② 外海侧高潮水位+3.45 m，交通荷载 N=35 kPa，地震烈度 7 度作用下变形如图 12.6 所示。考虑高潮水位、交通荷载、地震烈度为 7 度共同作用下与无地震作用下总位移变形增量很小，说明在交通荷载不变的情况下，地震作用对浅海海堤混合式路堤变形影响不明显，堤身整体处于稳定状态；变形趋势转为向左侧外海侧集中，砂石桩发生侧移，变形集中在堤底的淤泥及淤泥质粉质黏土土层中，堤顶道路在地震作用下仍能维持正常使用。

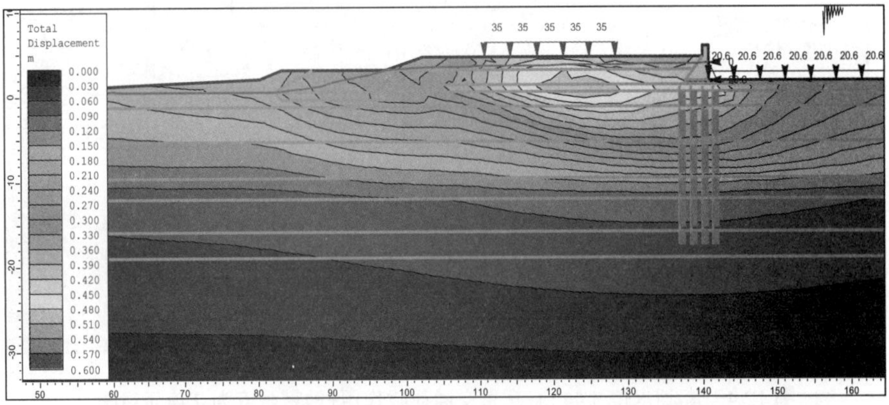

(a) 考虑高潮水位+交通荷载+地震烈度为 7 度作用堤身出现的变形位移云图

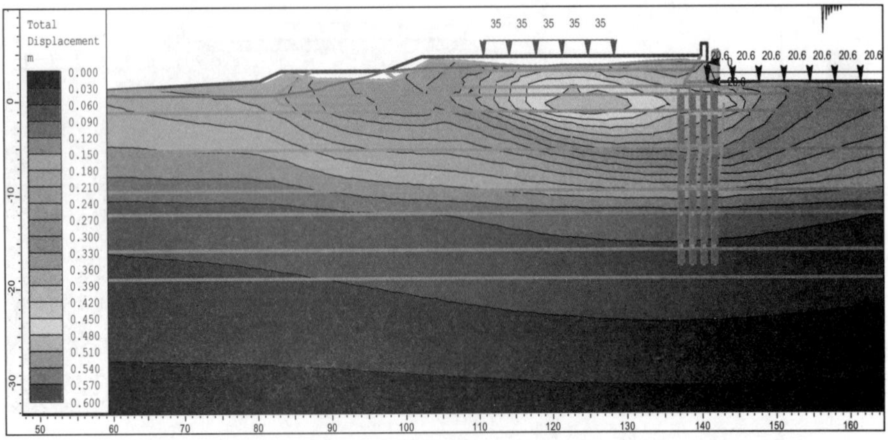

(b) 考虑高潮水位+交通荷载+地震烈度为 7 度作用堤身出现的破坏变形

图 12.6 考虑高潮水位+交通荷载作用+地震烈度为 7 度示意图

③ 外海侧高潮水位+3.45 m，超重交通荷载 5×N=175 kPa，地震烈度为 7 度作用下变形值如图 12.7 所示。考虑高潮水位、超重交通荷载、地震烈度为 7 度共同作用下，总位移变形值为 30 m。超重交通荷载，使地震作用对浅海海堤混合式路堤变形的影响加剧，变形进一步增大，趋势更集中于左侧外海侧，该处形成大的危险滑动面滑坡，围区侧变形减小，变形较大值仍集中在堤底的淤泥及淤泥质粉质黏土层，滑坡发生将影响堤顶道路交通车辆的正常行驶，但堤身整体还是稳定的，并没有出现大的破坏性的变形。

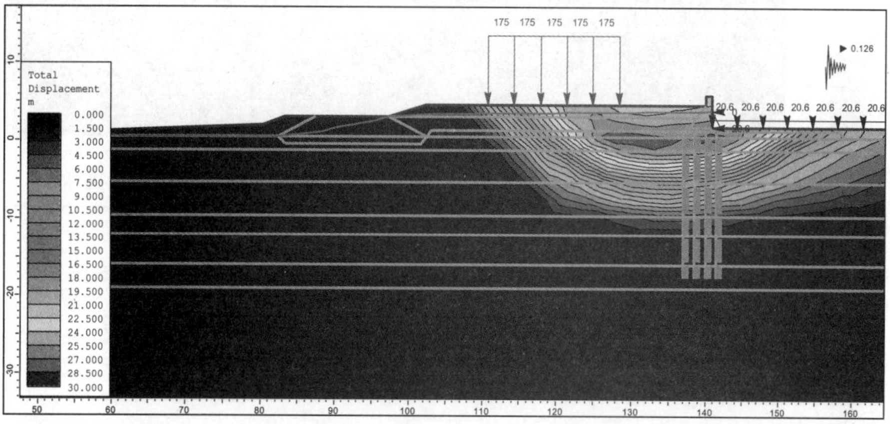

(a) 考虑高潮水位+超重交通荷载+地震烈度为 7 度作用堤身出现的变形位移云图

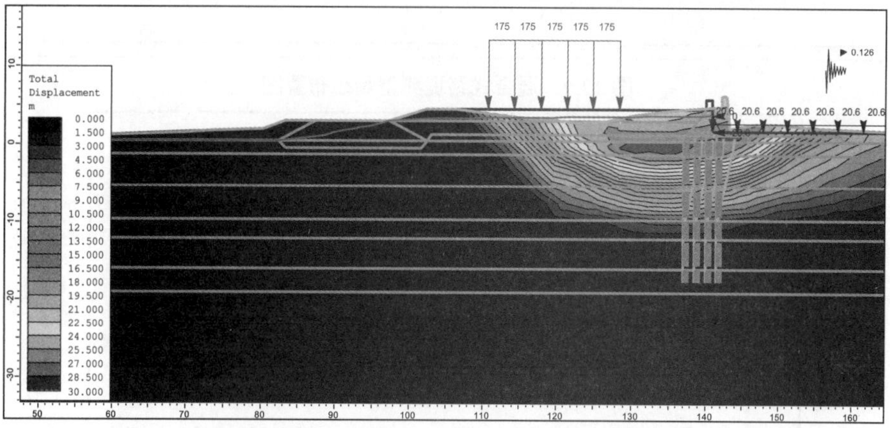

(b) 考虑高潮水位+超重交通荷载+地震烈度为 7 度作用堤身出现的破坏变形

图 12.7　考虑高潮水位+超重交通荷载+地震烈度为 7 度示意图

④ 考虑临海段高潮水位+3.45 m、超重交通荷载 5×N=175 kPa、地震烈度为 7 度作用下，浅海海堤混合式路堤工程失稳破坏剪应变作用范围集中在堤身、堤底下淤泥、淤泥质粉质黏土层中，堤身处剪应变与荷载作用范围对应，防浪墙下的砂石桩对剪应变的贯通起到阻隔作用，剪应变通过砂石桩时数值变小；外海侧修筑的防浪堤对堤底下部土体的剪切破坏起到抑制作用，说明浅海海堤混合式路堤工程在高潮水位、超重交通荷载、地震烈度为 7 度作用下堤身仍处于稳定状态(见图 12.8)。

⑤ 如图 12.9 所示，设 1 条水平和 1 条垂直典型测线，以便深入观测海堤在不同变形破坏状态的影响范围和趋势。

混合式路堤 1 号测线不同变形破坏状态沉降曲线见图 12.10 和图 12.11，交通荷载、地震+交通荷载作用下，沉降值较小，地震+超重交通荷载作用下沉降值较大，沉降量较大值主要集中在交通荷载作用范围内。

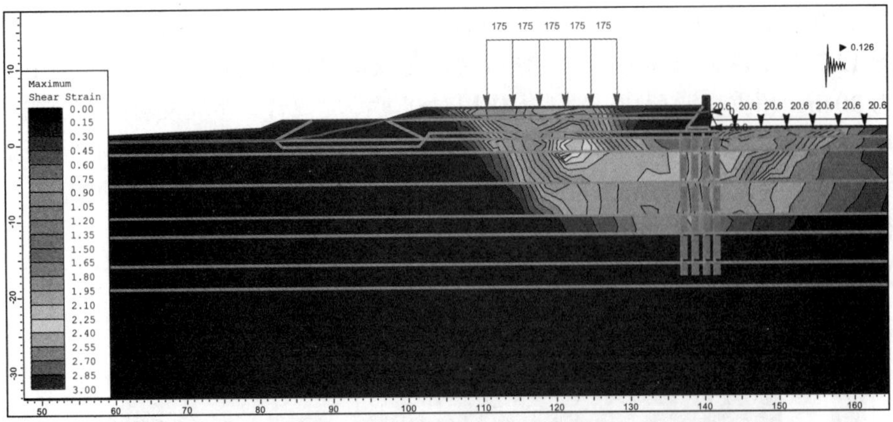

图 12.8　高潮水位+超重交通荷载+地震烈度为 7 度作用剪应变增量云图

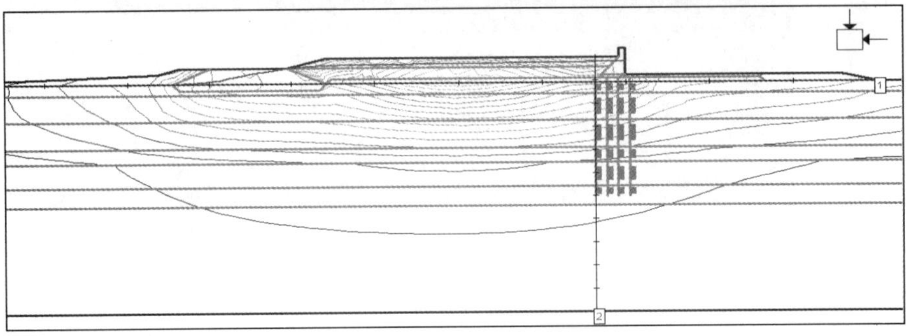

图 12.9　混合式路堤典型测线布置图

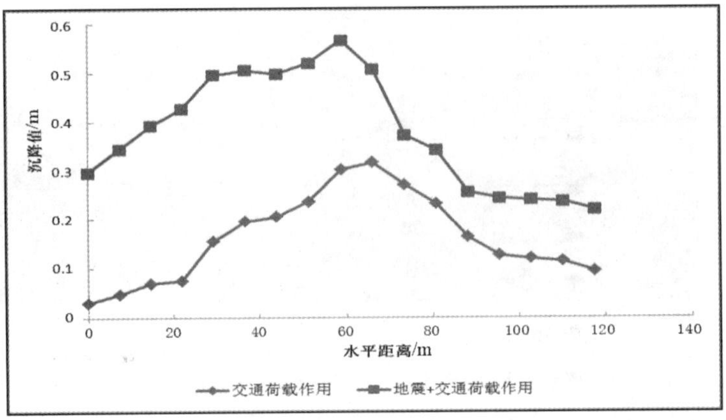

图 12.10　1 号测线交通荷载与地震+交通荷载作用下沉降曲线图

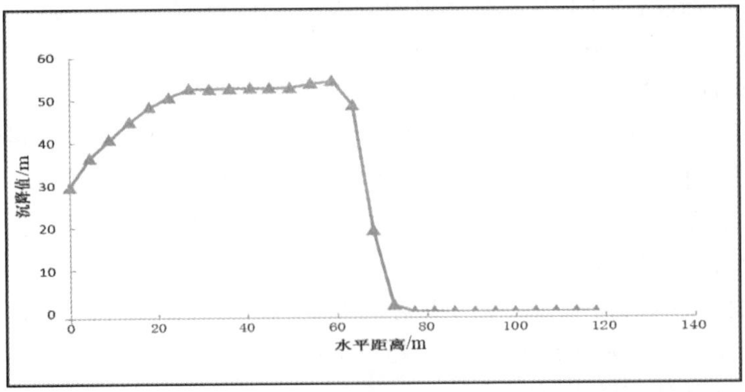

图 12.11　1 号测线地震+超重交通荷载作用下沉降曲线图

混合式路堤 2 号测线砂石振动搅拌桩不同状态下最大剪应变曲线见图 12.12。

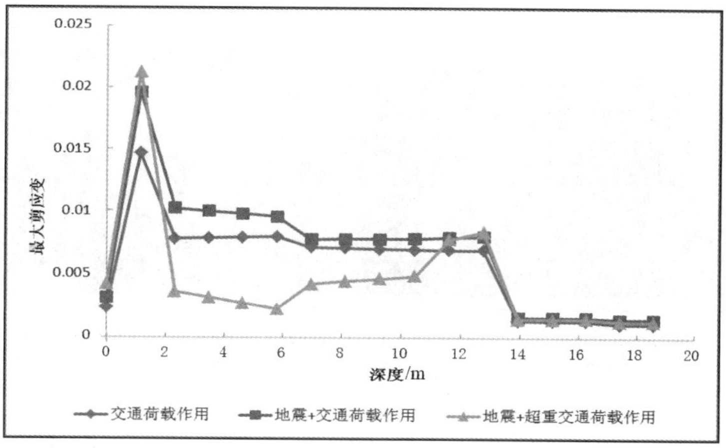

图 12.12　2 号测线砂石振动搅拌桩不同状态下剪应变曲线图

12.4　强度折减力学特性数值模拟分析

① 围区侧海堤边坡变形总位移矢量云图如图 12.13 所示。在超重交通荷载与地震作用下，围区侧边坡安全系数为 1.53，满足规范的要求，变形主要集中在堤底下部三层土体，在超重交通荷载作用下，变形与超重交通荷载作用基本对应，大的变形主要集中在荷载作用范围内，其余部位变形较小。

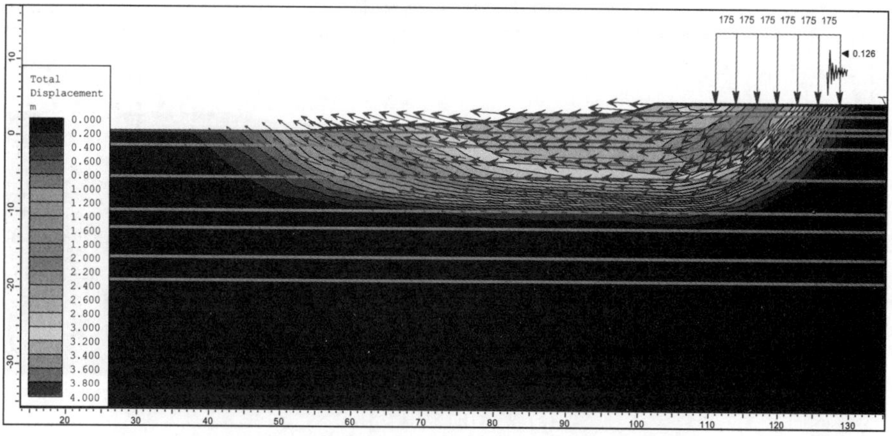

图 12.13　围区侧海堤边坡变形总位移矢量云图

② 围区侧滑动面贯通变化趋势

• 围区侧在交通荷载作用下，初始滑动面破坏位置首先发生在围区侧施工道路平台下部第三层土体中，初始破坏位置右侧沿着堤身向上扩展[见图 12.14(a)]。

• 在地震和交通荷载作用下，滑动面在初始滑动面基础上进一步向两侧扩展，右侧向上连通堤顶路面范围，堤底下部第二层土层中，剪应变数值增大[见图 12.14(b)]。

• 滑动面范围沿着堤底第三层土向左侧延伸，在堤底下部第三层土层中不断扩大，围区侧基础顶部出现剪应变，围区侧堤底最左侧第一层土层出现变形增大，滑动面趋于贯通，剪应变数值继续增大[见图 12.14(c)]。

• 堤底最左侧第一层土层出现变形进一步增大，滑动面贯通，危险滑动面形成[图 12.14(d)]。

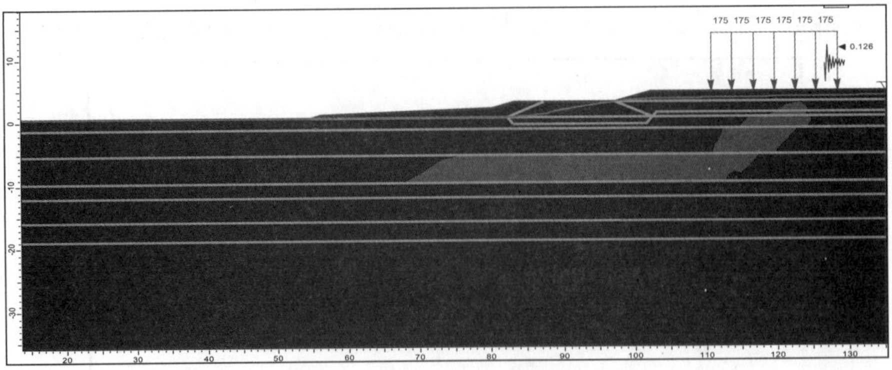

(a) 初始滑动面破坏位置

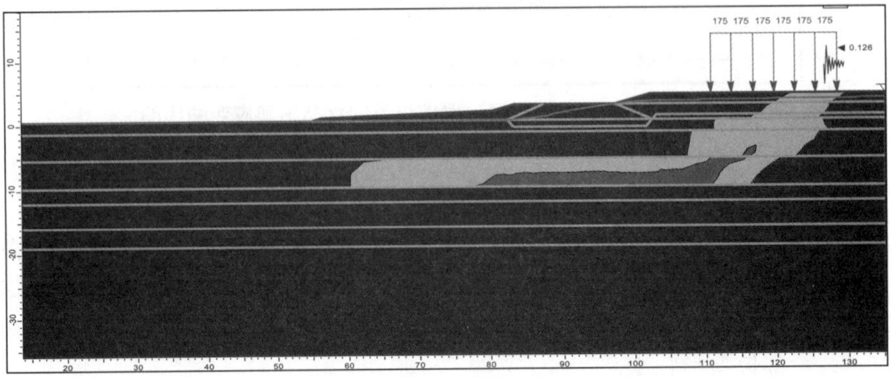

(b) 滑动面范围变化 1

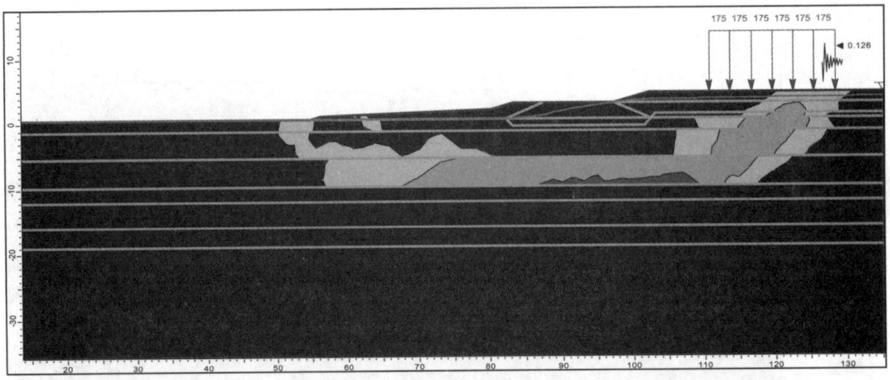

(c) 滑动面范围变化 2

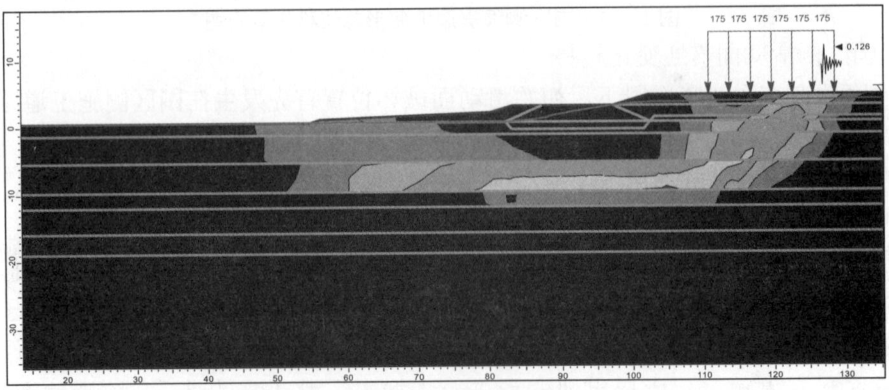

(d) 危险滑动面贯通

图 12.14　围区侧海堤边坡滑动面变形过程示意图

由上述围区侧破坏变形总位移矢量云图及其滑动面变贯通演变趋势可知，围区侧危险滑动面变形主要集中在堤底下部淤泥、淤泥质粉质黏土体中，但是由图 12.14(d)所示，贯通的滑动面处于围区侧施工便道填筑而成的反压平台下方，对滑坡变形起到压脚作用，在反压平台的作用下，浅海海堤混合式路堤工程围区侧不会发生大的失稳变形破坏，说明该工程左侧围区侧边坡处于稳定状态。

③ 围区侧海堤边坡受剪受拉破坏位置如图 12.15 所示。图中“○”符号表示该处为受拉破坏位置，“×”符号表示该处为受剪破坏位置。由图可知，围区侧受拉破坏分布主要集中在堤顶路面两侧表面及左侧反压平台边坡表面局部范围内；受剪破坏主要集中在受到剪应变破坏的范围，在剪应变较大值处分布较集中。

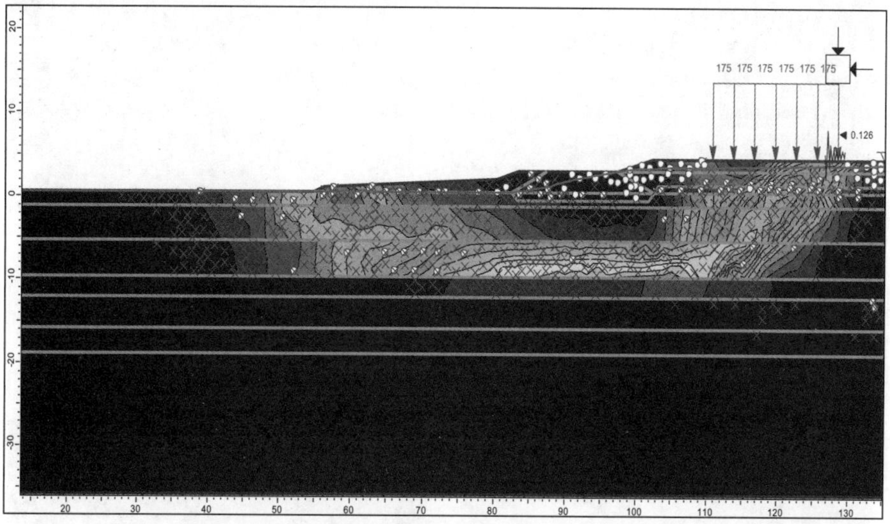

图 12.15　围区侧海堤边坡受剪受拉破坏位置图

④ 浅海混合式路堤外海侧海堤边坡变形总位移云图，如图 12.16 所示。外海侧边坡安全系数为 1.41，满足《海堤工程设计规范》中的要求，大面积的变形主要集中在堤底下部三层土中，砂石桩起支撑作用，变形位移值减小。在交通荷载作用下，变形与交通荷载作用基本对应，大变形主要集中在荷载作用范围内，其余部位变形较小。

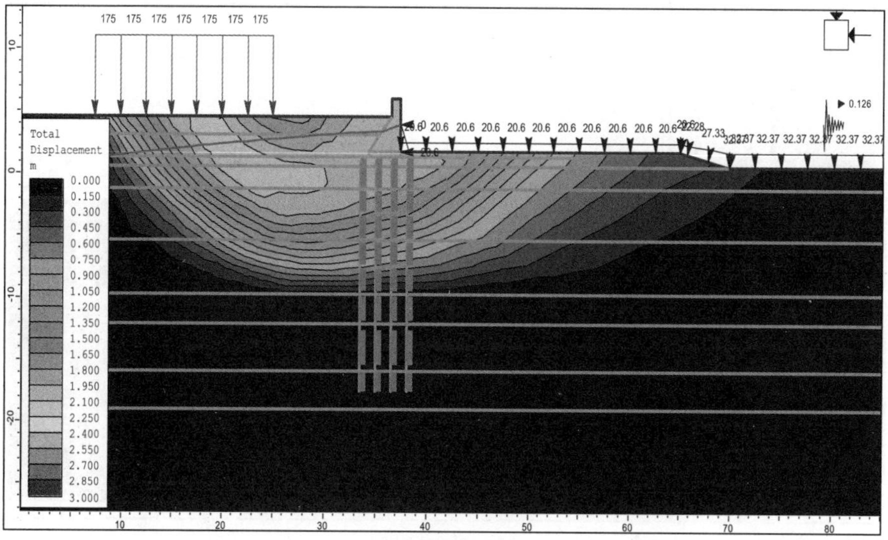

图 12.16　外海侧海堤边坡变形总位移矢量云图

⑤ 外海侧海滑动面贯通变化趋势

• 在交通荷载和地震作用下，危险滑动破坏变形首先出现在外海侧路堤交通荷载作用范围下方第一、二、三层淤泥及淤泥质粉质黏土层中局部范围内，位于砂石桩左侧有向上及向右扩展趋势[见图 12.17(a)]。

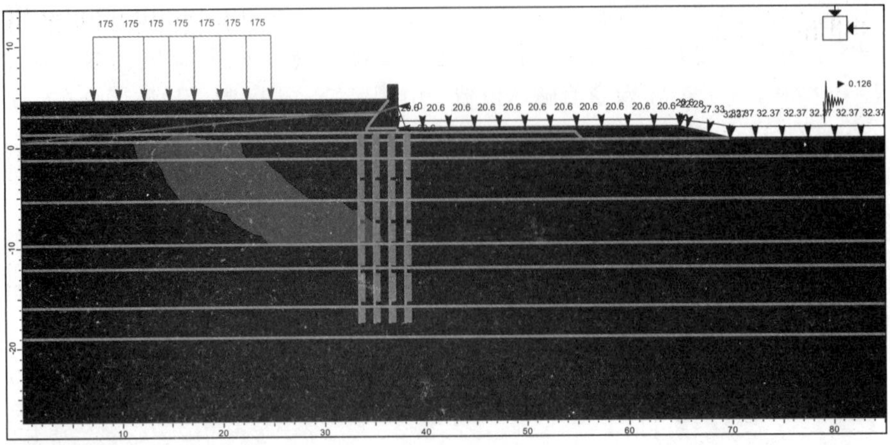

(a) 初始滑动面位置

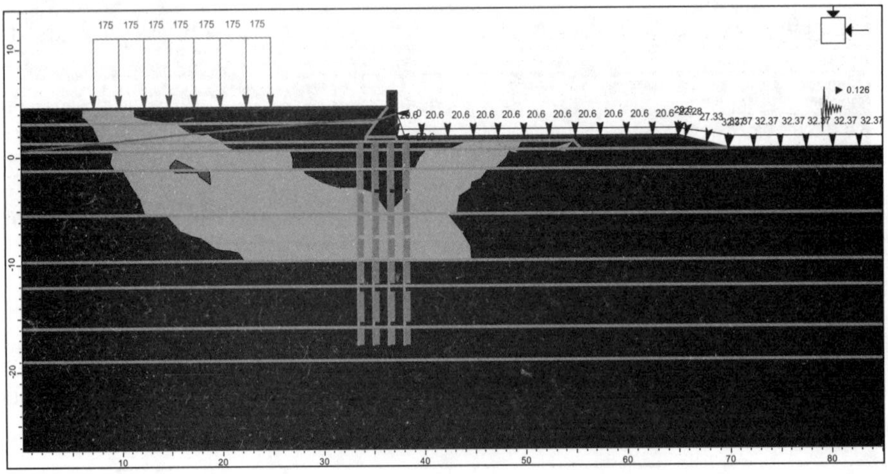

(b) 滑动面破坏位置扩大 1

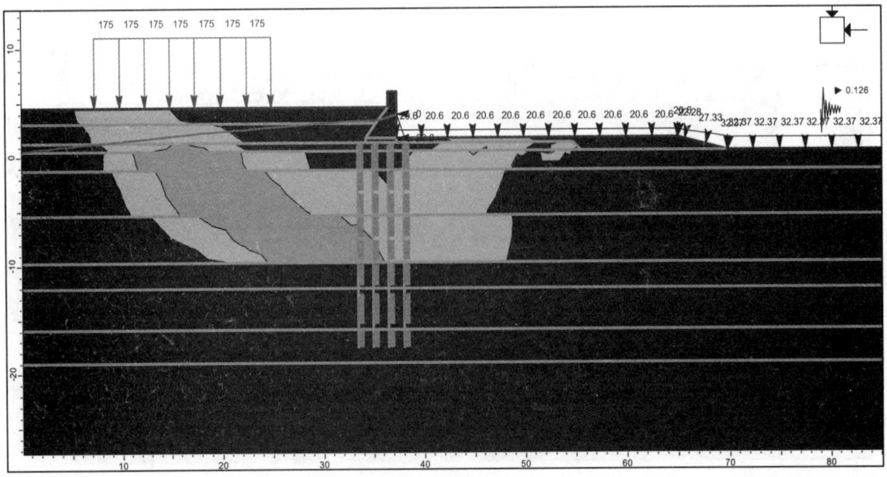

(c) 滑动面破坏位置扩大 2

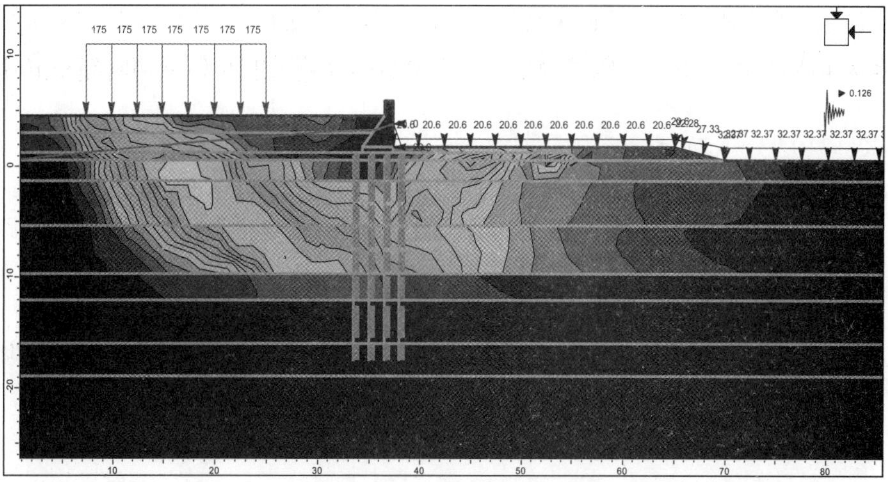

(d) 完整滑动面形成滑动面贯通

图 12.17　浅海海堤混合式路堤外海侧边坡滑动面变形过程示意图

• 初始滑动面向上扩展连通堤顶路面，向右扩展通过砂石桩连通右侧堤前块石平台，滑动面通过砂石桩时受到桩身的阻隔作用，变形减小，剪应变数值变小，滑动面在堤底下三层土中范围扩大，滑动面趋于贯通，堤身剪应变增大[见图 12.17(b)]。

• 滑动面向上堤底第一、二、三层土层中不断扩大，堤身所受剪应变数值继续增大，砂石桩对滑动面扩展的阻隔作用明显[见图 12.17(c)]。

• 滑动面贯通，危险滑动面形成[见图 12.17(d)]。

虽然危险滑动面范围较大，但是防浪墙及其下部振动沉管砂石桩的作用，对滑动面起到抑制作用，说明浅海海堤混合式路堤在超重交通荷载及地震作用下，堤身整体处于稳定状态，不会出现大的失稳破坏变形。

⑥ 外海侧海堤边坡受剪受拉破坏位置如图 12.18 所示。

图中“○”符号表示该处为受拉破坏位置，“×”符号表示该处为受剪破坏位置。由图可知，外海侧“○”受拉破坏位置分布很少，主要集中在堤顶路面表面交通荷载作用范围两侧及大块石抛填反压平台边坡表面局部范围内；受剪破坏则主要集中在受到剪应变的土层当中，破坏的范围与之对应，在剪应变较大值处分布较集中。

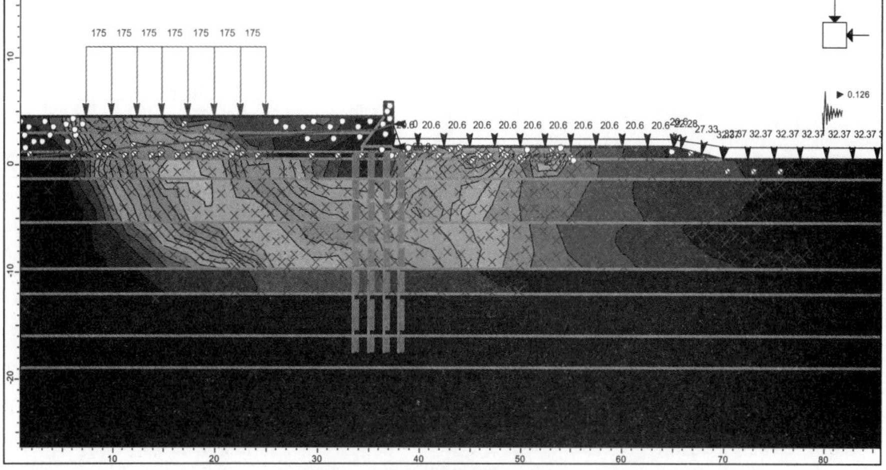

图 12.18　外海侧海堤边坡受剪受拉破坏位置图

综上所述，通过对胶州湾产业基地海堤道路工程南段 K1+310.73～K2+158.56 段采取的混合式路堤进行地震动力响应数值模拟分析，对其堤身边坡稳定性做出评价，其主要结论如下：

① K1+310.73～K2+158.56 段采取混合式路堤，是斜坡式与直立式的结合形式，在外海侧增设防浪墙，带有反压平台的复式断面结构，具有消浪、使地基稳定的作用。

② 对比斜坡式路堤的分析结果可知，在超重交通荷载与地震作用下，混合式路堤的总位移变形比斜坡式路堤大，说明斜坡式路堤虽然占地较大。但是，总体稳定性较混合式路堤高。

③ 混合式路堤采用防浪墙的形式，减少了工程占地面积，但是从路堤两侧边坡稳定性分析可知，其右侧外海侧边坡安全系数为 1.41，较斜坡式路堤低。

参考文献

[1] 黄岳文, 吕洪波. 影响海堤安全的主要因素分析及应对措施[C]//中国海洋工程学会. 第十四届中国海洋(岸)工程学术讨论会论文集：上. 北京：海洋出版社，2009：831-826.

[2] 张子和, 成迪龙. 我国海堤建设投资的新模式[J]. 浙江水利科技, 2012(1)：9-12.

[3] 严洪. 我国海堤工程行业期待做大做强[N]. 中国海洋报, 2010-07-06(2).

[4] 刘宁, 孙东亚. 风暴潮灾害防治及海堤工程建设[J]. 中国水利, 2008(5)：9-13.

[5] 彭建, 王仰麟. 我国沿海滩涂的研究[J]. 北京大学学报(自然科学版), 2000(6)：832-839.

[6] 蔡清泉. 我国海涂资源开发利用的现状与展望[J]. 国土与自然资源研究, 1990(2)：33-37.

[7] 叶琳, 王喜年, 包澄澜. 中国的地震海啸及其预警服务[J]. 自然灾害学报, 1994(1)：100-104.

[8] 包澄澜, 叶琳. 海啸灾害与预警[J]. 海洋预报, 2005(1)：1-4.

[9] 刘琦波, 陈伟国, 胡明华, 等. 我国海堤建设与景观生态问题[J]. 人民长江, 2006(11)：93-94.

[10] 黄井武, 陈晓平, 张黎明, 等. 海堤结构型式及抗滑稳定性计算分析[J]. 水利学报, 1999(11)：30-38.

[12] 王伟, 林奇, 宋春雨. 堤前滩地冲刷对海堤稳定性影响[J]. 水利与建筑工程学报, 2010(4)：221-223.

[13] 陈立宏, 陈祖煜, 李广信. 砂井地基有限元计算的等效平面应变算法[J]. 土木工程学报, 2004(6):82-86.

[14] 宋军. 软基上海堤的应力应变及稳定性研究[D]. 武汉：武汉大学, 2004.

[15] 张全威. 胶州海湾围海堤道路施工过程稳定性数值模拟分析[D]. 长沙：长沙理工大学, 2012.

[16] 张海峰. 中国海洋经济研究[M]. 北京：海洋出版社, 2010：104-105.

[17] 郭涛. 水泥搅拌桩加固堤防工程的设计及优化[J]. 赤峰学院学报(自然科学版), 2012(10)：49-51.

[18] 高大钊, 袁聚云. 土质学与土力学[M]. 北京：人民交通出版社, 2001：34-36.

[19] 甘泉. 塑料排水板预压法在海堤工程中的施工浅析[J]. 山西建筑, 2010, 36(19)：108-109.

[20] 徐至钧, 赵锡宏. 地基处理技术与工程实例[M]. 北京：科学出版社, 2008：12-15.

[21] 王美茹, 马燕. 土工布在港口防护工程中的设计和应用[J]. 港工技术, 1998(3)：53-59.

[22] 徐晓艳. 土工格栅拉拔特性的试验研究[D]. 大连：大连理工大学, 2007.

[23] 方彦. 土工格栅处治旧路拓宽高路堤不均匀沉降的有限元模拟[J]. 公路交通科技(应用技术版), 2008(8):11-13.

[24] 周世良. 格栅加筋土挡墙结构特性及破坏机理研究[D]. 重庆:重庆大学, 2005.

[25] BURLAND J T. Back to the future: opening address to the 2006 IAEG conference[J]. Bulletin of Engineering Geology and the Environment, 2007, 66(1)：29-33.

[26] BIOT M A. General theory of three-demensional[J]. Applied Physies, 1941,12(1)：20-31.

[27] MORGENSTERN N, PRICE V E. The analysis of the stability of general slip surfaces[J]. Geotechnique, 1965, 15(1)：79-93.

[28] 林华钢. 草塘湾海堤边坡稳定分析[J]. 陕西水利, 2011(4)：71-72.

[29] 王文杰, 藏仕煜, 杨禔, 等. 一种新的堤防设计方法：两堤联合防御[J]. 水利水电工程设计, 2002(1)：17-20.

[30] 任鲁川, 尹宝树, 别君, 等. 风暴潮灾害风险分析的基本原理与方法[C]//中国灾害防御协会. 风险分析专业委员会第一届年会论文集. 北京：海洋出版社, 2004:33-40.

[31] 刘桦, 卢永金. 海堤设计的水动力学问题[C]//朱德祥, 等. 第二十届全国水动力学研讨会文集. 北京：海洋出版社, 2007:69-76.

[32] RAY J. Plastic deck board with separated drainage channel and hold down surface: US20050204661 [P].2005-09-22.

[33] 王玉海. 台风浪与海堤防护安全[C]//中国水利学会 2007 学术年会人类活动与河口分会场论文集.北京：中国水利水电出版社, 2007:38-42.

[34] 庞志伟, 张林洪. 考虑渗流作用的岩质边坡稳定分析[J]. 云南水力发电, 2003(1):8-10.

[35] BISHOP A W. The use of the slip circle in the stability analysis of slopes[J]. Geotechnique, 1955,5(1)：7-17.

[36] SPENCER E. A method of analysis of the stability of embankments assumingparallel interslice forces[J]. Geotechnique, 1967, 17(1)：11-26.
[37] SPENCER E. Trust line criterion in embankment stability analysis[J]. Geotechnique, 1973, 23(l)：85-100.
[38] 陈祖煜. 土质边坡稳定分析:原理.方法.程序[M]. 北京：中国水利出版社, 2003.
[39] 徐至钧, 赵锡宏. 地基处理技术与工程实例[M]. 北京：科学出版社, 2008.
[40] 罗彦峰. 塑料板排水法处理软土地基分析研究[D]. 长春：吉林大学, 2005
[41] 李彬. 某高速公路塑料排水板处理软基施工实例与效果分析[J]. 中南公路工程，2003(4)：81-83.
[42] 周冬生. 塑料排水板地基加固在高等级公路海堤中的运用[J]. 铁道工程学报, 2003(4)：124-127.
[43] 杨思让, 张家铭. 土工布应用技术[M]. 北京：纺织工业出版社, 1991.
[44] 王宏伟. 不同排水板滤膜在地基固结中的对比研究[D]. 天津：天津大学, 2009.
[45] 张子和. 东海大桥深水软基加固新技术[J]. 建设科技, 2006, 41(7)：88-89.
[46] 谢兼量. 考虑渗流应力耦合的边坡稳定性分析[D]. 南京：河海大学, 2007.
[47] 陈建峰, 石振明, 沈明荣. 宽路堤软土路基沉降的有限元模拟[J]. 公路交通科技, 2003(4)：23-25.
[48] HANSBO S. Consolidation of fine grained soils by prefabricated drains[C]//Proc 10th ICSMFE. Stockholm, 1981：677-682.
[49] HIRD C C, PYRAH I C, RUSSEL D. Finite element modeling of vertical drains beneath embankments on soft ground[J]. Geotechnique, 1992, 42(3)：499-511.
[50] INDRARAATNA B, REDANA I W.Plane-strain modeling of smear effects associated with vertical drains[J].Geotechnical and Geoenvironmental Engineering,1996,123(5):474-478.
[51] CHAI J. Simple method of modeling PVD improved subsoil[J]. Geotechnical and geoenvironmental Engineering, 2001, 127(11)：965-972.
[52] GERALD MÜLLER. Flow fields in reflected waves at a sloped sea wall[J]. Ocean Engineering, 2007, 34(11)：1786-1789.
[53] KACHOVAN P J, MCKEF W B. Wave forces on steeply-sloping sea walls[J]. Journal of Engineering Mathematics, 1985, 19(4)：86-92.
[54] NEELAMANI S, SANDHYA N. Surface roughness effect of vertical and sloped seawalls in incident random wave fields[J]. Ocean Engineering, 2004, 32(3)：395-416.
[55] MOUSA S, El-BISY. Bed changes at toe of inclined seawalls[J]. Ocean Engineering, 2006, 34(3)：510-517.
[56] ZIENKIEWICZ O C, HUMPHESON C, LEWIS.R W. Associated and nonass-ociated visco-plasticity and plasticity in soil mechanics[J]. Geotechnique, 1975, 25(4)：671-689.
[57] 赵维炳, 雷国辉, 陈永辉, 等. 土工织物加筋与塑料板排水联合加固软基的计算方法研究[J]. 岩土工程学报, 1998(3)：61-65.
[58] 赵杰. 边坡稳定有限元分析方法中若干应用问题研究[D]. 大连：大连理工大学, 2006.
[59] 吴明, 傅旭东, 刘欢. 边坡稳定分析中的强度折减法[J]. 西部探矿工程, 2005(12)：296-298.
[60] 刘金龙, 栾茂田, 赵少飞, 等. 关于强度折减有限元方法中边坡失稳判据的讨论[J]. 岩土力学, 2005, 26(8)：1345-1348.
[61] 张春笋, 吴进良, 李晓军, 等. 边坡荷载作用下的边坡稳定性[J]. 重庆交通大学学报(自然科学版), 2009, 28(3)：569-571.
[62] 丁静声, 吴进良, 张春笋. 荷载处理方式对边坡稳定性影响的效果分析[J]. 路基工程, 2009(6)：63-65.
[63] 王肇慧, 肖盛燮, 刘文方. 边坡稳定性计算方法的对比分析[J]. 重庆交通学院学报, 2005(6)：99-103.
[64] 高玉峰, 黎冰, 刘汉龙. 车辆荷载作用下公路软基沉降的拟静力计算方法研究[J]. 岩石力学与工程学报, 2005(A2)：5470-5477.
[65] 唐晓松, 郑颖人. 水位下降对边(滑)坡稳定性的影响[J]. 公路交通科技, 2007, 24(10)：44-47.
[66] 谢磊, 王建国, 颜丹青. 强度折减法分析水位变化对边坡稳定性的影响[J]. 工程与建设, 2009, 23(5)：693-695.
[67] 刘炳水, 贾铭利, 杨静. 胶州市抗震设防规划减灾策略[J]. 震灾防御技术, 2006, 1(4)：381-382.
[68] 郑颖人, 陈祖煜, 王恭先, 等. 边坡与滑坡工程治理[M]. 2 版. 北京：人民交通出版社, 2010.
[69] 郭泽英, 李青宁, 张守军. 结构地震反应分析的一种新精细积分法[J]. 工程力学.2007(4)：35-41.

[70] 周明. 相邻已建地下室对基坑围护结构影响的研究[D]. 上海：同济大学, 2009.

[71] 王光升. 中国沿海地区经济增长与海洋环境污染关系实证研究[D]. 青岛：中国海洋大学, 2013.

[72] 陈景云. 近 40 年来辽宁省海岸线变迁遥感分析[D]. 青岛：山东科技大学, 2014.

[73] 蒋瑜. 环城高速公路对区域经济的影响机理及效益研究[J]. 当代经济, 2014(16)：80-81.

[74] 黄锦林, 黄本胜, 赵吉国, 等. 河口区海堤工程界定方法探讨[J]. 水利规划与设计, 2010(6)：43-46.

[75] 汤德意. 新型板桩框架海堤特性研究[D]. 杭州：浙江大学, 2012.

[76] 李世民. 海堤工后沉降规律调查及预测方法研究[D]. 合肥：合肥工业大学, 2011.

[77] 胡敏. 浅海路堤失稳机理与地震动力响应数值模拟分析[D]. 长沙：长沙理工大学, 2013.

[78] 张全威. 胶州海湾围海堤道路施工过程稳定性数值模拟分析[D]. 长沙：长沙理工大学, 2012.

[79] 卢永金. 围海工程设计中水力风险分析应用研究[D]. 上海：上海交通大学, 2006.

[80] 王伟, 林奇, 宋春雨. 堤前滩地冲刷对海堤稳定性影响[J]. 水利与建筑工程学报, 2010(4)：221-223.

[81] 张裕平, 何光同, 林文玉, 等. 福建海堤建设进展[C]//中国水利学会滩涂湿地保护与利用专业委员会 2010 学术年会论文集. 北京：海洋出版社, 2010：146-156.

[82] 刘宁, 孙东亚, 黄世昌, 等. 风暴潮灾害防治及海堤工程建设[J]. 中国水利, 2008(5)：9-13.

[83] 文畅平, 杨果林. 地震作用下挡土墙位移模式的振动台试验研究[J]. 岩石力学与工程学报, 2011(7)：1502-1512.

[84] 温广军, 赵博, 赵华宏, 等. 北沿江高速公路河湖沉积相软土路基沉降规律研究[J]. 工程与建设, 2014, 28(1)：85-87.

[85] 王曼. 刚性桩复合地基荷载传递机理及沉降计算研究[D]. 南京：东南大学, 2014.

[86] 杨啸, 杨果林. 高速铁路无砟轨道红黏土地基沉降计算方法[J]. 铁道工程学报, 2011(5)：27-33.

[87] 曹资, 薛素铎, 王雪生, 等. 空间结构抗震分析中的地震波选取与阻尼比取值[J]. 空间结构, 2008(3)：3-8.

[88] 卢绍文. 水利工程施工中围堰技术的应用[J]. 大科技, 2014(28)：181-182.

[89] 赵刘会. 高速公路改扩建新老路基差异变形影响因素及拓宽路基施工技术研究[D]. 西安：长安大学, 2008.

[90] 刘煜. 软土路基的沉降机理及其发展规律预测方法研究[D]. 长沙：湖南大学, 2004.

[91] 崔桂芳, 关连珠, 孙琳, 等. 有机质对棕壤表面电荷及 NH^{+4} 吸附解吸的影响[J]. 土壤学报, 2006(1)：173-175.

[92] 师旭超, 郭志涛, 李美云. 饱和软黏土的工程特性分析[J]. 河南科学, 2006(4)：571-573.

[93] 刘辉. 软土流变模型及其工程应用[D]. 长沙：湖南大学, 2008.

[94] 常捷. 连云港不良地基土质概述及处治措施[J]. 商品与质量：建筑与发展, 2013(12)：120-120.

[95] 张发勇, 张发如, 赵跃学. 软土的判别及软土地基的沉降与稳定计算[J]. 湖南交通科技, 2013(4)：25-28.

[96] 建筑地基基础设计规范：GB50007—2011[S]. 北京：中国建筑工业出版社, 2011.

[97] 李平. 浅析静压注浆加固技术[J]. 城市建设理论研究(电子版), 2015(22)：12908.

[98] 罗引可. 抗拔锚杆桩在建筑物抗浮设计中的应用研究[D]. 杭州：浙江大学, 2012.

[99] 姚夫森. 软土路基沉降计算新方法及应用研究[J]. 天津城市建设学院学报, 2007, 12(2)：119-122.

[100] 邓海波. 房屋混凝土施工技术探析[J]. 江西建材, 2012(6)：60-61.

[101] 罗器龙. 房建工程地基处理技术[J]. 江西建材, 2012(6)：59-60.

[102] 凌征鑫. 广佛高速公路扩建工程的软基处理浅谈[J]. 中国西部科技, 2009(2)：37-38.

[103] 郑刚, 龚晓南, 谢永利, 等. 地基处理技术发展综述[J]. 土木工程学报, 2012, 2：127-146.

[104] 孟轲荆. 地基处理方法的运用与处理方法的探讨[J]. 城市建设理论研究, 2014(8).

[105] 曹卫平, 陈云敏. 台华高速公路路堤失稳原因分析与对策[J]. 岩石力学与工程学报, 2007, 26(7)：1504-1510.

[106] 刘汉龙, 赵明华. 地基处理研究进展[J]. 土木工程学报, 2016, 1：96-115.

[107] 尹志钢. 公路施工中软土地基处理技术分析及其应用[J]. 山西建筑, 2010(5)：268-269.

[108] 陈邦. 周期性振动荷载作用下软土的动力排水固结试验研究[D]. 镇江：江苏大学, 2015.

[109] 李维洲. 环氧砂浆在隧洞衬砌混凝土质量缺陷处理中的应用[J]. 甘肃水利水电技术, 2012(10)：58-60.

[110] WANG D F, ZHANG N T. Application of plastic drainage board in soft soil foundations[J]. WIT Transactions on the Built Environment, 2013, 140：497-503.

[111] 肖策, 褚丝绪, 姜云龙, 等. 塑料排水板堆载预压法在软基处理中的应用[J]. 施工技术, 2012(1)：64-68.

[112] 成强. 塑料排水板处理软基技术在海上围堤工程应用[J]. 山西建筑, 2012(6)：86-87.

[113] 高会强, 莫海鸿. 考虑通水量影响的塑料排水板加固深度的理论研究[J]. 岩石力学与工程学报, 2016(A1)：3337-3342.

[114] 蒙剑坪, 李善梅, 刘之葵. 塑料排水板堆载预压软基处理的敏感性分析[J]. 路基工程, 2015(4)：85-88.

[115] 陈尚勇. 长塑料排水板联合短搅拌桩加固深厚软土地基试验研究[J]. 铁道标准设计, 2014(A1)：128-133.

[116] 黄飞, 祁长青, 李新发. 塑料排水板处理临江软基效果数值模拟[J]. 防灾减灾工程学报, 2013(5)：536-541.

[117] 吕子鑫, 张福海, 王保田, 等. 塑料排水板在吹填土地基沉降控制中的应用[J]. 水利与建筑工程学报, 2012(5)：116-119.

[118] 谢非, 肖策, 王占东, 等. 塑料排水板堆载预压法在软基处理中的应用[J]. 地下空间与工程学报, 2011(A1)：1542-1548.

[119] WEI H Y, LIANG G Q, ZHANG C J. Analysis of monitoring and settlement prediction of Wenzhou shoal seawall[J]. Applied Mechanics and Materials, 2014, 515：1993-1999.

[120] LI Y Q, CHEN J F, TU Y Z, et al. Analysis of the treatment of soft soil considering rheological property[J]. Advances in Environmental Science and Engineering, 2014,518：4417-4420.

[121] SINHA, HAVANAGI, MATHYR, et al. Settlement of soft clays with prefabricated vertical drain[J]. Geotechnical Society of Singapore,2010, 12：345-351.

[122] CHU J, BO M W, CHOA V, et al. Improvement of ultra-soft soil using prefabricated vertical drains[J]. Geotextiles and Geomembranes, 2006, 24:339-348.

[123] SINHA, HAVANAGI, MATHU, et al. Inflection point method for predicting settlement of PVD improved soft clay under embankments[J]. Geotextiles and Geomembranes, 2007, 25：336-345.

[124] ASHA, MANDAL. Theoretical and numerical modeling of laboratory consolidation of marine clay with natural prefabricated vertical drain[J]. Electronic Journal of Geotechnical Engineering, 2015, 20：3829-3838.

[125] CHEN H Y, LIU X J, LI J, et al. The application of dynamic compaction techniques combining plastic drainage plate to improve soft soil foundations in a college[J]. Applied Mechanics and Materials, 2012, 117-119：526-530.

[126] OSHIMA A, TAKADA N, NOMURA T. Efficiency of plastic board drain on self-weight consolidation of soft clay[C]//Proceedings of the 16th International Conference on Soil Mechanics and Geotechnical Engineering: Geotechnology in Harmony with the Global Environment, 2005, 3：1231-1235.

[127] KIM DONG WHAN, LEE SEUNG YUN, CHO KWANG SOO, et al. Evaluation of discharge capacity of plastic board drain in simulated service situation[J]. Polymer Testing, 2006, 12(25)：986-993.

[128] KIM SOO SAM, LEE YOUNG NAM, HAN Sang-Jae1, et al. Finite element analysis of the difference in displacement behavior developed from a suction drain method and a vertical drain method[C]//Proceedings of the International Offshore and Polar Engineering Conference, 2006：416-421.

[129] 孙悦萍, 郭建新, 李海滨. 高速公路滞洪区软土路堤稳定性问题分析与对策[J]. 黑龙江交通科技, 2015(10)：18-19.

[130] 郑昱. 广义透水边界下的一维固结问题研究[D]. 南京：南京工业大学, 2010.

[131] 陈琦慧, 孙树林. 利用修正太沙基理论进行土体非线性固结沉降计算研究[J]. 上海地质, 2005(4)：41-44.

[132] 张杰. 基于非 Darcy 渗流的变荷载作用下饱和黏土一维固结分析[D]. 郑州：郑州大学, 2011.

[133] 吴立松. 单向固结的复杂情况在连续边界条件下的解析[D]. 南昌：南昌航空大学, 2014.

[134] 周煜. 考虑起始比降的竖井地基固结理论研究[D]. 杭州：浙江大学, 2013.

[135] 沈扬, 李海龙, 励彦德. 太沙基三维固结方程在一维情况下精确解的物理意义解释[J]. 水利与建筑工程学报, 2012(6)：14-17.

[136] 周治钊. 真空预压加固机理及数值分析[D]. 桂林：桂林理工大学, 2010.
[137] 唐金颖. 地下水开采引起地面沉降的数值模拟分析[D]. 沈阳：东北大学, 2008.
[138] 陈希哲，叶箐. 土力学地基基础[M]. 北京：清华大学出版社, 2013.
[139] 王杰. 基坑开挖对邻近高层建筑安全影响分析[D]. 南京：东南大学, 2013.
[140] 王景芸. 真空-堆载法处理大面积软基的工程特性与效果[D]. 武汉：华中科技大学, 2008.
[141] JIANG M J, YU H S, HARRIS D. Discrete element modeling of deep penetration in granular soils [J]. International Journal for Numerical and Analytical Methods in Geomechanics, 2006, 30(4)：335-336.
[142] 陈小丹, 赵维炳. 考虑井阻和涂抹的砂井地基平面应变等效方法分析[J]. 岩土力学, 2005(4)：567-571.
[143] 闫富有. 砂井地基径向非线性固结解析[J]. 郑州大学学报(工学版), 2007(2)：35-38.
[144] SHIN H Y, KIM K O, KIM Y J, et al. Applicability of coal combustion products as vertical drain method for soft ground improvement[C]//Proceedings of the International Offshore and Polar Engineering Conference, Busan, Korea, 2014：556-559.
[145] ZHENG G, JIANG Y, HAN J, et al. Performance of cement- fly ash- gravel pile- supported high- speed railway embankments over soft marine clay[J]. Marine Georesources and Geotechnology, 2011,29：145-161.
[146] 刑中立. 塑料排水板处理高速公路软土地基路堤分析:数值模拟与现场监测[D]. 成都：西南交通大学, 2011.
[147] 姜扬剑, 王迎春. 塑料排水板水下排水固结原理与工程应用[J]. 公路交通技术, 2009(4)：25-28.
[148] ZHE G, YIN J H. Consolidation of soil with vertical and horizontal drainage under ramp load[J]. Geotechnique, 2001(4)：51.
[149] LONGANTHAM N, BALASUBRAMANIAM A S, BERGADO D T, et al. Deformation analysis of embanlanent[J]. Geotech.Engrg.ASCE, 1993, 119(8)：1185-1206.
[150] HIRD C C. Finite element modeling of vertical drains beneath embankments on soft ground[J]. Geotechnique, 1992, 42(3)：499-511.
[151] LI W, HUANG M H, LI M, et al. Study on construction technology of drain board for foundation covered with thicker hardpan[J]. Advanced Materials Research, 2014,852：815-818.
[152] LIU T, ANG H Z, LIU A, et al. Test and analysis of the vacuum degree transport within plastic drainage board[C]//Proceedings of the 3rd International Conference on Civil Engineering and Urban Planning, Wuhan, China, 2014：447-450.